中华传世藏书

【图文珍藏版】

荀子诠解

［战国］荀况⊙原著

刘凯⊙主编

第三册

线装书局

王霸第十一

【题解】

荀子在本篇中主要论述了君主要称王天下、治理好国家、实现政权的巩固与国家的统一安定，使人民富裕安康、社会和谐一致，就必须实行正确而有效的政治措施和主张，如守要领、立礼法、讲道义、明名分、择贤相、用能人、取民心等等。同时，篇中还兼述了霸道与亡国之道的关系，以与王道相观照。荀子认为君主拥有至高无上的权势对治国理政至关重要。君主持有政权既可以使国家长治久安，也可能使国家处于亡国灭顶之险境，而产生这两种截然相反结果的关键就在于执政者如何执政、如何治理国家。在本篇中，荀子还论述了君主治理国家的三种不同方法所导致的三种截然不同的结果，即“义立而王，信立而霸，权谋立而亡”。很明显，荀子推崇礼义治国而厌恶和反对用阴谋诡计来治理国家。

错金青铜器（春秋战国）

【原文】

国者，天下之制利用也[①]：人主者，天下之利势也。得道以持之，则大安也，大荣也，积美之源也；不得道以持之，则大危也，大累[②]也，有之不如无之，及其綦也，索为匹夫不可得也，齐湣、宋献是也[③]。故人主，天下之利势也，然而不能自安也，安之者必将道也。故用国者[④]，义立而王，信立而霸，权谋立而亡。三者，明主之所谨择也，仁人之所务白也。

【注释】

①利用：即最重要的工具。利，便利，有利。用，用具，工具。

②累：灾祸，困苦。

③齐湣：齐闵王，战国时齐国国君，他执政时齐国曾一度非常强大，后来齐国被多国联军所败，齐闵王被逐。宋献：即宋康王，名偃，前 329 年自立为宋国国君，前 286 年，被齐闵王所灭。

④用国：治理国家。

【译文】

国家是天下最重要的工具，君主处于天下最有权力的地位。如果能用正确的治国原则去掌握它们，就会使国家得到最大的安定和繁荣昌盛，成为一切美好业绩和名声的源泉；如果不能用正确的治国原则去掌握它们，就会使国家遭到非常大的危险和祸患，这样，有了它还不如没有它。这种情况发展到极点，要求做个普通的百姓也办不到，齐闵王、宋献公就是这样的。所以，君主处于天下最有权力的地位，但不一定使自己得到安定，要安定就一定要执行正确的治国原则。所以，治理国家的人，施行道义就可以称王天下了，恪守信用就能称霸诸侯，玩弄权术谋略就会灭亡。这三种情况，是圣明的君主要慎重选择的，是讲究仁德之人必须明白的。

【原文】

挈国以呼礼义而无以害之①，行一不义、杀一无罪而得天下，仁者不为也，擽然②扶持心国，且若是其固也！之所与③为之者，之人则举④义士也；之所以为布陈⑤于国家刑法者，则举义法也；主之所极然帅群臣而首乡之者⑥，则举义志也。如是，则下仰上以义矣，是綦⑦定也。綦定而国定，国定而天下定。仲尼无置锥之地，诚义乎志意，加义乎身行，箸⑧之言语，济之日，不隐乎天下，名垂乎后世。今亦以⑨天下之显诸侯诚义乎志意，加义乎法则度量，箸之以政事，案申重之以贵贱杀生，使袭然[⑩]终始犹一也。如是，则夫名声之部发[⑪]于天地之间也，岂不如日月雷霆然矣哉？故曰：以国齐义，一日而白，汤、武是也。汤以亳[⑫]，武王以鄗[⑬]，皆百里之地也，天下为一，诸侯为臣，通达之属，莫不从服，无它故焉，以济[⑭]义矣。是所谓义立而王也。

【注释】

①挈：约束，带领，引申为领导。呼：呼唤，引申为提倡。

②掭然：坚固如同石头的样子。

③之所与：即其所与。

④举：全都。

⑤布陈：设置，颁布。战国时期的刑法，一般是在百姓身上实行，因此才称之为“布陈”。

⑥极：通“亟”，急切。首乡：即面向，引申为向往，追求。乡，通“向”。

⑦綦：通“基”，根据，基础，指政治的基础，立身于天下的根本。

⑧箸：通“著”，表现，显露。

⑨以：使。

⑩袭然：重叠，一致的样子，表示不断地将义加在政治、思想、法制等各个方面。

⑪部发：发扬，广大。部，通“剖”，分开，引申为散播、分散。发，发扬，散发。

⑫汤：指商汤王，商朝的第一个国君。亳：商朝的国都，在今河南省丘北。

⑬武王：周武王，周朝的第一位国君。鄗：一作“镐”，西周的国都，在今陕西西安西南。

⑭济：成功，完全做到。

【译文】

提倡礼义来治理国家而绝不用什么东西去妨碍它，如果做一件不义的事、杀一个无罪的人而取得天下，这种事讲究仁德的人是绝不会干的，像坚硬的石头那样坚定地维护和控制着自己的思想和国家。所以，和他一起行动的人，都是符合道义的人；那些在国内颁布的刑法，就都是符合道义的法；那些他所急切地统率群臣去追求的，就都是符合道义理想的。像这样，那么臣民们就会依据道义来敬仰君主，这样国家的基础就巩固了。国家的基础稳固了，国家就安定了；国家安定了，天下就安定了。孔子没有立锥之地，但由于他真正用道义来指导自己的意志和思想，落实在自己的行为上，并表现在言谈中，到成功的时候，他就显扬于天下，名声流传到后代。现在如果也让天下显赫的诸侯们用道义来指导自己的意志和思想，落实到各种法令制度上，并将它体现在政事中，反复强调它，又用提拔、废黜、处死、赦免等手段，使它贯彻如一。像这样，那么他的名声就会在天地之间光大，难道不像日月雷霆那样显赫吗？所以说：使国家统一于道义，这个国家的名声很快就会显赫，商汤、周武王就是这样。商汤凭借着亳，周武王凭借着鄗，都只不过是方圆百里的小国，但却统一了天下，诸侯做了他们的臣下，凡交通能到达的地方，没有不归服的，这没有其他的缘故，而是因为他们完全实现了道义。这就叫做施行道义而称王天下。

【原文】

德虽未至也，义虽未济也，然而天下之理略奏矣[①]，刑赏已诺[②]信乎天下矣，臣下晓然皆知其可要也[③]。政令已陈，虽睹利败，不欺其民；约结已定，虽睹利败，不欺其与。如是，则兵劲城固，敌国畏之；国一綦[④]明，与国信之。虽在僻陋之国，威动天下，五伯[⑤]是也。非本政教也，非致隆高也，非綦文理也，非服人之心也；乡方略，审劳佚，谨畜积，修战备，齺然[⑥]上下相信，而天下莫之敢当。故齐桓、晋文、楚庄、吴阖闾、越句践[⑦]，是皆僻陋之国也，威动天下，强殆中国，无它故焉，略信[⑧]也。是所谓信立而霸也。

【注释】

①理：事理，各种事情的具体规律。略奏：粗略地聚集，大体具备的意思。略，大致。奏，通“凑”，会聚。

②已诺：不允许和允许。

③其：代指君主。可要：可以相信。要，约、结，引申为合作。

④綦：通“期”，约定。

⑤伯：通“霸”。五伯：指齐桓公、晋文公、楚庄王、吴王阖闾、越王勾践，他们在春秋时期曾经先后称霸。

⑥齺然：上下牙齿相咬的样子，形容配合密切。

⑦齐桓：名小白，春秋时齐国国君。晋文：晋文公，名重耳，春秋时晋国国君。楚庄：楚庄王，名旅，春秋时楚国国君。阖闾：或作“阖庐”，名光，春秋末吴国君主。句践：或作“勾践”，春秋末越国国君。

⑧略信：取信。

【译文】

德行虽然还没有达到完美的程度，道义虽然还没有完全实现，然而治理天下的事理大体上具备了，刑罚与奖赏，禁止与许诺都能取信于天下，臣下都明白地知道他是可以相信的。政令已经发布，即使看到有弊病，也不失信于他的百姓；与诸侯国的盟约已经签订，即使看到弊病，也不失信于他的盟友。像这样，就会军队强大、城池牢固，而敌国畏惧；国家上下统一，道义彰明，而同盟国信任他。即使是地处偏僻的国家，也会威震天下。五霸就是这样。他们虽然没有将政治教化作为立国的根本，不是极其崇尚礼法，没有健全礼义制度，也没有使天下人心悦服；但是他们注重方针策略，注意使民众有劳有逸，谨慎地积蓄财物，加强战备物资的休整，君臣上下像上下牙齿一样地契合，因而天下也就没有人敢与他们为敌。齐桓公、晋文公、楚庄王、吴王阖闾、越王勾践，这些人统治的都是地处偏僻的国家，却能威震天下，强大到足以危及中原各国，这没有其他的缘故，就是因为他们能够取信于天下啊。这就叫做恪守信义而称霸诸侯。

【原文】

挚国以呼功利，不务张其义、济[①]其信，唯利之求，内则不惮诈其民而求小利焉，外则不惮诈其与而求大利焉，内不修正其所以有[②]，然常欲人之有。如是，则臣下百姓莫不以诈心待其上矣。上诈其下，下诈其上，则是上下析也。如是，则敌国轻之，与国疑之，权谋日行，而国不免危削[③]，綦之而亡，齐闵、薛公[④]是也。故用强齐，非以修礼义也，非以本政教也，非以一天下也，绵绵常以结引驰外为务。故强，南足以破楚[⑤]，西足以诎秦[⑥]，北足以败燕[⑦]，中足以举宋[⑧]；及以燕、赵起而攻之[⑨]，若振槁然[⑩]，而身死国亡，为天下大戮，后世言恶，则必稽[⑪]焉。是无他故焉，唯其不由礼义而由权谋也。三者[⑫]，明主之所谨择也，而仁人之所务白也。善择者制人，不善择者人制之[⑬]。

【注释】

①济：成，实现。

②修正：整治。以：同“已”。

③削：削弱。

④薛公：战国时期齐国的贵族，姓田，名文，号孟尝君，因为袭其父田婴的封爵而封于薛（今山东滕县南），因此称薛公。曾任齐闵王的相。

⑤破楚：指齐闵王二十三年和秦国一起打败楚国之事。

⑥诎秦：诎，同“屈”。屈秦，使秦国屈服。指齐闵王二十六年与韩、魏一起攻打秦国，一直打到函谷关。

⑦败燕：指齐闵王十年乘燕国内乱而打败燕国之事。

⑧举宋：指齐闵王三十八年攻占宋国。

⑨及以：相当于“及”。燕、赵起而攻之：指前284年燕国联合赵、魏、韩、秦等国攻占齐国都城临淄。

⑩若振槁然：像秋风摇落树叶一样。振，击，拔起。槁，枯木。

⑪稽：考察。

⑫三者：指“义立而王”、“信立而霸”、“权谋立而亡”。

⑬善择者制人，不善择者人制之：善于选择的“立义”、“立信”会称王、称霸，而不善于选择的用权谋则会灭亡。

【译文】

提倡功利来治理国家，不致力于伸张道义，不实现信誉，唯利是图，对内则肆无忌惮地欺诈自己的百姓来贪求蝇头小利，对外则不惜欺骗盟国来追求大利，在内不好好治理已有的土地财富，却常常去追求别人所拥有的土地财富。像这样，臣下、百姓就没有不用欺诈的心来对待他们的君主的。君主欺诈臣民，臣民欺诈君主，这就是上下离心离德。像这样，那么敌国就会轻视他，盟国就会怀疑他，权术谋略一天天地盛行，国家就不免危险削弱，发展到了极点，国家就会灭亡了，齐闵王、孟尝君就是这样。他们原本掌握着强大的齐国，却不是用权力去修明礼义，不因此而将政治教化作为立国之本，不用来统一天下，而是将不断地勾结别国、四处纵横游说作为自己的追求目标。所以，他们强大的时候，向南能够攻破楚国，向西能够使秦国屈服，向北能打败燕国，向中能够攻占宋国；可是等到燕国、赵国一起攻打齐国的时候，就像秋风扫落叶一样，齐闵王便身死国亡，受到天下人的攻击。后代的人谈起恶人，就必定会以他们为鉴。这并没有其他的缘故，只是因为他们不遵循礼义而遵循权术阴谋啊。这三种情况，是圣明的君主之所以要谨慎选择的，也是讲究仁德的人必须要明白的。善于选择的人统治别人；不善于选择的人被别人所统治。

【原文】

国者，天下之大器也，重任也，不可不善为择所而后错之[①]，错险[②]则危；不可不善为择道然后道之[③]，涂秽则塞[④]；危塞，则亡。彼国错[⑤]者，非封焉[⑥]之谓也，何法之道、谁子之与也。故道王者[⑦]之法，与王者之人[⑧]为之，则亦王；道霸者[⑨]之法，与霸道之人为之，则亦霸；道亡国之法[⑩]，与亡国之人为之，则亦亡。三者，明主之所以谨择也，而仁人之所以务白也。

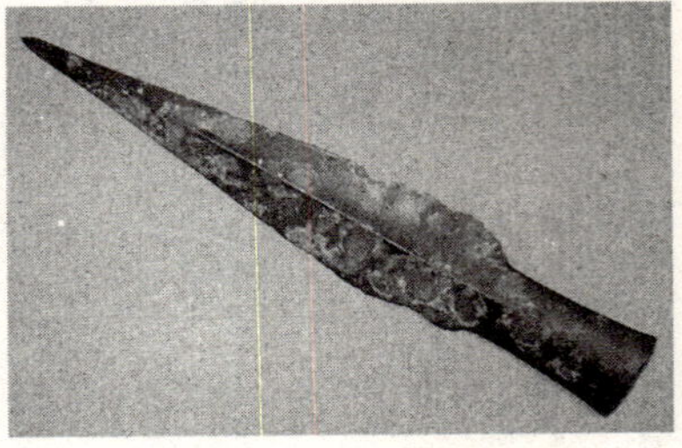

越国青铜矛

【注释】

①择所：选择处所，此处指选择治国的人。错：通“措”，安置，此指委任。

②险：险恶，此处指险恶之人。

③择道：此处指选择治国的原则。道之：取道而行，指实施、实行。

④涂：通“途”，道路，此指办法，原则。秽：杂草丛生，这里比喻治国原则污浊。塞：堵塞，阻碍。

⑤国错：国家如何处置。

⑥封：垒土作为疆界。焉：于之，给它的意思。

⑦王者：依靠德化，遵行礼义，推行仁政而能称王天下的人。

⑧王者之人：指王者的辅佐大臣，即奉行王道的大臣。

⑨霸者：依靠强力、仁义之名，努力确立信用而能称霸诸侯的人。

⑩亡国之法：指追求功利，搞权谋陷害。

【译文】

国家，是天下最大的工具，是最沉重的任务。不能不妥善地为它选择治理的人，然后来安置它，如果把它安置在险恶之人的手中就危险了；不能不妥善地为它选择治理的原则，然后实施这种治国原则。如果治国的原则污浊，国家的道理就会堵塞；危险、受阻，国家就会灭亡。国家的安置，并不是指为它立好疆界，而是指实施哪种治国方法，将国家委任给谁。遵行王者的方法，交与实施王道的大臣来治理国家，也就可以称王于天下了；实施霸者的方法，交与实施霸道的大臣治理国家，也就可以称霸于诸侯了；实施使国家灭亡的方法，交与实施亡国之道的大臣去治理国家，国家也就会灭亡。这三种情况，是圣明的君主之所以要谨慎选择的，也是讲究仁德的人所必须明白的。

【原文】

故国者，重任也，不以积持之则不立[①]。故国者，世所以新者也，是惮[②]；惮，非变[③]也，改玉改行也[④]。故一朝之日也，一日之人也[⑤]，然而厌焉[⑥]有千岁之国，何也？曰：援夫千岁之信法以持之也[⑦]，安与夫千岁之信士为之也[⑧]。人无百岁之寿，而有千岁之信士，何也？曰：以夫千岁之法自持者，是乃千岁之信士矣。故与积礼义之君子为之，则王；与端诚信全之士为之，则霸；与权谋倾覆之人为之，则亡。三者，明主之所以谨择也，而仁人之所以务白也。善择之者，制人；不善择之者，人制之。

【注释】

①以积持之：用长期积累的正确办法去治理国家。立：存在。

②世所以新者：指国家是用来更新世代的工具。惮：通“禅”，禅让，意即平稳的承继过程。

③变，改变，指彻底的根本性改变。

④改玉改行：指更换佩玉与交换步伐，古代贵族，不同等级的人佩玉不同，在举行仪式时走路的间距、快慢也不相同，因此“改玉改行”也就是改变贵族阶层的等级地位。玉，佩玉。

⑤一朝之日，一日之人：都是用来形容一朝一代的君主所在的时日都非常短暂。

⑥厌焉：即“厌然”，安然的意思。

⑦援：援引，引用。夫：彼，那。

⑧安：语助词。信士：指坚守礼义制度之人。

【译文】

国家是个最为沉重的任务，如果不用长期积累的正确方法来治理它，就要垮掉。所以，国家虽然是用来更新世代的工具，但这种更替是平稳的，不是制度性的改变；这种更替，只是君臣上下地位的变化。日子如同一个早上那样短促，人生就像一天那样短暂，然而却有安然存在着历经上千年之久的国家，这是为什么呢？回答说：这是因为采用了沿用了千年的礼法来治理国家，而且是把国家交与信守礼法千年的人来管理它。人没有百年的寿命，为什么却会有信守千年真诚之士呢？回答说：用那些积累了上千年的礼法来约束自己的人，就是信守礼法千年之士了。所以，把国家交给长久奉行礼义的君子治理，就能够称王天下；把国家交给正直忠诚守信完美的人治理，就能称霸诸侯；把国家交给搞阴谋权术颠覆活动的人治理，就会导致灭亡。这三种情况，是圣明的君主之所以要谨慎选择的，也是讲究仁德的人所必须明白的。善于选择的，就能统治别人；不善于选择的，被别人统治。

【原文】

彼持国者，必不可以独也；然则强固荣辱在于取相矣[①]。身能，相能，如是者王。身不能，知恐惧而求能者，如是者强。身不能，不知恐惧而求能者，安唯便僻[②]左右亲比己者之用，如是者危削，綦之而亡。国者，巨用之则大，小用之则小；綦大而王，綦小而亡，小巨分流者存。巨用之者，先义而后利，安不恤亲疏，不恤贵贱，唯诚能之求，夫是之谓巨用之。小用之者，先利而后义，安不恤是非，不治曲直，唯便僻亲比己者之用，夫是之谓小用之。巨用之者若彼，小用之者若此；小巨分流者，亦一若彼、一若此也。故曰：“粹而王，驳[3]而霸，无一[4]焉而亡。”此之谓也。

【注释】

①固：通“盬”，不坚实，脆弱。取相：选取辅佐之人。

②便僻：通“便嬖”，善于逢迎而取得君主信任的近臣。

③驳：杂，指介于“巨用”和“小用”之间去治理国家。

④无一：指上述两种情况都不具备。

【译文】

那些掌握了国家政权的君主，必定不能单独依靠自己的力量去治理国家；这样看来，国家的强大衰弱、光荣耻辱关键就在于选取辅佐之人了。君主有才能，辅佐的人也就有才能，像这样的君主就能称王天下。君主自己没有才能，但还知道畏惧而去寻觅有才能的人，像这样的君主也能够强大。自己没有才能，又不懂得畏惧而去寻求有才能的人，只是任用身边善于阿谀奉承的宠臣、亲近自己的人，像这样的国君必定就会危险，达到极点就会灭亡了。国家，立足于大处去治理它就强大，只是注意那些细枝末节去治理它就会弱小；极其强大就能称王天下，极其弱小就会灭亡，介于小大之间的就能保存。所谓立足于大处去治理国家，就是先考虑道义然后再考虑利益，任用人不顾亲疏，不顾贵贱，只求寻找到真正有才能的人，这就叫做立足于大处去治理国家。所谓注意那些细枝末节去治理国家，就是先考虑利益然后考虑道义，不顾是非，不管曲直，只是任用善于阿谀奉承的宠臣和亲近自己的人，这就叫做注意那些细枝末节去治理国家。立足于大处去治理国家就像那样，注意那些细枝末节去治理国家就像这样；所谓介于两者之间的有的地方像前面那样，有的部分像后面那样。所以说：“完全立足于大处治国的就能称王天下，介于立足大处与注重细微末节之间的就能称霸诸侯，这两种情况一种也不具备的会遭到灭亡。”说的就是这个道理。

【原文】

国无礼则不正。礼之所以正国也，譬之，犹衡之于轻重也，犹绳墨之于曲直也，犹规矩之于方圆也，既错之而人莫之能诬[①]也。《诗》[②]云："如霜雪之将将[③]，如日月之光明；为之则存，不为则亡。"此之谓也。

【注释】

①诬：欺骗。

②《诗》：指《诗经》中的篇章，该篇已经亡佚。

③将将：形容霜雪覆盖大地的样子。

【译文】

国家没有礼制就不能治理好。礼制之所以能用来治理国家，就好像用秤来衡量轻重，用墨线来规范曲直，用圆规、曲尺来确定方圆一样，已经把它们设置好了，以此来治理国家，就没有人能搞欺骗了。《诗经》中说："像霜雪覆盖大地那样无情，像日月那样光明；实行礼义就能存在，不实行礼义就会丧命。"说的就是这个道理啊。

【原文】

国危则无乐君，国安则无忧民。乱则国危，治则国安。今君人者，急逐乐而缓治国，岂不过甚矣哉？譬之，是由好声色而恬无耳目也[①]，岂不哀哉？夫人之情，目欲綦色[②]，耳欲綦声，口欲綦味，鼻欲綦臭[③]，心欲綦佚。此五綦者，人情之所必不免也。养五綦者有具，无其具，则五綦者不可得而致也。万乘之国可谓广大富厚矣，加有治辨强固之道焉[④]，若是，则恬愉无患难矣，然后养五綦之具具也。故百乐者，生于治国者也；忧患者，生于乱国者也。急逐乐而缓治国者，非知乐者也。故明君者，必将先治其国，然后百乐得其中。暗君者，必将急逐[⑤]乐而缓治国，故忧患不可胜校也[⑥]，必至于身死国亡然后止也，岂不哀哉？将以为乐，乃得忧焉；将以为安，乃得危焉；将以为福，乃得死亡焉；岂不哀哉？於乎[7]！君人者，亦可以察若言[8]矣！

【注释】

①由：通“犹”，犹如，好像。恬：通“觍”，惭愧。

②綦色：最好的颜色。

③臭：气味。

④加：更。辨：通“辧”，治理。

⑤逐：追逐，逐求。

⑥胜：尽。校：计数。

⑦於乎：同“呜呼”。

⑧若言：如此之言，即上面所说。

【译文】

国家危险就不会有安乐的君主，国家安定就不会有忧愁的君主。政事混乱，国家就会危险；政事处理得好，国家就会安定。当今统治人民的君主，急于追求享乐却把治理国家放在后面，难道不是大错特错了吗？这就好像是喜好声色却又惭愧得没有耳朵眼睛一样，难道不太可悲了吗？人之常情：眼睛希望看到最美丽的颜色，耳朵希望听到最悦耳的音乐，嘴巴希望吃到最美味的佳肴，鼻子希望闻到最好的气味，心里追求最大的安逸。追求这五种极好的享受，是人之常情不可避免的。但造成这五种极好的享受需要有一定的条件，没有这些条件，那么这五种极好的享受就得不到了。拥有万辆兵车的国家，可以说是辽阔富裕的了，再有一套治理并使它强大巩固的办法，像这样，就可以安然快乐而没有祸患了。然后，满足于五种极好享受的条件就具备了。所以各种快乐的事情，产生于治理得好的国家；忧虑祸患，产生于混乱的国家。急于追求享乐而放松治国的人，并不是真正懂得安乐的人。所以圣明的君主，必定先要治理好自己的国家，然后各种快乐也就可以在国中享受到了。而昏庸愚昧的君主，必定要急于追求安乐而把治理国家放在后面，所以忧虑祸患就会数不胜数，一定要发展到身死国亡的地步才会停止，难道不太可悲了吗？想要得到欢乐，得到的却是忧愁；想要求得安定，得到的却是危险；想要求得幸福，从中得到的却是死亡；难道不是太可悲了吗？唉！统治人民的君主，也可以体察一下这些话了！

【原文】

故治国有道，人主有职。若夫贯日而治详，一日而曲列[①]之，是所使夫百吏官人[②]为也，不足以是伤游玩安燕[③]之乐。若夫论[④]一相以兼率之，使臣下百吏莫不宿道乡方而务[⑤]，是夫人主之职也。若是，则一天下，名配尧、禹。人主者，守至约而详，事至佚而功，垂衣裳[⑥]，不下簟席[⑦]之上，而海内之人莫不愿得以为帝王。夫是之谓至约，乐莫大焉。

【注释】

①列：古“裂”字，解决，分解。

②官人：政府官吏。

③燕：通“宴”，安闲，逸乐。

④论：通“抡”，选择。

⑤宿道：归于正道。宿，守。乡：通“向”。向方：指向着正确的方向。

⑥垂：下挂。垂衣裳：穿着长衣，直垂而下。用来形容安闲无所事事。

⑦簟席：竹席。

【译文】

所以治理国家有一定的方法，君主有一定的职责。至于将几天才能治理得周详完备的事情，在一天之内就周到地加以解决了，这是君主指派各级官吏去做的，这些事不会妨害君主的游玩安逸。至于选择一个辅佐的人去统率群臣百官，使臣下百官无不归于道义而向着正道努力，这才是君主的职责啊。如果这样，就可以统一天下，名声和尧、禹相配。这样的君主，掌管的事情是最简要的却又是最为周详的，所做的事情虽然是最为闲适的却也是最有成效的，衣裳休整下垂，不必从坐席之上走下来，而四海之内的人没有不希望以他为帝王。这叫做最大的简约，最大的快乐。

【原文】

人主者，以官人为能者也；匹夫者，以自能为能者也。人主得使人为之，匹夫则无所移之。百亩一守，事业穷，无所移之也。今以一人兼听天下，日有余而治不足者，使人为之也。大有天下，小有一国，必自为之然后可，则劳苦秏瘁莫甚焉；如是，则虽臧获不肯与天子易势业。以是县[①]天下，一四海，何故必自为之？为之者，役夫之道也，墨子之说[②]也。论德使能而官施之者[③]，圣王之道也，儒之所谨守也。传曰："农分田而耕，贾分货而贩，百工分事而劝，士大夫分职而听，建国诸侯之君分土而守，三公总方而议[④]，则天子共[⑤]己而已。"出若入若，天下莫不平均[⑥]，莫不治辨，是百王之所同也，而礼法之大分也。

【注释】

①县：古"悬"字，系，这里指治理。

②墨子之说：墨子的主张。墨子主张君主要和百姓一起辛勤劳动，所以荀子认为"自为之"是墨子的说法。

③论德：选择有德行的人。施：施加，给。

④总方而议：归总全国大政方针加以讨论。总，汇总。方，地方，方面。

⑤共：同"拱"，拱手，形容轻松自如。

⑥平均：均等，齐一，指人与人之间的关系协调平衡。

【译文】

君主以善于用人为有能力，平民百姓以自己能干为有能力。君主可以指使别人去办事，平民百姓却没有办法推卸责任。一百亩土地一个农夫来管理，土地经营不好，他无法推脱给别人。现在君主凭一个人的力量统管处理天下的事，每天尚有余暇而治理的事务没有出现过失，这是因为他指派别人去干的缘故。权力大而拥有整个天下，权力小而拥有一个诸侯国，如果所有的事情必须自己亲自去做才行的话，那么就没有比这更加辛劳艰苦的了；像这样，那么即使是奴婢也不肯和天子交换地位的了。由此来看，君主在上掌管天下，统一四海，为什么必定所有的事情都要自己去做呢？亲自去做各种事情，让君主像服劳役的人那样，是墨子的主张。选择有德行的人、使用有才能的人而将官职委任给他们，这是圣明帝王的办法，是儒家所必须谨慎遵循的。古书上说："农民分田耕种，商人分货贩卖，工匠分行业勤勉努力地劳作，士大夫分职处理政事，各诸侯国的国君分封一定的领土去守卫，司空、司马、司徒归总全国的大政方针加以商议，那么君主只要拱着手就可以了。"朝廷内外都如此办理，天下就没有不公平的，就没有什么得不到治理的，这是历代圣王都用到的治国方针，这是礼法的总纲。

【原文】

百里之地可以取天下，是不虚，其难者在人主之知之也。取天下者，非负[①]其土地而从之之谓也，道足以一人而已矣。彼其人苟一，则其土地且奚[②]去我而适它？故百里之地，其等位爵服，足以容天下之贤士矣；其官职事业，足以容天下之能士矣；循其旧法，择其善者而明用之[③]，足以顺服好利之人矣。贤士一焉，能士官焉，好利之人服焉，三者具而天下尽[④]，无有是其外[⑤]矣。故百里之地，足以竭势[⑥]矣；致忠信，箸仁义，足以竭人[⑦]矣。两者合而天下取，诸侯后同者先危。《诗》[⑧]曰："自西自东，自南自北，无思不服。"一人之谓也。

【注释】

①负：背负，携带。

②奚：怎么。

③明用：明确地加以利用。明，彰明。

④尽：穷尽，指全部取得。

⑤是其外：在这之外。

⑥竭势：指取得天下全部的权力地位。竭，穷尽。

⑦竭人：指征服天下所有的人。

⑧《诗》：指《诗·大雅·文王有声》。

【译文】

凭借方圆百里的领土就可以夺得天下，这并不是虚假的，它的难处在于君主要懂得凭借小国可以取得天下的道理。所谓取得天下，并不是指别的国家都带着他们的土地来顺从的意思，而是指你的治理国家的办法能够统一人心罢了。如果那个国家的人和我们统一了，那么他们的土地又怎么会离开我们去到别人掌中呢？所以尽管只是方圆百里的领土，但它的各个等级的爵位，足够容纳天下的贤德之士；它的各种官职事业，足够容纳天下有才能的人；遵循原有的法度，选择其中好的东西来明确地加以实施，足够用来使贪图财利的人顺服了。贤德之士统一在一起了，有才能的人被任用了，贪图财利的人顺服了，这三种情况都具备了，那么天下的人才就全都归我了，没有谁在这之外了。所以凭借方圆百里的土地，足够用来取得天下全部的权力地位；做到忠诚守信，提倡仁义，就足以征服天下所有的人了。权力地位和人心这两者结合在一起，那么就取得了整个天下了，诸侯中归附晚的就先有危险。《诗经》中说："从西边到东边，从南边到北边，没有谁不顺服。"说的就是统一人心的道理啊。

【原文】

羿、蜂门[①]者，善服射者也；王良[②]、造父者，善服驭者也；聪明君子者，善服人者也。人服而势从之，人不服而势去之，故王者已[③]于服人矣。故人主欲得善射，射远中微，则莫若羿，蜂门矣；欲得善驭，及速致远，则莫若王良、造父矣；欲调一天下，制秦、楚，则莫若聪明君子矣。其用知[④]甚简，其为事不劳而功名致大，甚易处而綦可乐[⑤]也。故明君以为宝，而愚者以为难[⑥]。

【注释】

①蜂门：又作逢蒙，后羿的徒弟。他也以善射著称，相传他曾偷袭后羿而未得手。

②王良：春秋末年晋国大夫赵简子的车夫，善于驾车。

③已：止，完毕，终止。

④知：通“智”。

⑤綦可乐：极其轻松快乐。

⑥难：灾难，祸患。

【译文】

后羿、逢蒙是善于射箭的人，王良、造父是善于驾车的人，聪明的君子善于使所有的人顺服。人们都敬佩服从他，那么权势也就随之而来了；人们不敬顺佩服，那么权势也就随之而去了；所以称王天下的君主做到使人顺服可以了。君主想要得到善于射箭的人，能够射中既远而又微小的目标，那就没有比羿、逢蒙更合适的了；君主想要得到善于驾车的人，能够很快跑到很远方的地方，那就没有比王良、造父更合适的了；想要治理统一天下的人，制服秦国、楚国这样的大国，那就没有比聪明的君子更合适的了。聪明的君子运用智慧很简约，办事情也不费力，但功绩名声却非常的大，非常容易安顿而且很乐观。所以圣明的君主把聪明的君子看作宝贝，但愚昧的君主却把他们看作可怕的人。

【原文】

夫贵为天子，富有天下，名为圣王，兼制人，人莫得而制也，是人情之所同欲也，而王者兼而有是者也。重色而衣之，重味而食之，重财物而制之，合天下而君之；饮食甚厚，声乐甚大，台谢[①]甚高，园囿甚广，臣使诸侯，一天下，是又人情之所同欲也，而天子之礼制如是者也。制度以[②]陈，政令以挟[③]；官人失要[④]则死，公侯[⑤]失礼则幽，四方之国有侈离之德[⑥]则必灭；名声若日月，功绩如天地，天下之人应之如影响，是又人情之所同欲也，而王者兼而有是者也。故人之情，口好味，而臭味[⑦]莫美焉；耳好声，而声乐莫大焉；目好色，而文章致繁、妇女莫众焉；形体好佚，而安重闲静莫愉焉；心好利，而谷禄莫厚焉；合天下之所同愿兼而有之，皋牢[⑧]天下而制之若制子孙，人苟不狂惑戆陋者，其谁能睹是而不乐也哉！欲是之主并肩而存[⑨]，能建是之士不世绝，千岁[⑩]而不合，何也？曰：人主不公，人臣不忠也。人主则外贤而偏举[⑪]，人臣则争职而妒贤，是其所以不合之故也。人主胡不广焉、无恤亲疏、无偏贵贱、唯诚能之求？若是，则人臣轻职业让贤，而安随其后；如是，则舜、禹还[⑫]至，王业还起。功一天下，名配舜、禹，物由[⑬]有可乐如是其美焉者乎？呜呼！君人者亦可以察若言矣！杨朱哭衢涂[⑭]，曰："此夫过举跬步而觉跌千里者夫[⑮]！"哀哭之。此亦荣辱、安危、存亡之衢已，此其为可哀，甚于衢涂。呜呼！哀哉！君人者千岁而不觉也。

【注释】

①谢：通"榭"，建筑在高土台上的房子。

②以：同"已"。

③挟：通"浃"，周洽，完备。

④失要：指违背政令规定。要，约，此处指规定。

⑤公侯：指司空、司马、司徒三公和诸侯。

⑥侈离之德：分裂的行为思想。侈，同“誃”，分离。

⑦臭味：气味，此处指食物的味道。

⑧皋牢：牢笼，控制之意。

⑨并肩而存：极言其多。

⑩千岁：千百年来。

⑪则：表示对待关系的连词。偏：偏袒，不公正。

⑫还：复，再。

⑬由：通“犹”，还。

⑭杨朱：战国时魏国人，主张“为我”、“贵生重己”，反对儒家的“仁义”与墨家的“兼爱”。衢涂：十字路口。

⑮举：抬起，指提腿迈步。跌：失误，走错。

【译文】

取得天子那样高贵的地位，富裕得拥有天下，被称为圣王，统治所有的人，而不被任何人所统治，这是人们心中所共同追求的，而称王天下的君主这一切全都具有。穿五颜六色的衣服，吃品种繁多的食物，把丰富的财富拿来用，使整个天下归自己统治；饮食非常丰富，声乐非常洪亮，台阁非常高大，园林兽苑非常广阔，统治诸侯，统一天下，这又是人们心中所共同追求的，而天子的礼法制度正是这样。制度已经公布，政令已经完备；群臣百官违反了政令的规定就处以死刑，三公诸侯不守礼法就遭到囚禁，四方的诸侯国如果有分裂的想法行为就必然灭亡；名声像日月一样光明，功绩像天地一样宏大，普天之下的人如影随形如回声应响一样地跟随他，这又是人们心中所共同追求的，而称王天下的君主这一切都具有。所以人的感情是，嘴巴喜欢吃美味的食物，而气味没有比王者吃到的更好的了；耳朵喜欢听悦耳的声音，而歌声乐曲没有比王者听到的更洪亮的了；眼睛喜欢看华丽的色彩和美女，而华丽的色彩和美女没有比王者看到的更多的了；身体喜欢安逸，而安稳闲静没有比王者享受到的更愉快的了；心里喜欢财利，而俸禄没有比王者得到的更丰厚的了；把天下所共有的愿望全都拥有，控制整个天下像控制自己的子孙一样，人如果不是疯子傻子，哪一个人看着这种局面不感到高兴呢？想要获得这一切的君主数不胜数，能够建立这种事业的贤人世世代代都没有断绝过，但近千年来这样的君主和贤人却没有遇合，这是为什么呢？回答说：是因为君主用人不公正，臣下对上不忠诚。君主排斥贤能的人而任用自己偏爱的人，臣子争权夺位而忌妒贤能的人，这就是他们不能遇合的缘故。君主为什么不广招人才，不去顾及亲疏，不避贵贱，只寻求真正有才能的人呢？如果能这样，那么臣子就会看轻职位而礼让贤能的人，自己安心地跟随在贤能之人的后面；如果这样，那么舜、禹那样的盛世就会重新到来，称王天下的大业又能建立起来了。取得统一天下的功绩，名声可以和舜、禹相配，事情如此地美好，还有比这更高兴的吗？唉！统治人民的君主应该认真考察这些话了！杨朱在十字路口哭着说："在那错误之处跨出一步，而觉察时就已走错了千里的地方啊！"他为此而悲哀痛苦。任用人也是光荣或耻辱、安定或危险、生存或灭亡的十字路口啊，在这件事上的可悲，比在十字路口走错路更沉重。唉！可悲啊！统治人民的君主，竟然上千年也没有觉悟啊。

【原文】

无国而不有治法，无国而不有乱法；无国而不有贤士，无国而不有罢[①]士；无国而不有愿民，无国而不有悍民；无国而不有美俗，无国而不有恶俗；两者并行而国在，上偏[②]而国安，在下偏而国危[③]；上一而王，下一而亡，故其法治，其佐贤，其民愿，其俗美，而四者齐，夫是之谓上一。如是，则不战而胜，不攻而得，甲兵不劳而天下服。故汤以亳，武王以鄗，皆百里之地也，天下为一，诸侯为臣，通达之属，莫不从服，无它故焉，四者齐也。桀、纣即序[④]于有天下之势，索为匹夫而不可得也，是无它故焉，四者并亡也，故百王之法不同，若是，所归者一[⑤]也。

【注释】

①罢：通“疲”，病，此处指品性不好。

②上偏：即偏上，指偏重于上面所说的四种情况。

③在：衍文。下偏：后面所说的四种情况。

④序：当为“厚”字，多、重的意思。

⑤所归者一：指道理归根结底就一个。

【译文】

没有哪一个国家不存在使国家安定的法令制度，没有哪一个国家不存在导致国家动乱的法令制度；没有哪一个国家不存在贤能的士人，没有哪一个国家不存在品性差的士人；没有哪一个国家不存在朴实善良的百姓，没有哪一个国家不存在凶悍强暴的百姓；没有哪一个国家不存在美好的习俗，没有哪一个国家不存在恶劣的习俗；这两种情况同时存在，国家仍然可以保存；如果偏重于上一种情况的，国家就安定；如果偏重于下一种情况，国家就危险；前面四个方面都一一具备了，就可以称王天下了；后面四种情况都一一具备了，就会灭亡。如果国家的法令制度是使国家安定的法律制度，它的辅佐大臣是贤能的，它的人民是朴实善良的，它的习俗是美好的，这四个方面都齐备了，那就叫做前面的几个方面一一具备了。像这样，那么就可以不战而胜，不攻而得，可以不劳累军队而使天下顺从了。商汤凭借亳，周武王凭借鄗，都不过是方圆百里的领土，而使天下统一，使诸侯称臣，凡能到达的地方，没有不服从的，这没有别的缘故，而是因为上述四个方面都齐备了。夏桀、商纣拥有天下最大的权势，但到最后想要做个普通老百姓也办不到，这没有别的缘故，而是因为上述四个方面全都丧失了。历代君主的治国方法尽管不同，如果照上述情况看来，道理归结起来还是一样的。

【原文】

上莫不致[1]爱其下，而制之以礼；上之于下，如保赤子。政令制度，所以接下之人百姓；有不理者如豪未[2]，则虽孤独鳏寡必不加焉。故下之亲上欢如父母，可杀而不可使不顺。君臣上下，贵贱长幼，至于庶人，莫不以是为隆正[3]，然后皆内自省以谨于分，是百王之所以同也，而礼法之枢要也。然后农分田而耕，贾分货而贩，百工分事而劝，士大夫分职而听，建国诸侯之君分土而守，三公总方而议，则天子共己而止矣。出若入若，天下莫不平均，莫不治辨，是百王之所同，而礼法之大分也。

【注释】

①致：此处是努力、尽力的意思。
②不理者：指不合理。豪未：毫末，丝毫。
③隆正：最高的标准。

【译文】

君主没有不尽力爱护自己的百姓的，因而用礼制来治理他们；君主对于百姓，就像爱护初生的婴儿一样。政令制度，是用来对待下面百姓的；如果它有丝毫不合理的地方，那么即使是对鳏寡孤独，也必定不会加在他们的头上。所以百姓亲近君主如同喜欢自己的父母一样，宁可被杀死也不能使他们不顺从君主。君主、臣子、上级、下级，高贵的、卑贱的、年长的、年幼的，直到普通百姓，没有谁不把礼制当成是最高标准的，然后又都从内心深处检查自己而谨慎地守着自己的本分，这是历代圣王相同的政治措施，也是礼制法度的关键。这些做到以后，农民分田耕种，商人分货贩卖，各种工匠分行业勤勉地劳作，士大夫分职务去处理政事，诸侯国的国君分疆土去守卫，三公归总全国的大政方针加以讨论，那么天子只要让自己拱着手就可以了。朝廷内外都如此处置，天下就没有不平均的，就没有得不到治理的，这是历代圣王所共同的政治原则，也是礼制法度的总纲。

【原文】

若夫贯日而治平，权物而称用[1]，使衣服有制、宫室有度、人徒有数、丧祭械用皆有等宜，以是用挟[2]于万物，尺、寸、寻、丈[3]，莫得不循乎制度[4]数量然后行，则是官人使吏之事也，不足数于大君子之前[5]。故君人者，立隆政[6]本朝而当，所使要百事者诚仁人也，则身佚而国治，功大而名美，上可以王，下可以霸；立隆正本朝而不当，所使要百事者非仁人也，则身劳而国乱，功废而名辱，社稷必危；是人君者之枢机者也。故能当一人而天下取，失当一人而社稷危。不能当一人而能当千人、百人者，说无之有也。既能当一人，则身有[7]何劳而为？垂衣裳而天下定。故汤用伊尹[8]，文王用吕尚[9]，武王用召公[10]，成王用周公旦[11]。卑者五伯，齐桓公闺门之内，县乐、奢泰、游抏之修[12]，于天下不见谓修，然九[13]合诸侯，一匡天下[14]，为五伯长[15]，是亦无他故焉，知一政[16]于管仲也，是君人者之要守也。知者易为之[17]，兴力而功名綦大，舍是而孰足为也？故古之人，有大功名者，必道是者也；丧其国、危其身者，必反是者也。故孔子曰："知者之知，固以[18]多矣，有以守少[19]，能无察乎？愚者之知，固以少矣，有以守多，能无狂乎？"此之谓也。

【注释】

①权：引申为合理地调节。称用：恰当地加以利用。称，合适，配得上。

②用挟：当作"周浃"，普遍的意思。

③尺、寸、寻、丈：均是古代长度单位，此处借指处理各种事情的标准。

④制：规格。度：标准。

⑤数：数说。大君子：德才最完备的君子。

⑥隆政：最高标准。政，通"正"。

⑦有：通"又"。

⑧汤：商汤。伊尹：名挚，商汤王的相。

⑨文王：周文王。吕尚：姜姓，名尚，字子牙，俗称姜太公，周文王

的相。

⑩武王：周武王。召公：姓姬，名奭，周武王的弟弟。因采邑在召（今陕西岐山西南），因此称为召公。

⑪成王：周成王。周公旦：姓姬，名旦，周武王的弟弟，周成王的相。

⑫奢泰：奢侈。泰，同“汰”，侈。抏：同“玩”。修：追求。

⑬九：表示多。

⑭一匡天下：统一天下，恢复正道。一，统一，一致。匡，正。

⑮五伯：即五霸。长：首。五伯并非同时，而桓公居先，所以称“五伯长”。

⑯一政：把政事统一起来。

⑰之：指代“要守”，指任用贤人为相。

⑱以：同“已”。

⑲守少：指聪明的君主自己所负担的事务少。守，管。

【译文】

至于连续详尽地处理各种政事，合理地调节万物来使它们得到恰当的使用，使各级官吏穿的衣服有一定的规格，住的宫室有一定的标准，仆役有一定的数量，丧葬祭祀器械用具都符合等级规定，并且把这种做法贯彻到各种事情中，像尺、寸、寻、丈等标准一样，没有不是遵循了法度数量的规定然后才加以施行的，这些都是政府官吏所做的事情，不值得在德才完备的君主面前数说。所以统治人民的君主，在于为国家确定最高的标准，如果为本朝所确立的最高准则完全恰当，所任用的人是真正有德才的人，那么他就会使自身安逸而国家安定，功绩伟大而名声美好，上等的可以称王天下，下等的也可以称霸诸侯；如果为本朝所确立的最高准则不恰当，所任用的人不是真正有德才之人，那么他就会自身劳累而国家混乱，功业毁弃而名声受损，国家必定就会危险；任用人是当君主的关键啊。所以，能恰当地任用一个人，那么天下就能安定；不能恰当地任用一个人，那么国家就会危险。不能恰当地任用一个人而能恰当地任用千百人，从来没有这种说法。既然能恰当地任用一个人，那么君主还有什么可以劳累的呢？只要整理好衣服天下就可以安定了。所以商汤任用伊尹，周文王任用吕尚，周武王任用召公，周成王任用周公。次一些的五霸，齐桓公在宫门之内悬挂乐器，尽情地奢侈放纵，游荡玩乐，但天下却没有人认为他在追求享乐，相反他却多次会盟了诸侯，使天下归于一致而恢复了正道，成为五霸中的首领，这也没有别的缘故，只是因为他懂得把政事全部交给管仲，这就是当君主最重要的职责啊。有智慧的君主很容易任用恰当的人并使他们出力，取得强大的实力而名望极大，除此以外，君主还有什么值得去做的呢？所以古代的人，凡是有伟大的功业名望的人，必定是遵行了这一点的；凡是丧失了自己的国家，危害到他本人的人，必定是违反了这一点的。所以孔子说："有智慧的人智慧本来就丰富，又因为自己所负责的具体事物少，能不明察吗？蠢人的智慧本来就少，又因为他所负责的具体事物多，能不惑乱吗？"说的就是这个道理。

【原文】

治国者，分已定[①]，则主相臣下百吏各谨其所闻，不务听其所不闻；各谨其所见，不务视其所不见。所闻所见，诚以齐[②]矣，则虽幽闲隐辟[③]，百姓莫敢不敬分安制以礼化[④]其上，是治国之征也。

【注释】

①分已定：指已经将名分等级确定。

②诚以齐：真正地按照一致的原则去处理事物。

③闲：闭塞，阻隔。辟：通"僻"。

④化：顺从。

【译文】

治理得好的国家，等级名分已经确定，那么君主和官吏们各自谨守自己所听到的，不去追求自己所没有听到的；各自谨守自己所看到的，不去追求自己所没有看到的。君主官吏所看到所听到的事情，都能真正地名分一致了，那么即使是那些幽远闭塞地方的百姓，也没有敢不安于严守本分，遵守制度，按照礼法来顺服他们的君主，这就是治理得好的国家的征兆。

【原文】

主道：治近不治远，治明不治幽，治一不治二。主能治近，则远者理；主能治明，则幽者化；主能当一，则百事正。夫兼听天下，日有余而治不足者如此也，是治之极也。既能治近，又务治远；既能治明，又务见幽；既能当一，又务正百，是过者也，过犹不及也，辟[①]之是犹立直木而求其景之枉[②]也。不能治近，又务治远；不能察明，又务见幽；不能当一，又务正百，是悖者也，辟之，是犹立枉木而求其景之直也。故明主好要，而暗主好详。主好要，则百事详；主好详，则百事荒。君者，论一相、陈一法、明一指[③]，以兼复之、兼炤之[④]，以观其盛[⑤]者也。相者，论列[⑥]百官之长，要百事之听，以饰[⑦]朝廷臣下百吏之分，度其功劳，论其庆赏，岁终奉其成功以效于君，当则可[⑧]，不当则废。故君人劳于索之[⑨]，而休于使之。

【注释】

①辟：通“譬”。

②枉：弯曲。

③论：通“抡”，选择。指：同“旨”，宗旨，指主要原则。

④复：覆盖，庇护，指统治。炤：同“照”，照耀。

⑤盛：通“成”，成功。

⑥论列：评论，选择。论，通“抡”。列，安排位次。

⑦饰：同“饬”，整顿，整治。

⑧可：用。

⑨索之：指对相国的任用。

【译文】

君主治理国家的办法：治理身边的事而不去治理远方的事，治理明显的事而不去治理不明显的事，治理主要的事而不去治理各种烦琐的小事。君主能够治理好身边的事，那么远方的事自然就会得到治理；君主能够治理好明显的事，那么不明显的事就会自然随之而变化；君主能恰当地治理好主要的大事，那么各种烦琐的小事就会因此而得到正确的处理。同时处理全天下的事务，而每天的时间还有余暇，需要治理的事少，像这样，就是治理国家的最高境界了。既能治理身边的事，又力求治理远方的事；既能治理明显的事，又力求洞察治理不明显的事；既能恰当地治理好主要的大事，又力求治理好各种烦琐的小事，这是太过分的要求，过分就如同达不到一样，就好像是树起笔直的木头而要求它的影子是弯曲的一样。不能够治理好身边的事，又力求治理好远处的事；不能够明察明显的事，又力求洞察不明显的事；不能恰当地治理好主要的大事，又力求治理好各种烦琐的小事：这是荒谬的做法，这就好像是树起弯曲的木头而要求它的影子是笔直的一样。所以圣明的君主喜欢抓住要点，而昏庸的君主喜欢周详地管理每件小事。君主喜欢抓住要点，结果是一切事情都办得周详；君主喜欢管得周详，结果是一切事情都荒废。君主，只需选择一个宰相，公布一套法制，明确一个主要的原则，用这种手段来统率一切，洞察一切，并以此来显示自己的成功。宰相，是负责选拔安排各部门的长官，总管各种事情的治理，整顿规范朝廷大臣和各级官吏的职分等级，考核他们的功劳，论定对他们的奖赏，年终时拿出他们的成绩呈报给君主，他们当中称职的就留用，不称职的就罢免。所以，君主的辛苦在于寻觅贤相，在使用贤相以后就安逸了。

【原文】

用国者，得百姓之力[①]者富，得百姓之死[②]者强，得百姓之誉者荣[③]。三得者具而天下归之，三得者亡而天下去之。天下归之之谓王，天下去之之谓亡。汤、武者，循其道，行其义，兴天下同利，除天下同害，天下归之。故厚德音以先之，明礼义以道之，致忠信以爱之，赏贤使能以次之，爵服赏庆以申重之，时其事、轻其任以调齐之，潢然④兼复之，养长之，如保赤子。生民则致宽，使民则綦理。辩政令制度，所以接天下之人百姓⑤；有非理者如豪末，则虽孤独鳏寡必不加焉。是故百姓贵之如帝，亲之如父母，为之出死断亡而不愉⑥者，无他故焉，道德诚明，利泽诚厚也。

【注释】

①力：为君主拼力。

②死：为君主献身。

③誉：赞誉，称誉。荣：有名望。

④潢然：广大的样子。

⑤“天”、“百姓”三字当为衍文。

⑥不愉：不偷，不苟且偷生的意思。愉，通“偷”。

【译文】

治理国家的君主，得到百姓为他卖力的就富足，得到百姓为他拼死作战的就强大，得到百姓颂扬他的就有名望。这三者都具备了，那么天下人就会归顺他；这三者都不具备，那么天下人就会叛离他。天下人都归顺他的叫做称王天下，天下人都叛离他的叫做灭亡。商汤、周武王等人，遵循他们的治国原则，施行他们的礼义，兴办对天下人都有利的事情，除掉对天下人都有害的事，因而天下人都归顺他们。所以，君主重视提高道德声誉来引导臣民，彰明礼制道义来开导臣民，尽力做到忠诚守信来爱护臣民，尊崇贤人、任用能人来安排职位，用爵位、服饰、赏赐、表扬去反复激励臣民，根据时节安排臣民的事务，减轻他们的负担来调剂臣民，广泛普遍地庇护他们，养育他们，如同养护初生的婴儿一样。养育臣民极其宽容，使用百姓则极其合理。制定政令制度，是用来对待下面的老百姓的；丝毫不合理的地方，即使是对待鳏寡孤独，也一定不加到他们头上。所以，百姓敬重这种君主就好像是敬重天帝一样，亲近他就好像是亲近自己的父母一样，为他不怕死亡，不苟且偷生，这没有别的缘故，而是因为君主的道德真正的贤明，君主的恩泽真正的深厚啊。

【原文】

乱世不然。污漫突盗[①]以先之，权谋倾覆以示之，俳优、侏儒、妇女之请谒以悖之[②]，使愚诏知，使不肖临贤，生民则致贫隘[③]，使民则綦劳苦。是故百姓贱之如尪[④]，恶之如鬼，日欲司间[⑤]而相与投藉之，去逐之。卒有寇难之事[⑥]，又望百姓之为己死，不可得也。说无以取之焉。孔子曰："审吾所以适人[⑦]，适人之所以来我[⑧]也。"此之谓也。

【注释】

①突盗：欺凌盗窃的行为。

②俳：滑稽演员。优：优伶，演员。侏儒：因发育不良而身材矮小之人，古代常充当滑稽演员，以供贵族们戏弄取乐。

③隘：通"阨"，穷困，窘迫。

④尪：有残疾的人。

⑤司间：寻找可乘之机。司，通"伺"，探查，侦察。间，间隙。

⑥卒：通"猝"，突然。寇难：敌人入侵的危难。

⑦审：弄明白。适人：对待别人。

⑧来我：对待我。

【译文】

混乱国家的君主就不是这样。君主以污秽卑鄙、强取豪夺的行为来引导他的臣民，用玩弄权术阴谋、搞倾轧陷害之人来作为臣民的示范，让倡优、侏儒、女人的请托来迷惑臣民，让愚蠢的人去教诲有智慧的人，让品性恶劣的人凌驾于有德才的人之上。他们养育百姓却使得百姓更加的贫穷困厄，驱使百姓则使百姓极其疲劳辛苦。因此百姓鄙视他就好像是鄙视残疾人一样，厌恶他就好像是厌恶鬼魅一样。每天都在寻找机会要共同抛弃这样的君主，要背离、驱逐这样的君主。突然遇到了外敌入侵的危难之事的时候，这样的君主还希望百姓为他卖命，这是不可能办到的啊。上述治理国家的方法，毫无可取之处。孔子说："想弄清楚别人对我怎样，只要看自己如何对待别人。"说的就是这个道理。

【原文】

伤国者何也？曰：以小人尚民而威[①]，以非[②]所取于民而巧，是伤国之大灾也。大国之主也，而好见小利，是伤国；其于声色、台榭、园囿也，愈[③]厌而好新，是伤国；不好循正其所以有[④]，啖啖常欲人之有[⑤]，是伤国。三邪者在匈中，而又好以权谋倾覆之人断事其外，若是，则权轻名辱，社稷必危，是伤国者也。大国之主也，不隆本行，不敬旧法，而好诈故[⑥]，若是，则夫朝廷群臣亦从而成俗[⑦]于不隆礼义而好倾覆也。朝廷群臣之俗若是，则夫众庶百姓亦从而成俗于不隆礼义而好贪利矣。君臣上下之俗莫不若是，则地虽广，权必轻；人虽众，兵必弱；刑罚虽繁，令不下通；夫是之谓危国，是伤国者也。

兽面纹剑佩（春秋战国）

【注释】

①以：使。尚民：在百姓之上。
②非：指非法手段。
③愈：通"愉"，乐。
④循：当作"修"。以：同"已"。

⑤啖：吃。啖啖：贪心的样子，形容贪婪。

⑥诈故：巧诈。

⑦成俗：形成风气。

【译文】

危害国家的是什么呢？回答说：使小人骑在百姓头上作威作福，用非法的手段巧妙地欺诈搜刮百姓，这是危害国家的大灾祸。身为一个大国的君主，却喜欢蝇头小利，这就会危害国家；他对于音乐、美色、高台亭阁、园林兽苑，越是满足却越是追求新奇，这就会危害国家；不好好治理自己所已经拥有的土地财富，却总是贪婪地想着他人所拥有的，这就会危害国家。这三种邪恶的念头在心中，而又喜欢任用那些搞权术阴谋、倾轧陷害之人来处理政务，像这样，那么君主的权势就会轻微，声名就会败坏，国家政权必然会危险，这是危害国家的君主啊。身为一个大国的君主，却不崇尚德行，不谨守原有的礼法制度，而喜欢搞欺诈，像这样，那么朝廷上的臣子们也就跟着养成一种不尊崇礼义而热衷于搞倾轧陷害的风气。朝廷上群臣的风气如此，那么群众百姓也就跟着养成一种不崇尚礼义而热衷于贪图财利的风气了。君臣上下的风气如果都是这样，那么土地即使辽阔宽广，权势也必定会轻微；人口即使众多，兵力也必定会衰弱；刑罚即使繁多，政令也不能下达。这就叫做危险的国家，这是危害国家的君主啊。

【原文】

儒者为之不然，必将曲辨[①]。朝廷必将隆礼义而审贵贱，若是，则士大夫莫不敬节死制者矣。百官则将齐其制度，重其官秩，若是，则百吏莫不畏法而遵绳矣。关市几[②]而不征，质律禁止而不偏[③]，如是，则商贾莫不敦悫而无诈矣。百工将时斩伐，佻其期日而利其巧任[④]，如是，则百工莫不忠信而不楛矣。县鄙将轻田野之税，省刀布之敛，罕举力役，无夺农时，如是，则农夫莫不朴力[⑤]而寡能矣。士大夫务节死制，然而[⑥]兵劲。百吏畏法循绳，然后国常不乱。商贾敦悫无诈，则商旅安，货通财[7]，而国求给矣。百工忠信而不楛，则器用巧便而财不匮矣。农夫朴力而寡能，则上不失天时，下不失地利，中得人和，而百事不废。是之谓政令行，风俗美。以守则固，以征则强；居则有名，动则有功。此儒之所谓曲辨也。

【注释】

①曲辨：周全详尽的治理。曲，周全详尽。

②几：通“讥”，查问。

③质律：古代评定市价的文书。偏：指偏听一面之词。

④佻：延长，放宽。期日：约定的日期。任：能力。

⑤朴力：专心一致。

⑥然而：然则。

⑦货通财：当作“货财通”。

【译文】

儒者的做法就不是这样的，他们一定要周到地治理国家。在朝廷中一定要崇尚礼义而明确贵贱等级，像这样，那么士大夫就没有不看重节操，死守职责的了。各级官吏就将遵守统一的管理制度，十分注重他们的官职俸禄，像这样，那么群臣百官就没有不畏惧法律遵守法制的了。对于关卡和集市只稽查坏人而不征收赋税。平定物价的文书禁止投机而不偏听一面之词，像这样，那么商人就无不忠厚老实而没有欺诈了。对于各种工匠将要求他们按照时节砍伐木材，放宽对他们的限期以发挥他们巧妙的才能，像这样，那么各种工匠就无不忠诚信实而不粗制滥造了。在农村，将减轻对农田的赋税，减少货币的聚敛，少兴劳役，不侵占农时，像这样，那么农民就无不专心致志地耕种而很少从事其他的技能了。士大夫重视名节而殉身于礼制，这样兵力就会强劲。群臣百官畏惧法制而遵守法度，这样国家的基本法律制度就不会混乱。商人忠厚老实而没有欺诈，那么流动的商贩就安全保险，货物钱财就能流通，而国家的各种需求就能得到供应了。各种工匠忠诚老实而不粗制滥造，那么器械用具就做得精巧便利而材料也不会匮乏了。农民专心致志地劳作而没有从事其他行业，那么就会上不失天时，下不失地利，中能得到人和，于是一切事情都不会荒废。这些情况叫做政令通行，风俗美好。凭借这种政治局面来保卫自己，防守就会非常牢固；攻打别的国家，攻势就会非常强劲有力；安居无事就会有名望，采取行动就会有功绩。这就是儒家所说的周全详尽的治理啊。

【解读】

荀子生当战国以来诸侯割据的大势，天下统一在望，在显诸侯中，最有实力赢天下者当属强秦。但强秦不行仁义，由它统一天下将难以得到巩固，所以荀子寄望于明主仁人能谨择治国之道，以仁义取天下。本篇在讨论“义立而王，信立而霸，权谋立而亡”三种主张的过程中，反复强调只有儒家隆礼重法的治国之道，才是真正使中国长期统一的良策。

义、信、利三种不同的治国之道。“义立而王”的国家，是以礼义为立国之基，其行礼义的标准极高，对礼义绝不伤害，行一不义、杀一无罪而得天下决不为之；其行礼义的态度坚定，落然如石之坚固；其行礼义的功效全面完备，所谓举义士、举义法、举义志，即共谋国政的臣子、颁布天下的法令、君臣希盼的目标，完全符合礼义，并达到美善的境界。商汤王、周武王虽然仅有百里之国，却实现了“天下为一”，原因就在于他们“以国齐义，一日而白”。孔子虽然终生不得势，但他“诚义乎志意，加义乎身行，箸之言语”，立身行事、著书立说都能严格地推行礼义，因而成为王者之师。荀子呼吁诸侯得势者出来效法汤武仲尼，高举礼义大旗，完成天下统一的大任。此言之不久，秦以暴力统一了中国，将荀子“义立而王”的幻想击得粉碎。“信立而霸”的国家，虽然没有以礼义为立国之基，却能立信为上，而守信便意味着守德义，只是其德“未至”、其义“未济”，即德行未完善、道义未完备，而德义精神终归大体上具备了。所谓“天下之理略奏矣”，是指治国的条件基本上形成了，最主要的，一是“刑赏”，二是“已诺”，都能取信于天下，面临利败两可，却能“不欺其民”、“不欺其与”。没有把政治教化作为立国根本，没有把礼法推崇到最高地位，没有完全实行礼仪制度，没有使人心顺服，但治国的方针大体正确，“乡方略，审劳佚，谨畜积，修战备，齺然上下相信，而天下莫之敢当”。这说明，霸道并非全属权谋，而且有强国富民之功。荀子对“信立而霸”多有肯定，对齐桓公能持大节不吝赞辞，原因即在此。“权谋立而亡”的国家，因“不务张其义，齐其义，唯利之求”，便与“义立而王”、“信立而霸”的国家区别开来。“唯利之求”是立国的宗旨，故以权谋对内“诈其民而求小利焉”，对外“诈其与而求大利焉”，内外上下，君臣百姓莫不用其诈心而成为风气。荀子指出，“非以修礼义也，非以本政教也，非以一天下也，绵绵常以结引驰外为务”，这是齐闵王、薛公田婴将强齐引向“身死国亡，为天下大戮”的根本原因。总而言之，荀子论王、霸、亡三种治国之道，始终以它们对待礼义的态度为标准，王道行礼义而极隆之，霸道行德义而未隆之，亡道违礼义而不行之，因此才会有不同的价值结论。孟子也曾论述过王霸问题，他说：“以力假仁者霸，霸必有大国；以德行仁者王，王不待大，汤以七十里，文王以百里。”（《孟子·公孙丑章句上》）孟子的仁政是以推行礼义为唯一条件，而荀子则以礼法并重来修正仁政，礼义的推行伴之以用刑赏，“法则度量”、“贵贱杀生”合则为一；孟子只求对人民实行仁义，不必求国家实力强大，而荀子则希望“以守则固，以征则强，居则有名，动则有功”，富、强、荣“三得者具而天下归之”，显见是隆礼义而兼国家实力强大。针对孟子“以力假仁者霸”的论断，荀子提出只要治国方针正确、宰相得力，“上可以王，下可以霸”，即隆礼者不王则可霸，可以求其次，霸并非绝对不可用；又齐桓公因实力强大、讲求信用，故能取民友与，“九合诸侯，一匡天下”，做了霸主，证明力和信是强国的基础，不宜一概否定之。由此可见，荀孟二人的王霸之论、仁政思想其异大于其同。

儒家百里取天下的主要经验。本篇“百里之地取天下”一语凡五次出现，“汤武”一语凡五次出现，表明荀子对用汤武之道、凭百里之地而统一天下的向往之情极深。为总结“道不过三代，法不二后王”的执政经验，荀子做了充分论证。要点是：（一）以礼正国。礼对于治国是基本条件，有如衡量标准的秤、测量曲直的墨线、画成方圆的规矩，缺之不可。所以，应将礼法确立为最高准则，做到修礼义、本政教、綦文理，不仅行一不义、杀一无罪而得天下决不为之，而且立身行事、著书立说合乎礼义，法则度量合乎礼义，政事刑赏合乎礼义，使礼义“袭然终始犹一也”。（二）大处治国。“巨用之者”即立足于大处治国，“小用之者”即立足于小处治国，二者的本质区别在于用人的方针是先义后利还是先利后义，前者“唯诚能之求”，后者“唯便僻亲比己者之用”，结果以王、亡分流。荀子主张“无恤亲疏，无恤贵贱”，突破传统的礼的约束，论德使能，以广开人才之路，这是他对用人制度中义、利关系新的解读。大处治国，则“必不可以独也”，不可以“必自为之然后可”，假如像这样，荀子贬之为“役夫之道也”，必会“劳苦耗瘁莫甚焉”，连奴婢也不愿做天子了。因此，取一相总理，才是圣王之道、人主之职。取相并不仅仅为天子代劳，而至关重要的是取一仁人，“能当一人而天下取，失当一人而社稷危”，天子取贤相总理百务，“则身有何劳而为，垂衣裳而天下定”。这是用简约而去繁详的高境界。荀子举商汤、周文王、周武王、周成王和齐桓公为例，均因以千年难遇的明君贤相之合为宝而当政或王天下或霸诸侯，即证明这种问政方式关乎国家的生死存亡。（三）保赤子，得人心。荀子认为，百里之地取天下并非虚谈，难在君主是否懂得怎样凭百里之地取天下的道理。总而言之，是“道足以壹人而已矣”，“壹人”首先得“服人”，即容贤、容能和服好利之人，凭百里之地“竭势”，行忠信、仁义“竭人”，“两者合而天下取”。人与势二者以人为中心，“人服而势从之，人不服而势去之，故王者已服人矣。”聪明君子善此道，所以英明君主以之为宝，愚昧君主却以之为灾难，这是国家面临荣辱安危存亡十字路口时的两种截然相反的抉择。为达“竭势”、“竭人”的目的，聪明君子为英明君主制定了“法治”、“佐贤”、“民愿”、“俗美”这“四者齐”的服人措施，取得“不战而胜，不攻而得，甲兵不劳而天下服”的功效。服人当以循礼为原则，“君臣上下，贵贱长幼，至于庶人，莫不以是为隆正”，农、贾、百工、士大夫、诸侯、三公、天子各司其职，各守本分，乃“礼法之枢要也”。天子将天下臣民视为赤子，而以得到百姓之尽力、效死和赞誉，为国家富裕、强大和荣耀乃至天下归之而王的关键所在，因此要循道行义、兴利除害，以各种政策鼓励、调剂、庇护、抚养人民。“生民则致宽，使民则綦理，辨政令制度，所以接天下之人百姓，有非理者如豪末，则虽孤独鳏寡，必不加焉”数语，是荀子用于论制定政策的指导思想和原则的，表明所谓得人心主要是得百姓之心，所谓保赤子主要是保百姓切身利益，即如毫毛末梢一样细小的事情，也不可强加给百姓。出之以惠民爱民政策，对待君主则“百姓贵之如帝，亲之如父母，为之出死断亡而愉者”；出之以害民夺民政策，对待君主则“百姓贱之如尪，恶之如鬼，日欲司间而投藉之，去逐之”。荀子关于裕民政策在君主与百姓之间的和谐关系中具有重要作用的思想，足可重视。（四）治国为先，逐乐为次。荀子不认为统治者的忧乐纯属个人的私事私德，而是与国家的兴亡密切相关的大事。他严肃指出：“目欲綦色，耳欲綦声，口欲綦味，鼻欲綦臭，心欲綦佚”，“人情之所必不免也”。然而，满足目、耳、口、鼻、心这五种欲望是以有“治辨强固之道”为条件的，因为百乐“生于治国”，忧患“生于乱国”，所以先使国治才能得其百乐，如其相反，急逐乐而缓治国，必将忧患重重、身死国亡。鉴于此，明君总是将社稷之安、君臣之福寄托在先使国治之上。（五）治有不治。荀子发挥孔子“过犹不及”的中庸之论，认为做君主的“治之极”是“主道治近不治远，治明不治幽，治一不治二”。这是说，治中有不治，不治而得治，由于“固以多矣，有以守少”，治近可理远，治明可化幽，当一可正百事。荀子用“明主好要而暗主好详。主好要则百事详，主好详则百事荒”这句话，来概括明君的治术，确为数千年执政的经验之谈。怎样才能达到“治之极”最高境界呢？具体措施是：“论一相，陈一法，明一指，以兼覆之、兼炤之，以观其盛者也。”（六）周治而不伤国。儒家主张“曲辨”，即周全治理。这是荀子的一个重要观点。“隆礼义而审贵贱”，是周全治理的基本原则。按照礼法的规定，对社会各阶级从事不同职业的人，上自士大夫、官吏，下至商贾、百工、农夫，用法令制度约束他们的行为，同时给予优厚奖

赏，用优惠的经济政策保护他们的利益，勉励他们谨守职分，遵守法制，诚实守信，努力创造社会财富，及至甘愿为礼制殉身，为君主效死，如是即可“政令行、风俗美，以守则固，以征则强，居则有名，动则有功”，这就是荀子所谓的儒家“曲辨”。可是，荀子却看到现在那些大国君主贪图蝇头小利、沉迷声色享乐、劫掠别国土地财富，最终伤害的是人民的利益，这是最大的灾祸。其结果，违背了礼义，践踏了古代圣王的法制，朝廷习惯于倾轧迫害，人民也养成欺诈贪利的风气，国家将坠入危险的境地。乱世伤国的现实使荀子周全治理的理想殆将破灭。

君道第十二

【题解】

荀子在本篇中主要论述的问题就是君主的治国理政之道，并从如何治国，如何用人，如何统一国家的礼义法度，如何满足百姓的生存要求和愿望等方面进行了具体的评说。荀子认为，礼义法度是国家的根本，而君主则是礼义法度的本源，“法者，治之端也；君子者，法之原也。”所以主张君主要修身，要以身作则。俗话说“上梁不正下梁歪”，若是君主喜欢运用权谋，则下面的群臣百官乃至老百姓也都会用阴谋诡计来欺瞒他，即“上好权谋，则臣下百吏乘是而后欺……上好曲私，则臣下百吏乘是而后偏。”“君者，民之原也；原清则流清，原浊则流浊。”相反，如果君主能够做到以身作则，“隆礼至法”，“尚贤使能”，善于用人，“慎取相”的话，就能把国家治理好。文中所说的“君人者，爱民而安，好士而荣，两者无一焉而亡”，无疑可成为君主的座右铭。

三龙连弧纹镜（春秋战国）

除君道外，篇中也涉及到了臣道、父道、子道、兄道、弟道、夫道、妻道等，而归结到一点，就是要以礼为治。在家中，每个成员都要按照礼的要求建立相应的家庭关系，即要以礼齐家，如此，家庭才能和谐。而家庭是国家社会的细胞，只有家庭和谐了，才会形成治国平天下的良好的社会基础。因此，君主是群臣百吏和百姓的榜样，只有以德治国，才能拥有天下。

【原文】

有乱君，无乱国；有治人，无治法。羿之法非亡也，而羿不世中；禹之法犹存，而夏不世王。故法不能独立①，类不能自行，得其人则存，失其人则亡。法者，治之端也；君子者，法之原也。故有君子则法虽省，足以遍矣②；无君子则法虽具，失先后之施，不能应事之变，足以乱矣。不知法之义而正法之数者，虽博③，临事必乱。故明主急得其人，而暗主急得其势。急得其人，则身佚而国治，功大而名美，上可以王，下可以霸；不急得其人而急得其势，则身劳而国乱，功废而名辱，社稷必危。故君人者劳于索之，而休于使之。《书》曰："惟文王敬忌④，一人以择⑤。"此之谓也。

【注释】

①立：建树。
②遍：与下文"乱"相对，指普遍得到治理。
③博：多闻。
④惟：思。
⑤一人：指代天子。

【译文】

有致使国家混乱的君主，没有混乱的国家；有治理国家的人才，没有自行治理的法制。后羿的射箭方法并没有失传，但后羿并不能使每代人都百发百中；大禹的法制依旧存在，但夏后氏并不能永世称王天下。所以法制不可能单独有所建树，律例不可能自动运行；得到了那种善于治国的人才，那么法制就存在；丧失了那种人才，那么法制也就没有了。法制，是政治的开头；君子，是法制的本原。所以有了君子，法律即使简略，也足够解决一般的社会问题了；如果缺少君子，法律即使完备，也会失去先后的实施次序，不能随机应变，结果还是会导致混乱。不懂得法治的道理而只是去定法律的条文，即使了解得很多，碰到具体事情也一定会昏乱。所以英明的君主急于得到治国的栋梁，而愚昧的君主一心想要取得权势。急于获得治国的人才，就会自身安逸而国家安定，功绩伟大而名声显赫，上可以称王天下，下可以称霸诸侯；不急于得到治国的人才，而急于取得权势，就会自身劳苦而国家混乱，功业缺乏而声名恶劣。国家政权一定陷于危险。所以统治人民的君主，在寻觅人才时劳累，而在使用他以后就安逸了。《尚书》上说："要想想文王的恭敬戒惧，亲自去选择人才。"说的就是这种意思。

【原文】

合符节、别契券者[①]，所以为信也；上好权谋，则臣下百吏诞诈之人乘是而后欺。探筹、投钩者，所以为公也；上好曲私，则臣下百吏乘是而后偏。衡石、称县者[②]，所以为平也；上好倾覆，则臣下百吏乘是而后险。斗、斛、敦、概者[③]，所以为啧也[④]；上好贪利，则臣下百吏乘是而后丰取刻与，以无度取于民。故械数者，治之流也，非治之原也；君子者，治之原也。官人守数，君子养原，原清则流清，原浊则流浊。故上好礼义，尚贤使能，无贪利之心，则下亦将綦辞让，致忠信，而谨于臣子矣。如是，则虽在小民，不待合符节、别契券而信，不待探筹、投钩而公，不待衡石、称县而平，不待斗、斛、敦、概而啧。故赏不用而民劝，罚不用而民服，有司不劳而事治，政令不烦而俗美。百姓莫敢不顺上之法，象上之志，而劝上之事，而安乐之矣。故藉敛忘费[⑤]，事业忘劳，寇难忘死，城郭不待饰而固[⑥]，兵刃不待陵而劲[⑦]，敌国不待服而诎，四海之民不待令而一。夫是之谓至平。《诗》曰："王犹允塞，徐方既来。"此之谓也。

【注释】

①契券：契据证券，是古代的一种凭证。古人在竹简或木简上刻字，刻好后剖为两半，双方各留一半，验证时将两半相合，契合的便有效。

②衡石：衡器的通称。衡，秤；石，古代重量单位，一百二十斤为一石。县：同“悬”。称县：称量。

③斛：古代量器，十斗为一斛。敦：古代量黍稷的器具，形状似盂，一敦为一斗二升。概：量米粟时刮平斗斛的木板。

④啧：通“则”，整齐，划一，指标准统一。

⑤藉：进贡。敛：赋税。藉敛：纳税。

⑥饰：同“饬”，整治。

⑦陵：通“凌”，冰，引申为冷却，此指淬火。劲：强，坚硬。

【译文】

合符节、辨认契券，是用来形成信用的；但要是君主沉溺搞权术阴谋，那么大臣百官中那些搞欺骗诡诈的人也会跟着搞欺诈。抽签、抓阄，是用来造成公正的；但如果君主一心偏私，那么大臣百官也会跟着结党营私。用衡器来称量，是用来造成公平的；但如果君主喜欢偏斜颠倒，那么大臣百官就会乘机跟着胡作非为。各种量器量具，是用来造成统一标准的；但如果君主唯利是图，那么大臣百官也会跟着去多拿少给以致于一味地盘剥老百姓。因此各种有助于治理的器物与方法，只是政治的末流，并非政治的源头；君主，才是政治的源头。官吏应该拘守具体的方法条例，君主则保养源头。源头清澈，那么下边的流水也清澈；源头混浊，那么下边的流水也混浊。所以君主如果崇尚礼义，尊重贤德的人、任用有才能的人，没有贪图财利的思想，那么臣下也就会极其谦让，极其忠诚老实，而谨慎地做一个臣子了。像这样，即使是在卑微的老百姓之中，用不着对合符节、辨认契券就能做到有信用，用不着抽签、抓阄就能做到公正，不依靠衡器来称量就能做到公平，不需要各种量器量具就能做到标准统一。所以不用奖赏而民众就能勤勉，不用刑罚而民众就能服从，官吏不费力而事情就能处理好，政策法令不繁多而习俗就能变好；百姓没有谁敢不顺从君主的法令、依照君主的意志而为君主的事情卖力，而且对此感到高兴。因此，民众在纳税时不觉得破费，为国家干事业时忘掉了疲劳，外敌发动战争时能拼死作战；城墙不用修整就固若金汤，兵器的刀口不用淬炼就坚硬，敌国不用去征服就顺从。天下的民众不用命令就能统一行动。这叫做太平。《诗经》上说："王道遍行于天下，远方的徐国也来朝拜。"说的就是这种意思。

【原文】

请问为人君？曰：以礼分施[1]，均遍而不偏[2]。请问为人臣？曰：以礼侍君，忠顺而不懈。请问为人父？曰：宽惠而有礼。请问为人子？曰：敬爱而致文[3]。请问为人兄？曰：慈爱而见友[4]。请问为人弟？曰：敬诎而不苟。请问为人夫？曰：致功而不流，致临而有辨[5]。请问为人妻？曰：夫有礼，则柔从听侍；夫无礼，则恐惧而自竦也[6]。此道也，偏立而乱，俱立而治，其足以稽矣[7]。请问兼能之奈何？曰：审之礼也。古者先王审礼以方皇周浃于天下[8]，动无不当也。故君子恭而不难，敬而不巩，贫穷而不约，富贵而不骄，并遇变态而不穷，审之礼也。故君子之于礼，敬而安之；其于事也，径而不失；其于人也，寡怨宽裕而无阿；其为身也，谨修饰而不危；其应变故也，齐给便捷而不惑；其于天地万物也，不务说其所以然而致善用其材；其于百官之事、技艺之人也，不与之争能而致善用其功；其待上也，忠顺而不懈；其使下也，均遍而不偏；其交游也，缘义而有类；其居乡里也，容而不乱。是故穷则必有名，达则必有功，仁厚兼覆天下而不闵，明达用天地、理万变而不疑，血气和平，志意广大，行义塞于天地之间，仁知之极也。夫是之谓圣人，审之礼也。

【注释】

①分施：分布实施，这里指用礼义治理国家。

②均遍：均匀普遍。

③致：极。文：指礼节礼貌。

④友：兄弟之间的亲爱、友好与帮助。

⑤临：近。有辨：指夫妻有别，保持一定的界限。

⑥竦：肃敬。

⑦稽：通“楷”，楷模。

⑧方皇：广大。周浃：周遍。

【译文】

请问如何做君主？回答：要遵循礼义去治理国家，普遍均衡而不偏废。请问如何做臣子？回答：要按照礼义去侍奉君主，忠诚顺从而不懈怠。请问如何做父亲？回答：要宽厚仁爱而有礼节。请问如何做儿子？回答：要敬爱父母而极有礼貌。请问如何做哥哥？回答：要仁慈地爱护弟弟而付出自己的友爱。请问如何做弟弟？回答：要恭敬顺服而一丝不苟。请问如何做丈夫？回答：要尽力取得功业而不放荡淫乱，尽力亲近妻子而又有一定的界限。请问如何做妻子？回答：丈夫遵行礼义就温柔顺从听命侍候他，丈夫不遵行礼义就诚惶诚恐地独自保持肃敬。这些原则，如果只能部分地做到，那么天下仍会混乱；如果全部确立了，天下就会大治；因为它们足够用来作为榜样了。请问要全部做到这些该怎么办？回答：必须通晓礼义。古代圣王弄明白了礼义而普遍施行于天下，所以他们的行动没有不恰当的。所以君子谦恭但不胆怯，肃敬但不恐惧，贫穷却不卑屈，富贵却不骄纵，遇到各种事变、也能应付自如而不会束手无策，这都是因为弄明白了礼义的缘故。所以君子对于礼义，敬重并遵守它；他对于日常事务，做起来直截了当但不出差错；他对于别人，很少埋怨、宽宏大量而不阿谀逢迎；他做人的原则，是谨慎地加强修养而不险诈；他应付事变，迅速敏捷而不糊涂；他对于天地万物，不致力于解说它们形成的原因而能做到很好地利用其材；他对于各种官府中的官吏和有技术的人才，不和他们竞争技能的高下而能做到很好地利用他们的工

作成果；他侍奉君主，忠诚顺从而不懈怠；他使唤下边的人，公平而不偏私；他与人交往，依循道义而有法度；他即使住在乡下，待人宽容而不胡作非为。所以君子处境穷困时就一定享有名望，显达时就一定能建立功勋；他的仁爱宽厚之德普照天下而不昏暗，他的明智通达能够整治天地万物、处理各种事变而不疑惑；他心平气和，思想开阔，德行道义充满在天地之间，仁德智慧达到了极点。这种人就叫做圣人，这是因为他弄明白了礼义的缘故啊！

【原文】

请问为国？曰：闻修身，未尝闻为国也。君者，仪也[①]，仪正而景正；君者，槃也，槃圆而水圆；君者，盂也，盂方而水方。君射则臣决[②]。楚庄王好细腰，故朝有饿人[③]。故曰：闻修身，未尝闻为国也。

【注释】

①仪：日晷，利用日影来测定时刻的仪器。一般是在刻有时刻线的盘（晷面）的中央立一根垂直的标杆（晷针，也称“表”），根据标杆投出的日影方向和长度来确定时刻。这里的“仪”即指此标杆而言。

②决：古代射箭时套在右手大拇指上用来钩弦的象骨套子，俗称“扳指”。这里用作动词。

③古代一般的肚子饿叫“饥”。“饿”是指严重的饥饿，指肚子饿得受到死亡的威胁。

【译文】

请问如何治理国家？回答：我只听闻君主要修身养性，不曾听说过怎样去治理国家。君主，就像测定时刻的标杆；民众，如同这标杆的影子；标杆正直，那么影子也正直。君主，就像盘子；民众，如同盘里的水；盘子是圆形的，那么盘里的水也成圆形。君主，就像盂；民众就像盂中的水；盂是方形的，那么盂中的水也成方形。君主射箭，那么臣子就会套上扳指。楚灵王喜欢细腰的人，所以朝廷上有饿得面黄肌瘦的臣子。所以说：我仅听闻君主要修养身心，不曾听说过如何治理国家。

【原文】

君者，民之原也，原清则流清，原浊则流浊。故有社稷者而不能爱民、不能利民，而求民之亲爱己，不可得也。民不亲不爱，而求其为己用、为己死，不可得也。民不为己用、不为己死，而求兵之劲、城之固，不可得也。兵不劲、城不固，而求敌之不至，不可得也。敌至而求无危削、不灭亡，不可得也。危削、灭亡之情举积此矣，而求安乐，是狂生者也。狂生者，不胥时而落①。故人主欲强固安乐，则莫若反之民；欲附下一民，则莫若反之政；欲修政美国，则莫若求其人。彼或蓄积而得之者不世绝，彼其人者。生乎今之世而志乎古之道。以天下之王公莫好之也，然而于是独好之；以天下之民莫欲之也，然而是子独为之；好之者贫，为之者穷，然而于是独犹将为之也，不为少顷辍焉。晓然独明于先王之所以得之，所以失之，知国之安危、臧否若别白黑。是其人也，大用之，则天下为一，诸侯为臣；小用之，则威行邻敌；纵不能用，使无去其疆域，则国终身无故。故君人者爱民而安，好士而荣，两者无一焉而亡。《诗》曰："价人维藩，大师维垣。"此之谓也。

【注释】

①胥：通"须"，等待。

【译文】

君主，就如同人民的源头；源头清澈，那么下边的流水也同样清澈；源头混浊，那么下边的流水也混浊。所以掌握了国家政权的人若是无法爱护人民、无法使人民得利，却要求人民亲近尊重自己，那是不可能的。人民不亲近、不爱戴，却要求人民为自己所用、为自己牺牲，那也是不可能办到的。

人民不为自己所用、不为自己牺牲，却要求兵力强大、城防坚固，那是不可能的。兵力不强大、城防不坚固，却要求敌人不来侵犯，那是不可能的。敌人来了却希望自己的国家不危险削弱、不灭亡，那是不可能的。国家危险削弱以至灭亡的情况全都积聚在他这里了，却还想求得安逸快乐，这是狂妄无知的人。狂妄无知的人，不久之后就会衰败死亡的。君主想求取强大稳固安逸快乐，那最有效的是关注人民；想要使臣下归附、使人心所向，那就没有什么比得上回到政事上来更有效的；想要治理好政事、使风俗淳美，那就没有什么比得上寻觅善于治国的人更有用的。那些善于治国的人或许有所积储，因而得到这种人的君主从未断绝过。那些善于治国的人，生在今天的时代而向往着古代的政治原则。虽然天下的君主没有谁爱好古代的政治原则，但是这种人却爱好它；虽然天下的民众没有谁想要古代的政治原则，但是这种人偏偏遵行它。爱好古代政治原则的会贫穷，遵行古代政治原则的会困厄，然而这种人还是要遵行它，并不因此而停止片刻。惟独这种人清楚地明了古代帝王取得国家政权的原因、失去国家政权的原因，他了解国家的安危、政治的好坏就像分辨黑白一样清楚。这种会治国的人，如果君主重用他，那么天下就可以被统一，诸侯就会来称臣；如果君主一般地任用他，那么威势也能扩展到邻邦敌国；即使君主不能任用他，但如果能使他始终生活在自己的国土，那么国家在他活着的时候也就不会有什么问题。所以统治人民的君主，爱护人民就会安宁，喜欢士人就会荣耀，这两者皆缺乏就会灭亡。《诗经》上说："贤士就是那屏障，大众就是那围墙。"说的就是这个道理。

【原文】

道者，何也？曰：君道也。君者，何也？曰：能群也。能群也者，何也？曰：善生养人者也，善班治人者也[①]，善显设人者也[②]，善藩饰人者也[③]。善生养人者人亲之，善班治人者人安之，善显设人者人乐之，善藩饰人者人荣之。四统者俱而天下归之，夫是之谓能群。不能生养人者人不亲也，不能班治人者人不安也，不能显设人者人不乐也，不能藩饰人者人不荣也。四统者亡而天下去之，夫是之谓匹夫。故曰：道存则国存，道亡则国亡。省工贾，众农夫，禁盗贼，除奸邪，是所以生养之也。天子三公，诸侯一相，大夫擅官，士保职，莫不法度而公，是所以班治之也。论德而定次，量能而授官，皆使人载其事而各得其所宜。上贤使之为三公，次贤使之为诸侯，下贤使之为士大夫，是所以显设之也。修冠弁、衣裳、黼黻、文章、雕琢、刻镂皆有等差[4]，是所以藩饰之也。故由天子至于庶人也[5]，莫不骋其能，得其志，安乐其事，是所同也。衣暖而食充，居安而游乐，事时制明而用足，是又所同也。若夫重色而成文章，重味而成珍备[6]，是所衍也。圣王财衍以明辨异，上以饰贤良而明贵贱，下以饰长幼而明亲疏，上在王公之朝，下在百姓之家，天下晓然皆知其所以为异也，将以明分达治而保万世也。故天子诸侯无靡费之用，士大夫无流淫之行，百吏官人无怠慢之事，众庶百姓无奸怪之俗，无盗贼之罪。其能以称义遍矣。故曰："治则衍及百姓，乱则不足及王公。"此之谓也。

【注释】

①班：通"辨"（办），治理。

②显：使动用法，提拔任用。设：设置，安排。

③藩饰：遮蔽文饰，指裁制不同的服饰让人穿戴以显示出不同的等级。

④弁：冠名。古代男子穿通常礼服时所戴的冠称弁。

⑤故：犹"夫"，发语词。

⑥味：食物。备：完美的意思。

【译文】

"道"是何意呢？回答：道是君主所遵守的原则。"君"又如何解释？回答：君主是能够团结他人的人。什么才是团结？回答：是指善于养活抚育人，善于治理人，善于任用安置人，善于用不一样的服饰来区分人。善于养

活抚育人的，人们就亲近他；善于治理人的，人们就安心顺从他；善于任用安置人的，人们就喜欢他；善于用服饰来区分人的，人们就赞美他。这四个条件具备了，世人就会归顺他，这就叫做能把人组织成社会群体的君主。不能养活抚育人的，人们就不会亲近他；不能治理人的，人们就不会安心顺从他；不能任用安置人的，人们就不会喜欢他；不能用服饰区分人的，人们就不会赞扬他。这四个要领都没有完成，天下的人就会背离他，这就叫做孤身一人的独夫。所以说：正确的政治原则存在，国家就存在；正确的政治原则丧失了，国家就灭亡。减少手工业者和商人，增多农民人数，禁止小偷强盗，铲除奸诈邪恶之徒，这就是用来养活抚育人的办法。天子配备太师、太傅、太保三公，诸侯配备一个相，大夫独掌某一官职，士人谨守自己的职责，都按照法令制度而秉公办事，这就是用来治理人的方法。审察德行来确定等级，衡量才能来授予官职，使他们每人都承担各自的工作而且各人都能得到和他的才能相适合的职务，上等的贤才使他们担任三公，次一等的贤才使他们做诸侯，下等的贤才使他们当大夫，这就是任用人的办法。修饰帽子衣裳、在礼服上绘制各种彩色花纹、在各种器具上雕刻图案等都有一定的等级差别，这就是用来打扮装饰人的方法。从天子到普通老百姓，所有人不想施展自己的才能、实现自己的志向、安逸愉快地从事自己的工作，这是所有的人都相同的；穿得暖和而吃得饱，住得安适而玩得快乐，事情办得及时、制度明白清楚而财物用度充足，这些也是大家共同的愿望。至于重叠使用多种颜色而绘成衣服上的彩色花纹，汇集多种食物而烹煮成珍馐美味，这是富饶的表现了。圣明的帝王就要控制好这种富饶有余的东西来彰明区别等级差别，在上用来装饰贤能善良的人而显示各人地位的高低，在下用来装饰老少而表明各人的亲疏关系。这样，上面在君主的朝廷，下面在平民百姓的家庭，天下人都明明白白地知道圣明的帝王并不是要用这些东西故意制造等级差别，而是要用它来明确名分、达到治理的目的，从而保持千秋万代永远太平。所以天子诸侯没有浪费的用度，士大夫不会有放荡的行为，群臣百官不会怠慢政事，群众百姓戒除奸诈怪僻的习俗、没有偷盗抢劫的罪行，这就能够叫做道义普及了。所以说："国家安定，那么富裕会遍及百姓；国家混乱，那么拮据会延及天子王公。”说的就是这个道理。

【原文】

至道大形[①]：隆礼至法则国有常[②]，尚贤使能则民知方，纂论公察则民不疑[③]，赏勉罚偷则民不怠，兼听齐明则天下归之。然后明分职，序事业，材技官能，莫不治理，则公道达而私门塞矣，公义明而私事息矣。如是，则德厚者进而佞说者止，贪利者退而廉节者起。《书》曰：“先时者杀无赦，不逮时者杀无赦。”人习其事而固，人之百事如耳目鼻口之不可以相借官也，故职分而民不探，次定而序不乱，兼听齐明而百事不留。如是，则臣下、百吏至于庶人莫不修己而后敢安正，诚能而后敢受职，百姓易俗，小人变心，奸怪之属莫不反悫。夫是之谓政教之极。故天子不视而见，不听而聪，不虑而知，不动而功，块然独坐而天下从之如一体[④]，如四胑之从心[⑤]。夫是之谓大形。《诗》曰：“温温恭人，维德之基。”此之谓也。

【注释】

①形：表现。此指实行“至道”以后所表现出来的政治效果。

②至：极，使……成为最高。

③纂：集。纂论：与“公察”对文义近，指考察贤能时集中各方面的人员进行审查。

④块然：同“岿然”，独自屹立而不动的样子，即上文“不视”、“不听”、“不虑”、“不动”的样子。

⑤胑：同“肢”。

【译文】

最好的政治原则的最大表现是：推崇礼义，让法制高于一切，那么国家就会有常规；尊重贤德的人，任用有才能的人，那么民众就会了解努力的方向；集体审查，公正考察，那么民众就深信不疑了；奖赏勤劳的人，惩罚偷懒的人，那么民众就不会懒惰了；同时听取各种意见，完全明察天下万物，那么天下人就会归顺他。然后明确名分职责，根据轻重缓急的次序来安排工作，安排有技术的人做事，任用有才能的人当官，一切都得到治理，那么为公家效劳的道路就顺畅了，而谋私的门径就被堵住了，为公的原则昌明了，而谋私的事情就止息了。像这样，那么品德淳厚的人就得到起用，而巧言谄媚的人就受到遏止，贪图财利的人被黜退，而廉洁奉公的人被任用。《尚书》上说："在规定的时刻之前行动的，杀而不赦；没有赶上规定时刻而落后的，也要杀而不赦。"人们总是因为熟悉了自己的工作而固守本职不改行。人们的各种工作，就像耳朵、眼睛、鼻子、嘴巴等不可以互相替代一样。因此，职务划分后，民众就不会再谋求他职；等级确定后，秩序就不会混乱；同时听取各种意见，完全明察一切，那么各种工作就不会拖拉。如此一来，那么从大臣百官直到平民百姓就无不提高了自己的修养以后才敢安居，真正有了才能以后才敢接受官职；百姓更改了习俗，小人转变了思想，奸邪怪僻之流都转向诚实谨慎，这就叫做政治教化的最高境界，所以天子不用察看就能发现问题，不用打听就能明白真相，无需考虑就能知道事理，不用动手就能功成业就，岿然不动地独自坐着而天下人顺从他就像长在一个身体上一样，就像四肢顺从思想的支配一样，这就是最好的政治原则的最大表现。《诗经》上说："温柔谦恭的人们，是以道德为根本。"说的就是这个道理。

【原文】

为人主者，莫不欲强而恶弱，欲安而恶危，欲荣而恶辱，是禹、桀之所同也。要此三欲[①]，辟此三恶[②]，果何道而便？曰：在慎取相，道莫径是矣。故知而不仁不可[③]；仁而不知不可；既知且仁，是人主之宝也，王霸之佐也。不急得，不知；得而不用，不仁。无其人而幸有其功，愚莫大焉。

【注释】

①要：设法取得。

②辟：通“避”。

③故：犹“夫”，发语词。

【译文】

做君主的都希望强盛而讨厌衰弱，向往安定而厌恶危险，希望荣耀而厌恶耻辱，这是禹和桀一样的欲望。要实现这三种愿望，避免这三种厌恶的东西，到底采取什么办法最便利？回答说：在于慎重地选取相，这是最简便的了。对于相的人选，有智慧而没有仁德，不行；有仁德而没有智慧，也不行；既有智慧又有仁德，这便是君主的宝贵财富，是成就王业的助手。君主不急于求得相才，是不明智；得到了相才而不重用，是不仁慈。没有那德才兼备的相而希望取得王霸之功，是最愚蠢的了。

【原文】

今人主有六患[①]：使贤者为之，则与不肖者规之；使知者虑之，则与愚者论之；使修士行之，则与污邪之人疑之[②]。虽欲成功，得乎哉！譬之是犹立直木而恐其景之枉也，惑莫大焉。语曰：“好女之色，恶者之孽也。公正之士，众人之痤也。循乎道之人，污邪之贼也。”今使污邪之人论其怨贼而求其无偏，得乎哉！譬之是犹立枉木而求其景之直也，乱莫大焉。

【注释】

①六：当为“大”字之误。

②疑：通“拟”，揣度，估量。

【译文】

如今的君主有个大问题：让贤能的人去处理事情，却和不贤的人去规范做事的效果；让明智的人去考虑问题，却和愚蠢的人去评判他处理问题的方法；让品德美好的人去干事，却和肮脏邪恶的人去判断他。像这样，虽然想取得成功，能办得到吗？这就好像是竖起一根笔直的木头而怕它的影子弯曲，这个再糊涂不过了。俗话说："美女的姿色，是丑陋者的灾祸。公正的贤士，是大众的疖子。遵循道义的人，是肮脏邪恶者的祸害。"如今让肮脏邪恶的人来评判他们的冤家而要求他们不偏私，可能吗？这就好像竖起一根弯曲的木头而要求它的影子笔直，没有比这个更昏乱的了。

【原文】

故古之人为之不然。其取人有道，其用人有法。取人之道，参之以礼；用人之法，禁之以等。行义动静[①]，度之以礼；知虑取舍，稽之以成；日月积久，校之以功。故卑不得以临尊，轻不得以县重[②]，愚不得以谋知，是以万举而不过也。故校之以礼，而观其能安敬也；与之举措迁移，而观其能应变也；与之安燕[③]，而观其能无流慆也[④]；接之以声色、权利、忿怒、患险，而观其能无离守也。彼诚有之者与诚无之者，若白黑然，可诎邪哉！故伯乐不可欺以马[⑤]，而君子不可欺以人，此明王之道也。

龙凤玉璧（春秋战国）

【注释】

①行义：品行，道义。

②县：古"悬"字，衡量。古代的权衡类似现代的天平，所以轻的砝码无法衡量重的物体。这里的"轻"、"重"喻指权势而言。

③燕：通"宴"，安闲。

④流慆：等于说"慆淫"，放荡享乐的意思。

⑤伯乐：春秋秦穆公时人，姓孙，名阳，善于相马。

【译文】

古代的君主做事就并非如此。他用人有一定的原则，有一定的法度。挑选人的原则，是用礼制去考验他们；任用人的法度，是用等级去限制他们。对他们的品行举止，用礼制来衡量；对他们的智慧以及赞成或反对的意见，用最后的成果来考查；对他们日积月累的长期工作，用取得的功绩来考核。因此，地位卑下的人不允许用来监督地位尊贵的人，权势轻微的人不准用来评判掌有大权的人，愚蠢的人不准用来议论明智的人，因此一切举措都正确无误。所以用礼制来考核他，看他能否安泰恭敬；给他上下调动来回迁移，看他是否能应付各种变化；让他安逸舒适，看他是否能不放荡地享乐；让他接触音乐美色、权势财利、怨恨愤怒、祸患艰险，看他是否能不背离节操。这样，那些名副其实有德才的人与的确没德才的人就像白与黑一样判然分明，谁还能将他歪曲呢？所以伯乐不可能被马的好坏欺骗，而君子不可能被人的好坏欺骗。以上这些就是英明帝王的政治措施。

【原文】

人主欲得善射，射远中微者，县贵爵重赏以招致之[①]，内不可以阿子弟，外不可以隐远人，能中是者取之，是岂不必得之之道也哉！虽圣人不能易也。欲得善驭速致远者，一日而千里，县贵爵重赏以招致之，内不可以阿子弟，外不可以隐远人，能致是者取之，是岂不必得之之道也哉！虽圣人不能易也。欲治国驭民，调壹上下，将内以固城，外以拒难，治则制人，人不能制也，乱则危辱灭亡可立而待也。然而求卿相辅佐，则独不若是其公也[②]，案唯便嬖亲比己者之用也[③]，岂不过甚矣哉！故有社稷者莫不欲强，俄则弱矣；莫不欲安，俄则危矣；莫不欲存，俄则亡矣。古有万国，今有数十焉，是无它故，莫不失之是也。故明主有私人以金石珠玉，无私人以官职事业，是何也？曰：本不利于所私也。彼不能而主使之，则是主暗也；臣不能而诬能，则是臣诈也。主暗于上，臣诈于下，灭亡无日，俱害之道也。夫文王非元贵戚也，非无子弟也，非无便嬖也，倜然乃举太公于州人而用之[④]，岂私之也哉！以为亲邪？则周姬姓也，而彼姜姓也。以为故邪？则未尝相识也。以为好丽邪？则夫人行年七十有二，齫然而齿堕矣[⑤]。然而用之者，夫文王欲立贵道，欲白贵名，以惠天下，而不可以独也，非于是子莫足以举之，故举是子而用之。于是乎贵道果立，贵名果明，兼制天下，立七十一国，姬姓独居五十三人。周之子孙苟非狂惑者，莫不为天下之显诸侯，如是者，能爱人也。故举天下之大道，立天下之大功，然后隐其所怜所爱，其下犹足以为天下之显诸侯。故曰："唯明主为能爱其所爱，暗主则必危其所爱。"此之谓也。

【注释】

①县：同"悬"，悬挂，指挂出布告公开昭示。

②是：指代上文"得善射"、"得善驭"的方法。

③案：语助词。

④倜然：远离的样子，此指远离世俗、与众不同的样子。州：或作"舟"，古国名，姜姓，建都淳于（今山东安丘县东北）。

⑤齫：没有牙齿。

【译文】

君主若要求得善于射箭，射得远又能射中小目标的人，只有宣布给以高官厚赏来招引他们。对内不能偏袒自己的子弟，对外不能忽视和自己疏远的人，只要符合这个标准的人就选用，这难道不是必能求得善于射箭的人的方法吗？即使是圣人也不能改变这个方法。想要求得善于驾车的人，既跑得快又到达得远的，能达到这个标准的人就选用，这难道不是必能求得善于驾车的人的方法吗？即使是圣人也不能改变这个方法。君主想要让国家安稳，领导好人民，调整上下从而使之统一，对内巩固城防，对外抵御入侵，国家安定，就能够制服别人，而不会受控于别人；国家动乱或遇到危险、耻辱、灭亡等情况，也能应对自如。但是寻求卿相来帮助国家，就不像这样公道了，只任用左右亲信和迎合自己的人，这难道不是大错而特错了吗？因此，拥有国家的君主没有不想要强大的，但不久就衰弱了；没有不想要万世长存的，但不久就灭亡了。古时候这样的国家很多，现在只有十几个了，这没有别的原因，没有不是在用人的问题上失误了。所以，英明的君主有私自给人金石珠玉的，却没有私自给人以官职和事业的，这是什么原因？回答：因为私下给人官职根本对那些被偏爱的人没好处。那些人没有才能而君主任用他，那么这就是君主昏庸；臣子无能而假装有才能，那么这就是臣子欺诈。君主昏庸于上，臣子欺诈于下，灭亡就用不了几天了。所以这是对君主以及所宠爱的臣子都有害处的做法啊！周文王并不是没有皇亲国戚，并不是没有儿子兄弟，并不是没有宠臣亲信，但他却离世脱俗地在别国人之中提拔了姜太公而重用他，这哪里是偏袒他呢？以为他们是亲族吗？但周族姓姬，而他姓姜。以为他们是故交吗？但他们从来不相识。以为周文王爱漂亮吗？但姜太公已七十二岁，牙齿都掉光了。但是还要任用他，那是因为文王想要树立宝贵的政治原则，想要显扬尊贵的名声，以此来造福天下，而这些是不能单靠自己一个人办到的，但除了这姜太公又没有什么人可以选用，所以提拔并任用了他。于是宝贵的政治原则果然树立起来了，尊贵的名声果然明显卓著，全面控制了天下，设置了七十一个诸侯国，其中姬姓诸侯就独占五十三个，周族的子孙，只要不是发疯糊涂的人，无不成为天下显贵的诸侯。像这样，才算是能宠爱人啊！所以实施了统一天下的重大原则，建立了统一天下的丰功伟绩，然后再偏私自己所疼所爱的人，那么这些被疼爱的人最差的也能成为天下的显贵诸侯。所以说："只有英明的君主才有能力爱护他所宠爱的人，昏庸的君主则必然会危害他所宠爱的人。"说的就是这个道理。

【原文】

墙之外，目不见也；里之前[①]，耳不闻也；而人主之守司，远者天下，近者境内，不可不略知也。天下之变，境内之事，有弛易齵差者矣[②]，而人主无由知之，则是拘胁蔽塞之端也[3]。耳目之明，如是其狭也；人主之守司，如是其广也；其中不可以不知也，如是其危也。然则人主将何以知之？曰：便嬖左右者，人主之所以窥远收众之门户牖向也[4]，不可不早具也。故人主必将有便嬖左右足信者然后可，其知惠足使规物、其端诚足使定物然后可[5]，夫是之谓国具。人主不能不有游观安燕之时，则不得不有疾病物故之变焉。如是国者，事物之至也如泉原，一物不应，乱之端也。故曰：人主不可以独也。卿相辅佐，人主之基、杖也[6]，不可不早具也。故人主必将有卿相辅佐足任者然后可，其德音足以填抚百姓、其知虑足以应待万变然后可[7]，夫是之谓国具。四邻诸侯之相与，不可以不相接也，然而不必相亲也。故人主必将有足使喻志决疑于远方者然后可。其辩说足以解烦，其知虑足以决疑，其齐断足以距难[8]，不还秩[9]，不反君，然而应薄扞患足以持社稷[10]，然后可，夫是之谓国具。故人主无便嬖左右足信者谓之暗，无卿相辅佐足任者谓之独，所使于四邻诸侯者非其人谓之孤，孤独而晻谓之危[11]。国虽若存，古之人曰亡矣。《诗》曰[12]："济济多士，文王以宁。"此之谓也。

【注释】

①里：指居民区，周代以二十五家为一里，里有里门。

②弛易：懈怠，怠慢。齵差：参差不齐。

③拘胁：局限与挟制。

④收：约束，控制。门户：古代双扇的门叫"门"，单扇的门叫"户"，均可泛指门。牖向：牖，窗户；向，朝北的窗户，也可泛指窗户。"门户牖向"喻指君主的耳目。

⑤惠：通"慧"。

⑥基：通"几"，古人坐时凭依或搁置物件的小桌。几杖：喻指君主的依靠。

⑦填抚：镇定安抚。填，通"镇"。

⑧齐断：果断。距：通"拒"，抵抗，抵御。

⑨还：通“营”，谋求。秩：当为“私”字之误。一说，“还”与“反”同义，“秩”为“职”，“不还秩，不反君”指不待还反请命于君。

⑩薄：急迫；迅速。扞：抵御，抵抗。

⑪晻：同“暗”，昏聩，糊涂。

⑪引诗见《诗经·大雅·文王》。

【译文】

墙壁的外面，眼睛看不到；里门的前面，耳朵听不到；但君主的管辖范围，远的遍及天下，近的在一国之内，不能不大致了解一些情况。天下的变化，境内的事情，有懈怠的，有参差不齐的，然而君主却无从知道这种情况，那么这就是被挟制、被蒙蔽的开端了。耳朵、眼睛的辨察力，是如此的狭窄；君主的管辖范围，是如此的广大；其中的情况不能不了解，如果不了解就会危险。既然如此，那么君主将依靠什么来了解情况呢？回答说：君主的左右亲信和侍从，是君主用来窥测远处、控制群臣百官的耳目，不能不及早准备。所以君主一定要有足够信赖的左右亲信和侍从，然后才可以，他们的智慧足够用来谋划事情，他们的正直真诚足够用来正确判断事物，然后才可以。这种人叫作治理国家所需的人才。君主不可能没有游玩安逸的时候，也不可能没有疾病死亡的变故。像这样，国家的事情还像源泉一样涌来，一件事情不能应付，就是混乱的开端。所以说：君主不能独自一人治国。卿相辅佐，是君主的依靠，不能不及早准备。所以君主一定要有足够胜任的卿相辅佐，然后才可以，他们的好名声足以镇定安抚百姓、他们的智慧和谋略足以应付千变万化，然后才可以。这种人叫作治理国家所需的人才。四方邻近的诸侯国相处，不可能不相互往来，然而不一定相互亲近，所以君主一定要有能够出使到远方去传达旨意、解决疑难的人，然后才可以，他们的辩说足以解除麻烦，他们的智慧和谋略足以解决疑难，他们的果断足以抵御危难，他们不营私利，也不违反君主旨意，然而应付紧急情况、抵御危难却足以保住国家，然后才可以。这种人就是治理国家所需的人才。所以君主没有足够信赖的左右亲信和侍从叫作昏庸，没有足够胜任的卿相辅佐叫作孤独，所任用出使四方邻国的使者不是合适的入叫作孤立，孤立、孤独而昏庸就是危险。国家虽然似乎还存在，但古代的人却说它已经灭亡了。《诗经》说："有了众多的贤能之士，文王才得以安宁。"说的就是这个道理。

【原文】

材人[①]：愿悫拘录[②]，计数纤啬而无敢遗丧[③]，是官人使吏之材也。修饬端正，尊法敬分而无倾侧之心，守职循业[④]，不敢损益，可传世也，而不可使侵夺，是士大夫官师之材也。知隆礼义之为尊君也，知好士之为美名也，知爱民之为安国也，知有常法之为一俗也，知尚贤使能之为长功也，知务本禁末之为多材也，知无与下争小利之为便于事也，知明制度、权物称用之为不泥也，是卿相辅佐之材也，未及君道也。能论官此三材者而无失其次[⑤]，是谓人主之道也。若是，则身佚而国治，功大而名美，上可以王，下可以霸，是人主之要守也。人主不能论此三材者，不知道此道[⑥]，安值将卑势出劳[⑦]，并耳目之乐[⑧]，而亲自贯日而治详，一内而曲辨之[⑨]，虑与臣下争小察而綦偏能，自古及今，未有如此而不乱者也。是所谓"视乎不可见，听乎不可闻，为乎不可成"，此之谓也。

【注释】

①材人：指量才用人。

②拘录：劳碌，勤劳。拘，同"劬"。录，通"碌"。

③纤啬：计较细微，吝啬。

④循：当为"修"字。

⑤论官：选用，使任官吏。论，通"抡"，选择，选拔。

⑥道此道：遵循这一原则。

⑦值：通"直"，只，仅。

⑧并：通"屏"，摒弃。

⑨内：当为“日”字。

【译文】

量才用人的方法：诚实勤劳，计算时非常精细而不敢遗漏，这是做管理一般事务的官吏的人才。约束言行、端正身心，遵守法律、敬重名分，而没有偏斜不正的思想，恪尽职守，修治事业，不敢减损和增加，可以传之后人，而不可以受侵夺，这是做士大夫和群臣百官的人才。知道尊崇礼义是为了使君主尊贵，知道喜爱士人是为了使名声美好，知道爱护民众是为了使国家安定，知道有固定的法律是为了统一习俗，知道推崇有德才的人、任用有才能的人是为了长远的功效，知道致力于根本的农业而限制非根本的工商业是为了增多财富，知道不与下属争夺小利是为了方便办大事，知道明确制度、衡量事物要符合实用是为了不拘泥于成规，这是做卿相辅佐的人才，还没能懂得君主之道。能够选择任用这三种人才而对他们的安排没有失误，这才叫作君主之道。如果这样，那么君主自身安逸而国家安定，功业伟大而名声美好，上可以称王，下可以称霸，这是君主的要领。君主不能选择任用这三种人才，不知道遵循这一原则，而只是降低自己的地位而亲自操劳，摒弃了耳目的享乐，而天天亲自详尽地处理各种事物，一天之内想把各方面的事办好，想和臣下在小事上比明察而追求某一方面的才能，从古到今，还没有这样做而国家不混乱的。这就是所谓“看那些不可能看见的，听那些不可能听见的，做那些不可能成功的”，说的就是这个道理。

【解读】

荀子认为国家的政治好坏取决于君主的贤明或昏暗，而主要表现在对人才的任用是否得当上。所以《君道篇》论治国之道，自始至终都着眼于这个主旨，阐述为君之道的各种方略。

人治、法治的得失之辨。人治是儒家的一种政治思想，法治是法家以法治国的政治主张。从《非十二子篇》、《解蔽篇》及本篇对慎到、田骈、申不害等人重法、术、势而不尚贤，且强调人治对治国理政的重大作用来看，荀子是儒家人治思想理论的忠实信徒和热情鼓吹者。《论语·颜渊》说："政者，正也，子帅以正，孰敢不正?"《礼记·中庸》说："文武之政，布在方册，其人存，则其政举，其人亡，则其政息。"荀子批评法家和宣扬儒家人治思想，原本立足于"人存政举，人亡政息"这个基本观点上。"禹之法犹存，而夏不世王"的历史经验说明，法制是否正确实行，要看掌握法制的人是否君子："有君子，则法虽省，足以遍矣；无君子，则法虽具，失先后之施，不能应事之变，足以乱矣"。据此，荀子认为在人与法的关系上，起到决定作用的不是法而是人，是贤人执政，所以他得出结论说："有治人，无治法"；"法不能独立，类不能自行。得其人则存，失其人则亡。法者，治之端也；君子者，法之原也"。然而以法、术、势统一为理论的法家提倡以法治国，把术和势视作法实施之条件，且以势为决定因素。荀子批评法家说。"蔽于法而不知贤"、"蔽于势而不知知"（《解蔽篇》)，"尚法而无法，下修而好作；上则取听于上，下则取从于俗；终日言成文典，及紃察之，则倜然无所归宿，不可经国定分（《非十二子篇》)"。意思是说，法家虽然以法制为上，却不知道礼义所确定的贵贱贫富之等级名分即为法；又迷信法治主义，却不知道法制并不能离开人而独立发生作用；又只看到权势足以箝制天下，却不知道权势必须依靠才智方能使国家得到治理。荀子关于人治、法治得失之辨为隆礼重法的儒家治国路线提供了理论基础，它和隆法得势的法家思想是有本质区别的，不可混为一谈。

儒家治国之道。本篇分别有"请问为人君"、"请问为国"、"道者，何也"和"至道大形"几个设问，是从不同角度谈论治国之道，内容上是分述，合而言之则互相联系互相补充，大体包括以下几个问题：（一）君主的职责。《王制篇》、《富国篇》等均对君主在国家和社会中的地位作用有论述，本篇则更为集中详明。文中之"道"和"君之所道"字义有不同，前者为名词，指用以治国的道；后者为动词. 训为"行"。这里是说君主能群之道，有四个要领，其一"善生养人"，即"省工贾，众农夫，禁盗贼，除奸邪"。减少工商人口、增加农业人口以利于衣食之生产，禁盗贼扰民、除奸邪剥民可使人民安居乐业，这是提供衣食养活人最好的办法。其二“善班治人”，即“天子三公，诸侯一相，大夫擅官，士保职，莫不法度而公”。“班”不读“辨”，不训“治”，“班治”当为天子三公诸侯丞相、士大夫、士分等级名分而治理，按礼义各尽职分，以公道执行法度，给予人民最大的安宁。其三“善显设人”，即“论德而定次，量能而授官，皆使其人载其事而各得其所宜，上贤使之为三公，次贤使之为诸侯，下贤使之为士大夫”。以德和能为标准，来定次授官以胜任其政事，可以从士大夫做到诸侯、三公，居于显要位置，这是一种开放的用人制度，是打破出身资格限制的结果。其四“善藩饰人”，即“修冠弁衣裳，黼黻文章，雕琢刻镂皆有等差”。这是在区别尊卑贵贱的前提下，用礼节仪式来文饰衣服、器物、居室，以标示名分之等差。君主的职责总的说来是对人的管理，不外乎“隆礼至法”、“尚贤使能”、“爱民好士”这几个方面，而这正是荀子所要论述的君主治国之道的基本内容。（二）君主治国之道的最高显现。首先，治国的纲常以礼法并重。所谓“隆礼至法则国有常”，礼以仁义为主，法以赏刑为主，二者合为纲常。其次，隆礼重法与尚贤使能并举，礼法予民以纲常，而贤能导民以方向，二者并为治国理政的决定因素。再次，爱民好士是使国家强盛的社会基础。荀子提出“君者，民之愿也”的论断，是为了说明君主与人民的关系会有什么变化，取决于君主的态度，从而形成“原清则流清，原浊则流浊”的双向互动状态。国家的“强固安乐”取决于“兵劲城固”，而“兵劲城固”取决于人民对君主的亲、爱、用、死，又人民对君主的亲、爱、用、死取决于君主的爱民、利民。如此推论，就把“强固安乐”的根源追溯到君主所推行的政策上来了。所以，“反之民”、“反之政”、“求其人”，即用爱民好士政策是使国家强盛的最佳选择。最后，是导民为国效力和促进社会公平正义、稳定有序的机制，主要有：汇众议，明是非；赏勤勉，罚偷惰；广开言路，兼听而明；明分尽职，有技术者尽其技艺，有才能者授其官职，循此机制做去，招揽天下英才，凝聚天下人心，公道通达，私门堵塞，正义昌明，谋求私事之徒无所施其技。治国的政治纲领、社会基础、人才储备、政治运作机制等，一应具备，且能进入“政教之极”，使天子身心安逸而天下

大治，所谓“块然独坐而天下从之如一体，如四支之从心”，不就达到了君主治国之道的最高状态吗！（三）君主的修养。荀子对“请问为国”的回答是“闻修身，未尝闻为国也”，这个激励之语强调作为一国之主的君主，其修养高于其治国之术，其修养绝非个人私德，而是影响于天下臣民言行举措的楷模。所谓“仪正而景正”、“盘圆而水圆”、“盂方而水方”、“君射则臣决”、“楚庄王好细腰，故朝有饿人”，讲的就是君主的道德情操是治国之道的一个重要部分。上行下效，君主“好礼义，尚贤使能，无贪利之心”，那么臣民就会非常谦让，极其忠实诚信，谨为臣子，即如小民也会讲信用、公正、公平、均等；君主首先为公，那么为臣则忠，为父则慈，为子则孝，为兄则友，为弟则敬，为夫则尽力功业而不流湎私情、极为亲近而有所区别，为妻则温柔顺从、自我警惕。由于治国依靠君子，所以君子的修养就显得极为重要，他们对于礼义的恪守和践履应有严格而全面的要求，无论对于事务还是对于别人，无论对待百姓还是对待君主，都要符合圣人的规范、达到最高境界。君主、君子修养能否成功，关键在于能否“审之礼也”，即透彻地了解礼义。他对于礼义的“偏立”（部分做到）则国家乱，如“俱立”则国家治。这表明，君主、君子的修养具有国家兴衰存亡的本体论意义，切不可等闲视之。（四）君主选拔、考核官吏的方法。荀子指出，要使国家强而去弱、安而去危、荣而去辱，有一个“果何道而便”的问题，说的是“立贵道”、“立贵名”，即树立高尚的用人之道、昭明高尚的爱贤之名。由于失贵道、失贵名，“古有万国，今有数十焉”；相反，周文王废弃纣王的个人独裁之道，毅然立贵道、立贵名，终于“兼制天下，立七十一国，姬姓独居五十三人，周之子孙苟不狂惑者莫不为天下之显诸侯”。荀子根据历史上的经验教训，建议统治者“其取人有道，其用人有法”，其总的原则是“取人之道，参之以礼，用人之法，禁之以等”。参之以礼，是指对人才的品行、道义、举动要用礼义加以验证，是选人重德；禁之以等，是指对人才的言行要用等级职分加以约束，强调用人有礼义规范。禁，训“约束”，使官吏谨言慎行，不僭越尊卑贵贱之职分。等，指人才各自的等级职分，并非才能的大小等级。从取人到用人，礼义一以贯之，始终是衡量的标准，这是儒家传统的人才管理方法。具体的做法是：用礼义观察其行为修养，用成败评判其才智取舍，用功绩测定其常年的事务。观察其对各自的等级职分能否安守戒慎，用各种不同的环境来考核："举措迁移"，用以观其应付各种事变的能力；"与之安燕"，用以观其是否放荡怠惰；"接之以声色、权利、忿怒、患险"，用以观其是否背离道义。这些积极的动态考核方法，将贤与不肖如同白黑那样判然分明，确为行之有效。在选拔、考核官吏的过程中。还有一个掌握标准要客观公正的问题，一是对待特殊人才，即"射远中微者"、"及速致远者"，就用"县贵爵重赏"的方法，委之以重任；二是"内不可以阿子弟，外不可以隐远人"，打破任人唯亲的世袭制度，让德才兼备的贤才得到任用；三是反对买官卖官，明主有以馈送"金石珠玉"表示爱人的，没有以馈送"官职事业"表示爱人的。以上三种措施可以倡公道、公义，堵私门、私事。荀子论明主用人之道，还十分重视君主身边得有两种人：一是要有贤相，他必须是"既知且仁"的大贤大才，堪为"人主之宝"、"王霸之佐"，而不能让"便嬖亲比己者"担任卿相。对于贤相，君主急得而用，因为他是关乎国家强、安、荣的大贤才、特殊人才，要秉公慎取，最主要的标准是："彼其人者，生乎今之世而志乎古之道。"所谓"古道"，即荀子常说的"三代之道"、"二后王之法"，这个标准极为苛刻而明确。二是要有"便嬖左右足信者"，他们的"知惠"、"端诚"足可做君主的耳目，破除君主墙、里之"拘胁蔽塞"。荀子无疑反对"唯便嬖亲比己者之用"，但这里以"足信者"一词来限制概念，强调他们并非奸佞，而是"不可不早具"的"国具"，仅有信息渠道意义，是用"术"而已。

臣道篇第十三

【题解】

本篇说明"态臣"、"篡臣"、"功臣"、"圣臣"等各类臣子的特征及对国家命运的不同影响，并对臣子的德行才能加以规范，指出对待不同的君主应持不同的原则和方法。为便于论述各类臣子的特征、作用和影响，作者列出对立或矛盾概念，先作出定义，以精审的语言进行解析，然后举典型例子予以印证。所不同的是，有时先出现被定义概念，后作解析；有时先进行说明，后用概念以示概括，行文显得灵活而有变化。

【原文】

人臣之论[①]：有态臣[②]者，有篡臣者，有功臣者，有圣臣者。内不足使一民，外不足使距[③]难；百姓不亲，诸侯不信；然而巧敏佞说[④]，善取宠乎上：是态臣者也。上不忠乎君，下善取誉乎民；不恤公道通义，朋党比周，以环主[⑤]图私为务：是篡臣者也。内足使以一民，外足使以距难；民亲之，士信之；上忠乎君，下爱百姓而不倦：是功臣者也。上则能尊君，下则能爱民；政令教化，刑[⑥]下如影；应卒[⑦]遇变，齐给如响[⑧]；推类接誉[⑨]，以待无方，曲成制象[⑩]：是圣臣者也。故用圣臣者王，用功臣者强，用篡臣者危，用态臣者亡。态臣用，则必死；篡臣用，则必危；功臣用，则必荣；圣臣用，则必尊。故齐之苏秦、楚之州侯、秦之张仪[⑪]，可谓态臣者也。韩之张去疾、赵之奉阳、齐之孟尝[⑫]，可谓篡臣也。齐之管仲、晋之咎犯、楚之孙叔敖[⑬]，可谓功臣矣。殷之伊尹、周之太公，可谓圣臣矣。是人臣之论也，吉凶贤不肖之极也，必谨志之而慎自为择取焉，足以稽矣。

【注释】

①论：通“伦”，类别。

②态臣：谄媚的大臣。态，姿态，引申为阿谀奉承。

③距：通“拒”。

④说：通“锐”，指口齿伶俐。

⑤环主：蒙蔽君主。环，环绕，引申为蒙蔽。

⑥刑：通“型”，榜样，典范。此处用作动词，做榜样。

⑦卒：通“猝”，突然。

⑧齐给如响：迅速得像回声响应。

⑨接：接触。誉：通“与”，相与。

⑩曲成制象：指他的行为各方面都成为楷模，这是他严格遵守法度的结果。曲，各方面。制，法度，制度。象，榜样，法式。

⑪苏秦：战国时东周洛阳人，字季子。他曾游说燕、赵、韩、魏、齐、楚六国联合抗秦，后来在齐国被杀。州侯：楚顷襄王的宠臣。张仪：战国时期魏国人，秦惠王时泰国的宰相。他促使六国各自和秦结成联盟，打破了苏秦的纵约。

⑫张去疾：战国时韩国的宰相。奉阳：即奉阳君，战国时期赵国赵肃侯的弟弟，曾任赵相。孟尝：即孟尝君。

⑬咎犯：“咎”通“舅”。春秋时晋国人，名狐偃，字子犯，曾辅助晋文公称霸。孙叔敖：春秋时楚国人，楚庄王时任楚国的宰相。

【译文】

臣子的类别：有阿谀奉承的臣子，有篡夺君权的臣子，有建立功业的臣子，有圣贤的臣子。对内不能用他来统一百姓，对外不能用他去抵御入侵的患难；百姓不亲近他，诸侯不信任他；但是他却花言巧语，善于从君主那里博得宠信：这就是阿谀奉承的臣子。上不忠于君主，下却善于在百姓中骗取声誉；不顾法律道德和制度规范，结党营私，相互勾结，把蒙蔽君主图谋私利作为自己的追求：这就是篡夺君权的臣子。对内用他足以统一百姓，对外用他足以抵御患难；百姓亲近他，士人信赖他；上忠于君主，下爱护百姓而不怠惰：这就是建立功业的臣子。上能尊敬君主，下能爱护百姓；履行政策法令和教育感化，使百姓效法，如影随形；应付突发事件、对待事变，迅速得像响应回声一样；以法类推各种事物，用这种方法来应对各种变化无常的情况，他的举措各方面都符合法制：这就是圣贤的臣子。所以任用圣贤的臣子就能够称王天下，任用建立功业的臣子就会强大，任用篡权的臣子就会危险，任用阿谀奉承的臣子就会灭亡。阿谀奉承的臣子掌握了政权，那么君主必定会丧命；篡权的臣子掌握了政权，那么君主必定会危险；建立功业的臣子掌握了政权，那么君主必定会荣耀；圣贤的臣子掌握了政权，那么君主必定会因而尊贵。齐国的苏秦、楚国的州侯、秦国的张仪，都可以称为阿谀奉承的臣子。韩国的张去疾、赵国的奉阳君、齐国的孟尝君，都可以称作篡夺君权的臣子。齐国的管仲、晋国的咎犯、楚国的孙叔敖，都可以称为建立功业的臣子了。商朝的伊尹、周朝的姜太公，都可以称为圣贤的臣子了。以上这些就是臣子的类别，它是预测国家安危与辨别君主贤不贤的标准，君主一定要谨慎地记住它，并慎重地亲自加以选择取用，前面说的足以作为参考借鉴了。

【原文】

从命而利君谓之顺，从命而不利君谓之谄；逆命而利君谓之忠，逆命而不利君谓之篡。不恤君之荣辱，不恤国之臧否[①]，偷合苟容，以持禄养交而已耳，谓之国贼。君有过谋过事，将危国家、殒社稷之惧[②]也，大臣、父兄有能进言于君，用则可，不用则去，谓之谏；有能进言于君，用则可，不用则死，谓之争[③]；有能比智[④]同力，率群臣百吏而相与强君矫君[⑤]，君虽不安，不能不听，遂以解国之大患，除国之大害，成于尊君安国，谓之辅；有能抗君之命，窃君之重，反君之事，以安国之危，除君之辱，功伐足以成国之大利，谓之拂[⑥]。故谏、争、辅、拂之人，社稷之臣也，国君之宝也，明君之所尊厚也，而暗主惑君以为己贼也。故明君之所赏，暗君之所罚也；暗君之所赏，明君之所杀也。伊尹、箕子[⑦]可谓谏矣；比干、子胥可谓争矣[⑧]；平原君[⑨]之于赵，可谓辅矣；信陵君[⑩]之于魏，可谓拂矣。传曰："从道不从君。"此之谓也。

【注释】

①臧否：好坏。

②惧：担心。

③争：同"诤"，直言规劝。

④比智：指联合有智慧的人。比，合。

⑤强：勉力强求。矫：纠正。

⑥拂：通"弼"，匡正，矫正式的辅助。

⑦箕子：商朝末年人，曾多次劝谏纣王，被贬为奴隶。

⑧子胥：伍子胥，春秋时楚国人，受楚平王迫害而逃到吴国，为吴国大夫。越王勾践被吴王夫差打败后向夫差求和，伍子胥多次劝说吴王拒绝，但吴王不听，反而赐剑逼他自杀，结果吴国被越国所灭。

⑨平原君：即赵胜，战国时赵惠文王的弟弟，曾三任赵相。秦国围赵都邯郸，他联合楚魏救助了赵国。

⑩信陵君：即魏无忌，战国时魏安釐王的异母弟弟，号信陵君。秦国围赵都邯郸，信陵君率领魏军打败秦军救赵，后秦伐魏国，他曾联合五国击退秦军的进攻。

【译文】

服从君主的命令而有利于君主的，叫做顺从；服从君主的命令而不利于君主的，叫做谄媚；违抗君主的命令而有利于君主的，叫做忠诚；违抗君主的命令而不利于君主的，叫做篡逆。不顾君主的荣辱，不顾国家的得失，一味地放弃原则去迎合君主，只为了能够苟且安身，来保住自己的俸禄，豢养结交私党的，这种人就叫做国家的奸贼。君主有了错误的谋划、错误的行为，将要有危害国家、毁灭国家的危险时，做大臣、父兄的能够向君主进呈意见，意见被采用就行，不被采纳就离去，这叫做谏；有人能向君主进呈意见，意见被采纳就行，不被采纳就去殉身，这叫做诤；有人能够联合有智慧的人同心协力，率领群臣百官共同强制君主去纠正自己的过失，君主虽然不服，却不能不听从，因而解除了国家的大祸患，去掉了国家的大灾难，结果使君主尊贵、国家安定，这就叫做辅；有人能够抵抗君主的命令，取得君主

的权力，反对君主的错误行为，因而使国家转危为安，免除了君主蒙受的耻辱，功劳足以成就国家的最高利益，这叫做弼。所以，能够谏、诤、辅、弼的人，是维护国家政权的重臣，是国君的珍宝，是圣明的君主所尊敬所厚待的，但是愚昧昏庸的君主却将他们看作自己的敌人。所以圣明的君主所奖赏的人，正是昏庸愚昧的君主所惩罚的对象；昏庸愚昧的君丰所奖赏的人，正是圣明的君主所杀戮的对象。伊尹、箕子可以称为谏了；比干、子胥可以称为诤了；平原君对于赵国来说，可以称为辅了；信陵君对于魏国来说，可以称为弼了。古书上说："服从正确的原则，而不愚从君主。"说的就是这个道理。

【原文】

故正义之臣设[①]，则朝廷不颇；谏、争、辅、拂之人信，则君过不远；爪牙之士施，则仇雠不作；边境之臣处，则疆垂[②]不丧。故明主好同而暗主好独；明主尚贤使能而飨其盛[③]，暗主妒贤畏能而灭其功。罚其忠，赏其贼，夫是之谓至暗，桀、纣所以灭也。

【注释】

①设：任用，安排。
②垂：同"陲"，边疆。
③飨：通"享"，此处是嘉奖的意思。盛：指卓越的功绩。

【译文】

坚持正义的臣子得到重用，那么朝廷政务就不会出现偏邪失误；谏、诤、辅、弼的人得到重用，那么君主的过错就不会延续很久；勇猛有力的武士得到重用，那么仇敌就不敢兴风作浪；边境上的大臣坚守职位，那么边境就不会沦陷。所以圣明的君主喜欢和各种人才一起商议大事，而昏庸愚昧的君主喜欢独断专行；英明的君主推崇贤德的人、使用有才能的人，并且嘉奖他们的成果，昏庸愚昧的君主则忌妒贤德的人、害怕有才能的人，并埋没他们的功绩，惩罚自己的忠臣，而赏识那些奸邪之人，这就叫做极其昏庸愚昧，夏桀、商纣就是因此而灭亡的。

【原文】

事圣君者，有听从无谏争①；事中君者，有谏争无谄谀②；事暴君者，有补削无矫拂③。迫胁于乱时，穷居于暴国，而无所避之，则崇其美，扬其善，违④其恶，隐其败，言其所长，不称其所短，以为成俗。《诗》⑤曰："国有大命⑥，不可以告人，妨其躬身。" 此之谓也。

【注释】

①有听从无谏争：因圣君没有过失，所以说"有听从无谏争"。

②有谏争无谄谀：因中等资材的君主可上可下，所以需要"谏争"以使他明智；如果"谄谀"，就会使他成为昏君。

③补削：弥补缺陷，修正过失。矫拂：矫正。

④违：通"讳"，避开。

⑤《诗》：为佚诗。

⑥大命：指重大的事变。

【译文】

侍奉圣明的君主的大臣，只有听从而没有谏诤；侍奉一般君主的大臣，只有谏诤而没有阿谀奉承；侍奉残暴的君主的，有弥补缺陷免除过失的，而没有强行纠正的。被强迫挟制于混乱的时代，走投无路居住在暴君统治的国家，而又无处逃身，就宣扬他的美德，宣扬他的善行，而回避他的罪恶，隐瞒他腐败的一面，只称道他的长处，不谈他的短处，并将其作为习惯。《诗经》中说："国家有了重大的事变，不能把它告诉别人，否则就会危害自身。"说的就是这个道理。

【原文】

恭敬而逊，听从而敏，不敢有以私决择也[①]，不敢有以私取与[②]也，以顺上为志，是事圣君之义也。忠信而不谀，谏争而不谄，矫然刚折，端志而无倾侧之心，是案曰是，非案曰非，是事中君之义也。调而不流，柔而不屈，宽容而不乱，晓然以至道而无不调和也，而能化易，时关内之[③]，是事暴君之义也。若驭朴马，若养赤子，若食[④]馁人，故因其惧也而改其过，因其忧也而辨[⑤]其故，因其喜也而入其道，因其怒也而除其怨，曲得所谓焉[⑥]。《书》[⑦]曰："从命而不拂[⑧]，微谏[⑨]而不倦；为上则明，为下则逊。"此之谓也。

【注释】

①有：通"又"，再，更。决择：指对政事作出决断和选择。

②取与：指官职的授予和剥夺。

③关内：关照他并使他接受。内，同"纳"，使接受。之：指代"至道"。

④食：给人吃东西。

⑤辨：通"变"。

⑥所谓：所要达到的目的，指改变暴君的性情。谓，通"为"。

⑦《书》：指《尚书》，引文所在的篇目已经亡佚。

⑧拂：违背。

⑨微谏：细心地规劝。

【译文】

恭敬而又谦逊，顺从而又敏捷地执行命令，不敢凭私利对政事作出决断和选择，不敢凭私利去给予或剥夺别人的爵位，把顺从君主作为自己的志向，这是侍奉圣明君主的合宜原则。忠诚信实而不阿谀，谏诤而不谄媚，果断强硬，意志坚定，没有偏斜不正的念头，是就是是，非就是非，这是侍奉一般君主的合宜原则。顺从却不随波逐流，温柔却不低头屈从，宽容待人而不至于扰乱原则，用最正确的道理去启发君主，而没有不顺从协调的，从而使君主感化转变其暴虐的本性，时时把正确的原则灌输到他心中去，使他接受，这就是侍奉暴君的合宜原则。侍奉暴君就像驾驭没有经过调教的马，就像抚养初生的婴儿，就像喂养饥饿的人吃东西一样，所以要根据他所畏惧的来引导他改正错误，根据他所忧虑的来引导他分析忧虑的原因，根据他喜欢的来教给他走入正道，趁着他发怒的时候消除他所怨恨的，这样就能处处达到目的。《尚书》说："服从命令而不违背，暗暗规劝而不厌倦；这样做君主就做到了圣明，这样做臣子就做了谦逊。"说的就是这种情况。

【原文】

事人而不顺[①]者，不疾者也；疾而不顺者，不敬者也；敬而不顺者，不忠者也；忠而不顺者，无功者也；有功而不顺者，无德者也。故无德[②]之为道也，伤疾、堕功、灭苦[③]，故君子不为也。

【注释】

①不顺：指不顺君主的心意。

②无德：指不具备道德。

③伤疾：损伤了精力。疾，精力。堕：同"隳"，毁坏。苦：辛苦。灭：此处是埋没的意思。

【译文】

侍奉君主却不顺从的，是因为不勤勉；勤勉了却不顺从的，是因为不恭敬；恭敬了却不顺从的，是因为不忠诚；忠诚了却不顺从的，是因为没有建立功绩；建立了功绩却不顺从的，是因为不具备品德。所以以不具备顺从这种品德来行事，就会伤害精力、毁掉功绩、掩没勤劳，所以，君子不做这种事。

【原文】

有大忠者，有次忠者，有下忠者，有国贼者。以道覆[①]君而化之，大忠也；以德调君而辅之，次忠也；以是谏非而怒之，下忠也；不恤君之荣辱，不恤国之臧否，偷合苟容，以之持禄养交而已耳，国贼也。若周公之于成王也，可谓大忠矣；若管仲之于桓公，可谓次忠矣；若子胥之于夫差[②]，可谓下忠矣；若曹触龙[③]之于纣者，可谓国贼矣。

【注释】

①覆：覆盖，引申为抚育。

②夫差：春秋末年吴国国君，阖闾之子，他没有听伍子胥的劝谏，结果被勾践所灭。

③曹触龙：商纣王的大臣，善于谄媚。

【译文】

有头等的忠臣，有次一等的忠臣，有下等的忠臣，还有的人做国家的奸贼。用道德熏陶君主而使他感化的，是头等的忠诚；用道德来调养君主而辅助他，是次一等的忠诚；用正确的道理去规劝君主的错误而使他发怒的，是下等的忠诚；不顾君主的荣辱，不顾国家的得失，一味放弃原则迎合君主苟且安身的，并以此来保住自己的俸禄、去豢养结交私党的，这是国家的奸贼。像周公对于周成王，可以叫做头等的忠诚了；像管仲对于齐桓公，可以叫做次一等的忠诚了；像伍子胥对于夫差，可以叫做下等的忠诚了；像曹触龙对于商纣王，可以叫做国家的奸贼了。

【原文】

仁者必敬人。凡人非贤，则案不肖也。人贤而不敬，则是禽兽也；人不肖而不敬，则是狎虎也。禽兽则乱，狎虎则危，灾及其身矣。《诗》[①]曰："不敢暴[②]虎，不敢冯[③]河。人知其一，莫知其它。战战兢兢，如临深渊，如履薄冰。" 此之谓也。故仁者必敬人。

【注释】

①《诗》：指《诗·小雅·小旻》。

②暴：空手搏击。

③冯：同"凭"，徒步涉水。

【译文】

仁德之人必定尊敬别人。一般说来，一个人如果不贤能，那就是没有德才的人。对贤能的人不尊敬的，那就是禽兽了；对没有德才的人不尊敬，那就是在戏弄老虎。是禽兽就会作乱，戏弄老虎就会非常危险，灾难就会降到自己身上了。《诗经》中说："不敢空手打老虎，不敢光脚把河渡。百姓只知有这种危险，不知道有其他危险。要害怕啊要小心，要像面临那深渊，要像脚踩那薄冰。"说的就是这个道理。所以讲究仁德的人必定尊敬别人。

【原文】

敬人有道：贤者则贵而敬之，不肖者则畏而敬之；贤者则亲而敬之，不肖者则疏而敬之。其敬一也，其情二也。若夫忠信端悫而不害伤，则无接而不然，是仁人之质也。忠信以为质，端悫以为统，礼义以为文[①]，伦类以为理[②]，喘而言，臑[③]而动，而一可以为法则。《诗》[④]曰："不僭不贼[⑤]，鲜不为则。"此之谓也。

【注释】

①文：文饰，此处是规范、法度的意思。

②伦类：指等级统属关系。理：指原则。

③臑：通“蠕”，轻微，缓慢。

④《诗》：指《诗·大雅·抑》。

⑤僭：诽谤。贼：害。

【译文】

尊敬人有一定的原则：对贤能的人，就用敬重的态度去尊敬他；对没有德才的人，就用畏惧的态度去尊敬他；对贤能的人，就用亲切的态度去尊敬他；对没有德才的人，就用疏远的态度去尊敬他。尊敬是一样的，但其实质却是不同的。至于忠诚守信敦厚而不伤害人，无论和任何人交往都应该如此，这是仁德之人的本质。以忠诚守信为根本，以正直敦厚为纲纪，以礼义为规范，以一定的等级关系为原则，小声地说话，轻缓地行动，都可以成为别人效法的榜样。《诗经》中说：“不犯错误不伤害人，很少不成为表率的。”说的就是这个道理啊。

【原文】

恭敬，礼也；调和，乐也；谨慎，利也；斗怒，害也。故君子安礼、乐、利[①]，谨慎而无斗怒，是以百举不过也。小人反是。

【注释】

①利：此处是喜爱的意思。

【译文】

恭敬就是礼义，和谐就是音乐舞蹈，谨慎就是利益，相互愤恨、争斗就是祸害。君子喜爱礼义、音乐，谨慎小心而不愤恨、争斗，因此各种行动都不会出现过失。小人却与此相反。

【原文】

通忠之顺[①]，权[②]险之平，祸乱之从声[③]，三者非明主莫之能知也。争，然后善；戾[4]，然后功；出死无私，致忠而公：夫是之谓通忠之顺，信陵君似之矣。夺，然后义；杀，然后仁；上下易位，然后贞[5]；功参天地，泽被生民：夫是之谓权险之平，汤、武是也。过而通情，和而无经[6]，不恤是非，不论曲直，偷合苟容，迷乱狂生：夫是之谓祸乱之从声，飞廉、恶来是也。传曰："斩而齐，枉而顺，不同而一。"《诗》[7]曰："受小球大球[8]，为下国缀旒[9]。"此之谓也。

【注释】

①通：推行。之：到。

②权：变革。

③从声：放纵声势。声，声势。

④戾：违背，背离。

⑤贞：安定之意。

⑥无经：没有原则。

⑦《诗》：指《诗·商颂·长发》。

⑧小球：小玉，一尺二寸长的圭，是古代贵族朝聘、祭祀、丧葬时用的礼器。大球：大玉，三尺长的大圭，是帝王所持的玉笏。

⑨缀旒：此处是表率的意思，喻指商汤、周武王成为表率。缀，表记。旒，挂在旗帜上的飘带。

【译文】

推行忠诚达到顺从，改变危险的局面而达到安定，祸乱产生又对其声势加以放纵，这三种情况除了圣明的君主没有谁能够理解。对君主谏诤，然后才能使君主行善；违背君主，然后才能使君主建立功绩；豁出生命而没有私心，极其忠诚而公正：这就叫做推行忠诚达到顺从，信陵君就是类似这种大臣。夺取了君权，然后才能推行道义；杀掉了君主，然后才能做到仁德；君臣上下交换了位置，然后才能天下安定；功业与天地并列，恩泽遍及百姓：

这叫做变革危险的局面而达到安定，商汤、周武王就是这样的人。君主错了却予以同情，一味附和而毫无原则，不顾是非曲直地迎合君主以求苟且容身，使本来就迷惑昏乱的君主更加地狂妄无知：这叫做祸乱产生又对其声势加以放纵，飞廉、恶来就是这种人。古书上说："有了参差不齐才能整齐，有了委曲才有顺从，有了不一致才有一致。"《诗经》中说："接受了大小圭玉，成为天下诸侯的表率。"说的就是这种情况啊。

【解读】

在战国乱世，为争雄称霸，各国诸侯王急于功利，多用佞媚变诈之人担任臣子。而权臣的举动措置，实乃国家命运攸关的大事。荀子论人臣善恶，要做人主的务必明察优劣，慎取而用之。

乱世之臣的鉴别。荀子指出，是否遵行公道正义，是否注重政令教化，是否尊君亲民，是否取信诸侯，有无使民和拒难的才能，有无应付突发事变的能力，有无依据事理推断事物曲成制度规章的能力，由这些即可分辨出谁是态臣、篡臣、功臣、圣臣。这是儒家道德和儒家从政理念综合而成的鉴别标准，符合与否，可见态臣、篡臣、功臣、圣臣的区别，即忠臣、奸臣的区别；是否全部符合，分出功臣、圣臣的品级。在这个标准中，一以贯之的是荀子崇仁义王道而黜权谋霸道的思想立场。苏秦、州侯、张仪、张去疾、奉阳君、孟尝君要弄权谋而误国，故贬之，斥为态臣、篡臣；管仲、咎犯、孙叔敖尊王攘夷、忠君爱国，故褒之，推为成就霸业的功臣；伊尹、太公辅佐人主统一天下、成就王业，因而尊为圣臣。

从道不从君的选择。荀子将君臣关系放在是否有利于君上国家利益的前提下来考察，如此评判顺命或逆命，就有客观正确的标准可以把握。顺命而利于君上国家，则为名实相副的顺命；顺命而不利于君上国家，则为谄媚；逆命利于君上国家，则为忠诚；逆命不利于君上国家，则为篡夺。至于置君主荣辱、国家利益得失于度外，为保持俸禄、豢养食客而苟合君主，则为国贼。因此，国贼的"顺命"最为可怕，危害极大。由上述，可见从君和从道并非完全一致，有时是对立的，从君从道是否正确，皆以是否有利于君上国家利益为标准，每当从道与从君发生矛盾时，则舍从君而从道。故荀子援引经传“从道不从君”来发挥孔子“以道事君”的思想，对人臣以谏、争、辅、拂的方法，矫正君主过失，拯救国家社稷，表示由衷赞扬。伊尹谏太甲、箕子谏纣，比干争纣、子胥争吴王夫差，平原君辅惠文王、孝成王，信陵君拂魏王，这些都是逆命救国的社稷之臣，可谓“从道不从君”的楷模。若论以德覆君、以德调君、以是谏非，即从对君主行事所产生的影响大小来看，又可区分为大忠、次忠、下忠，再加上国贼，是四种臣子。周公为大忠，管仲为次忠，子胥为下忠，而纣臣曹触龙因助君为虐是国贼。从道者必为忠臣，而从君者则忠奸不定，谄媚、篡夺、国贼之人虽然貌似顺命，却会误导君主过谋、过事，必将危国家、陨社稷，是奸臣。荀子“从道不从君”之论，为君为臣者皆当深戒之。

仁者为臣的尽忠之道。荀子提出“仁者必敬人，敬人有道”的命题，是为论证仁者为臣的尽忠之道设置一个普遍性的前提。自古以来为臣者不易，他可能面临的或为圣君或为中君或为暴君，所以为臣尽忠各有其道，总的原则是“曲得所谓焉”。曲得，即尽得；谓，训“为”。此句是说，为臣者无论侍奉什么样的君主，均以周全的方法达到所想做的目的为原则。为臣者如是仁者而非小人，“必敬人”就是他用以和君主沟通的桥梁，向君主尽忠的方式。事圣君之义、事中君之义、事暴君之义的运用过程，是为臣者敬君尽忠的过程。圣君、中君必为“人贤”，为臣者对他们不敬，便无异“禽兽”；暴君必为“不肖”，为臣者对他不敬，便如同“狎虎”。但是仁者为人臣，无论对贤君明主还是对昏君暗主，不分贤、不肖，一律以敬人的心态对待之。这里没有半点虚情假意，而是“忠信以为质，端悫以为统，礼义以为文，伦理以为理，喘而言，臑而动，而一可以为法则。”信陵君“通忠之顺”，商汤王、周武王“权险之平”，飞廉、恶来“祸乱之从声”。前二者是仁者为臣，他们做到了“贤者则贵而敬之，不肖者则畏而敬之；贤者则亲而敬之，不肖者则疏而敬之”，终于“曲得所谓焉”。后者是小人为臣，与“仁者必敬人，敬人有道”背离而为，可以用“迷乱狂生”斥之。

致士第十四

【题解】

荀子在本篇中主要论述了招纳贤士君子的意义和方法，讨论了为官之道和从政法则，并就如何选人，如何用人等提出了一些基本原则。荀子认为，只有君主做到"刑政平"、"礼义备"、"明其德"，天下贤士君子才会归顺；只有进贤退奸、教诛赏刑并用，才能使治国获得显著功效。同时，荀子还对于贤士君子如何对待荣誉和名利也提出了一些具体要求。荀子认为"士"对于如何治国理政和如何使民富国强有着完整的把握和深刻的理解，对于国家的兴衰昌盛有着重大的影响作用。得到了人才，国家就会富强，人民就会安居乐业，反之，国家实力就会被削弱，甚至会陷入危险的境地，落得灭亡的下场。因此，君主必须致力招贤纳士，广纳贤才，并做到不拘一格地使用人才，如此才能国泰民安、人心归附。

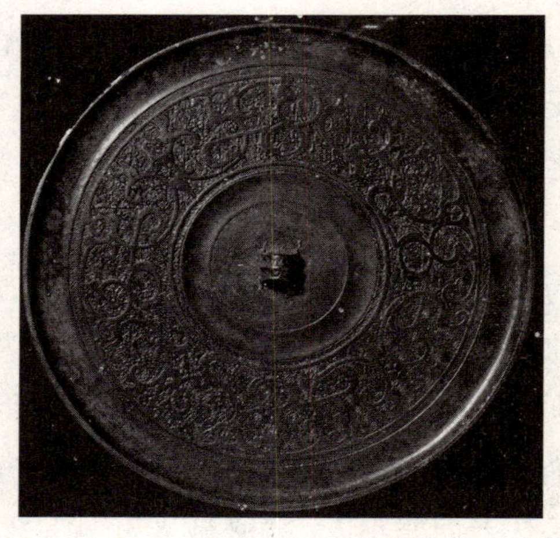

变形龙纹镂空镜（春秋战国）

【原文】

衡听、显幽、重明、退奸、进良之术[①]：朋党比周之誉，君子不听；残贼加累之谮[②]，君子不用；隐忌雍蔽之人[③]，君子不近；货财禽犊之请[④]，君子不许。凡流言、流说、流事、流谋、流誉、流愬不官而衡至者[⑤]，君子慎之，闻听而明誉之，定其当而当，然后士其刑赏而还与之。如是，则奸言、奸说、奸事、奸谋、奸誉、奸愬莫之试也，忠言、忠说、忠事、忠谋、忠誉，忠愬莫不明通方起以尚尽矣。夫是之谓衡听、显幽、重明、退奸、进良之术。

【注释】

①衡听：广泛地听取各方的意见。衡，通“横”，到处。显幽：是指将被埋没的人才发掘出来。幽，隐晦，指隐居的贤士。重明：即明明，表彰贤明的人。重，再。

②贼：陷害好人。累：祸害。谮：诬陷。

③隐：通“意”。雍：通“壅”，堵塞。蔽：遮盖。

④禽：家禽。犊：小牛。禽犊：泛指送人的礼物。

⑤流：指没有根据。愬：通“诉”，诉说。

【译文】

广泛地听取各方的意见，把被埋没的人才发掘出来，表彰贤明的人，罢黜奸邪的人，选用贤良的人的方法是：宗派集团互相勾结的吹捧，君主不听从；残害贤良、横加罪名的诬陷之词，君主不采用；猜忌、埋没贤才的人，君主不接近；用钱财礼物进行贿赂的请求，君主不答应。凡是没有根据的流言、没有根据的学说、没有根据的事情、没有根据的计谋、没有根据的赞誉、没有根据的诉说等等，这些都不是通过正当途径而是从四处传来的东西，君主对它们持慎重态度，听到了就把它们公开地列举出来，确定它们是恰当的还是不恰当的，然后对它们作出惩罚或是奖赏的决定并立即付诸实施。像这样，那些奸诈的言论、奸诈的学说、奸诈的事情、奸诈的计谋、奸诈的赞誉、奸诈的诉说就没有敢来试探的了。忠诚的言论、忠诚的学说、忠诚的事情、忠诚的计谋、忠诚的赞誉、忠诚的诉说就都公开表达、通行无阻、并起而进上达到君主那里了。以上这些就是广泛地听取各方的意见、把被埋没的人才发掘出来、表彰贤明的人、罢黜奸邪的人、选用贤良的人的方法。

【原文】

川渊深[①]，而鱼鳖归之，山林茂，而禽兽归之，刑政平，而百姓归之，礼义备，而君子归之。故礼及身而行修[②]，义及国而政明；能以礼挟而贵名白[③]，天下愿，令行禁止，王者之事毕矣。《诗》曰[④]：“惠此中国，以绥四方。”此之谓也。川渊者，龙鱼之居也；山林者，鸟兽之居也；国家者，士民之居也。川渊枯则龙鱼去之，山林险则鸟兽去之，国家失政则士民去之。

【注释】

①川渊：这里是泛指江河湖泊。

②及：达到。这里是具备的意思。修：端正，美好。

③挟：通“浃”，周恰，普遍。

④引诗见《诗经·大雅·民劳》。

【译文】

江河湖泊深了，鱼鳖就归聚到它那里；山上树林茂盛了，禽兽就归聚到它那里；法令政策合理的国家，老百姓就归聚到它那里；礼制道义完善周备的君主，有道德的君子就归聚到他那里。所以，一个人把礼制贯彻到了自身，他的品行就美好；一个国家贯彻了道义，它的政治就清明。能够把礼制贯彻到所有方面的，那么高贵的名声就会显著，天下的人就会仰慕，发布了命令就能实行，颁布了禁约就能制止，这样，称王天下的大业也就完成了。《诗经》上说：“施恩于这个国都中，以此来安抚天下百姓。”说的就是这种道理。江河湖泊，是龙、鱼居住的地方；高山树林，是鸟、兽栖息的地方；国家，是老百姓居住的地方。江河湖泊干涸了，那么龙、鱼就会离开它；高山

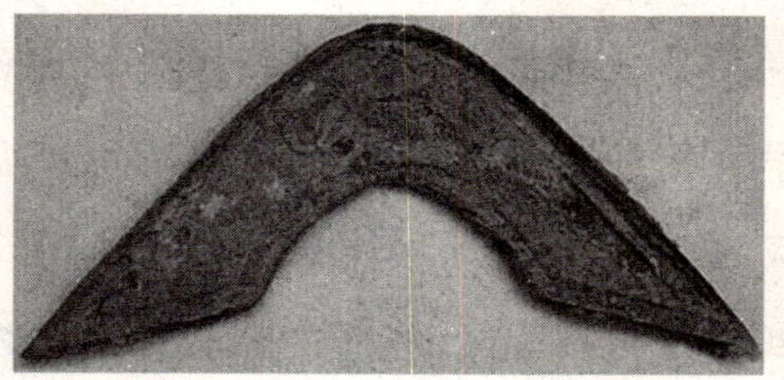

桥形币（春秋战国）

树林稀疏了，那么鸟、兽就会离开它；国家政治混乱了，那么老百姓就会离开它。

【原文】

无土则人不安居，无人则土不守，无道法则人不至，无君子则道不举。故土之与人也、道之与法也者，国家之本作也[①]；君子也者，道法之总要也，不可少顷旷也。得之则治，失之则乱；得之则安，失之则危；得之则存，失之则亡。故有良法而乱者，有之矣；有君子而乱者，自古及今，未尝闻也。传曰："治生乎君子，乱生乎小人。"此之谓也。

【注释】

①作：开始。本作：本源。

【译文】

没有土地，那么人民就不能安居；没有人民，那么土地就不能守住；没有正确的原则和法制，那么人民就不会来归附；没有君子，那么正确的原则和法则就不能实行。所以，土地和人民、正确的原则和法制这些东西，是国家的根本；而君子，是正确的原则与法制的总管，片刻也不能缺少。得到了君子，国家就能治理好；失去了君子，国家就会混乱；得到了君子，国家就会安定；失去了君子，国家就危险；得到了君子，国家就能存在；失去了君子，国家就会灭亡。所以，有了良好的法制而发生混乱的国家，有过这种情况了；有了君子而政治混乱的，从古到今，还不曾听说过。古书上说："国家的安定产生于君子，国家的混乱来源于小人。"说的就是这种情况。

【原文】

得众动天[①]，美意延年[②]。诚信如神，夸诞逐魂。人主之患，不在乎不言用贤，而在乎不诚必用贤。夫言用贤者，口也；却贤者，行也；口行相反，而欲贤者之至、不肖者之退也，不亦难乎？夫耀蝉者，务在明其火、振其树而已；火不明，虽振其树，无益也。今人主有能明其德，则天下归之若蝉之归明火也。

【注释】

①动天：是指改变天地自然。另一种说法是感动上天。

②美意：精神愉快。

【译文】

得到了百姓，就能改变天地自然；保持精神愉快，就可以益寿延年。真诚老实，就能精明如神；浮夸欺诈，就会落魄丧魂。君主的毛病，不在于嘴上不说任用贤人，而在于不能确实坚决地去任用贤人。说要任用贤人，是口头上的；拒绝任用贤人，是行动上的；口头上和行动上互相违背，却想要贤能的人前来、不贤的人退去，这不是太难了吗？那些点着火把捕蝉的人，他的工作在于点亮火把、摇动树身而已；如果火把不亮，那么即使摇动树身，也是无济于事。现在君主中如果有人能使自己的德行贤明，那么天下的人投奔他就会像蝉扑向明亮的火光一样了。

【原文】

临事接民，而以义变应，宽裕而多容[①]，恭敬以先之，政之始也；然后中和察断以辅之，政之隆也；然后进退诛赏之[②]，政之终也。故一年与之始，三年与之终。用其终为始，则政令不行而上下怨疾，乱所以自作也[③]。《书》曰[④]：“义刑义杀，勿庸以即，女惟曰：‘未有顺事。’”言先教也。

【注释】

①宽裕：这里是指对待别人的态度宽容而不急躁。多容：是指广泛地容纳贤人。

②进：指选拔贤良。退：指斥退奸臣。诛：指惩处罪犯。赏：指奖赏功臣。

③这句话的意思是说："政之始"是德化，"政之终"是赏罚。不教而杀是暴虐，所以不但政令不能实行，而且会激起民愤而产生动乱。

④引文见《尚书·康诰》。

【译文】

处理政事、接触百姓时，根据道义变通地来应付各种事变，态度宽容而不急躁并且广泛地容纳贤人，用恭敬的态度去引导老百姓，这是治理政事的开端的步骤。然后用中正和协的观察决断做辅助，这是治理政事的中间步骤。然后任用贤能的人，罢黜奸邪的人，惩罚有罪过的人，奖励功臣，这是处理政事的终结步骤。所以，第一年实施第一步，第三年才实施最后一步。如果把最后一步用作为第一步，那么政策法令就不能实行，而官民上下也会十分怨恨，这就是动乱会从这里产生的原因。《尚书》上说："即使是合宜的刑罚、合理的杀戮，也不要立即就执行，你只能说：'我还没有把政事处理好。'"这是说应该先进行教育。

【原文】

程者①，物之准也；礼者，节之准也②。程以立数，礼以定伦；德以叙位，能以授官。凡节奏欲陵，而生民欲宽。节奏陵而文，生民宽而安。上文下安，功名之极也，不可以加矣。君者，国之隆也；父者，家之隆也。隆一而治，二而乱。自古及今，未有二隆争重而能长久者。

【注释】

①程：是指度量器具的总称。

②节：即下文的"节奏"，是指法度、等级制度。

【译文】

度量衡，是测量物品的标准；礼制，是确定礼节礼仪等法度的标准。根据度量衡来确定物品的数量，根据礼制来确定人与人之间的人伦等级关系；根据品德来依次排列级别地位，根据能力来授予官职。凡是礼节礼仪等制度要严格，而抚养人民要宽容和缓。礼节礼仪制度严格，就有条理；抚养人民宽容，就安定。上面有条理，下面安定，这是立功成名的最高境界，不可能再有比这个更高的了。君主，是国家的最高权威；父亲，是家庭中的最高权威。只有一个最高权威就安定；如果同时有两个最高权威，就会发生混乱。从古到今，还没有两个拥有最高权威的人互相争夺权力而能长治久安的国家和家庭。

【原文】

师术有四，而博习不与焉[①]。尊严而惮，可以为师；耆艾而信[②]，可以为师；诵说而不陵不犯[③]，可以为师；知微而论，可以为师。故师术有四，而博习不与焉。水深而回，树落则粪本。弟子通利则思师[④]。《诗》曰[⑤]："无言不雠[⑥]，无德不报。"此之谓也。

【注释】

①与：参与。
②耆：六十岁。艾：五十岁。
③陵：超越。不陵：指遵守。
④通利：通达顺利。
⑤引诗见《诗经·大雅·抑》。
⑥雠：回答，回应。

【译文】

当老师应该具备的条件有四个方面，但是博学并不包括在这里面。尊严而庄重，可以成为老师；年老而有威信，可以成为老师；诵读解说经典而在行动上不超越、不违犯它，可以成为老师；懂得精微的道理而又能阐述清楚，可以成为老师。所以，当老师应该具备的条件有四个方面，但是博学并不包括在这里面。水深了就会打旋，树叶落下就给树根施了肥，学生通达顺利了就会想到老师。《诗经》上说："说话总会有应答，施恩总会有报答。"说的就是这个道理啊。

【原文】

赏不欲僭[①]，刑不欲滥。赏僭则利及小人，刑滥则害及君子。若不幸有过，宁僭无滥；与其害善，不若利淫。

【注释】

①僭：超越，过分。

【译文】

奖赏不要过分，刑罚也不要过分。奖赏过分，那么好处就会施加到道德不良的小人身上；刑罚过分，那么危害就会涉及到道德高尚的君子。如果不幸而发生了失误，那就宁可过分地奖赏也不要过分地使用刑罚。与其伤害好人，倒不如让犯罪的人占点便宜。

【解读】

本篇论退奸进良之术，新意颇多。战国时期，日益壮大的士阶层在政治、经济、军事乃至学术领域十分活跃，其能量之大，不可小觑。各诸侯国君主为图生存发展而竞相争夺人才，吸引、收买人才的方法和压抑、摧残人才的技巧，五花八门，花样翻新。为了毁灭贤才，使用的手段有"朋党比周之誉"、"残贼加累之谮"、"隐忌雍蔽之人"、"货财禽犊之请"等。各类人才鱼龙混杂，不肖者"流言、流说、流事、流谋、流誉、流愬，不官而横至者”，用以误主害国，屡见不鲜；贤者之“忠言、忠说、忠事、忠谋、忠誉、忠愬”，却难以“明通”，不得“尚尽”。荀子献衡听、显幽、重明、退奸、进良之术，其意在于抢救人才，为贤德之人尽忠效力于君上国家而铺设道路。所阐述的措施极为周详。第一，“不听”、“不用”、“不近”、“不许”和“慎之”，即对毁灭贤才的舆论和行为，采取一概排斥的政策。第二，“莫之试也”，即不给毁灭贤才的舆论和行为留生存空间，凡冒出苗头来试探的，坚决打击。第三，“闻听而明誉之，定其当而当，然后士其刑赏而还与之。”“定其当而当”之“而”系“不”字讹写。即明白列举毁灭贤才的舆论和行为，揭露其“奸”之实质，凡摧残贤才者以刑处罚之，而对贤德之才则奖赏之。第四，营造一个“礼及身而行修，义及国而政明”的环境，让贤才脱颖而出。荀子用“刑政平”、“礼义备”、“明其德”来概括这个美善的环境。荀子认为，人治优于法治，君子是礼法的关键，“不可少顷旷也”，治乱安危存亡在于有无君子。“故有良法而乱者有之矣，有君子而乱者，自古及今，未尝闻也”。所以，刑政平、礼义备有赖于贤人执政。然而如今的君主多为口用贤、行却贤，其忧虑“不在乎不言用贤，而在乎诚必用贤”（“必”系“不”之讹）。只要纠正其“口行相反”的错误，“能明其德”，使自己的德行显著起来，那么“天下归之，若蝉之归明火也”。如此说来，礼义法度的完备之外，还须加上君主的德行高尚，这才够得上使贤才由隐没到显明、由显明到重用的美善环境。荀子发出感慨说：“得众动天，美意延年；诚信如神，夸诞逐魂。”以韵语言得众人之意可以感天心，尚贤使能在于凭诚信之神力。荀子要求用儒家思想扭转战国乱世在用人上浮躁的社会风气。第五，治事接民以礼义为标准，要宽裕多容，教诛并行，赏不过分、刑不滥用，切勿失误伤及贤士君子，因为他们才是国之人师。综前述，荀子论招致贤士，要求统治者注意用术，更须重视用德。

议兵第十五

【题解】

这是一篇论述军事问题的文章，反映了荀子在军事方面的独到见解和思想。在文中，荀子列举了历史上的一些军事案例，分别对军事原则、军事策略、用兵之道、将帅智慧等等方面进行了系统论证，强调了军队关乎国家的存亡、社稷的安危和人民的福祉。荀子认为“用兵攻战之本在乎壹民”，“在乎善附民”；而要“附民”，就必须“隆礼”、“贵义”、“好士”、“爱民”、“政令信”、“赏重”、“刑威”、“权出一”。只有这样，才能“壹民”，才能使“三军同力”，从而取得战争的胜利。至于其军事思想的核心则是“仁义”，他主张“禁暴除害”，“以德兼人”，反对“争夺”，不依仗“权谋”、“势诈”，而依靠仁德。所以，君主应该有良好的道德品质，才能做到以德服人，使天下人民归附自己。荀子通过对古代仁君、暴君用兵方法和秦、齐、楚等国军事力量的消长与国力强弱关系的对比分析，认为只有仁义治军才是统军作战的唯一正确的方法，并提出了“六术”、“五权”、“三至”、“五无圹”等等一系列军事原则，具有很强的理论和实践价值。值得注意的是，本篇在表现手法上似乎由两部分组成，即前面的第一至第七部分，是对话部分，均用了引号，似乎应该是荀子的弟子或当事人用记述的方式记录的荀子关于军事思想方面的文字，而后面的第八至第十一部分则是荀子的作品更贴切。

青铜箭头（春秋战国）

【原文】

临武君与孙卿子议兵于赵孝成王前[1]。王曰："请问兵要。"

临武君对曰："上得天时，下得地利，观敌之变动，后之发，先之至，此用兵之要术也。"

孙卿子曰："不然。臣所闻古之道，凡用兵攻战之本在乎壹民。弓矢不调，则羿不能以中微；六马不和[2]，则造父不能以致远；士民不亲附，则汤、武不能以必胜也。故善附民者，是乃善用兵者也。故兵要在乎附民而已。"

临武君曰："不然。兵之所贵者势利也，所行者变诈也。善用兵者，感忽悠暗[3]，莫知其所从出。孙、吴用之[4]，无敌于天下，岂必待附民哉！"

【注释】

①临武君：楚国将领，姓名不详，当时在赵国。孙卿子：即荀况。赵孝成王：名丹，公元前 265 ~ 前 245 年在位。

②六马：古代帝王的车用六匹马拉，"六马"指同拉一辆车的六匹马。

③感忽：模糊不清，指难以捉摸。悠暗：悠远昏暗，指神秘莫测。

④孙：指孙武，春秋时齐国人，著名的军事家。他曾以兵法十三篇见吴王阖闾，被任为将，率吴军西破强楚，北威齐、晋。吴：指吴起，战国初期军事家，卫国左氏（今山东曹县北）人，初任鲁将，继任魏将，屡建战功，曾被魏文侯任为西河守。吴起的著作早已亡佚，现存《吴子》六篇，是后人伪托之作。

【译文】

临武君和荀卿当着赵孝成的面前议论用兵之道。赵孝成王说："请问用兵的关键是什么？

临武君回答说："上取得有利于攻战的自然气候条件，下取得地理上的有利形势，注意敌人的变动情况，比敌人后行动但比敌人先到达，这就是用兵的关键。”

荀卿说：“不是这样的。我听说古代的方法，一般用兵打仗的根本在于使民众和自己团结一致。如果弓箭不协调，那么后羿也无法用它来射中微小的目标；如果六匹马不协调，那么造父也不能凭借它们到达远方；如果民众不亲近归附君主，那么商汤、周武王也不能一定打胜仗。所以善于使民众归附的人，是善于用兵之人。所以用兵的要领就在善于使民众归附自己罢了。”

临武君说：“不对。用兵所看重的，是形势有利；所施行的，是机变诡诈。善于用兵的人，神出鬼没，无人能看出他们要从哪里进攻。孙武、吴起用了这种办法，因而无敌于天下。哪里一定要依靠使民众归附的办法呢？”

【原文】

孙卿子曰：“不然。臣之所道，仁人之兵、王者之志也。君之所贵，权谋势利也；所行，攻夺变诈也，诸侯之事也。仁人之兵，不可诈也。彼可诈者，怠慢者也，路亶者也[①]，君臣上下之间滑然有离德者也[②]。故以桀诈桀，犹巧拙有幸焉。以桀诈尧，譬之若以卵投石，以指挠沸；若赴水火，入焉焦没耳。故仁人上下，百将一心，三军同力，臣之于君也，下之于上也，若子之事父、弟之事兄，若手臂之扞头目而覆胸腹也，诈而袭之，与先惊而后击之，一也。且仁人之用十里之国，则将有百里之听；用百里之国，则将有千里之听；用千里之国，则将有四海之听。必将聪明警戒，和传而一[③]。故仁人之兵聚则成卒[④]，散则成列，延则若莫邪之长刃[⑤]，婴之者断[⑥]；兑则若莫邪之利锋[⑦]，当之者溃；圜居而方止[⑧]，则若盤石然，触之者角摧[⑨]，案角鹿埵、陇种、东笼而退耳。且夫暴国之君，将谁与至哉？彼其所与至者，必其民也。而其民之亲我欢若父母，其好我芬若椒兰；彼反顾其上则若灼黥，若仇雠。人之情，虽桀、跖，岂又肯为其所恶贼其所好者哉！是犹使人之子孙自贼其父母也，彼必将来告之，夫又何可诈也？故仁人用，国日明，诸侯先顺者安，后顺者危，虑敌之者削，反之者亡。《诗》曰：‘武王载发，有虔秉钺；如火烈烈，则莫我敢遏。’此之谓也。”

【注释】

①路亶：通“露瘅”，羸弱疲惫。

②涣然：离散的样子。

③传：通“抟”，聚结。

④卒：周代的军队组织，一百人为卒。

⑤延：延伸，伸展。莫邪：传说中的利剑。

⑥婴：通“撄”，碰，触犯。

⑦兑：通“锐”，尖锐，引申为冲锋。

⑧圜：通“圆”。

⑨角：额角。

【译文】

荀卿说：“不是这样的。我指的是仁德之人的军队、是称王天下者的意志。您所说的，是权变谋略、形势有利；所施行的，是攻取掠夺、机变诡诈：这些都是诸侯干的事。仁德之人的军队，是不可能被欺诈的；可以被欺诈的，只是一些懈怠大意的军队、虚弱疲惫的军队、君臣上下之间涣散而离心离德的军队。所以用桀的办法欺骗桀，还因为巧拙不同而有侥幸获胜的，用桀的办法欺骗尧，就好比用鸡蛋掷石头，用手指搅开水，就好像投身水火，一进去就会被烧焦淹没的啊！仁德之人上下之间，各位将领齐心一致，三军共同努力，臣子对君主，下级对上级，就像儿子侍奉父亲、弟弟侍奉兄长一样。就像手臂捍卫脑袋眼睛、庇护胸部腹部一样。因此用欺诈的办法袭击他与先惊动他之后再攻击他，其结果并无不同。况且仁德之人治理方圆十里的国家，就会掌握方圆百里的情况。治理方圆百里的国家，就会了解到方圆千里的情况；治理方圆千里的国家，就会了解到天下的情况；他的军队一定是耳聪目明，警惕戒备，配合一致。所以仁德之人的军队，集合起来就成为有组织的队伍；分散开来便成为整齐的行列；伸展开来就像莫邪宝剑那长长的刃口，碰到它的就会被截断；向前冲刺就像莫邪宝剑那锐利的锋芒，阻挡它的就会被击溃；摆成圆形的阵势停留或排成方形的队列站住，就像磐石一样岿然不动，触犯它的就会灭之，就会稀里哗啦地败退下来。再说那些强暴之国的君主，将和谁一起来攻打我们呢？以他之见，和他一起来的，一定是他统治下的民众；而他的民众亲爱我们就像喜欢父母一样，他们热爱我们就像酷爱芳香的椒、兰一样，而他们回头看到他们的国君，却像看到了烧烤皮肤、刺脸涂墨的犯人一样害怕，就像看到了仇人一样愤怒；他们这些人的情性即使像夏桀、盗跖那样不堪，但哪有肯为他所憎恶的君主去残害他所喜爱的君主的人呢？这就好像让别人的子孙亲自去杀害他们的父母一样，他们必然会来告诉我们，那么我们又怎么可以被欺诈呢？所以仁德之人当政，国家日益富强，诸侯先去归顺的就会安宁，迟去归顺的就会危险，想和他作对的就会削弱，背叛他的就会灭亡。《诗经》上说：‘商汤头上旗飘舞，威严恭敬握大斧；就像熊熊的大火，没有人敢阻挡我。’说的就是这种情况啊！”

【原文】

孝成王、临武君曰：“善！请问王者之兵，设何道、何行而可？”

孙卿子曰：“凡在大王，将率末事也[①]。臣请遂道王者诸侯强弱存亡之效、安危之势。君贤者其国治，君不能者其国乱；隆礼贵义者其国治，简礼贱义者其国乱。治者强，乱者弱，是强弱之本也。上足卬[②]，则下可用也；上不足卬，则下不可用也。下可用则强，下不可用则弱，是强弱之常也。隆礼、效功，上也；重禄、贵节，次也；上功、贱节，下也：是强弱之凡也。好士者强，不好士者弱；爱民者强，不爱民者弱；政令信者强，政令不信者弱；民齐者强，民不齐者弱；赏重者强，赏轻者弱；刑威者强，刑侮者弱；械用兵革攻完便利者强[③]，械用兵革窳楛不便利者弱[④]；重用兵者强，轻用兵者弱；权出一者强，权出二者弱；是强弱之常也。齐人隆技击，其技也，得一首者则赐赎锱金[⑤]，无本赏矣。是事小敌毳则偷可用也[⑥]，事大敌坚则涣然离耳，若飞鸟然，倾侧反复无日，是亡国之兵也。兵莫弱是矣。是其去赁市、佣而战之几矣。魏氏之武卒，以度取之，衣三属之甲[⑦]，操十二石之弩，负服矢五十个，置戈其上，冠軸带剑[⑧]，赢三日之粮，日中而趋百里，中试则复其户，利其田宅，是数年而衰而未可夺也，改造则不易周也。是故地虽大，其税必寡，是危国之兵也。秦人，其生民也陿阸⑨，其使民也酷烈，劫之以势，隐之以阸，忸之以庆赏⑩，鰌之以刑罚⑪，使天下之民所以要利于上者，非斗无由也。阸而用之，得而后功之，功赏相长也，五甲首而隶五家，是最为众强长久，多地以正，故四世有胜，非幸也，数也。故齐之技击不可以遇魏氏之武卒，魏氏之武卒不可以遇秦之锐士，秦之锐士不可以当桓、文之节制，桓、文之节制不可以敌汤、武之仁义，有遇之者，若以焦熬投石焉。兼是数国者，皆干赏蹈利之兵也，佣徒鬻卖之道也，未有贵上、安制、綦节之理也；诸侯有能微妙之以节，则作而兼殆之耳。故招近募选，隆势诈，尚功利，是渐之也；礼义教化，是齐之也。故以诈遇诈，犹有巧拙焉；以诈遇齐，辟之犹以锥刀堕太山也，非天下之愚人莫敢试。故王者之兵不试。汤、武之诛桀、纣也，拱挹指麾而强暴之国莫不趋使，诛桀、纣若诛独夫。故《泰誓》曰：'独夫纣。'此之谓也。故兵大齐则制天下，小齐则治邻敌。若夫招近募选，隆势诈，尚功利之兵，则胜不胜无常，代翕代张，代存代亡，相为雌雄耳矣。夫是之谓盗兵，君子不由也。故齐之田单、楚之庄蹻、秦之卫鞅、燕之缪虮⑫，是皆世俗之所谓善用兵者也，是其巧拙强弱，则未有以相君也，若其道一也，未及和齐也，掎契司诈，权谋倾覆，未免盗兵也。齐桓、晋文、楚庄、吴阖闾、越勾践，是皆和齐之兵也，可谓入其域矣，然而未有本统也，故可以霸而不可以王。是强弱之效也。"

【注释】

①率：同"帅"。

②卬：同"仰"，仰赖。

③攻：通"工"。完：坚固。

④窳楛：东西粗劣不坚固。

⑤锱：古代重量单位，各书有异说，此文指八两。

⑥毳：通"脆"。脆弱，不坚固。

⑦三属之甲：三种依次相连的铠甲。一种穿在上身如上衣，一种穿在胯

骨上似围裙，一种穿在小腿上似绑腿。

⑧軸：同“胄”，头盔。

⑨陋阸：狭窄。

⑩忸：通“狃”，习惯。

⑩鰌：逼近。

⑥田单：战国时齐国的将领。庄蹻：楚成王时的将领，后率军造反，割据云南、贵州一带。卫鞅：即商鞅，战国中期的著名的法家代表。在秦国实行变法。缪虮：人名。

【译文】

赵孝成王、临武君说：“说得有理。请问称王天下者的军队采用何种办法、采取何种行动才行?”荀卿说：“所有都取决于君主，将帅是次要的事，请让我先说说帝王诸侯强盛、衰弱、存在、灭亡的效验和安定、危险的形势。“君主贤能的，他的国家就安定；君主无才无德的，他的国家就会陷入混乱；君主崇尚礼法、看重道义的，他的国家就安定；君主怠慢礼法、卑视道义的，他的国家就混乱。安定的国家强盛，混乱的国家衰弱，这是强弱的根本原因。君主可以仰赖，那么臣民就能为他所用；君主不让人仰赖，那么臣民就不能为他所用。臣民能被他使用的就强盛，臣民不能被他使用的就衰弱，这是强盛与衰弱的常规。“推崇礼法、考核战功，是最好的办法；看重利禄、推崇气节，是次一等的办法；崇尚战功、卑视气节，是下等的办法：这些是导致强盛与衰弱的一般情况。君主喜欢贤士的就强盛，不喜欢贤士的就衰弱；君主爱护人民的就强盛。不爱护人民的就衰弱；政策法令有信用的就强盛，政策法令没有信用的就衰弱；民众齐心合力的就强盛，丧失民心的就衰弱；奖赏慎重给人的就强盛，奖赏轻易给人的就衰弱；刑罚威严的就强盛，刑罚轻慢的就衰弱：器械、用具、兵器、盔甲精善坚固便于使用的就强盛，器械、用具、兵器、盔甲粗劣而不便于使用的就衰弱；谨慎用兵的就强盛，随意用兵的就衰弱：指挥权出自一个人的就强盛，指挥权出自两个人的就衰弱，这些是强盛与衰弱的一般情况。“齐国人注重技击。所谓技击，就是取得一个敌人脑袋的，就赏予他八两黄金来赎买，没有战胜后所应颁发的奖赏。这种计策，如果战役小、敌人弱，那还勉强可以使用；如果战役大、敌人强，那么士兵就会涣散而逃离，像乱飞的鸟一样，离国家灭亡也就不远了。这是使国家灭亡的军队，没有比这更弱的军队了，这和雇取佣工去让他们作战也就差不多了。“魏国的武卒是依据一定的标准来录取的。标准是：让他们穿上三种依次相连的铠甲，拿着拉力为十二石的弩弓，背着装有五十支箭的箭袋，把戈放在肩上面，戴着头盔，佩带宝剑，带上三天的粮食，半天要奔走一百里。通过考试就免除他家的徭役，家里的田地住宅都会因此而有所增益。这些待遇，就算几年以后他体力衰弱了也不可以剥夺，重新选取了武士也不取消对他们的周济。所以魏国的国土虽然广大，但它的税收肯定会一年年的减少，这是使国家陷于危困的军队啊！“秦国的君主，他使民众谋生的道路很狭窄、生活穷困，他使用民众残酷严厉，用权势威逼他们作战，用穷困使他们生计艰难而只能选择去作战，用奖赏使他们习惯于作战，用刑罚强迫他们去作战，使国内的民众向君主求取利禄的办法。除了作战就没有别的方法；使民众穷困后再使用他们，得胜后再给他们记功，对功劳的奖赏随着功劳而增长，得到五个敌人士兵的首级就可以役使本乡的五户人家。秦国要算是兵员最多、战斗力最强而又最为长久的了，又有很多土地可以征税。所以秦国四代都有胜利的战果，这并不是偶然侥幸，而是有其必然性的。“齐国的技击无法用来对付魏国的武卒，魏国的武卒不能用来对付国的锐士，秦国的锐士无法用来对付齐桓公、晋文公那有纪律约束的军队，齐桓公、晋文公那有纪律约束的军队不可以用来抵抗商汤、周武王的仁义之师；如果有抵抗他们的，就会像用枯焦烤干的东西扔在石头上一样。综合齐、魏、秦这几个国家来看，都是些追求奖赏、投身于获取利禄的士兵，这是受雇佣的人出卖气力的办法，并不讲尊重君主、遵守制度、极尽气节的道理。诸侯如果有谁能用仁义节操精细巧妙地来训导士兵，那么一发动战争就能吞并危及它们了。“所以，招引、募求、挑选，注重权谋诡诈，崇尚功利，这是在欺骗士兵；讲求礼制道义教育感化，这才能使士兵团结一致。用受骗的军队去对付受骗的军队，他们之间还有巧妙与拙劣之别，用受骗的军队去对付齐心合力的军队，拿它打个比方，就好像用小刀去毁坏泰山一样，如果不是天底下的傻子，是无人敢尝试的。所以称王天下者的军队是没有人敢试与为敌的。商汤、周武王讨伐夏桀、商纣的时候，从容地指挥，而那些强横暴虐的诸侯国也没有不奔走前来供驱使的。除掉夏桀、商纣就好像除掉孤独的一个人一样。所以《泰誓》说：独夫纣。说的就是这种情况啊！所以军队能大规模地齐心合力，就能统一天下；小规模地齐心合力，就能战胜邻近的敌国。至于那种招引募求挑选来的、注重权谋诡诈、崇尚功利的军队，胜负就无法确定了，有时衰，有时盛，有时保存，有时灭亡，互为高下、互有胜负罢了。这叫做盗贼式的军队，君子是不用这种军队的。“齐国的田单，楚国的庄，秦国的卫鞅，燕国的缪虮，这些都是普通人所说的善于打仗的人。这些人的巧妙、拙劣、强大、弱小没有办法论出高低，至于他们遵行的原则，却是相同的，他们都还没有达到使士兵和衷共济、团结一致的地步，而只是抓住对方弱点伺机进行欺诈，玩弄权术阴谋进行破坏，所以仍免不了是些盗贼式的军队。齐桓公、晋文公、楚庄王、吴王阖闾、越王勾践，这些人的军队就都是和衷共济、齐心合力的军队，可说是进入礼义教化的地步了，但还没有抓住根本的关键，所以能够称霸诸侯而无法称王天下。这就是或强或弱的效验。”

【原文】

孝成王、临武君曰：“善！请问为将。”

孙卿子曰：“知莫大乎弃疑[1]。行莫大乎无过，事莫大乎无悔。事至无悔而止矣，成不可必也。故制号政令，欲严以威；庆赏刑罚，欲必以信；处舍收臧，欲周以固；徙举进退，欲安以重，欲疾以速；窥敌观变，欲潜以深，欲伍以参[2]；遇敌决战，必道吾所明[3]，无道吾所疑，夫是之谓六术。无欲将而恶废，无急胜而忘败，无威内而轻外，无见其利而不顾其害，凡虑事欲孰而用财欲泰[4]，夫是之谓五权。所以不受命于主有三：可杀而不可使处不完，可杀而不可使击不胜，可杀而不可使欺百姓，夫是之谓三至。凡受命于主而行三军，三军既定，百官得序，群物皆正，则主不能喜，敌不能怒，夫是之谓至臣。虑必先事而申之以敬，慎终如始，终始如一，夫是之谓大吉。凡百事之成也必在敬之，其败也必在慢之。故敬胜怠则吉，怠胜敬则灭；计胜欲则从，欲胜计则凶。战如守，行如战，有功如幸。敬谋无圹[⑤]，敬事无圹，敬吏无圹，敬众无圹，敬敌无圹。夫是之谓五无圹。慎行此六术、五权、三至而处之以恭敬无圹，夫是之谓天下之将，则通于神明矣。"

【注释】

①知：通"智"。疑：犹豫不定。

②伍、参：即"叁伍"，"三"与"五"指多而错杂，引申指将多方面的情况放在一起，加以比照检验。

③道：行。

④孰：同"熟"，精审。泰：宽裕，不吝啬。

⑤圹：通"旷"，疏忽，大意。

【译文】

孝成王、临武君说："说得对。请教做将领的原则。"

荀卿说："最大的智慧就是不要犹豫不决，最好的行为是不犯错误，做得很好的事情就是毫无悔恨。做事到了没有后悔的地步就到顶了，不能要求它一定成功。所以制度、号召、政策、命令，要严肃而有威势；奖赏刑罚，要坚决实行而有信用；军队驻扎的营垒和收藏物资的军库，要周密而坚固；转移、发动、进攻、撤退，既要安全而稳重，又要紧张而迅速；侦探敌情、观察其变动，既要隐蔽而深入，又要多方比较而反复检验；对付敌人进行决战，一定要根据自己已了解清楚的情况去行动，不要根据自己怀疑的情况去行动；以上这些叫做六种策略。不要热衷于当将军而怕罢免，不要急于求胜而忘记了有可能失败，不要只以为自己有威力而轻视外敌，不要看见了有利的一面而不顾有害的一面。凡是考虑事情时要仔细周详而使用财物进行奖赏时要大方，这些叫做五种要权衡的事。"不从君主那里接受命令的原因有三种：宁可被杀而不可使自己的军队驻扎在守备不完善的地方，宁可被杀而不可使自己的军队打不能取胜的仗，宁可被杀而不可使自己的军队去欺负老百姓，这叫做三条最高的原则。大凡从君主那里接受了命令就巡视三军，三军已经稳定，各级军官得到了合适的安排，各种事情都治理好了，不去考虑君主是否会高兴，敌人是否会愤怒，这叫做最合格的将领。将领一定在战事之前深思熟虑，并且反复告诫自己要慎重，慎重地对待结束就像开始时一样，始终如一，这叫做最大的吉利。大凡各种事情成功一定在于慎重，失败一定在于怠慢，所以慎重胜过怠慢就吉利，怠慢胜过慎重就灭亡，冷静的谋划胜过冲动的欲望就顺利，冲动的欲望胜过冷静的谋划就凶险。“攻战要像防守一样不轻率追击，行军要像作战一样毫不松懈，有了战功要像侥幸取得的一样不骄傲自满。慎重对待谋划而不要大意，慎重对待战事而不要大意，慎重对待军吏而不要大意，慎重对待士兵而不要大意，慎重对待敌人而不要大意，这叫做五种不大意。谨慎地根据这六种策略、五种权衡、三条最高原则办事，并且用恭敬而不大意的态度来处理一切，这叫做举世无双的将领，他就能与神明相通了。”

【原文】

临武君曰：“善！请问王者之军制。”

孙卿子曰：“将死鼓，御死辔，百吏死职，士大夫死行列。闻鼓声而进，闻金声而退[①]，顺命为上，有功次之。令不进而进，犹令不退而退也，其罪惟均。不杀老弱，不猎禾稼[②]，服者不禽，格者不舍，犇命者不获。凡诛，非诛其百姓也，诛其乱百姓者也；百姓有扞其贼，则是亦贼也。以故顺刃者生，苏刃者死[③]，犇命者贡[④]。微子开封于宋[⑤]，曹触龙断于军[⑥]，殷之服民，所以养生之者也，无异周人。故近者歌讴而乐之，远者竭蹷而趋之，无幽闲辟陋之国莫不趋使而安乐之[⑦]，四海之内若一家，通达之属莫不从服，夫是之谓人师。《诗》曰：‘自西自东，自南自北，无思不服。’此之谓也。王者有诛而无战，城守不攻，兵格不击，上下相喜则庆之。不屠城，不潜军，不留众，师不越时。故乱者乐其政，不安其上，欲其至也。”

临武君曰：“善！”

【注释】

①金：金属之器，指钲、铙之类，似铃而无舌，用槌敲击作响以作为停止进军的号令。

②猎：通“躐”，踩，践踏。

③苏：通“傃”素，向。

④贡：当为“贳”字之误。贳，赦免。

⑤微子：名启，商纣的庶兄，归周后周公旦让他统率殷族而封于宋，是宋国的始祖。此文称“开”，可能是刘向避汉景帝（刘启）讳而改。

⑥曹触龙：商纣王之将，荀子说他是奸臣。

⑦辟：通“僻”。

【译文】

临武君说：“说得好。请问称王天下者的军队制度。”

荀卿说：“将军为战鼓而死，驾驭战车的死在缰绳旁，各级官吏以身殉职，战士死在队伍中。听见战鼓的声音就前进，听见钲、铙的声音就后退；服从命令是首要的，取得战功在其次；命令不准前进却前进，就像命令不准后退却后退一样，它们的罪过是一样的。不杀害年老体弱的，不践踏庄稼，对不战而退的敌人不追擒，对抵抗的敌人不放过，对前来投顺的不抓起来当俘虏。凡是讨伐杀戮，不是去残害百姓，而是去讨伐杀戮那扰乱百姓的人；百姓若是有保护乱贼的，那么他也就是乱贼了。因为这个缘故，所以顺着我们的刀锋转身逃跑的就让他活命，对着我们的刀锋进行抵抗的就把他杀死，前来投顺的就赦免其罪。微子启归顺周朝而被封在宋国；曹触龙负隅顽抗而被斩首于军中；商王朝那些降服周朝的民众他们的生活，和周朝的人相同；因此近处的人歌颂周朝而且热爱周朝，远处的人竭尽全力地来投奔周朝，即使是幽隐闭塞偏僻边远的国家，也都来归附而听从调度，并且喜欢周朝，四海之内就像一个家庭似的，凡是交通能到达的地方，都服从，这可以称作是人民的君长了。《诗经》上说：‘从那西边又从东，从那南边又从北，没有哪个不服从。’说的就是这种情况。称王天下的君主有讨伐而没有攻战，敌城坚守时不攻打，敌军抵抗时不攻击，敌人官兵团结一致就为他们庆贺，不摧毁城郭而屠杀居民，不秘密出兵搞偷袭，不留兵防守占领的地方，军队出征不超过预先约定的时限。所以政治混乱的国家中的人民都喜欢这些政策，而不爱自己的君主，都希望这样的君主来治理。”

临武君说：“说得对！”

【原文】

陈嚣问孙卿子曰[①]：“先生议兵，常以仁义为本。仁者爱人，义者循理，然则又何以兵为？凡所为有兵者[②]，为争夺也。”

孙卿子曰：“非汝所知也。彼仁者爱人，爱人，故恶人之害之也；义者循理，循理，故恶人之乱之也。彼兵者，所以禁暴除害也，非争夺也。故仁者之兵，所存者神[③]，所过者化，若时雨之降，莫不说喜[④]。是以尧伐驩兜[⑤]，舜伐有苗[⑥]，禹伐共工[⑦]，汤伐有夏[⑧]，文王伐崇[⑨]，武王伐纣，此四帝两王，皆以仁义之兵行于天下也。故近者亲其善，远方慕其德，兵不血刃[⑩]，远迩来服，德盛于此，施及四极。《诗》曰：‘淑人君子，其仪不忒。’此之谓也。”

【注释】

①陈嚣：荀子的学生。

②有：用。

③神：指“尽善浃治”，即尽善尽美通体皆治。

④说：通“悦”。

⑤驩兜：古代部落名，此指尧时该部落的首领，传说他被尧流放于崇山。

⑥有苗：也称“三苗”，尧、舜时代的一个部落，居于今湖南、江西交界地带，此当指其首领而言，相传他被流放到三危。

⑦共工：古代部落名，据古书记载，从颛顼帝开始直到周代，都有共工

的事迹。此当指舜、禹时该部落的首领，相传他被流放于幽州。

⑧有夏：即夏后氏，此指夏朝的末代君主桀。

⑨崇：商代诸侯国，在今河南嵩县北，到崇侯虎时为周文王所灭。

⑩兵不血刃：兵器不待血染刀口，指不流血战斗。施：蔓延，延续。

【译文】

陈嚣问荀卿说："先生讨论用兵，时常把仁义作为根本。仁者爱人，义者遵循道理，既然如此，那么又为什么要用兵呢？大凡用兵的原因，是为了争夺啊！"

荀卿说："这道理不是你所了解的那样。仁者爱人，正因为爱人，所以就憎恶别人危害他们；义者遵循道理，正因为遵循道理，所以就憎恶别人搞乱它。用兵，是为了阻止横暴、消除危害，并不是抢夺啊！所以仁者的军队，他们停留的地方会得到完善治理，他们经过的地方会被教育感化，就像及时雨的降落，大家都欢喜。因此尧讨伐驩兜，舜讨伐三苗，禹讨伐共工，汤讨伐夏桀，周文王讨伐崇国，周武王讨伐商纣，这两帝、四王都是使用仁义的军队驰骋于天下的。所以近处的人们喜爱他们的善良，远方的人们仰慕他们的道义；兵器的刀口上还未沾上鲜血，远近的人就来归顺了；德行伟大到这种地步，就会影响各地。《诗经》上说：'善人君子忠于仁，坚持道义不变更。'说的就是这种情况。"

【原文】

李斯问孙卿子曰[①]："秦四世有胜，兵强海内，威行诸侯，非以仁义为之也，以便从事而已。"

孙卿子曰："非女所知也！女所谓便者，不便之便也；吾所谓仁义者，大便之便也。彼仁义者，所以修政者也，政修则民亲其上，乐其君，而轻为之死。故曰：'凡在于军，将率末事也。'秦四世有胜，諰諰然常恐天下之一合而轧己也[②]，此所谓末世之兵，未有本统也。故汤之放桀也，非其逐之鸣条之时也[③]；武王之诛纣也，非以甲子之朝而后胜之也[④]。皆前行素修也，此所谓仁义之兵也。今女不求之于本而索之于末[5]。此世之所以乱也。

【注释】

①李斯：秦代政治家。曾从学于荀子，后辅助秦始皇统一六国，曾先后任秦朝的廷尉和丞相。

②諰諰然：恐惧的样子。

③鸣条：古地名，又名高侯原，是成汤打败夏桀的地方。

④甲子：甲子日，即周武王在牧野（今河南淇县西南）打败商纣王的日子。

⑤本：指实行仁义的政治措施。末：指机变诡诈的战略战术，即李斯所说的“以便从事”。

【译文】

李斯问荀卿说：“秦国四代都有胜利的战果，在四海之内兵力最强，威力扩展到诸侯各国，但他们并不是依靠仁义去从事战争，而只是根据便利的原则去做罢了。”

荀卿说：“这道理不是你所知道的那样。你所说的便利，是一种并不便利的便利。我所说的仁义，才是极其便利的便利。仁义，是用来搞好政治的工具；政治搞好了，那么民众就会亲近他们的君主，喜爱他们的君主，而不在乎为君主去牺牲。所以说：‘一切都在于君主，将帅是次要的事。’秦国四代都有胜利，却还是提心吊胆地经常怕天下各国团结一致来蹂躏自己，这就是人们所说的衰落时代的军队，还没有抓住根本的纲领。从前商汤流放夏桀，并不只是在鸣条追击的时候；武王诛杀商纣，并不是甲子日早晨之后才战胜他的；而都是靠了以前的措施与平时的治理，这就是我所说的仁义的军队。现在你不从根本上去寻找原因而只是从枝节上去探索缘由，这就是社会混乱的原因。”

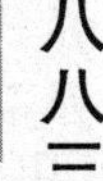

【原文】

"礼者，治辨之极也[①]，强固之本也，威行之道也，功名之总也。王公由之，所以得天下也；不由，所以陨社稷也。故坚甲利兵不足以为胜，高城深池不足以为固，严令繁刑不足以为威，由其道则行，不由其道则废。

【注释】

①辨：通"办"，治理。

【译文】

"礼，是治理社会的最高准则，是使国家强大的根本措施，是威力得以扩展的有效办法，是功业名声得以成就的要领。天子诸侯遵行了它，所以能取得天下；不遵行它，就会丢掉国家政权。所以，坚固的铠甲、锋利的兵器不足以用来取胜，高耸的城墙、深深的护城河不足以用来固守，严格的命令、繁多的刑罚不足以用来造成威势，遵行礼义之道才能成功，不遵行礼义之道就会失败。

【原文】

"楚人鲛革犀兕以为甲[①]，鞈如金石[②]，宛钜铁釶[③]，惨如蜂虿[④]，轻利僄遬[⑤]，卒如飘风[⑥]；然而兵殆于垂沙[⑦]，唐蔑死，庄蹻起，楚分而为三四。是岂无坚甲利兵也哉？其所以统之者非其道故也。汝、颍以为险，江、汉以为池，限之以邓林，缘之以方城，然而秦师至而鄢、郢举，若振槁然。是岂无固塞隘阻也哉？其所以统之者非其道故也。纣刳比干，囚箕子，为炮烙刑，杀戮无时，臣下懔然莫必其命，然而周师至而令不行乎下，不能用其民。是岂令不严、刑不繁也哉？其所以统之者非其道故也。

【注释】

①鲛：海鲨皮。兕：雌性的犀牛。

②鞈：坚固。

③宛：楚国地名，在今河南南阳。钜：钢。鉇：矛。

④惨：狠毒，厉害。虿：蝎子一类的有毒动物。

⑤僄遬：轻捷。遬：同“速”。

⑥卒：通“猝”，急速。飘风：旋风。

⑦殆：危亡，失败。垂沙：地名，在今河南唐河县境。

【译文】

“楚国人用鲨鱼皮、犀兕皮做成铠甲，坚硬得就像金属、石头一样；宛地出产的钢铁长矛，狠毒得就像蜂、蝎的毒刺一样；士兵行动轻快敏捷，迅速得就像旋风一样；但是兵败垂沙，唐蔑阵亡；庄起兵造反，楚国被分裂成了三四块。这难道是因为没有坚固的铠甲、锋利的兵器吗？这是因为他们用来统治国家的办法并不是礼义之道的缘故啊！楚国以汝水、颍水作为天险，以长江、汉水作为护城河，把邓地一带的山林作为它的边界屏障，拿方形的城墙来围绕保护自己，但是秦军一到，鄢、郢就被攻取了，像摧枯拉朽一样。这难道是因为没有要塞险阻吗？这是因为他们用来统治国家的办法，并不是礼义之道的缘故啊！商纣王将比干剖腹挖心，囚禁了箕子，设置了炮烙的酷刑，随时杀人，臣下心惊胆战地没有谁能肯定自己会寿终正寝，但是周军一到，他的命令就不能贯彻执行了，他就不能使用他的民众了。这难道是因为命令不严格、刑罚不繁多吗？这是因为他用来统治国家的办法并不是礼义之道的缘故。

【原文】

“古之兵，戈矛弓矢而已矣，然而敌国不待试而诎；城郭不辨，沟池不抇[①]，固塞不树，机变不张，然而国晏然不畏外而明内者，无它故焉，明道而钧分之[②]，时使而诚爱之，下之和上也如影响[③]，有不由令者然后诛之以刑。故刑一人而天下服，罪人不邮其上[④]，知罪之在己也。是故刑罚省而威流，无它故焉，由其道故也。古者帝尧之治天下也，盖杀一人、刑二人而天下治。传曰：‘威厉而不试[5]，刑错而不用。’此之谓也。

【注释】

①拑：当作“扣”，掘。

②道：指礼义之道。这里作状语，表示“用名分”。钧：通“均”，调节，平衡。

③和：附和，响应。

④邮：通“尤”，怨恨。

⑤厉：高举。

【译文】

“古代圣王的兵器，不过是戈、矛、弓、箭罢了，但是敌国不等他使用就屈服了；他的城墙不整修，护城河不挖掘，要塞不建立，机智变诈不施展，但是他的国家却平安无事，不怕外敌而又能昌盛，这没有其他的缘故，是由于彰明了礼义之道而用名分来协调臣民，适时使用人民而真诚地爱护他们，因而臣民附和君主就像影子和回响一样。有不遵从命令的，然后再用刑罚来惩处他，所以惩罚了一个人而天下都服了，罪犯也不怨恨自己的君主，知道罪责在自己身上。所以刑罚用得少而威力却行于四方，这没有其他的缘故，是因为遵行了礼义之道的缘故。古代帝尧治理天下，只杀了一个人、惩罚了两个人而天下就治理好了。古书说：‘威势高举而不使用，刑罚设置而不施行。’说的就是这个道理。

【原文】

“凡人之动也，为赏庆为之，则见害伤焉止矣[1]。故赏庆、刑罚、势诈不足以尽人之力[2]，致人之死。为人主上者也，其所以接下之百姓者无礼义忠信，焉虑率用赏庆、刑罚、势诈险阸其下[3]，获其功用而已矣。大寇则至，使之持危城则必畔，遇敌处战则必北，劳苦烦辱则必犇[4]，霍焉离耳[5]，下反制其上。故赏庆、刑罚、势诈之为道者，佣徒鬻卖之道也，不足以合大众，美国家，故古之人羞而不道也。故厚德音以先之，明礼义以道之，致忠信以爱之，尚贤使能以次之，爵服庆赏以申之，时其事、轻其任以调齐之，长养之，如保赤子。政令以定，风俗以一，有离俗不顺其上，则百姓莫不敦恶[⑥]，莫不毒孽[⑦]，若祓不祥[⑧]，然后刑于是起矣。是大刑之所加也，辱孰大焉？将以为利邪？则大刑加焉，身苟不狂惑戆陋，谁睹是而不改也哉？然后百姓晓然皆知循上之法，像上之志而安乐之。于是有能化善、修身、正行、积礼义、尊道德，百姓莫不贵敬，莫不亲誉，然后赏于是起矣。是高爵丰禄之所加也，荣孰大焉？将以为害邪？则高爵丰禄以持养之，生民之属，孰不愿也？雎雎焉县贵爵重赏于其前，县明刑大辱于其后，虽欲无化，能乎哉？故民归之如流水，所存者神，所为者化而顺。暴悍勇力之属为之化而愿，旁辟曲私之属为之化而公，矜纠收缭之属为之化而调，夫是之谓大化至一。《诗》曰：'王犹允塞，徐方既来。'此之谓也。

【注释】

①焉：语气助词。

②势：与"诈"同义连用，是权谋的意思。

③虑：大致，大凡。率：与"虑"同义连用。险阸：使穷困而走投无路，引申指控制。

④烦辱：两字同义，同"繁缛"。

⑤霍焉：涣然，散去的样子。

⑥敦：通"憝"，怨恨。

⑦毒：祸害。这里用作意动词。孽：妖孽，灾害，这里用作意动词。

⑧祓：古代一种除灾驱邪的仪式，此泛指驱除。

【译文】

"大凡人们的行动，如果是为了赏赐和表扬才去做的，那么看见对自己有损害就罢手不干了。所以赏赐表扬、行刑处罚、权谋诡诈不足以竭尽人们的力量、使人们献出生命。现在做人民君主的，他们用来对待下面老百姓的，其中没有礼义忠信，而大抵只是使用赏赐表扬、行刑处罚、权谋诡诈控制臣民来获得他们的功用罢了。强大的敌寇到来，让他们去把守危险的城邑，就一定会叛变；让他们去抵抗敌人进行战斗，就一定会败北；让他们干费力艰苦繁杂的事，就一定会逃跑；他们涣散地背离了，就等于臣民反过来制裁了他们的君主。所以赏赐表扬、行刑处罚、权谋诡诈作为一种办法，实是一种受雇佣的人出卖气力的办法，它不足以团结广大民众、使国家的风俗淳美，所以古代的圣王认为可耻而不遵行它。古代的圣王提高道德声誉来引导人民，彰明礼制道义来指导他们，尽力做到忠诚守信来爱护他们，根据尊崇贤人、任用能人的原则来安排他们的职位，用爵位、服饰、表扬、赏赐去一再激励他们，根据时节安排他们的劳动、减轻他们的负担来调剂他们，抚养他们，就像保护初生的婴儿一样。政策法令已经确定，风气习俗已经一致，如果还有人违背习俗而不顺从自己的君主，那么百姓就没有谁不怨恨厌恶他，就没有谁不把他当作祸害妖孽，就像要驱除不祥一样要除掉他，这种情况发生以后，刑罚就从此产生了。这种人便是重刑所施加的对象，哪还有比这个更大的耻辱呢？要把它看作为有利的事吗？但是结果却是重刑加身！如果本身不是发疯、糊涂、愚蠢、浅陋的人，谁能看到了这种处罚而不改过自新呢？这样做了以后，百姓就明明白白地知道要遵从君主的法令、依顺君主的意志而爱戴君主。在这种情况下，如果有人能被善道所感化，修养身心、端正品行、不断奉行礼义、崇尚道德，百姓就没有谁不器重尊敬他，就没有谁不亲近赞誉他，这种情况发生以后，奖赏就从此产生了。这种人便是高官厚禄的授予对象，哪还有比这个更光荣的呢？要把它看作为有害的事吗？可是高官厚禄又供养了他们。凡是人，哪一个不愿意这样呢？明明白白地把高贵的官爵和优厚的奖赏摆在他们的前面，把彰明罪行的刑罚与最大的耻辱放在他们的后面，即使要他们不变好，可能么？所以民众归顺投奔君主就像流水奔向大海一样，君主所在的地方就得到全面的治理，君主采取措施的地方人们都受到教育感化而顺服：残暴、凶狠、胆大、强壮的一类人都会被他感化而变得忠厚老实，偏颇、邪僻、搞歪门邪道、偏私的一类人都会被

他感化而变得大公无私，骄傲自大、尖刻伤人、争抢不让、纠缠不休的一类人都会被他感化而变得和气温顺，这叫做深广的教化、极大的一致。《诗经》上说：‘王道遍行于天下，远方的徐国也来朝拜。’说的就是这种情形。

【原文】

“凡兼人者有三术：有以德兼人者，有以力兼人者，有以富兼人者。彼贵我名声，美我德行，欲为我民，故辟门除涂以迎吾入，因其民，袭其处，而百姓皆安，立法施令莫不顺比，是故得地而权弥重，兼人而兵俞强[①]，是以德兼人者也；非贵我名声也，非美我德行也，彼畏我威，劫我势，故民虽有离心，不敢有畔虑，若是，则戎甲俞众，奉养必费；是故得地而权弥轻，兼人而兵俞弱，是以力兼人者也；非贵我名声也，非美我德行也，用贫求富[②]，用饥求饱，虚腹张口来归我食，若是，则必发夫掌窌之粟以食之[③]，委之财货以富之，立良有司以接之，已期三年，然后民可信也，是故得地而权弥轻，兼人而国俞贫，是以富兼人者也。故曰：以德兼人者王，以力兼人者弱，以富兼人者贫。古今一也。

【注释】

①俞：通“愈”。
②用：因为。
③掌：当作“禀”，“禀”同“廪”米仓。窌：地窖。

【译文】

“大凡兼并别国的君主有三种方法：有依靠德行去兼并别国的，有依靠强力去兼并别国的，有依赖财富去兼并别国的。那个国家的人民景仰我的名声，赞赏我的德行，想做我的下民，所以打开国门清除道路来迎接我进城。我依靠这国家的民众，沿用它的住处，而百姓都安宁，对我制定的法律与颁布的命令没有人不顺从。所以得到了土地而权势更大，兼并了别国而兵力越来越强。这是依靠德行去兼并别国的君主。那个国家的人民并不是景仰我的

双龙首玉璜（春秋战国）

名声，也不是赞赏我的德行，他们只是害怕我的威武，被我的势力所胁迫，所以他们虽然有离开我的心思，也不敢有背叛我的打算。像这样，那么战士就要越来越多，给养一定花费很大。所以得到了土地而权势更轻，兼并了别国而兵力越来越弱。这是依靠强力去兼并别国的君主。那个国家的人民并不是景仰我的名声，也不是赞赏我的德行，而是因为贫穷而追求富裕，因为饥饿而想吃饱，所以空着肚子张着嘴来投奔我求食。像这样，就必须发放米仓地窖中的粮食来供养他们，给他们财物来使他们富足，委任善良的官吏来接待他们，这要等三年以后，这些归附的老百姓才可以信任。所以得到了土地而权势更轻，兼并了别国而国家越来越贫穷。这是依靠财富去兼并别国的君主。所以说：依靠德行兼并别国的君主称王，依靠强力兼并别国的君主衰弱，依靠财富兼并别国的君主贫穷。这种情况古今是一样的。

【原文】

“兼并易能也，唯坚凝之难焉。齐能并宋而不能凝也[①]，故魏夺之[②]；燕能并齐而不能凝也[③]，故田单夺之；韩之上地[④]，方数百里，完全富足而趋赵[⑤]，赵不能凝也，故秦夺之[⑥]。故能并之而不能凝，则必夺；不能并之又不能凝其有，则必亡。能凝之则必能并之矣。得之则凝，兼并无强。古者汤以薄[⑦]，武王以滈[⑧]，皆百里之地也，天下为一，诸侯为臣，无他故焉，能凝之也。故凝士以礼，凝民以政，礼修而士服，政平而民安。士服民安，夫是之谓大凝，以守则固，以征则强，令行禁止，王者之事毕矣。”

【注释】

①齐能并宋：公元前286年，齐伐宋，宋王偃（康王）出逃，死于温（今河南温县），齐兼并了宋国。

②魏夺之：公元前284年，魏与秦、赵、韩、燕一起伐齐而攻破临淄，

齐湣王出逃而死于淖齿之手。于是齐国被瓜分，魏国得到了原属宋国的大部分土地。

③燕能并齐：公元前284年，燕昭王以乐毅为上将军攻齐，秦与三晋协同作战，乐毅破齐临淄，随后又攻占齐城七十余座，齐仅剩莒、即墨二城。

④上地：指上党地区，在今山西省东南部长治市一带。

⑤趋赵：公元前262年，秦将白起攻韩，取野王（今河南沁阳），完全封闭了韩与上党郡的交通。上党郡守冯亭不愿降秦，附赵。

⑥秦夺之：上党归附赵国后，赵派廉颇屯长平（今山西高平西北）拒秦，赵、秦相持，不分胜负。公元前260年，秦攻上党，赵王中了秦国范雎的反间计，命赵括替代廉颇为将，结果被白起大败于长平。公元前259年，秦将司马梗北定太原，完全占领了上党郡。

⑦薄：通“亳”。

⑧滈：通“镐”。

【译文】

“兼并别国容易做到，只是巩固凝聚它很难。齐国能够兼并宋国，但不能凝聚，所以魏国夺走了宋国。燕国能兼并齐国，但不能凝聚，所以田单夺回了它。韩国的上党地区，方圆几百里，城池完备、府库充足而归附赵国，赵国不能凝聚，所以秦国夺取了它。所以，能兼并别国的土地而不能凝聚，就一定会被夺走；不能兼并别国又不能凝聚自己本来拥有的国家，就一定会灭亡。能凝聚自己的国家，就一定能兼并别国了。得到别国的土地就能凝聚，那么再去兼并就不会有强大而不能兼并的对手了。古代商汤凭借亳，周武王凭借鄗，都不过是方圆百里的领土，而天下被他们统一了，诸侯做了他们的臣属，这没有其他的缘故，是因为他们能凝聚取得的土地啊！凝聚士人要依靠礼义，凝聚民众要依靠政策。礼义搞好了，士人就会归服；政治清明了，民众就安定。士人归服、民众安定，这叫做最大的凝聚。靠这种政治局面来守卫就牢不可破，靠它来出征就强大无比，有令必行，有禁必止，称王天下者的事业就完成了。”

【解读】

荀子在本篇所论君主用兵之道，实质上是封建统治阶级的一套军事思想，以现代的观点看，它已经相当陈腐，但所述以仁义统率军事、讲求政治策略、注重战略战术的儒家主张，又能以乱世人民的苦难为念，着眼于长远思考天下统一的思想，都是值得后人研究和借鉴的。

用兵之道的选择。赵孝成王以“兵要”请问，荀子指出有两种截然不同的答案，一是“王者之志”，一是“诸侯之事”。用兵本身并非目的，其目的在于称霸诸侯，还是称王天下，结束长期战乱的局面，使中国得到统一。讲天时地利，这仅是用兵条件；讲后之发先之至，这又是诱敌深入而歼灭之的战术；讲势利变诈，感忽悠暗，莫之其所出，仍是作战的形势、机会和对策。总之，用兵之根本不在作战的条件和战术，而在于争取民心，即所谓壹民。应当像调弓矢以中微、和六马以致远一样地善附民，达到“其民之亲我欢若父母，其好我芬若椒兰”的目的，这才是“善用兵”。荀子面临着强秦灭六国而统一天下的形势，为之深忧，担心“末世之兵，未有本统”的秦国即使取得天下也不能巩固；还有陈嚣、李斯弃本索末，为霸道鼓噪，将会贻误天下大事，于是他急切地希望避免权谋势利、攻夺变诈的诸侯之事，呼唤仁人之兵王者之志出现，完成统一天下的大业。

礼法治军。荀子对他心目中的仁人之兵赞赏有加：“故仁人上下，百将一心，三军同力。臣之于君也，下之于上也，若子之事父，弟之事兄，若手臂之扞头目而覆胸腹也。”“必将聪明警戒，和传而一。”这是说具有上下相爱、亲和团聚的特点，因此兄弟、父子、臣下捍卫君主就如同手臂保护头颅、眼睛、胸膛腹部一样。“故仁人之兵，聚则成卒，散则成列；延则若莫邪之长刀，婴之者断；兑则若莫邪之利锋，当之者溃”。这是说，具有士气旺盛、训练有素、所向无敌的特点，因此来犯者必将溃败，狼狈而逃。“王者有诛而无战，城守不攻，兵格不击，上下相喜则庆之。不屠城，不潜军，不留众，师不越时。”“彼兵者，所以禁暴除害也，非争夺也。故仁人之兵所存者神，所过者化，若时雨之降，莫不说喜。”“皆以仁义之兵行于天下也。

故近者亲其善，远方慕其德，兵不血刃，远迩来服。德盛于此，施及四极。”“故民归之如流水，所存者神，所为者化。而顺暴悍勇力之属，为之化而愿；旁辟曲私之属，为之化而公；矜纠收缭之属，为之化而调：夫是之谓大化至一。”这是说，具有禁暴除害、以仁义教化施行仁爱于天下百姓的特点，因此能使暴悍勇力之民化而为愿、使旁辟曲私之民化而为公、使矜纠收缭之民化而为调，而且兵不血刃，即可像百川归大海那样，让天下人民顺服。如此理想化的仁人之兵，是礼法治军的结果，那就是做到了：隆礼，贵义，好士，爱民，赏重，刑威，政令信，权出一。具备这些条件，就能造就仁人之兵，成为国家强盛进而称王天下的基础。和仁人之兵相反的军队，有齐国的“扑击”，“是亡国之兵也”；魏国的“武卒”，“是危国之兵也”；秦国的“锐士”，“此所谓末世之兵”。这些战国军队，“皆干赏蹈利之兵也，佣徒粥卖之道也，未有贵上、安制、綦节之理也”。由于他们崇尚权谋势诈，只能以利诱招募兵员，以单纯军功行庆赏，缺乏正确的指导思想，相互攻伐，“以诈遇诈”，其实质完全一样，是没有礼义节制的雇佣之兵，可以称之为“盗兵”。至于春秋五霸齐桓、晋文、楚庄、吴阖闾、越勾践，固然可以称之为“和齐之兵”，因其在军事上已有信义可循，进入礼义教化之域，却未能臻于完善，没有将礼义置于“本统”地位，距王道尚远，仅为霸道，仅有强弱之效，不足以承担以仁义王道统一天下的大业。而凭军功武略的强秦虽然极有可能灭六国而一取天下，但由于其为“末世之兵，未有本统也”，故而“諰諰然常恐天下之一合而轧己也”，这证明其本质的虚弱和非正义性。荀子之唯有仁义王道才可以统一天下的理论，最终为秦王朝祚命以葬的历史事实所印证。关于如何以礼法治军、治国，荀子着重讲了三个方法：一是“凡在大王，将率末事也”。意即君主掌握用兵之道及其施行，将帅服从君命，执行决策，只处理次要的事情。所以，隆礼、贵义、好士、爱民、赏重、刑威、政令行、权出一，是君主的职责，这是军政权力集中于君主，君主制定大政方针的原则。二是以六术、五权、三至、五无圹为内容的将兵之道以及称王天下的军令制度。六种有效的战术、五种机智的权谋、三项不受君令的原则、五种严肃而不疏忽的态度，以及称王天下的军令制度，还包括处理将

士与武器、城防、政令、刑赏之间的关系，均在战略战术、政治策略范围之内，宣扬的是尊王、黜霸、崇仁义贬势诈的儒家传统思想，与简礼贱义、单纯隆势诈尚功利而重攻虞的兵家有本质上的不同。言谈中，荀子对兵家权威孙膑、吴起和战国名将田单、庄蹻、卫鞅、缪虮贬词甚多，讥其兵术用以对付仁人之兵，是以桀诈尧，不过以卵击石，以指挠沸，必将惨败；用以对付行霸道权谋之兵，是以桀诈桀，或可巧拙有幸，相为雌雄罢了。这说明，只有以礼法治军、治国，才能"通于神明"，无敌于天下。三是兼并别国的方法，"以德兼人者"，"是故得地而权弥重，兼人而兵俞强"；"以力兼人者"，"是故得地而权弥轻，兼人而兵俞弱"；"以富兼人者"，"是故得地而权弥轻，兼人而国俞贫"。荀子将战国齐燕韩赵等的争夺与汤武的百里取天下做了对比，得出结论："兼并易能也，唯坚凝之难焉。"其"凝"训"聚"、"结"，此句强调：凝聚别国比兼并他更难办。将别国土地人民得而复失。甚至连本国土地人民都保不住，是因为"能并之而不能凝"。由此，荀子提出一个"凝"高于"并"的原则："能凝之则必能并之矣。得之则凝，兼兵无强。"其"无"与"莫"同义，是说兼并之师以对别国得而能凝为最强大。相反，如果得而不能凝，甚至不能得又不能凝，那就会走上使国家危亡的道路。从"凝"的内涵主要是"凝士"、"凝民"、"大凝"来看，荀子要求兼并之主，要重在对别国因其民、顺其民、袭其处（沿袭其居处），使别国百姓一切皆安。这里充满了尊重和爱护的礼义精神。"故凝士以礼，凝民以政；礼修而士服，政平而民安；士服民安，夫是之谓大凝。"以礼凝士，即礼义致贤，以政凝民，即裕政爱民。"礼修而士服"，即"礼备而士服"，礼义制度完备士人就归顺；"政平而民安"，即刑罚政令公正平和百姓就归顺。可见荀子所说的"大凝"，是以礼义使士服民安而征服天下，先统一民心后统一天下。

强国第十六

【题解】

荀子在本篇中主要论证了如何使国家强盛的问题，并对事关国家前途命运的大事和人物进行了评说，提出了君主应该掌握的用人、治国的基本方针和原则。荀子认为，要使国家强盛，必须“行胜人之道”，即“求仁厚明通之君子”“与之参国政”，“慎礼义、务忠信”，“隆礼尊贤”，“重法爱民”，“尚贤使能，赏有功，罚有罪”等等。而其宗旨，则是达到“赏不用而民劝，罚不用而威行”的“道德之威”的境界。为此，荀子列举了桀、纣、汤、武以及齐、秦、楚、魏等人物和国家大量正反两方面的事例，从正反两方面进行反复评说阐述，说明崇尚礼义、任用贤能和重法爱民的治国原则和方法以及所产生的重大作用。同时，荀子还强调指出，君主如果想统治天下，就应该注重从自身做起，从小事做起，不能全神贯注于所谓重要却很少发生的“大事”而荒怠了治国理政的“日常小事”，那是得不偿失的。

【原文】

刑范正[①]，金锡美，工冶巧[②]，火齐得[③]，剖刑而莫邪已[④]。然而不剥脱，不砥厉[⑤]，则不可以断绳；剥脱之，砥厉之，则劙盘盂、刎牛马忽然耳[⑥]。彼国者，亦强国之“剖刑”已。然而不教诲，不调一，则入不可以守，出不可以战；教诲之，调一之，则兵劲城固，敌国不敢婴也。彼国者亦有“砥厉”，礼义、节奏是也。故人之命在天，国之命在礼。人君者，隆礼、尊贤而王，重法、爱民而霸，好利、多诈而危，权谋、倾覆、幽险而亡。

【注释】

①刑：通“型”。范：铸造器物的模子。

②工冶：铸造金属器物的工匠。

③火齐：火候。齐，“剂”字的古字。

④莫邪：春秋时的利剑名。已：完成，完结。

⑤厉：通“砺”，磨刀石，这里作动词表示磨。

⑥劙：割。盘、盂：都是铜器，古代常用来试验剑的利钝。刎：割断。忽然：轻快便当的样子。

【译文】

模子标准，铜、锡等质料的质量好，铸剑的技艺高明，火候和配料得当，这样的话，打开模具，而莫邪宝剑就铸造成功了。但是如果不除去宝剑表面不光洁的部分，不磨砺它，这样的剑连绳子也割不断；除去了宝剑表面不光洁的部分，又加以磨砺，这样的话，即使用它来切割铜器、宰杀牛马也很轻快了。一个国家，也像是刚打开模具而见到的未经修整磨砺的宝剑一样，只是一个强国的基础。但如果对这个国家的人民不进行教育，不使他们协调一致，那么在国内就不能依靠他们来守卫自己的国家，到国外就不能用他们去和敌国交战；如果教育他们，使他们协调一致，那么就能够使得兵力强劲、城防牢固，敌国不敢来冒犯。一个国家，也有磨砺的过程，那就是施行各种礼义和有关的各种具体规定。所以，人的命运取决于上天，而国家的命运就取决于礼义。作为君主，推崇礼义、尊重贤人，就可以称王天下；注重法治、爱护人民，就可以称霸诸侯；喜欢财利、多搞欺诈，就会遭致危险；玩弄权术、坑人害人、阴暗险恶，就会遭到灭亡。

【原文】

威有三：有道德之威者，有暴察之威者，有狂妄之威者。此三威者，不可不孰察也。礼乐则修，分义则明，举错则时[①]，爱利则形。如是，百姓贵之如帝，高之如天，亲之如父母，畏之如神明。故赏不用而民劝，罚不用而威行。夫是之谓道德之威。礼乐则不修，分义则不明，举错则不时，爱利则不形，然而其禁暴也察，其诛不服也审，其刑罚重而信，其诛杀猛而必，黭然而雷击之[②]，如墙厌之[③]。如是，百姓劫则致畏，嬴则敖上[④]。执拘则聚[⑤]，得间则散[⑥]，敌中则夺[⑦]，非劫之以形势[⑧]，非振之以诛杀[⑨]。则无以有其下。夫是之谓暴察之威。无爱人之心，无利人之事，而日为乱人之道，百姓讙敖[⑩]，则从而执缚之，刑灼之，不和人心。如是，下比周贲溃以离上矣，倾覆灭亡，可立而待也。夫是之谓狂妄之威。此三威者，不可不孰察也。道德之威成乎安强，暴察之威成乎危弱，狂妄之威成乎灭亡也。

【注释】

①举错：安排，措施。错，通“措”。

②黭：通“奄”。而：通“如”。

③厌：同“压”，倒塌。

④嬴：通“赢”，盈余，宽松，松弛。敖：通“傲”，傲视。

⑤执拘：拘捕，捉拿，这里是指强行集中。

⑥间：间隙，时机。

⑦中：击。

⑧形势：权势地位。

⑨振：通“震”，恐惧。这里用作使动词。

⑩讙敖：喧哗嘈杂，这里是不服从统治，不听从指挥的意思。讙，喧哗。敖，通“嗷”，众声嘈杂。

【译文】

威严有三种：有道德的威严，有强暴苛严的威严，有胡作非为专横跋扈的威严。这三种威严，不能够不加以仔细的考察。礼制音乐完善，贵贱、上下等级关系的准则明确，采取措施切合时宜，爱护人民、造福人民的心能具体体现出来。像这样的君主，百姓就会像对待天帝那样尊重他，像对待上天那样景仰他，像对待父母那样亲近他，像对待神灵那样敬畏他。所以，不用奖赏，百姓也会受到鼓励而卖力，不用刑罚而君主的权威就能够施行。这就叫做道德的威严。礼制音乐不完善，贵贱、上下等级关系的准则不明确，采取的措施不合时宜，爱护人民、造福人民的心没有表现出来。不过，禁止暴乱时还能做到明察，惩处不服的人还能够做到审慎，施行刑罚从重而守信用，处决犯人严厉而坚决，突然地就像雷电闪击他们一样，就像墙壁倒塌压死他们一样。像这样，百姓一受到胁迫就会非常畏惧，得到宽缓就会傲视君主，被强行集中时就聚在一起，一得到机会就四散逃跑，心怀不满就很容易变心，敌人一进攻就会被敌人争取过去。君主如果不是用权势地位去胁迫他们，不是用惩罚杀戮去震慑他们，那就无法控制这些百姓了。这就叫做强暴苛严的威严。没有爱护百姓的心肠，不做有益于百姓的事情，而天天搞那些扰乱百姓的歪门邪道，百姓如果不听从指挥，就跟着逮捕他们，用酷刑伤害他们，而不去调解民心。像这样，下面的百姓就会成群结队地结伙逃散而离开君主了，国家的垮台灭亡，很快就会到来了。这就叫做胡作非为专横跋扈的威严。这三种威严，是不能够不加以仔细考察的。道德的威严导致国家的安定强盛，强暴苛严的威严导致国家的危险衰弱，胡作非为专横跋扈的威严会导致国家的灭亡。

【原文】

公孙子曰[①]："子发将西伐蔡[②]，克蔡，获蔡侯[③]，归致命曰[④]：'蔡侯奉其社稷而归之楚[⑤]，舍属二三子而治其地[⑥]。'既，楚发其赏，子发辞曰：'发诫布令而敌退，是主威也；徙举相攻而敌退[⑦]，是将威也；合战用力而敌退，是众威也。臣舍不宜以众威受赏。'"

讥之曰："子发之致命也恭，其辞赏也固。夫尚贤使能，赏有功，罚有罪，非独一人为之也，彼先王之道也，一人之本也，善善、恶恶之应也，治必由之，古今一也。古者明王之举大事、立大功也，大事已博，大功已立，则君享其成，群臣享其功，士大夫益爵，官人益秩，庶人益禄。是以为善者劝，为不善者沮，上下一心，三军同力，是以百事成而功名大也。今子发独不然，反先王之道，乱楚国之法，堕兴功之臣，耻受赏之属，无僇乎族党而抑卑其后世，案独以为私廉，岂不过甚矣哉？故曰：子发之致命也恭，其辞赏也固。"

【注释】

①公孙子：齐国的宰相，以公孙为氏，其名不详。“子”是尊称。

②子发：楚宣王时的令尹。将：带兵。蔡：并不是指上蔡或下蔡，而是指高蔡，它位于楚国之西，在今川鄂交界处的巫山与湖南洞庭湖之间。

③蔡侯：指蔡圣侯。

④致命：古代臣奉命外出回来后向君主汇报执行命令的情况叫“致命”。

⑤归：通“馈”，送给。

⑥属：通“嘱”，委托。

⑦徙：迁移，调动。举：发动。徙举，迁移，行动。这里是指行军。

【译文】

公孙子说：“子发带兵向西讨伐蔡国，攻克了蔡国，俘获了蔡圣侯，回来后向楚宣王复命说：‘蔡侯捧着他的祖宗牌位来归顺楚国了，我景舍已经委派了几个人去治理他的领土了。’过后不久，楚宣王向他颁发奖赏。子发推辞说：‘告示命令一发布，敌军就退却了，这是君主的威势；一调发军队去攻打，敌军就退却了，这是将领的威势；士兵们齐心协力作战，敌军才退却，这是战士们的威势。我景舍不该凭这些威势而受到奖赏。’”

荀子评论此事说：“子发回复君命是谦恭有礼的，他推辞奖赏却显得鄙陋无知。推崇贤人，使用能人，奖赏有功的人，惩罚有罪的人，这不单单是某一个人制定的规矩。那是古代圣王的政治原则，是使人民行动一致的根本措施，是奖励良善，惩罚邪恶的表现。治理国家一定要遵循这一原则，古往今来都是一样的。古时候，英明的帝王在举办大事、建立大功的时候，大事已经完成，大功已经建立，那么君主就享有它的成果，群臣就分享它的功劳，士大夫晋升爵位，各级官吏提高职位品级，普通士兵增加粮饷。因此，做好事的受到鼓励而更加努力，做坏事的受到制止也就停止了，上下团结一心，三军共同努力，因此各种事情都能办成而功业名声也就更加伟大卓著了。现在子发偏偏不是这样做的，他违反古代圣王的政治原则，扰乱楚国的法令，挫伤了立功的臣下，侮辱了受到奖赏的人，也侮辱了他自己的族人，压抑贬低了他自己的后代，而这样做只是为了个人的廉洁，这难道不是大错特错了吗？所以说：子发回复君命是谦恭有礼的，他推辞奖赏却显得鄙陋无知。”

【原文】

荀卿子说齐相曰[①]：“处胜人之势，行胜人之道，天下莫忿，汤、武是也；处胜人之势，不以胜人之道，厚于有天下之势，索为匹夫不可得也，桀、纣是也。然则得胜人之势者，其不如胜人之道远矣。

“夫主相者，胜人以势也。是为是，非为非，能为能，不能为不能，并己之私欲[②]，必以道夫公道通义之可以相兼容者[③]，是胜人之道也。

“今相国上则得专主，下则得专国，相国之于胜人之势，亶有之矣[④]。然则胡不驱此胜人之势、赴胜人之道、求仁厚明通之君子而托王焉[⑤]？与之参国政，正是非，如是，则国孰敢不为义矣？君臣上下，贵贱长少，至于庶人，莫不为义，则天下孰不欲合义矣？贤士愿相国之朝，能士愿相国之官，好利之民莫不愿以齐为归，是一天下也。相国舍是而不为，案直为是世俗之所以为，则女主乱之宫，诈臣乱之朝，贪吏乱之官，众庶百姓皆以贪利争夺为俗，曷若是而可以持国乎？

“今巨楚县吾前[⑥]，大燕鳍吾后[⑦]，劲魏钩吾右[⑧]，西壤之不绝若绳，楚人则乃有襄贲、开阳以临吾左[⑨]。是一国作谋，则三国必起而乘我。如是，则齐必断而为四三，国若假城然耳，必为天下大笑。曷若？两者孰足为也？

“夫桀、纣。圣王之后子孙也，有天下者之世也，势籍之所存，天下之宗室也；土地之大，封内千里；人之众，数以亿万；俄而天下倜然举去桀、纣而犇汤、武，反然举恶桀、纣而贵汤、武。是何也？夫桀、纣何失而汤、武何得也？曰：是无它故焉，桀、纣者，善为人之所恶也；而汤、武者，善为人之所好也。人之所恶何也？曰：污漫、争夺、贪利是也。人之所好者何也？曰：礼义、辞让、忠信是也。今君人者，辟称比方，则欲自并乎汤、武；若其所以统之，则无以异于桀、纣；而求有汤、武之功名，可乎？

“故凡得胜者，必与人也；凡得人者，必与道也。道也者，何也？曰：礼义辞让忠信是也。故自四五万而往者，强胜，非众之力也，隆在信矣；自数百里而往者，安固，非大之力也，隆在修政矣。今已有数万之众者也，陶诞比周以争与；已有数百里之国者也，污漫突盗以争地。然则是弃己之所安强，而争己之所以危弱也；损己之所不足，以重己之所有余。若是其悖缪也，而求有汤、武之功名，可乎？辟之，是犹伏而咶天、救经而引其足也，说必不行矣，愈务而愈远。

“为人臣者，不恤己行之不行，苟得利而已矣，是渠冲入穴而求利也，是仁人之所羞而不为也。故人莫贵乎生，莫乐乎安；所以养生安乐者，莫大乎礼义。人知贵生乐安而弃礼义，辟之，是犹欲寿而殇颈也，愚莫大焉。

“故君人者。爱民而安，好士而荣，两者无一焉而亡。《诗》曰[⑩]：‘价人维藩，大师维垣。’此之谓也。”

【注释】

①说：劝说。齐相：指孟尝君田文，他曾做过齐湣王的相国。

②并：通“摒”，摒弃。

③以：使。道：遵行。兼容：同时容纳而互不抵触。

④亶：实在，诚然。

⑤驱：赶马。赴：奔走。

⑥县：“悬”字的古字，这里有威逼的意思。

⑦鰌：通“遒”，逼迫。

⑧钩：钩住，牵制。这里是进犯的意思。右：西边。

⑨乃：又。襄贲、开阳：战国时楚国的城邑，在今山东临沂县北。左：东边。

⑩引诗见《诗经·大雅·板》。

【译文】

荀子劝说齐国的相国说：“处在能够制服别人的权势地位上，又能实施制服别人的办法，使得天下没有人怨恨，商汤、周武王就是这样的君主；处在制服别人的权势地位上，却不能实施制服别人的办法来拥有统治天下的权势，最后，哪怕要求做一个平民百姓也不可能办到，夏桀、商纣王就是这样的君主。这样看来，那么得到制服别人的权势地位，远远及不上实施制服别人的办法。

“做君主和相国的，是用权势来制服别人的。能够做到对的就认为对，错的就认为错，有才能的就认为有才能，没有才能的就认为没有才能，摒弃自己的个人欲望，把施行正确的法律制度与道德规范认为是可以同时存在的，这就是制服别人的办法。现在您相国上能独得君主的宠信，下能独揽国家的大权，处在制服别人的权势地位上，这些方面您的确已拥有了。既然这样，那么为什么不利用这制服别人的权势地位、实行制服别人的办法、寻觅仁慈忠厚明智通达的君子而把他推荐给皇上呢？您和他一起参与国家政事，判断是非，如果能够这样，国内还有谁敢不遵行道义呢？君主与臣子，上级与下级，高贵的与卑贱的，年长的与年幼的，以至于平民百姓，没有谁不遵行道义，那么天下还有谁不想会聚到我们这个遵行道义的国家来呢？贤德的人士向往相国所在的朝廷，有才能的人士仰慕相国管理下的官职，好利的百姓没有谁不愿意把齐国作为自己的归宿，这就是统一天下了。相国如果舍弃了上面所说的这些事，而只是采用那些世俗之人所采用的办法，那么王后太后就会在后宫捣乱，奸诈之臣就会在朝廷捣乱，贪官污吏就会在官府捣乱，群众百姓都会把贪图私利互相争夺作为习俗，难道像这样就可以维持国家了吗？

“如今，庞大的楚国威逼在我们的前面，强大的燕国紧逼在我们的后面，强劲的魏国牵制了我们的西面，西面的领土虽然没有断送，也危险得像根细绳一样了，楚国则还有襄贲、开阳两个城监视着我们的东面。在这种形势下，只要有一个国家图谋进攻，其他三个国家就必然会一同起来欺凌我们。如果这样，那么齐国一定会四分五裂，国土将像借来的城池一样最终归属他国而不属于自己了，这就一定会被天下人所耻笑了。怎么办呢？制服人的办法与制服人的权势地位哪一种可行呢？

“夏桀、商纣，都是圣明帝王的后裔子孙，是拥有天下统治权的天子的继承人，是权势帝位的占有者，是天下人所尊崇的帝王之家。他们的领土那么广大，境内方圆上千里；人口那么众多，要用亿万来计数。但没有多久天下人便都断然背离了夏桀、商纣而投奔商汤、周武王了，很快地都憎恶夏桀、商纣而尊崇商汤、周武王了。这是为什么呢？那夏桀、商纣为什么失败而商汤、周武王为什么成功呢？回答说：这并没有其他的缘故，就是因为夏桀、商纣这种人，最喜欢做百姓所厌恶的事情；而商汤、周武王这种人，最喜欢做百姓所喜欢的事情。百姓所厌恶的事是什么呢？回答说：污秽卑鄙、争抢夺取、贪图私利便是。百姓所喜欢的事是什么呢？回答说：礼制道义、推辞谦让、忠诚守信便是。现在统治人民的君主，譬说比拟起来，就想把自己和商汤、周武王并列；至于他们统治人民的方法，却和夏桀、商纣没有什么不同；像这样而要求取得商汤、周武王那样的功业名望，可能吗？

“所以，凡是获得胜利的，一定是因为依顺了人民；凡是得到人民拥护的，一定是因为遵从了正确的政治原则。这正确的政治原则是什么呢？回答说：礼制道义、推辞谦让、忠诚守信便是。所以，拥有四五万以上士兵的国家，能够强大取胜，并不是靠了人口众多的力量，重要的在于崇尚忠信。拥有的领土在方圆几百里以上的国家，能够安定稳固，并不是靠了国土宽广的力量，重要的在于崇尚搞好政治。如今，那些已经拥有了几万人的国家，却还是用招摇撞骗、拉拢勾结的办法去争取盟国；已经拥有了方圆几百里土地的国家，却还是用肮脏卑鄙、强取豪夺的手段去争夺别国的土地。这样的话，那就是抛弃了使自己安定强盛的办法，而采取了使自己危险衰弱的办法；是在减损自己本来所缺少的东西，而在增加自己本来所多余的东西。像这样的荒谬违背常理，却还要求取得商汤、周武王那样的功业名望，可能吗？打个比方来说，这就好像是趴在地上去舔天、挽救上吊的人却拉他的脚一样。这种主张一定行不通，越是努力就离目标越远。

“做臣子的，不顾自己的德行不好，只要贪图得到私利，这就等于是用攻战的大车冲入小洞去攻城来求取利益一样，这是讲求仁德的人感到羞耻而不去做的事情。对于人来说，没有什么比生命更宝贵，没有什么比安定更快乐。而用来保养生命、取得安乐的途径，没有比遵行礼义更重要的了。人们如果只知道珍重生命、喜欢安定却又抛弃了礼义，打个比方来说，这就好像是想长寿而又自杀一样，没有比这样做更愚蠢的了。

“所以，统治人民的君主，爱护人民就能安宁，喜欢贤士就会荣耀，这两方面都不具备的就会灭亡。《诗经》上说：‘贤士就是那国家的屏障，百姓就是那国家的围墙。’说的就是这个道理。”

【原文】

力术止。义术行。曷谓也？曰：秦之谓也。威强乎汤、武，广大乎舜、禹。然而忧患不可胜校也[①]，諰諰然常恐天下之一合而轧己也，此所谓力术止也。易谓乎威强乎汤、武？汤、武也者，乃能使说己者使耳[②]。今楚父死焉[③]，国举焉，负三王之庙而辟于陈、蔡之间[④]，视可、伺间[⑤]，案欲剡其胫而以蹈秦之腹[⑥]；然而秦使左案左[⑦]，使右案右，是能使仇人视可也[⑧]。此所谓威强乎汤、武也。”“曷谓广大乎舜、禹也?”曰：“古者百王之一天下、臣诸侯也，未有过封内千里者也。今秦，南乃有沙羡与俱[⑨]，是乃江南也；北与胡、貉为邻[⑩]；西有巴、戎[⑪]；东，在楚者乃界于齐，在韩者逾常山乃有临虑[⑫]，在魏者乃据圉津——即去大梁百有二十里耳[⑬]，其在赵者剡然有苓而据松柏之塞、负西海而固常山[⑭]：是地遍天下也。威动海内，强殆中国，然而忧患不可胜校也，諰諰然常恐天下之一合而轧己也。此所谓广大乎舜、禹也。然则奈何？曰：节威反文，案用夫端诚信全之君子治天下焉，因与之参国政，正是非，治曲直，听咸阳，顺者错之，不顺者而后诛之。若是。则兵不复出于塞外而令行于天下矣；若是，则虽为之筑明堂于塞外而朝诸侯，殆可矣。假今之世，益地不如益信之务也。

【注释】

①胜校：计算。

②使：服役。

③楚父：指楚顷襄王的父亲楚怀王。

④三王：指楚国开创、受封和称霸的三个君主，即鬻熊、熊绎、庄王。庙：这里指神主牌位。辟：通“避”。陈：原为周武王灭商后所封的诸侯国，在今河南淮阳及安徽亳县一带。这里是指陈城。蔡：原为周分封的诸侯国，春秋时受楚所逼，多次迁都。平侯迁新蔡，昭侯迁州来，称下蔡。这里应该是指下蔡而言。

⑤视可：观察可乘之机。伺间：等待间隙、机会。伺，同“伺”，等待。

⑥剡：举起。胫：小腿。

⑦案：如同“则”，就。

⑧役：受役使。

⑨沙羡：地名。汉代属江夏郡，在今湖北武昌县西南。

⑩胡：我国古代西北部的少数民族。貉：我国古代东北部的少数民族。

⑪巴：古代国名，为秦惠文王所灭。戎：我国古代西部的少数民族。

⑫常山：即恒山。汉代避文帝刘恒讳，改名常山。这里的“常山”疑当作“临虑山”。即今天的林虑山。临虑：战国时韩国邑名，汉称“隆虑”，东汉避殇帝刘隆讳改为“林虑”，即今河南林县。

⑬圉津：当作“围津”，或作“垝津”，在今河南濮阳西南。大梁：魂国国都，在今河南开封西北。

⑭剡然：割削的样子。苓：通“灵”，指灵丘。塞：要塞。西海：当为赵国湖名，在常山西南。

【译文】

使用强力的方法受到遏止，使用礼义的方法畅通无阻。这是指什么而言呢？”回答说：“是指秦国而言。秦国的威力比商汤、周武王还要强大，它的领土比舜、禹还要广大，但是它的忧虑祸患多得不可胜数，天天提心吊胆地经常怕天下各国联合起来攻打自己，这就是我所说的使用强力的方法受到遏止的情况。为什么说秦国的威力比商汤、周武王还要强大呢？回答说：商汤、周武王，只能使喜爱自己的人听使唤罢了。而如今，楚王的父亲死在秦国，国都被秦国攻克，楚王背着三个先王的神主牌位躲避在陈、蔡两地之间，观察适宜之时，窥测可乘之机，想抬起他的脚去践踏秦国的腹地；但是秦国让他向左他就向左，让他向右他就向右，这就是让仇敌受自己驱使。这就是我所说的比商汤、周武王还要威武强大。

怎么说是秦国的土地比舜、禹还要广大呢？回答说：古时候，各代的帝王统一天下，使臣服诸侯的，从来没有哪一个境内的面积超过方圆上千里的。而如今的秦国，南边便占有了沙羡及其周围一带，这是长江的南面了；北边与胡、貉等少数民族地区相邻；西边占有了巴、戎等国；东边，在所占领楚国的土地和齐国交界；在韩国占有的一部分，已经越过了常山而占有了临虑，在魏国的占据了围津，距离魏国的国度大梁只有一百二十里了；在赵国安然地占有灵丘，还占有秦赵交界之处的松柏要塞，背靠着西海而把常山作为险阻。这样，秦国的领土就遍及天下了。这就是我所说的秦国的土地比舜、禹还要广大。它的威武震撼了天下，它的强盛危及到了中原各国，但是忧虑祸患多得不可胜数，天天提心吊胆地经常怕天下各国联合起来攻打自己。这样的话，那秦国应该怎么办呢？回答说：节制武力而回到礼义上来，任用那些正直忠诚、守信忠纯的君子来治理天下，并同他们一起参与国家的政事，端正是非，治理曲直，听政于咸阳，顺从的国家就放在一边不去管它，不顺从的国家才去讨伐它。如果能这样，那么秦国的军队不必再出动到边塞以外的地方去而政令就能在天下实行了；如果能这样，那么即使在边关以外的地方给秦王建造了明堂而使诸侯来朝拜，也差不多可以做到了。在当今这个时世，致力于增加领土实在是不如致力于增加信誉更为紧迫。

【原文】

应侯问孙卿子曰[①]：“入秦何见？”

孙卿子曰：“其固塞险[②]，形势便，山林川谷美，天材之利多，是形胜也。入境，观其风俗，其百姓朴，其声乐不流污，其服不挑[③]，甚畏有司而顺，古之民也。及都邑官府，其百吏肃然，莫不恭俭、敦敬、忠信而不楛[④]，古之吏也。入其国，观其士大夫，出于其门，入于公门，出于公门，归于其家，无有私事也；不比周，不朋党，倜然莫不明通而公也[⑤]，古之上大夫也。

观其朝廷，其朝间，听决百事不留，恬然如无治者，古之朝也。故四世有胜，非幸也，数也。是所见也。故曰：佚而治，约而详，不烦而功，治之至也。秦类之矣。虽然，则有其諰矣。兼是数具者而尽有之，然而县之以王者之功名，则倜倜然，其不及远矣。”

“是何也?”

“则其殆无儒邪！故曰：‘粹而王，驳而霸，无一焉而亡。”此亦秦之所短也。”

【注释】

①应侯：即范雎，战国时魏国人，秦昭王时曾任秦相。

②固塞：是指坚固的防御设施。这里是指边塞。

③挑：通“佻”，轻薄。

④倜然：异常突出的样子。

【译文】

应侯问荀子说：“你了到秦国，都看见了些什么?”

荀子回答说：“它的边塞设施都很险要，地势便利，山林河流美好，自然资源十分丰富，客观条件非常优越。进入秦国国境，观察它的习俗，那里的百姓都非常质朴淳厚，那里的音乐不淫荡卑污，那里的服装不轻薄妖艳，百姓都非常害怕官吏而十分顺从，真像是古代圣王统治下的百姓。到了大小城镇的官府衙门，那里的各级官吏都是严肃认真的样子，无不谦恭节俭、敦厚谨慎、忠诚守信而不粗疏草率，真像是古代圣王统治下的官吏。进入秦国的国都，观察那些士大夫，他们都是走出自己的家门，就走进公家的衙门，走出公家的衙门，就回到自己的家里，没有徇私的事务，不互相勾结，不结党成群，异常突出地没有谁不明智通达而廉洁奉公，真像是古代圣王统治下的士大夫。观察它的朝廷，它的君主所处理的政事，到退朝时都没有积压下来的，官员们安闲得好像没有什么事需要做一样，真像是古代圣王治理的朝廷。所以，秦国四代都能够保持强盛的局面，并不是因为侥幸，而是有其必然性的规律的。这就是我所见到的。所以说：自身安逸却治理得好，政令简要却很周到，政事不繁杂却有成效，这就是治理好国家的最高境界。秦国已经类似这样了。即使如此，它还是有所畏惧。上面所说的这几个条件，秦国全都具有了，但是用称王天下者的功绩名声去衡量它，那简直是天南海北，还相差得很远呢。”

“这是什么原因呢？”

“那是他们大概缺乏儒者的原因吧。所以说：‘完全施行儒者的礼义之道、任用贤人的就能称王天下，没有完全彻底地施行儒者的礼义之道就能称霸诸侯，这两者一样也做不到的就会灭亡。’这也正是秦国的短处啊。”

【原文】

积微[①]，月不胜日，时不胜月，岁不胜时。凡人好敖慢小事[②]，大事至，然后兴之务之[③]。如是，则常不胜夫敦比于小事者矣[④]。是何也？则小事之至也数[⑤]，其县日也博[⑥]，其为积也大；大事之至也希，其县日也浅，其为积也小。故善日者王，善时者霸，补漏者危，大荒者亡。故王者敬日，霸者敬时，仅存之国危而后戚之，亡国至亡而后知亡，至死而后知死。亡国之祸败，不可胜悔也；霸者之善箸焉，可以时托也[⑦]；王者之功名，不可胜日志也。财物货宝以大为重，政教功名反是，能积微者速成。《诗》曰[⑧]：“德輶如毛[⑨]，民鲜克举之。”此之谓也。

【注释】

①积微：是指积累微小事情的功效。

②好：喜爱。敖：通“傲”。轻视。

③兴：举。

④敦比：谨慎的意思。

⑤数：屡次，这里是频繁的意思。

⑥县日：是指所延续的日子。县，同“悬”，系结。

⑦托：应该是“记”。

⑧引诗见《诗经·大雅·烝民》。

⑨輶：轻。

【译文】

积累微小事情的功效，每个月积累不如每天都积累，每个季度积累不如每个月都积累，每年积累不如每个季度都积累。一般人喜欢轻视怠慢小事，要等大事来了，然后才去做。像这样，他的功效就总是不如那些认真办理小事的人了。这是什么道理呢？是因为小事来得很频繁，它延续的日子也多，积累起来的功效也就大了；而大事来得稀少，它延续的日子也少，积累起来的功效也就小了。所以，珍惜每一天的人，就能成为称王天下的君主；珍惜每一个季度的人，就能成为称霸诸侯的人；等到出了漏洞再去补救的人，就遭到危险了；那些严重荒废时日的人，就会遭到灭亡了。所以，称王天下的君主都慎重地对待每一天，称霸诸侯的君主重视每一个季度，勉强存在的国家陷入危险以后君主才为它担忧，亡国的君主到了国家灭亡以后才知道会灭亡，临死的时候才知道要死。亡国所造成的祸害和破坏，多到悔不胜悔。称霸诸侯的君主的善政显著，可以按季度来记录；称王天下的君主的功绩名誉，则是每天都记录也记录不完的。财物宝贝，以大的为贵重，政治、教化、功名却与此相反。能够积累微小的功效的君主才能迅速获得成功。《诗经》上说："道德似乎轻如鸿毛，却很少有人能够举起它。"说的就是这个道理。

【原文】

凡奸人之所以起者，以上之不贵义、不敬义也。夫义者，所以限禁人之为恶与奸者也。今上不贵义、不敬义，如是，则下之人百姓皆有弃义之志而有趋奸之心矣，此奸人之所以起也。且上者，下之师也。夫下之和上，譬之，犹响之应声、影之像形也。故为人上者，不可不顺也①。夫义者，内节于人而外节于万物者也②，上安于主而下调于民者也。内外上下节者，义之情也。然则凡为天下之要③，义为本，而信次之。古者禹、汤本义务信而天下治；桀、纣弃义背信而天下乱。故为人上者，必将慎礼义、务忠信，然后可。此君人者之大本也。

【注释】

①顺：通“慎”，谨慎。

②节：节制，适合。

③要：关键。

【译文】

一般说来，奸邪的人之所以会产生，是因为君主不推崇礼义、不尊重礼义。礼义这种东西，是用来限制人们为非作歹和施行奸诈的。如今，君主不推崇礼义、不尊重礼义，像这样，下面的老百姓就都会有放弃礼义的思想而有趋附奸邪的念头了。这就是奸邪之人产生的原因。况且，君主是臣民的师表。臣民附和君主，打个比方来说，就好像是回声应和声音、影子跟随形体一样。所以，作为百姓的君主，不能不慎重地对待礼义。礼义，对内能够适合所有的人，对外适合于世间万物；对上能使君主安定，对下能使百姓协调。内外上下都得到调节，这是礼义的实质。这样看来，在所有治理天下大事的要领中，礼义是最根本的，而守信用是其次的。古时候，夏禹、商汤立足于礼义、致力于守信而天下得到大治；夏桀、商纣抛弃了礼义、违背了信用而致使天下大乱。所以，作为百姓的君主，一定要慎重地对待礼义、致力于忠诚守信，然后才可以平治天下。这是统治百姓的最高原则。

【原文】

堂上不粪，则郊草不瞻旷芸①；白刃扞乎胸②，则目不见流矢；拔戟加乎首，则十指不辞断。非不以此为务也，疾养缓急之有相先者也。

【注释】

①瞻：当作“赡”，足，这里是指时间而言。旷：空，闲暇。芸：通

“耘”，除草。

②扞：通“干”，触犯。

【译文】

厅堂如果还没有打扫，那么郊外的野草就没有足够的余暇去铲除了；雪白的刀锋刺到胸口，眼睛就看不到飞来的暗箭了；迅速到来的戟架到头上，就顾不上十只手指有被切断的危险而去抵挡了。这并不是认为郊外的杂草、暗箭、手指不重要，而是因为痛痒缓急之间有个先顾及什么的问题。

【解读】

荀子曾周游燕、齐、楚、赵、秦等国进行社会和政治考察，对当权者提出规劝，建议他们以王道统一天下。《儒效篇》、《议兵篇》、《强国篇》均有记述。《儒效篇》以一个片断穿插在全文论述中，引述荀子答秦昭王问；《议兵篇》记述荀子分别与赵孝成王、临武君、陈嚣、李斯等人谈话内容，以用兵之本为中心，反映双方论战全貌；《强国篇》首尾数节合文章常规，是正面论述，中间大量篇幅记述荀子与齐相、秦相谈话要点，类似谏言，直陈其失，大论其短，并给予救治方法。荀子总结历史的经验教训，念念不忘以治国之本告诫统治者。他指出，战国末年群雄沉溺于纷争，诸侯国知王道者无，崇霸道者众，等而下之者王霸皆不用。诸侯国由弱变强，由强变弱，相互吞并，不断更迭，竟无定数。统观历史上那些身死国亡者，无一不是“亡国至亡而后知亡，至死而后知死，亡国之祸败，不可胜悔也”。荀子发现，王、霸、存、亡的变数是由“势”与“道”这一对矛盾的对立统一所决定的。例如汤、武之所以“天下莫忿”，是由于处理得当，“势”、“道”统一，即所谓“处胜人之势，行胜人之道”；而桀、纣与之相反，处理失当，“势”、“道”尖锐对立，即所谓“处胜人之势，不以胜人之道”，因而“厚于有天下之势，索为匹夫而不可得也”。治国之道，在《荀子》一书本为通常之论，而本篇紧扣势与道的关系，以“强国如何胜人”为主旨，推出新意：若能以道驭势，则势弱变势强，即可“处胜人之势”；若行“胜人之道”以驭“胜人之势”，则上可以王，下可以霸。反之，若未行“胜人之道”，纵有“胜人之势”，也会势强变势弱，以致危殆灭亡。那么，何谓“胜人之势”？有两个含义，一是指君主、国相拥有的制服人民的权势：“夫主相者，胜人以势也”。又，“今相国上则得专主，下则得专国，相国之于胜人之势，亶有之矣”。二是指国家的实力：“土地之大，封内千里；人之众，数以亿万”，“威强乎汤、武，广大乎舜、禹”，何谓“胜人之道”？其含义是：“礼义辞让忠信是也”，“必以道夫公道通义之可以兼容者”。荀子得出结论：“得胜人之势者．其不如胜人之道远矣。”他解剖齐、秦两个“麻雀”来印证这个道理。春秋姜齐桓公用管仲为相，励精图治，发展经济，国力富强，终以诚信成为霸主而九合诸侯。战国田齐威王用邹忌为相，田忌为将，孙膑为军师，因致力于政治改革和社会与经济发展，使国势盛而不衰，与秦长期东西对峙。传至齐闵王，任田文（号称孟尝君）为相，玩弄权谋，近交远攻，兴兵火，侵诸侯，损耗国力，积怨邻国。闵王十七年（前284年），燕、韩、赵、魏、秦合纵攻齐，临淄被陷，闵王被杀。当年，由田单设计大败燕军，迎襄王返临淄，襄王以田单为相。齐国数百年由崇道用信到崇势用诈的兴衰史，正是荀子说齐相田单的背景。他尖锐地指出。齐国“今已数万之众者也，陶诞、比周以争与；已有数百里之国者也，污漫、突盗以争地；然则是弃己之所以安疆，而争己之所以危弱也；损己之所以不足，以重己之所以有余”。如此败国之道必失胜人之势，故而以“若是其悖缪也”概括之，意思是政治荒谬，治国悖理，不可取。荀子说齐相，重在做批评、说教训，令其从“如是，则齐必断而为四，三国若假城然耳，必为天下大笑”的眼前险势中省悟过来，将“胜人之道”置于“胜人之势”之上，“隆在信矣”，“隆在修政矣”。荀子说秦相，则重在做规劝、提建议。秦昭王即位初，由其母宣太后当权，任魏冉为相，任白起为将，疯狂用武，大肆虐杀诸侯各国兵民，被称为“人屠”。先后战胜三晋、齐、楚等国，侵占魏的河东、南阳和楚的黔中和郢都。改用范雎为相，又在长平大胜赵军，从此奠定了秦取得统一战争胜利的基础。荀子看出此时的秦国臣诸侯之势已经形成，其形势便，天材多；风俗美，百姓朴；官吏忠信明通，朝廷“佚而治，约而详，不

烦而功”。但是其“威强乎汤、武”和“广大乎舜、禹”，具有危险性。因为，“秦使左案左，使右案右，是乃使雠人役也”，这是暴虐专制，与汤武的仁义精神相悖；至于“地遍天下”，则是掠杀并国而来，与齐桓公的诚信原则不合。秦国走到古代圣王贤君的反面。“威动海内，强殆中国，然而忧患不可胜校也，諰諰然常恐天下之一合而轧己也。”所以，秦国必须解除其忧患，“力术止，义术行”。如是，下可以霸，走齐桓公的道路：“节威反文，案用夫端诚信全之君子治天下焉，因与之参国政，正是非，治曲直，听咸阳，顺者错之，不顺者而后诛之。若是，则兵不复出于塞外，而令行于天下矣；若是，则虽为之筑明堂于塞外而朝诸侯殆可矣。”上可以效法汤、武、舜、禹，走“粹而王”的道路。但是，“县之以王者之功名，则倜倜然其不及远矣。是何也？则其殆无儒邪。”只益地不益信，用力术不用义术，是战国各诸侯国的通病，而以秦为最烈。所以，荀子的心情极为矛盾而复杂。眼前，秦统一天下的前景好比郊野的草、飞来的箭和十个指头，固然重要，“非不以此为务”，但是秦所短在于“无儒”，不具有“慎礼义、务忠信”、“君人者之大本”，假若不分“疾养缓急之有相先者”，天下统一则福祸难料，还是先顾及“堂上不粪”、“白刃扞乎胸”、“拔戟加乎首”吧。荀子此番感慨意味深长，他对秦将统一天下，与其说兴奋，不如说忧患更多。

天论第十七

【题解】

这是一篇反映荀子具有朴素唯物主义思想的杰作。荀子在文中重点讨论了人与自然的关系问题，阐述了自然界的变化规律，认为社会变革，大的命运变化，国家的兴替等等，都和自然界的变化一样，有一定的规律可循。这种规律就是人们必须遵循礼义法制才能生存，国家必须按照礼法进行治理才能稳固。荀子坚定地认为自然界的变化发展是不以人的意志为转移的客观规

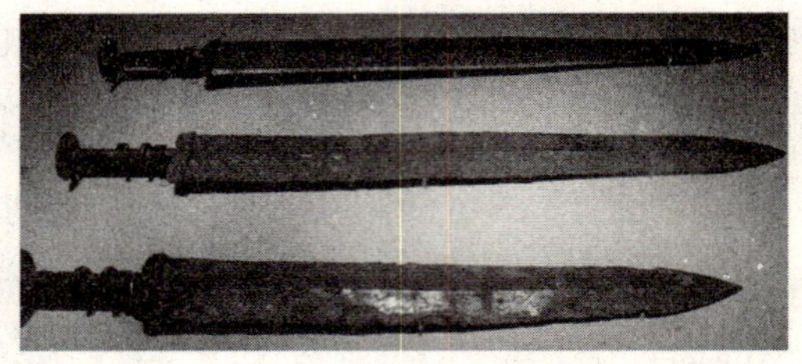
吴王夫差青铜剑（春秋战国）

律，他在篇中开宗明义的指出："天行有常，不为尧存，不为桀亡。"同时，他还对天人之间的关系问题作了客观的分析，一方面，他认为决定社会治乱与人间祸福的是"人"而不是"天"，所以必须"明于天人之分"，从而有力地批驳了"成事在天"、"听天由命"的唯心主义"天命观"思想，另一方面，他又认为人能够能动地认识和改变自然界来为自己服务，从而提出了"制天命而用之"的人定胜天的朴素唯物主义思想，这在中国古代历史文化思想史上是前所未有的，在当时的意识形态领域里引起了一场革命。

【原文】

天行有常①，不为尧存，不为桀亡。应②之以治则吉③，应之以乱则凶。强本而节用，则天不能贫；养备而动时，则天不能病；循道而不忒④，则天不能祸。故水旱不能使之饥⑤，寒暑不能使之疾，祆怪不能使之凶。本荒而用侈，则天不能使之富；养略而动罕，则天不能使之全；倍道而妄行，则天不能使之吉。故水旱未至而饥，寒暑未薄而疾，祆怪未至而凶。受时与治世同，而殃祸与治世异，不可以怨天，其道⑥然也。故明于天人之分⑦，则可谓至人矣。

【注释】

①行：运行。常：不变、定数。

②应：应用。

③之：这里指"天行"，即天道。治：治世，太平安定之世。

④循道而不忒：这里依据《群书治要》之文而来。道，在这里指的是自然和社会的道理。忒，逆行、相悖的意思。

⑤这里是根据《群书治要》之文删节的，在《集解》中"饥"之后有

"渴"。

⑥道：指的是施行的方法。

⑦天人之分：自然与社会相区别的地方。两者各自独立，社会中发生的事只能是和人有关，而与天无关。

【译文】

自然界的变化规律是永恒不变的，并不会因为尧而存在，也不会因为桀而灭亡。用适当的措施加以适应就会收获吉利，相反，用不合适的措施去适应就会招致凶险。加强农业生产同时节约用度，那么天自然不会使他贫穷；衣食充足而让百姓按时令劳作，同时进行适时的活动，那么天自然不会使他困苦；按照规律办事同时又不出差错，那么天自然不会使他遭殃。这样的话，水旱灾害都不能使他挨饿，酷暑严寒都不能让他生病，自然界的异常变化不能使他遭殃。荒废农业同时又奢侈无度，那么天自然不会使他富裕；衣食没有充足的供给同时又很少活动，那么天自然不会使他健康地生存下去；背离规律同时又肆意而为，那么天自然不会使他吉利。因此水旱灾害没有来临他就挨饿了，酷暑严寒没有降临他就生病了，自然界异样的变化还没有出现他就遭殃了。混乱和安定社会遇到的天时都是一样的，而混乱时遭受祸患，安定时情形与之相反，这不可以埋怨天，这是人施行了不合理的措施造成的。因此懂得了大自然与人类社会的区分，就能够算得上是一个思想修养很高的人了。

【原文】

不为而成，不求而得，夫是之谓天职[①]。如是者，虽深，其人不加虑焉[②]；虽大，不加能[③]焉；虽精，不加察焉；夫是之谓不与天争职。天有其时，地有其财[④]，人有其治，夫是之谓能参[⑤]。舍其所以参，而愿其所参[⑥]，则惑矣！

【注释】

①天职：自然的职能。

②其人：就是上面讲到的“至人”。焉：于之。

③能：这里做动词，尽力参与的意思。

④财：通“材”。

⑤参：并举。

⑥舍其所以参，而愿其所参：放弃了人本身的治理能动性，单单依靠天地的恩赐。

【译文】

不去行动就能获得成功，不去索求就能得到，这可以称其为自然的天职。类似这样的事情，就算是很有意义，思想境界高深的人对它也不会加以思考；就算影响力很大，思想境界高深的人对它也不会加以干预；就算是道理十分的精妙，思想境界高深的人对它也不会加以发掘，这种状态称之为不与自然争职能。天有它自己的时令和季节，地有它自己的资源和物产，人能利用有利条件加以治理，这即是一种能够和谐相处的状态。假使人舍弃了自己与天、地相生的治理方法，而只是一味地寄希望于和自己并列的天、地，就太糊涂了。

【原文】

列星[1]随旋，日月递炤，四时代御[2]，阴阳大化[3]，风雨博施。万物各得其和[4]以生，各得其[5]养以成。不见其事而见其功，夫是之谓神。皆知其所以[6]成，莫知其无形，夫是之谓天[7]。唯圣人为不求知天[8]。

【注释】

①列星：在天空有固定的位置，同时又会定时出现的星，即通常所说的

二十八宿。

②代：更迭、轮换之意。御：控制、掌握之意。这里指的是控制每一季中的节气。

③阴阳大化：古代的思想家大多认为，宇宙中所有的事物都是由阴阳二气间相互作用产生的，这就是所说的大化。“化”即是变化生成之意。

④和：和气，是我国古代的哲学概念，它是阴阳二气到达和谐水平后处在稳定位置的基因，这是构成具体事物的最为物质化的东西。

⑤其：在这里指的是“风雨”。

⑥以：通“已”。

⑦天：据上下文，应为“天功”，即自然界的功绩。

⑧不求知天：不强求非要了解天，不去刻意地探究自然生成万物的缘由和过程。荀子认为天道是出于人想象之外的，人是很难参透其中的奥秘的。圣人不去做那些无谓的探索，而探求的重心放在治理社会的道理上。

【译文】

天空中的繁星互相伴随旋转，太阳和月亮轮流照耀大地，四季接替控制着节气，阴阳二气生成万物，风雨施惠于万物生灵。万物在阴阳和气中不断地产生，得到了风雨的滋养并且不断地成长。万物由阴阳之气转化生成的过程我们难以看到，看到的只有万物形成的成果，这叫做神。人们知道的只是阴阳生成的万物，却对万物生成的过程知之甚少，这叫做天的生成之功。只有圣人才知道只尽人事而不寻求去通晓天。

【原文】

天职既立，天功既成，形具而神生，好恶、喜怒、哀乐臧焉，夫是之谓天情。耳，目、鼻、口、形，能各有接[①]而不相能也，夫是之谓天官。心居中虚，以治五官[②]，夫是之谓天君。财[③]非其类，以养其类，夫是之谓天养。顺其类者谓之福，逆其类者谓之祸，夫是之谓天政。暗其天君[④]，乱其天官，弃其天养，逆其天政，背其天情[⑤]，以丧天功，夫是之谓大凶。圣人清其天

君，正其天官，备其天养，顺其天政，养其天情，以全其天功。如是，则知其所为⑥、知其所不为矣，则天地官⑦而万物役矣，其行曲⑧治，其养曲适，其生不伤，夫是之谓知天。

【注释】

①能各有接：指的是五官不同的感知力，即耳感知声、目感知色、口感知味、鼻感知臭、身感知寒热痛痒。

②心居中虚，以治五官：心统治着人的五种感官。五官，在古代通用的说法中指的是耳、目、口、鼻、身体五种感官。

③财：通“裁”，控制。

④暗其天君：古时人们认为心脏是思维的器官，所以此句指使自己混乱。

⑤乱、弃、逆、背：在这里与暗意义相近，都有搅乱、叛乱之意。

⑥所为：在这里指的是人的所作所为。

⑦官：职守。

⑧曲：周全，兼顾各个方面。

【译文】

自然的能力已经确立，自然的功绩已经显现，人的形体诞生，精神也就随之产生了，喜爱与讨厌、兴奋与压抑、哀伤与快乐都在人的形体和精神里面蕴藏着，这是人天生具有的情感。耳朵、眼睛、鼻子、嘴巴、身体，根据它们的功能来看，它们的感受对象各不相同而且不能互相替代，这些都是天生的感官。心脏位于身体的胸腔内，它的职能是管理这五种感官，这就是天生的主宰者。人能够利用与自己不同类的万物，用它们来供养自己的同类，这种供养是源自于天然的。有能力让自己的同类听从自己的意志叫做福，招致同类的攻击叫做祸，这种政治原则也是源自于天然的。天生的主宰者被弄混乱，天生的感官被扰乱，天然的供养被丢弃，天然的政治原则被违反，天生的情感被背离，天的生成之功也就随之丧失了，这称之为大凶。圣人能够清楚地认识到自己那天生的主宰，有能力运用好自己那天生的感官，尽力完备那些天然的供养，自觉地去顺应天然的政治原则，细心保护那天生的情感，以此来保全天的生成之功。这样的话，才是真正明白了什么事情是自己应该做的，明白了什么事情是自己不应该做的，就能做到利用天地从而操纵万物了，他的行动也就开始变得有条理，他的保养也就能应时地产生，他的生命就能由此保全，这就能称之为了解了天。

【原文】

故大巧在所不为[①]，大智在所不虑[②]。所志于天者[③]，已其见象之可以期者矣[④]；所志于地者，已其见宜之可以息者矣[⑤]；所志于四时者，已其见数[⑥]之可以事者矣；所志于阴阳者，已其见知[⑦]之可以治者矣。官人[⑧]守天而自为守道[⑨]也。

【注释】

①大巧在所不为：顺应自然规律不蛮干的是最有技巧的。大巧，最能干，技艺最高。

②不虑：不加考虑的意思。

③志：通“识”，明白。

④已：通“以”，根据。见：通“现”，显现。期：预期。

⑤宜：适宜，这里指的是适宜作物生长的条件。息：繁殖、生长之意。

⑥数：季节、时令的更迭变化。

⑦知：据上下文，应为“和”。

⑧官人：将官职授给某人。

⑨守道：遵守道德之意。

【译文】

因此，最高超的技巧在于顺应自然不蛮干，最高超的智慧在于顺应自然不多想。对上天来说，所要了解的，只是它天象中呈现出来的那些可以测定气候变化的天文数据而已；对大地来说，所要了解的，只是它呈现出的适宜条件中利于种植庄稼的地文资料而已；对四季来说，所要了解的，只是它们呈现出的规律中可以用来安排农业生产的节气而已；对阴阳来说，所要了解的，只是它们呈现出的和气中能有利于事物的因素而已。圣人完全可以让其他的人来掌握这些自然现象，让自己专心去研究治理国家的原则。

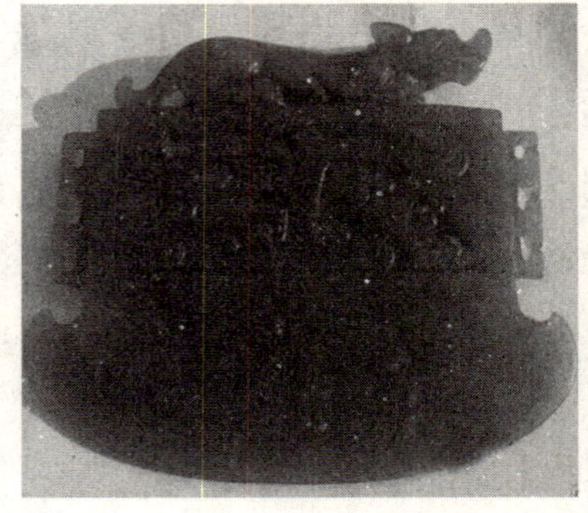

和田青白玉斧（春秋战国）

【原文】

治乱，天邪[①]？曰：日月、星辰[②]、瑞历[③]，是禹、桀之所同也；禹以治，桀以乱；治乱非天也。时邪？曰：繁启、蕃长于春夏[④]，畜[⑤]积、收藏于秋冬，是又禹、桀之所同也；禹以治，桀以乱；治乱非时也。地邪？曰：得地[⑥]则生，失地则死，是又禹、桀之所同也；禹以治，桀以乱；治乱非地也。《诗》[⑦]曰：“天作高山，大王荒[⑧]之；彼作矣，文王康之。”此之谓也。

【注释】

①邪：至于句末，表疑问。

②星辰：两词皆指星。还有将其分开而论的，即星指金、木、水、火、土五大行星，辰则指二十八宿。

③瑞历：历象。古代制造璇、玑、玉衡以象征日月星辰运行，故称瑞历。

④繁启、蕃长：都是生长之意。

⑤畜：通“蓄”，储备。

⑥得地：庄稼有了能够生长的土壤。

⑦《诗》：指《诗·周颂·天作》。

⑧荒：开辟之意。

【译文】

一个社会的治乱，是上天决定的吗？回答说：太阳、月亮、星辰、历象，这在禹与桀的时代是完全一样的。禹运用他们让天下安定，桀运用他们让天下混乱；这可以看出，社会的安定或是混乱，上天并不是决定性因素。那是季节的原因吗？回答说：庄稼在春夏两季相继发芽，并且茂盛地生长，在秋冬两季收获、储藏，这在禹与桀的时代又是完全相同的；然而，禹使得天下安定，桀使得天下混乱；由此可以看出，社会的安定或混乱，季节并不是决定性因素。那是大地的原因吗？回答说：庄稼拥有了大地就会生长，离开了大地就会死亡，这一道理在禹与桀的时代又是相同的；禹使得天下安定，桀使得天下混乱；由此可知，社会的安定或混乱，大地并不是决定性因素。《诗经》中曾说："天生高耸的岐山，太王让它得以发展；太王已经建造这座都城，文王给了它长久的平安。"说的就是这个意思。

【原文】

天不为人之恶寒也辍[①]冬，地不为人之恶辽远[②]也辍广，君子不为小人之匈匈[③]也辍行。天有常道矣，地有常数矣，君子有常体[④]矣。君子道其常，而小人计其功[⑤]。《诗》[⑥]曰："礼义之不愆[⑦]兮，何恤人之言兮？"此之谓也。

【注释】

①辍：终止、停止。

②辽远：远大广阔之意。

③匈匈：同"汹汹"，指的是喧哗争论的声音。

④体：指的是规律、准则。常体，就是最普遍一般的状态。

⑤计其功：计较功利得失之意。

⑥《诗》：此诗已佚。

⑦愆：错误、失误、过失。

【译文】

上苍不会因为人们讨厌寒冷就隐藏冬季，土地不会因为人们讨厌辽远就损失宽广，君子不会因为小人的奚落误解就停止自己前进的脚步。上天的规律是无法改变的，大地的法则是无法改变的，君子的规矩也是无法改变的。君子遵循的是常规，小人看中的是功利。《诗经》中讲道："礼义上没有犯任何的错误，何必为人们的议论而烦心？"说的就是这个意思。

【原文】

楚王后[①]车千乘，非知也；君子啜菽饮水[②]，非愚也；是节[③]然也。若夫志意修，德行厚，知虑明，生于今而志乎古，则是其在我者也。故君子敬[④]其在己者，而不慕其在天者[⑤]；小人错[⑥]其在己者，而慕其在天者。君子敬其在己者，而不慕其在天者，是以日进也；小人错其在己者，而慕其在天者，是以日退也。故君子之所以日进与小人之所以日退，一[⑦]也。君子、小人之所以相县[⑧]者，在此耳！

【注释】

①后：跟从。
②啜菽饮水：指的是吃豆类食物，喝清水，形容君子的生活清苦。
③节：指的是时势、命运的制约。
④敬：重视、看重。
⑤在天者：富贵之人。
⑥错：通"措"，放弃、遗忘。
⑦一：指的是一样的态度。
⑧县：通"悬"，差距。

【译文】

楚王出行时随行的车子有上千辆，其中的原因并不是他聪明；君子吃粗茶淡饭，其中的原因并不是他愚蠢；这种情况之所以出现，是时势命运造成的。至于思想高尚，德行优良，谋虑过人，生在今世而以古时的礼法要求自己，能否这样就取决于我们自己了。因此，君子对那些取决于自己的事情很是小心谨慎，对那些取决于上天的东西毫无羡慕之情；小人则是放弃去做那些取决于自己的事情，一味地指望那些取决于上天的东西。正是因为君子对那些取决于自己的事情很是小心谨慎，对那些取决于上天的东西毫无羡慕之情，所以才能得到日新月异的发展；小人则是放弃去做那些取决于自己的事情，一味地指望那些取决于上天的东西，所以才一日不如一日。从这个意义上讲，君子进步的原因和小人退步的原因从根本上是一样的。君子、小人差别之所以如此之大，原因就在这里。

【原文】

星队①、木鸣，国人皆恐，曰：是何也？曰：无何也。是天地之变、阴阳之化②、物之罕至者也。怪之，可也；而畏之，非也。夫日月之有蚀，风雨之不时，怪星之党见③，是无世而不常④有之。上明而政平，则是虽并世起⑤，无伤也；上暗而政险⑥，则是虽无一至者，无益也。夫星之队、木之鸣，是天地之变、阴阳之化、物之罕至者也。怪之，可也；而畏之，非也。

【注释】

①队：同“坠”，坠落。

②阴阳之化：泛指大自然的变化。

⑤怪星：彗星之类的星体。党：通“倘”，很少、偶然。见：通“现”。

④常：通“尝”，曾经。

⑤并世起：同一时刻发生。

⑥险：暴虐的样子。

【译文】

流星坠落、树木作响，国家中的人都感到害怕，说：为什么会是这样的呢？回答说：这没有什么值得害怕的啊。这是自然界的正常变异、阴阳二气的交替，事物中很少出现的现象啊。认为它奇怪，可以理解；但害怕它，就不能理解了。像太阳、月亮所发生的日食、月食，狂风暴雨毫无规律地突然出现，奇怪的星象刹那间出现，这些现象在任何社会都发生过。有了英明的君主和开明的政治，这些现象即使同时发生，也没有什么值得害怕的；假使国家拥有的是愚昧的君主和险恶的政治，这些现象即使都没有出现，也不会有任何的好处。流星坠落、树木作响，本是自然界的变异、阴阳二气的交替，事物中很少出现的现象啊。认为它奇怪，可以理解；但害怕它，就不能理解了。

【原文】

物之已至者，人祆[①]则可畏也。楛耕伤稼，楛耘失岁，政险失民，田萝稼恶，籴贵民饥，道路有死人，夫是之谓人祆；政令不明，举错不时，本事不理，夫是之谓人祆；礼义不修，内外无别，男女淫乱，则父子相疑，上下乖离，寇难并至，夫是之谓人祆。祆是生于乱。三者错，无安国。其说甚尔[②]，其灾甚惨。勉力不时，则牛马相生，六畜作祆。可怪也，而不可畏也。传曰："万物之怪，书[③]不说。"无用之辩，不急[④]之察，弃而不治。若夫君臣之义，父子之亲，夫妇之别，则日切瑳而不舍也。

【注释】

①祆：通"妖"，灾害、灾祸。

②尔：通"迩"，浅近。

③书：指经书。

④不急：不急需。

【译文】

在已经形成的事情中，人事上的异常现象才是可怕的。不精心地耕种伤害了庄稼，敷衍地锄草阻碍了生长，险恶的政治失掉了民心，田地荒芜收成糟糕，昂贵的米价使得百姓挨饿，道路上有死于饥寒的人，所有这些就是人事上的异常现象；政策法令含混，行动的措施不够恰当，一国之基的农业生产无人监管，征兵不考虑农时，这样的话，牛就会生出像马一样的怪物、马就会生出像牛一样的怪物，六畜就会出现异乎寻常的状态，这些都称之为是人事上的反常现象；礼义不严谨的政治，内外不作严格的区分，男女没有恪守自己的规范，父子之间没有了正常的秩序，君臣之间失去了共同的目标，外寇内乱随时都会产生，所有这些称为人事上的异常现象。人事上的异常现象是产生于昏乱的状态。如果以上三类异常现象交替发生，安宁的国家就不可能出现了。要想解释这种人事上的异常现象是很容易的，但它造成的灾难却是难以估算的。是可怕的，但没有什么可奇怪的。古书中说："各种事物出现的怪现象，书上不去解释。"毫无用处的辩说，是无需明说的，应该抛弃而非进一步地探讨。至于那些君臣间的道义问题，父子间的亲情问题，男女间的区别问题，才是应该每天探讨思考而不能抛弃的啊。

【原文】

雩[①]而雨，何也？曰：无何也，犹不雩而雨也。日月食而救之[②]，天旱而雩，卜筮[③]然后决大事，非以为得求也，以文之也。故君子以为文，而百姓以为神。以为文则吉，以为神则凶也。

【注释】

①雩：古代为求雨而举行的一种祭祀活动。

②日月食而救之：古人认为日食、月食是"天狗"吃掉太阳、月亮的原

因，敲击盆鼓来把“天狗”赶走。

③卜筮：古代人占卜用语，用龟甲占卜叫卜，用蓍草占卜叫筮。

【译文】

祭神求雨之后就下雨了，原因是什么呢？回答说：这没有什么奇怪的，这就和没有祭神求雨而下雨是一样的。太阳、月亮发生了日食、月食就解救它们，天气产生了干旱问题就祭神求雨，决定大事之前都要占卜算卦，并不是因为这些行动能得到所要祈求的东西，而是一种文饰，用来表示对问题的关切。正是这个原因，君子把这些活动当成为一种文饰，而老百姓却认为这些事很是神奇。把它们当成是一种文饰就吉利，把它们当成是神奇之事就不吉利了。

【原文】

在天者莫明于日月，在地者莫明于水火，在物者莫明于珠玉，在人者莫明于礼义。故日月不高，则光晖不赫；水火不积，则晖润不博；珠玉不睹乎外[①]，则王公不以为宝；礼义不加于国家，则功名不白[②]。故人之命在天，国之命在礼。君人者隆礼尊贤而王，重法爱民而霸，好利多诈而危，权谋、倾覆、幽险而尽亡矣。大天而思之，孰与物畜而制之？从天而颂之，孰与制天命而用之？望时而待之，孰与应时而使之？因物而多之，孰与骋能而化之？思物而物之，孰与理物而勿失之也？愿于物之所以生，孰与有物之所以成？故错人而思天，则失万物之情[③]。

【注释】

①睹：当作“睹”，显露。

②白：显明，显赫。

③失：违背，背离。情：实情，真实情况。

【译文】

在天上的东西没有比太阳、月亮更明亮的了，在地上的东西没有比水、火更明亮的了，在物品之中没有比珍珠、宝玉更明亮的了，在人间没有比礼义更明亮的了。太阳、月亮如果不高悬于空中，那么它们的光辉就不显赫；水、火如果不积聚，那么它们的光泽就不广大；珍珠、宝玉的光彩如果不显露于外，那么王公就不会把它们当作宝贝；礼义不在国内施行，那么功业和名声就不会显明。所以人的命运取决于天，国家的命运取决于礼义。统治人民的君主，推崇礼义、尊重贤人，就能称王；重视法律、爱护人民，就能称霸；喜欢财利、多行欺诈，就会危险；玩弄权术、反复无常、阴暗险恶，就会灭亡。尊崇天而仰慕它，哪里比得上把它作为物资积蓄起来而控制它？顺从天而歌颂它，哪里比得上掌握自然规律而利用它？盼望时令而等待它，哪里比得上顺应天时而使它为我所用？随顺万物而让它自然增长，哪里比得上施展才能而改变它？思慕万物而把它当作自己的所有物，哪里比得上管理好万物而不失去它？希望了解万物产生的原因，哪里比得上掌握万物成长的原因？所以舍弃了人的努力而寄希望于天，那就背离了万物的实际情况。

【原文】

百王之无变，足以为道贯[①]。一废一起，应之以贯。理贯不乱。不知贯，不知应变。贯之大体未尝亡也。乱生其差，治尽其详。故道之所善，中则可从，畸则不可为，匿则大惑[②]。水行者表深，表不明则陷；治民者表道，表不明则乱。礼者，表也。非礼，昏世也。昏世，大乱也。故道无不明，外内异表，隐显有常，民陷乃去。

【注释】

①贯：一贯的原则。

②匿："慝"的古字，差错，差误。

【译文】

历代君王都没有改变的东西，足以用来作为道的一贯原则。国家有时衰微有时兴盛，君主用这一贯的原则去应付它。运用好这一贯的原则，国家就不会混乱。如果不了解这一贯的原则，就不知道如何应付变化。这一贯原则的主要内容从来没有消亡过。社会的混乱产生于一贯原则的实施出现差错，社会的安定全在于这一贯原则的实施十分周详。所以道所赞同的原则，如果符合就可以依从，如果偏离就不可以实行，如果违反就会造成极大的迷惑。涉水的人用标志来表明深度，如果标志不明确就会使人陷入深水；治理百姓的君主用标准来表明道，如果标准不明确就会造成混乱。礼就是这个标准。违反了礼，就是昏暗的社会；昏暗的社会，就会大乱。所以道没有不明确的地方，它对外对内都有不同的标准，对看不见和看得见的事情都有恒常的规定，那么百姓的灾难就可以避免了。

【原文】

万物为道一偏①，一物为万物一偏，愚者为一物一偏，而自以为知道，无知也。慎子有见于后②，无见于先③；老子有见于诎④，无见于信⑤；墨子有见于齐，无见于畸⑥；宋子有见于少⑦，无见于多。有后而无先，则群众无门；有诎而无信，则贵贱不分；有齐而无畸，则政令不施；有少而无多，则群众不化。《书》曰⑧："无有作好，遵王之道；无有作恶，遵王之路。"此之谓也。

【注释】

①偏：一部分，一方面。

②慎子：即慎到。后：指在后服从。

③先：指在前引导。

④老子：即老聃，道家的创始人，姓李，名耳，春秋时期楚国苦县人，

著有《老子》。诎：弯曲，指委屈忍让。

⑤信：通“伸”，伸直，伸长。

⑥畸：原指不规则的田，引申指不整齐的，此处指等级差别。

⑦宋子：即宋钘。

⑧引文见《尚书·洪范》。

【译文】

世间万物仅仅表现了自然规律的某一方面，某一种事物只能看做是万事万物中的一部分，愚昧无知的人关注的只是某一种事物的一个方面，就认为自己认识到了自然规律，着实是一种无知的表现啊。慎子有所认识的是跟从在后面的部分，但对在前引导的部分却没有正确的认识；老子对忍让的一面有不少的认识，但对进取的一面却毫不关注；墨子对平等的一面有不少的认识，但对那些等级差别的一面却知之甚少；宋子对寡欲的一面有不少的认识，但对多欲的一面认识却很少。只是懂得服从而不会主动地在前面引导，这样的话，群众就找不到向前走的途径；一味地忍让而不以积极的态度开拓，这样的话高贵和卑贱就没有差别了；只有平等而没有任何的等级差别，这种情况下，政策法令就很难贯彻实行；仅强调寡欲而不提倡多欲，群众就很难被感化。《尚书》中讲道：“不要只凭着自己的喜好，要依照君主确立的道义原则；不要只凭着自己的厌恶，要依照君主指明的方向。”道理是一样的。

【解读】

本篇所论天人观是先秦哲学史上最具独创性的学说，它使儒学分出唯心论、唯物论两个哲学营垒，对后世儒学的发展具有深远的影响。“明于天人之分”、“制天命而用之”，构成了荀子学说的理论基础，是最光辉的思想。

道的普遍规律性。荀子说：“万物为道一偏，一物为万物一偏，愚者为一物一偏，而自以为知道，无知也。”梁启雄解此“道”指大自然，骆瑞鹤以梁说为谬，认为指参天地之道，亦圣人之道。梁谓道为客观的物质世界，骆谓道为精神的意识形态，二解殊为对立。考全篇之论，“天行有常，不为尧存，不为桀亡”，文意明显，是论自然规律永恒不变，故下文言及水旱、寒暑、妖怪、列星、日月、四时、阴阳、风雨等变化，言及万物的和生、养成。又说：“天有其时，地有其财，人有其治，夫是之谓能参。”天、地、人三才各异其道，互不相干预。所以，本篇所谓“道”，是指作为主观认识的对象和源泉的客观世界万物，既有自然现象也有社会现象，既有物质的世界也有精神的世界，都是作用于主观认识的客观现象，讲的是道的普遍规律性。诚然，和老子的本体道有区别：“有物混成，先天地生，……可以为天下母。吾不知其名，字之曰道。”（《老子》）这是指宇宙万物的本源、本体。荀子则不然，他是从认识论的最高层次来讨论道，研究天人关系，希望以和来协调天、地、人三道，顺天地之变，尽人事之力，为人类造福避祸。

明于天人之分。荀子“明于天人之分”，是指天与人各有职分，虽然不同，但可以相参。荀子以“天行有常，不为尧存，不为桀亡。应之以治则吉，应之以乱则凶”这一总论断来说明这个道理。首先，自然界的规律不以人的意志为转移，尧、桀贤不肖殊异，可是谁也不能改变它，而它也不干预人事。“列星随旋，日月递炤，四时代御，阴阳大化，风雨博施，万物各得其和以生，各得其养以成”，人的意念对它们毫无影响。天时、地财对于治世、乱世一视同仁，水旱、寒暑、妖怪对于治世、乱世皆无回避，自然与人事互不关涉。其次，天、人各守其职分，人不与天争职分。所以，尽其时是天道，尽其财是地道，尽其治是人道，知其异而不干天地，唯务人道之隆盛，即可以参天地。天职“不为而成，不求而得”，“如是者虽深，其人不加虑焉；虽大，不加能焉；虽精，不加察焉”。虽深、虽大、虽精，皆谓天道的特质，并非指人的识见。即令明至理之人，也不会对深、大、精之天道施以虑、能、察，因为他懂得“不与天争职”，应当“知其所为，知其所不为”。是否与天争职，是荀子区别君子小人的标准：“君子敬其在己者，而不慕其在天者；小人错其在己者，而慕其在天者。”再次，人守职尽治有道。“受时与治世同，而祸殃与治世异，不可以怨天，其道然也。”此句“道”非谓天道，乃指治世乱世所行治国之道。虽遭天时完全相同，但由于治国之道各异，治世天下太平，乱世祸乱不已，这是因为治世以治的方法应之，乱世以乱的方法应之，结果有吉凶的不同。

制天命而用之。这里的“天命”，指天道；“制”，即掌握控制；“用”，即利用。该命题是说：掌握控制天道并加以利用，以为人类服务。荀子提出的这个伟大思想，是人类图生存发展的宝训。人类生存发展的前提条件是：处理好天人关系，善待天地和人类自己，使天地人三才各尽职分而相参。恪守“天有常道矣，地有常数矣，君子有常体矣”的原则，又是处理好天人关系的关键。天、地、君子各有其常，各自的规律和性质不会改变，君子的职责是引导人民协调天之常道、地之常数、人之常体三者使之归于和顺。“圣人清其天君，正其天官，备其天养，顺其天政，养其天情，以全其天功。如是，则知其所为，知其所不为矣，则天地官而万物役矣。其行曲治，其养曲适，其生不伤，夫是之谓知天。”这就是知天命，知其所当为不当为，才谈得上“制天命而用之”。所以，维护三常和顺，先知天后制天，就有利于人类生存发展；违背三常和顺，不知天而制天，就有害于人类生存发展。“制天命而用之”还有巧、智之要必须掌握，这就是圣人不务知天，却要学会取法于天象之可以期，地宜之可以息，四时之数之可以事，阴阳之和之可以治，而圣人则“自为守道也”，即自我修为，坚守礼义之道来治理天下。换言之，所谓巧、智之要，有顺其天道和极尽人事两个方面。关于顺其天道，荀子进而又用排偶反诘句做更深层次的表述，强调物畜而制之，制天命而用之，应时而使之，骋能而化之，理物而勿失之。如是，便将发挥人的主观能动性以充分利用自然造福人类的意义，加以升华和完整化了。关于极尽人事，荀子提出“人之命在天，国之命在礼”的命题，作为理论依据进行阐述。人的生命由天赋予，国家的生命则由礼义所决定，所以治道之要，是用礼义来协调天人关系。协调人际关系，为人类谋求最好的生存环境。日月、风雨、怪星的怪异现象“无世不常有也”，不过是天地阴阳的变化罢了，可怪不可畏；而三“人袄”则是人为造孽，有失农桑之本，疏于政事管理，伤害礼义伦常，可畏不可怪，“袄是生于乱，三者错，无安国。”“错”字形容三“人袄”的惨毒。因此，尽人事就必除三“人袄”，而使人民富裕，身体康健，远离灾祸。采取的措施是“强本而节用”、“养备而动时”、“修道而不贰”，而始终坚持的则是以礼义作为道统，加于国家，隆礼尊贤、重法爱民，完成王霸之业。

《天论篇》宣扬天道的客观规律性，彰显人的主观能动性，强调天人和谐，明于天人之分，制天命而用之，从而在我国思想史上首次树起了人定胜天光辉思想的旗帜。如此既继承和发展了儒家知天命、尽人事而有为的思想，又走出了孔孟主宰之天和君权天授的误区；既吸收了道家自然主义精华，又克服了老庄消极无为的宿命思想，是先秦哲学集大成的杰作。

政论第十八

【题解】

荀子所处的时代，是一个七国争雄最为炽烈的时代，也是思想文化领域百家争鸣最活跃的时期。在这样的历史文化氛围中，各个学派的文化学者、理论专家、社会活动家纷纷著书立说，游走于七国之间，合纵联横，施礼布教，向各个统治者推行自己的治国主张和理论。荀子根据各家学派的不同观点，有选择性地列举了其中的几家论点加以批驳和评判，这些观点主要包括“主道利周”、“桀纣有天下，汤武篡而夺之”、“治古无肉刑，而有象刑”、“汤武不能禁令”、“尧舜擅让”、“尧舜不能教化”、“太古薄葬”等等，特别是对宋钘倡导的“见侮不辱”、“人之情欲寡”等论点进行了逐条反驳，清晰地阐明了自己的观点，肯定了“王制”是判断一切是非的标准。这种驳论式的文章充分体现了当时百家争

变形龙纹镜（春秋战国）

鸣的学术气氛，对后世学者产生了重要的影响，比如韩非写作《难》篇，就显然受到了荀子《政论》篇的直接影响。

【原文】

世俗之为说者曰："主道利周[①]。"是不然。主者，民之唱也；上者，下之仪也[②]。彼将听唱而应，视仪而动。唱默则民无应也，仪隐则下无动也。不应不动，则上下无以相有也[③]。若是，则与无上同也，不祥莫大焉。故上者，下之本也，上宣明则下治辨矣[④]，上端诚则下愿悫矣，上公正则下易直矣[⑤]。治辨则易一，愿悫则易使，易直则易知。易一则强，易使则功，易知则明，是治之所由生也。上周密则下疑玄矣[⑥]，上幽险则下渐诈矣，上偏曲则下比周矣。疑玄则难一，渐诈则难使，比周则难知。难一则不强，难使则不功，难知则不明，是乱之所由作也。故主道利明不利幽，利宣不利周。故主道明则下安[⑦]，主道幽则下危。故下安则贵上，下危则贱上。故上易知则下亲上矣，上难知则下畏上矣。下亲上则上安，下畏上则上危。故主道莫恶乎难知，莫危乎使下畏己。传曰："恶之者众则危。"《书》曰[⑧]："克明明德。"《诗》曰[⑨]："明明在下。"[⑩]故先王明之，岂特玄之耳哉[⑪]！

【注释】

①周：周密，指隐蔽不露。

②仪：立木以示人叫做仪，也叫表。

③有：通"友"，亲善。

④辨：通"办"，治理。

⑤易：平坦，不险恶。

⑥玄：通"眩"，迷惑。

⑦故：犹"夫"，发语词。

⑧今本《尚书·尧典》有（尧）"克明俊德"一语，"俊"通"畯"，是明的意思，"俊德"即"明德"。克：能，明德：完美的德行。

⑨引诗见《诗·大雅·大明》。

⑩明明：原为皎洁明亮的意思，指周文王、周武王的德行贤明完美。但荀子此文断章取义，把“明明”理解为动宾关系，所以是彰明美德的意思。

⑪特：只。玄：幽深。这里用作使动词。

【译文】

社会上那些庸俗的创立学说的人说：“君主的统治措施以周密隐蔽为有利。”这种说法不对。君主，好比是民众的领唱；帝王，好比是臣下的标杆。那臣民们将听着领唱来应和，看着标杆来行动。领唱沉默，那么民众就无从应和；标杆隐蔽，那么臣下就无从行动。臣民不应和、不行动，那么君主和臣民就无法相亲善了。像这样，那就和没有君主一样，不吉利的事没有比这更大的了。所以君主，是臣民的根基。君主公开明朗，那么臣民就能治理好了；君主端正诚实，那么臣民就老实忠厚了；君主公正无私，那么臣民就坦荡正直了。臣民治理得好就容易统一，老实忠厚就容易役使，坦荡正直就容易了解。臣民容易统一，国家就会强盛；臣民容易役使，君主就能建立功业；臣民容易了解，君主就会明白清楚。这是安定得以产生的缘由。君主隐蔽不露，那么臣民就疑惑迷乱了；君主阴暗险恶，那么臣民就虚伪欺诈了；君主偏私不公正，那么臣民就紧密勾结了。臣民疑惑迷乱就难以统一，虚伪欺诈就难以役使，紧密勾结就难以了解。臣民难以统一，那么国家就不会强盛；臣民难以役使，那么君主就不能建立功业；臣民难以了解，那么君主就不清楚。这是祸乱产生的根源。所以君主的统治措施以明朗为有利而以阴暗为不利，以公开为有利而以隐蔽为不利。君主的统治措施公开明朗，那么臣民就安逸；君主的统治措施阴暗不明，那么臣民就危险。臣民安逸，就会尊重君主；臣民危险，就会鄙视君主。君主的措施容易被了解，那么臣民就亲爱君主了；君主的措施难以被了解，那么臣民就害怕君主了。臣民亲爱君主，那么君主就安逸；臣民害怕君主，那么君主就危险。所以君主的统治措施没有比难以被了解更坏的了，没有比使臣民害怕自己更危险的了。古书上说：“憎恨他的人众多，他就危险了。”《尚书》说：“能够彰明贤明的德行。”《诗》云：“彰明美德在天下。”古代的圣王也彰明自己，难道只是使自己幽深难知就算了吗？

【原文】

世俗之为说者曰："桀、纣有天下，汤、武篡而夺之。"是不然，以桀、纣为常有天下之籍则然，亲有天下之籍则不然，天下谓在桀、纣，则不然。古者天子千官，诸侯百官。以是千官也，令行于诸夏之国，谓之王；以是百官也，令行于境内，国虽不安，不至于废易遂亡[①]，谓之君。圣王之子也，有天下之后也，势籍之所在也，天下之宗室也，然而不材不中，内则百姓疾之，外则诸侯叛之，近者境内不一，遥者诸侯不听，令不行于境内，甚者诸侯侵削之，攻伐之，若是，则虽未亡，吾谓之无天下矣。圣王没，有势籍者罢不足以县天下[②]，天下无君，诸侯有能德明威积，海内之民莫不愿得以为君师。然而暴国独侈，安能诛之，必不伤害无罪之民，诛暴国之君若诛独夫。若是，则可谓能用天下矣。能用天下之谓王。汤、武非取天下也，修其道，行其义，兴天下之同利，除天下之同害，而天下归之也。桀、纣非去天下也，反禹、汤之德，乱礼义之分，禽兽之行，积其凶，全其恶，而天下去之也。天下归之之谓王，天下去之之谓亡。故桀、纣无天下而汤、武不弑君，由此效之也。汤、武者，民之父母也；桀、纣者，民之怨贼也。今世俗之为说者，以桀、纣为君而以汤、武为弑，然则是诛民之父母而师民之怨贼也，不祥莫大焉。以天下之合为君，则天下未尝合于桀、纣也。然则以汤、武为弑，则天下未尝有说也，直隳之耳[③]。故天子唯其人。天下者，至重也，非至强莫之能任；至大也，非至辨莫之能分；至众也，非至明莫之能和。此三至者，非圣人莫之能尽，故非圣人莫之能王。圣人备道全美者也，是县天下之权称也[④]。桀、纣者，其知虑至险也，其至意至暗也[⑤]，其行之为至乱也[⑥]。亲者疏之，贤者贱之，生民怨之，禹、汤之后也，而不得一人之与；刳比干，囚箕子，身死国亡，为天下之大僇[⑦]，后世之言恶者必稽焉，是不容妻子之数也[⑧]。故至贤畴四海[⑨]，汤、武是也；至罢不容妻子，桀、纣是也。今世俗之为说者，以桀、纣为有天下而臣汤、武，岂不过甚矣哉！譬之，是犹伛巫、跛匡大自以为有知也[⑩]。故可以有夺人国，不可以有夺人天下；可以有窃国，不可以有窃天下也。可以夺之者可以有国，而不可以有天下；窃可以得国，而不可以得天下。是何也？曰：国，小具也，可以小人有也，可以小道得也，可以小力持也；天下者，大具也，不可以小人有也，不可以小道得也，不可以小力持也。国者，小人可以有之，然而未必不亡也；天下者，至大也，非圣人莫之能有也。

【注释】

①遂：通”坠”，坠落，垮掉。

②罢：通“疲”，不贤，无行无能。

③直：只。隳：《集解》作“堕”，古字通，今据世德堂本改。之：指代“汤、武”。

④权称：此用来喻指圣人能辨明轻重，平衡天下。

⑤“至意”的“至”通“志”。

⑥“之”字为衍文。一说“之”犹“与”，见《古书虚字集释》。

⑦僇：耻辱。容：包容。指庇护、保住。数：道理。

⑧畴：界。畴四海：以四海为疆域，即拥有天下。

⑨伛：驼背。跛匡：此指从事迷信活动的残疾人，

⑩“夺之”上的“可以”二字是衍文。

【译文】

社会上那些庸俗的创立学说的人说：“夏桀、商纣拥有天下，商汤、周武王把它篡夺了。”这种说法不对。认为夏桀、商纣曾经有过统治天下的势位，那是对的；认为他们亲自占有过统治天下的势位，那就不对了；以为天下都掌握在夏桀、商纣手中，那也是不对的。

古代天子有上千个官吏。诸侯有上百个官吏。依靠这上千个官吏，政令能推行到中原各诸侯国，就可称作为统治天下的帝王；依靠这上百个官吏，政令能推行到国境之内，国家即使不安定，还不致于被废黜撤换垮台灭亡，就可称作为诸侯国的国君。圣明帝王的子孙，是拥有天下的后代，是权势的

占有者，是天下人所尊崇的帝王之家，但是如果没有才能又不公正，内则百姓怨恨他，外则诸侯背叛他，近处是境内不统一，远处是诸侯不听从，政令不能在境内实行，甚而至于诸侯侵略分割他，攻打讨伐他；像这样，那么他即使还没有灭亡，我也要说他已经失去天下了。圣明的帝王死了，那些拥有权势的后代没有德才，不能够用来掌握天下，天下等于没有了君主。诸侯中如果有人能够德行贤明威信崇高，那么天下的人民就无不愿意得到他让他做自己的君长；然而暴君统治的国家偏偏奢侈放纵，怎么能杀掉暴君呢，一定不伤害没有罪过的民众，那么杀掉暴虐之国的君主就像杀掉一个孤独无依的人一样。像这样，就可以说是能够使用天下人民了。能够使用天下人民的就叫做帝王。商汤、周武王并不是夺取天下，而是遵行那正确的政治原则，奉行那合宜的道义，兴办天下人的共同福利，除去天下人的共同祸害，因而天下人归顺他们。夏桀、商纣并不是丢了天下，而是违背了夏禹、商汤的德行，扰乱了礼义的名分，干出了禽兽般的行为，不断行凶，无恶不作，因而天下人抛弃了他们。天下人归顺他就叫做称王，天下人抛弃他就叫做灭亡。所以夏桀、商纣王并没有拥有天下，而商汤、周武王并没有杀掉君主，从这个角度就能证明它。商汤、周武王，是人民的父母；夏桀、商纣王，是人民的仇敌。现在社会上那些庸俗的创立学说的人，把夏桀、商纣王当作君主，而认为商汤、周武王是杀君，这样的话，那就是在谴责人民的父母，而把人民的仇敌当作君长，不吉利的事没有比这个更大的了。如果认为天下归附的人才是君主，那么天下人从来没有归附过夏桀、商纣王，这样的话，那么认为商汤、周武王是杀君，就是天下人从来没有过的说法了，这只不过是在毁谤他们罢了！所以天子一定要有理想的人选来担任。治理天下，那任务是极其繁重的，不是最强劲有力的人是不能够担负它的；那范围是极其广大的，不是最明辨的人是不能够分辨它的；那人民是极其众多的，不是最英明的人是不能够协调他们的。这三个最，不是圣人没有谁能具备，所以不是圣人就没有谁能称王天下。圣人，是道德完备、十全十美的人，他就像挂在天下的一杆秤。夏桀、商纣王，他们的谋虑极其险恶，他们的思想极其愚昧，他们的行为极其昏乱。亲近的人疏远他们，贤能的人鄙视他们，人民怨恨他们，他们虽然是夏禹、商汤的后代却得不到一个人的帮助。商纣王将比干剖腹挖心，囚禁箕子，结果自身被杀、国家灭亡，成为天下最可耻的人，后世说到坏人，就一定要拿他作例证。这就是他们不能保住妻子儿女的道理。所以极有德才的人能囊括天下，商汤、周武王就是；极无德才的人不能庇护妻子儿女，夏桀、商纣就是。现在社会上那些庸俗的创立学说的人，认为夏桀、商纣王拥有了天下而把商汤、周武王作为他们的臣子，难道不是错得很厉害了吗？拿它打个比方，这就好像是驼背的巫婆、瘸了腿的残疾人狂妄地自以为有见解一样。所以可以有夺取别人国家的事，却不可能有夺取别人天下的事；可以有窃取国家政权的事，却不可能有窃取天下统治权的事。夺取政权的人可能拥有一个国家，却不可能拥有整个天下；窃取政权可以得到一个国家，却不可能得到整个天下。这是为什么呢？回答说：国家是个小器具，可以让德才低劣的小人占有，可以依靠歪门邪道来取得，可以凭借较小的力量来维持；天下是个大器具，不可能让德才低劣的小人占有，不可能依靠歪门邪道来取得，不可能凭借较小的力量来维护。国家，小人可以拥有它，但是不一定就不灭亡；天下，是极其庞大的，不是圣人没有谁能占有它。

【原文】

世俗之为说者曰："治古无肉刑而有象刑：墨黥[①]；慅婴[②]；共[③]，艾毕[④]；菲[⑤]，对屦[⑥]；杀，赭衣而不纯[⑦]。治古如是。"是不然。以为治邪？则人固莫触罪，非独不用肉刑，亦不用象刑矣。以为人或触罪矣，而直轻其刑，然则是杀人者不死，伤人者不刑也。罪至重而刑至轻，庸人不知恶矣，乱莫大焉。凡刑人之本，禁暴恶恶，且征其未也[⑧]。杀人者不死而伤人者不刑，是谓惠暴而宽贼也，非恶恶也。故象刑殆非主于治古，并起于乱今也。治古不然。凡爵列、官职、赏庆、刑罚，皆报也，以类相从者也[⑨]。一物失称[⑩]，乱之端也。夫德不称位，能不称官，赏不当功，罚不当罪，不祥莫大焉。昔者武王伐有商，诛纣，断其首，县之赤旆。夫征暴诛悍，治之盛也。杀人者死，伤人者刑，是百王之所同也，未有知其所由来者也。刑称罪则治，不称罪则乱。故治则刑重，乱则刑轻，犯治之罪固重，犯乱之罪固轻也[11]。《书》曰[12]："刑罚世轻世重。"此之谓也。

【注释】

①黥：古代一种刑罚，在犯人脸上刺字，再涂上墨，也叫墨刑。

②劓：割掉鼻子的刑罚。慅：通"草"。婴：通"缨"，帽带。

③共：通"宫"，破坏生殖器的刑罚。

④艾：通"刈"，割。毕，蔽膝，缝于长衣之前，是古代官服上的一种装饰。

⑤菲：通"剕"，砍掉脚的刑罚。

⑥屦：麻鞋。

⑦赭：红褐色。纯：衣服的镶边，此指衣领。

⑧征：通"惩"，惩戒，通过惩罚而引起警戒使以后不再干。

⑨以类相从：指善有善报、恶有恶报。

⑩称：相当。失称：失当，指爵位、官职、奖赏、刑罚的颁发实施没有做到以类相从。

⑪大治之世，家给人足，不该犯罪，所以若有犯罪也就重了；乱世之时，人们为饥寒所迫，容易犯罪，所以犯的罪也就轻了。

⑫引文见《尚书·吕刑》。

【译文】

社会上那些庸俗的创立学说的人说："治理得很好的古代社会没有肉刑，而只有象征性的刑罚。用黑墨画脸来代替脸上刺字的黥刑；割鼻子的劓刑，用系上草制的帽带来代替；阉割生殖器的宫刑，用割去衣服前的蔽膝来代替；砍掉脚的剕刑，用穿麻鞋来代替；杀头的死刑，用穿上红褐色的衣服而不做衣领来代替。治理得很好的古代社会就像这样。"这种说法不对。以为当时已经治理好了么？那么当时的人根本就没有谁再会犯罪了，那就不但用不着肉刑，而且也用不着象征性的刑罚了。以为当时的人有的还是犯罪了而只是减轻他们的刑罚么？这样的话，那就是杀人的不会被处死，伤人的不会被惩罚。罪行极重而刑罚极轻，平常人就不知道憎恨犯罪了，祸乱没有比这更大的了。大凡惩罚人的根本目的，是禁止暴行、反对作恶，而且防范那未来。杀人的不被处死，而伤害人的不受刑罚，这叫做优惠暴徒而宽恕强盗，不是反对作恶。所以象征性的刑罚恐怕并非产生于治理得很好的古代，而都是产生于混乱的现代。治理得好的古代并不是这样的。凡是爵位、官职、奖赏、刑罚都是一种回报，与行为的类别相应的。一件事情赏罚失当，那就是祸乱的开端。德行和地位不相称，能力和官职不相称，奖赏和功劳不相当，刑罚和罪过不相当，不吉利的事没有比这更大的了。从前周武王讨伐商王朝，惩罚商纣王，砍下了他的头，把它挂在大红旗的飘带上。这征伐暴君惩治元凶，是政治上的丰功伟绩。杀人的被处死，伤人的被惩罚，这是历代帝王所相同的，没有人知道它是从什么时代传下来的。刑罚和罪行相当，社会才能治理好；刑罚和罪行不相当，社会就会混乱。所以社会治理得好，刑罚就重；社会混乱，刑罚才轻。因为在治理得好的时代犯的罪，本来就重；在混乱的时代犯的罪，本来就轻。《尚书》上说："刑罚有的时代轻、有的时代重。"说的就是这种情况。

【原文】

世俗之为说者曰："汤、武不能禁令。"是何也？曰："楚、越不受制。"是不然。汤、武者，至天下之善禁令者也。汤居亳，武王居鄗，皆百里之地也，天下为一，诸侯为臣，通达之属莫不振动从服以化顺之[①]，曷为楚、越独不受制也？彼王者之制也，视形势而制械用，称远迩而等贡献，岂必齐哉？故鲁人以榶，卫人用柯，齐人用一革，土地形制不同者[②]，械用备饰不可不异也。故诸夏之国同服同仪[③]，蛮、夷、戎、狄之国同服不同制[④]。封内甸服[⑤]，封外侯服[⑥]，侯卫宾服[⑦]，蛮夷要服[⑧]，戎狄荒服[⑨]。甸服者祭[⑩]，侯服者祀[⑪]，宾服者享[⑫]，要服者贡[⑬]，荒服者终王。日祭、月祀、时享、岁贡，夫是之谓视形势而制械用，称远近而等贡献，是王者之至也[⑭]。彼楚、越者，且时享、岁贡、终王之属也，必齐之日祭、月祀之属然后曰受制邪？是规磨之说也[⑮]。沟中之瘠也[⑯]，则未足与及王者之制也。语曰："浅不足与测深，愚不足与谋知，坎井之蛙不可与语东海之乐。”此之谓也。

【注释】

①振：通“震”，恐惧。

②形：作“刑”。形：情形，环境。制：法度，此指长期形成而人们普遍遵行的习俗。

③服：服事天子，指古代诸侯根据规定为天子提供服务。仪：仪式，礼节规范。

④蛮、夷、戎、狄：分别是我国古代对南部、东部、西部、北部各民族的统称。

⑤封内：界内，指王城周围直接受帝王管辖的地区内，其四面的疆界距京城五百里，也就是方圆一千里的面积。甸：通“田”，种田。甸服：种田而交纳农作物来服事帝王。古代在王城外围，每五百里定为一个区域，并按远近将它们分为不同的服役等级，每一地区分别按规定为帝王提供各种不同的服务。

⑥封外：侯服的区域为甸服区域以外的五百里之地。侯：通“候”，守望，守候放哨。

⑦侯、卫：据《尚书·禹贡》，在五百里的侯服地区内，其外围“三百里诸侯”（即名各担任守望工作）；在五百里的绥服地区内，其外围“二百里奋武卫”。此文的“侯、卫”，可能相当于《禹贡》中的“诸侯”与“奋武卫”，是指“侯服”之外的主要担任守望保卫工作的地区，其地可能也是五百里。一说“侯、卫”即《周礼·职方氏》所载的侯服至卫服五个地区，共二千五百里（见《国语·周语上》韦昭注）。宾服：以宾客的身份按时朝见进贡以服事天子。

⑧蛮、夷：南蛮、东夷。要：约束。

⑨戎、狄：西戎、北狄。荒：远。

⑩祭：此特指祭祀死去的祖父、父亲。

⑪祀：此特指祭祀死去的曾祖（祖父的父亲）、高祖（祖父的祖父）。

⑫享：供献。指把祭品献给祖先。此特指祭祀远祖、始祖。

⑬贡：进贡。此特指把各地进贡的物品拿到祭场上祭天神。

⑭至：当为“制”之音误。

⑮规：圆规。规磨：圆规被磨损了，指有差错。

⑯瘠：指知识浅陋而不开化的人。

【译文】

社会上那些庸俗的创立学说的人说：“商汤、周武王不能实施禁令。”这种说法的根据是什么呢？他们说：“因为楚国、越国不受他们的制约。”这种说法不对。商汤、周武王，是普天下最善于实施禁令的人。商汤居住在亳邑，周武王居住在鄗京，都不过是方圆百里的地方，但天下被他们统一了，诸侯做了他们的臣子，凡交通能到达的地方，人们无不惊恐颤动听从归服以至于被感化而依顺他们，为什么楚国、越国偏偏不受他们的制约呢？那些王者的制度，根据各地的情形来制造器械用具，衡量远近来规定进贡的等级差别，哪里一定要整齐划一呢？所以鲁国人用碗，卫国人用盂，齐国人用整块皮制作的器皿。土地环境风俗习惯不同的地方，器械用具设备服饰不能不有差别。所以中原各国同样服事天子而礼节规范相同。南蛮、东夷、西戎、北狄等国家同样服事天子而习俗不同。天子直接管辖的领地内以交纳农作物来服事天子，天子直接管辖的地区外围以守候放哨来服事天子，再向外负责守望保卫的地区则以宾客的身份按时进贡来服事天子，南蛮、东夷等少数民族地区以接受约束来服事天子，西戎、北狄等少数民族地区以不固定的进贡来服事天子。以交纳农作物来服事天子的地区负责供给祭祀祖父、父亲的物品，以守候放哨来服事天子的地区负责供给祭祀曾祖、高祖的物品，以宾客身份按时进贡来服事天子的地区负责供给祭祀远祖、始祖的物品，以接受约束来服事天子的地区负责供给祭祀天神的物品，以不固定的进贡来服事天子的地区要承认天子的统治地位。每天要祭祀一次祖父、父亲，每个月要祭祀一次曾祖、高祖，每个季度要祭祀一次远祖、始祖，每年要祭祀一次天神，每一代天子死了就要朝见一次即位的新天子以承认他的统治地位。这就是所谓的根据各地的情形来制造器械用具，衡量远近来规定进贡的等级差别，这就是王者的制度。那楚国、越国，不过是进贡每季祭祀、每年祭祀的祭品以及一代天子死了以后要来承认新天子一类的国家，难道一定要使他们与那些供给每天祭祀、每月祭祀的祭品一类的国家一样，然后才说他们“受制约”了吗？这是有差错的说法啊。这种人真像山沟中的僵尸，不值得和他谈及圣王的制度。俗话说：“浅陋的人不值得和他测度深刻的事，愚蠢的人不值得和他商量智巧的事，废井中的青蛙不能和它谈论东海中的乐趣。”说的就是这种情况。

【原文】

世俗之为说者曰：“尧、舜擅让[①]。”是不然。天子者，势位至尊，无敌于天下[②]，夫有谁与让矣[③]？道德纯备，智慧甚明[④]，南面而听天下，生民之属莫不振动从服以化顺之，天下无隐士，无遗善，同焉者是也，异焉者非也，夫有恶擅天下矣？曰：“死而擅之。”是又不然。圣王在上，图德而定次，量能而授官，皆使民载其事而各得其宜，不能以义制利，不能以伪饰性[⑤]，则兼以为民。圣王已没，天下无圣，则固莫足以擅天下矣。天下有圣而在后者，则天下不离，朝不易位，国不更制，天下厌然与乡无以异也[⑥]，以尧继尧，夫又何变之有矣？圣不在后子而在三公[⑦]，则天下如归，犹复而振之矣，天下厌然与乡无以异也，以尧继尧，夫又何变之有矣？唯其徙朝改制为难。故天子生则天下一隆，致顺而治，论德而定次，死则能任天下者必有之矣。夫礼义之分尽矣，擅让恶用矣哉[⑧]？曰：“老衰而擅。”是又不然。血气筋力则有衰，若夫智虑取舍则无衰。曰：“老者不堪其劳而休也。”是又畏事者之议也。天子者，势至重而形至佚，心至愉而志无所诎[⑨]，而形不为劳，尊无上矣。衣被则服五采[⑩]，杂间色[⑪]，重文绣，加饰之以珠玉；食饮则重大牢而备珍怪[⑫]，期臭味[⑬]，曼而馈[⑭]，代睪而食[⑮]，《雍》而彻乎五祀[⑯]，执荐者百人侍西房[⑰]；居则设张容[⑱]，负依而坐[⑲]，诸侯趋走乎堂下；出户而巫觋有事[⑳]，出门而宗祀有事[㉑]，乘大路、趋越席以养安[㉒]，侧载睪芷以养鼻[㉓]，前有错衡以养目[㉔]，和鸾之声[㉕]，步中《武》、《象》，驺中《韶》、

《頀》以养耳，三公奉轭持纳[26]，诸侯持轮挟舆先马，大侯编后，大夫次之，小侯、元士次之，庶士介而夹道，庶人隐窜，莫敢视望；居如大神，动如天帝，持老养衰，犹有善于是者与不[27]？老者，休也，休犹有安乐恬愉如是者乎？故曰：诸侯有老，天子无老，有擅国，无擅天下，古今一也。夫曰"尧、舜擅让"，是虚言也，是浅者之传，陋者之说也，不知逆顺之理，小大、至不至之变者也[28]，未可与及天下之大理者也。

【注释】

①擅：通"禅"，传。

②敌：匹敌，相当。

③有：通"又"。荀子的意思是：双方地位相等，才谈得上推让。别人的地位都不如天子，也就无所谓推让。

④慧：作"惠"。

⑤伪：人为，指后天的努力。饰：通"饬"，整治。

⑥乡：通"鄉"，从前。

⑦三公：泛指辅佐大臣。

⑧古代的礼义名分规定好了王位的继承权，所以礼义名分能完全落实了，那么"能任天下者必有之矣"，也就用不着禅让了。

⑨诎：同"屈"，指受挫折、不能实现。衣：穿。被：同"披"。

⑩服：穿。五采：青、黄、赤、白、黑五种颜色，古代称之为正色。

⑪杂：错杂，配合。间色：青、黄、赤、白、黑五种正色以外的杂色，如粉红、绿、碧、紫等等，它们是由正色相间调配而成，所以叫间色。古人一般上衣用正色，下衣用间色。

⑫重：重叠。大牢：同"太牢"。祭祀用的牺牲叫牢，太牢用牛、羊、猪三种牲畜，这里用来指代牛、羊、猪齐全的宴会。

⑬期：通"綦"，极，尽。臭：鼻子闻到的气味。味：口舌尝到的滋味。

⑭曼：通"缦"，由十几个人合奏的一种音乐。一说通"万"，是一种以羽、籥、干、戚为舞具的舞蹈。

⑮代：当为“伐”，敲击。罣：大鼓。

⑯《雍》：《诗·周颂》中的乐章名，为古代撤膳时所奏。彻：通“撤”，指撤去宴席。五祀：五种祭祀，即祭户神、灶神、中霤神（宅神）、门神、行神（路神），此文专指祭灶神。按古代礼制，天子用餐毕，就把宴席撤回到灶上祭灶神。

⑰执：拿。荐：尚未食用而准备进献的食物。参见《周礼·天官·笾人》注。百人：天子享用一百二十种食物，“百人”只是举其成数。

⑱居：处，指处于天子之位而听政。张：通“帐”。容：小而曲折的屏风。

⑲依：通“扆”。

⑳有事：指为天子占卜吉凶并祈祷驱除不祥。

㉑宗：大宗伯，主管祭祀的官。祀：当作“祝”，太祝，主管祈求福祥的官。有事：指为天子祭路神求福。

㉒路：通“辂”，天子乘坐的大车。商朝乘坐木辂，较朴素。周朝乘坐玉辂，既包上皮革，又用玉装饰，是一种最华贵的车。趋：踩。越：通“括”，结。越席：编结蒲草而制成的席子，这种席子既清洁又柔软，此指用在车上的垫席。

㉓睪：“皋”之俗字，湖岸，水边。芷：一种香草。

㉔错：交错的花纹。衡：车辕前端的横木。

㉕和：挂在车轼（车厢前横木）上的车铃。鸾：通“銮”，挂在车衡（车辕前端横木）上的车铃。一说“鸾”是挂在马嚼子上的铃。驺：通“趋”。

③軛，车辕前套在牲口脖子上的曲木。纳：通“軜”，靠外侧的两匹马的内侧缰绳。

⑨不：同“否”。

⑧小：此指一国。大：此指天下。至：指天子的“至尊”。变：异。

【译文】

社会上那些庸俗的创立学说的人说："尧、舜把王位禅让给别人。"这种说法不对。天子权势地位至高无上，在天下无与伦比，他又和谁推让呢？尧、舜道德美好完备，智慧非常发达，朝南坐着治理天下，所有的民众，都惊恐颤动听从归服以至于被感化而依顺他们，天下没有被埋没的人才，没有被遗忘的好人好事，和尧、舜相同的言行才是正确的，和他们不同的言行就是错误的，他们又为什么要把天下让掉呢？有人说："是等他们死了以后再把王位禅让给别人的。"这又不对。圣明的帝王处在君位上，考虑德行来确定等级，衡量才能来授予官职，使人们全部能担负起自己的职事而各人又都能得到适宜的安排；如果不能用道义来制约私利，不能通过人为的努力来改造本性，那就统统让他们当老百姓。圣明的帝王已经死了，天下如果没有圣人，那么根本就没有人能够接受禅让了。天下如果有圣人而又出在圣明帝王的后代之中，那么天下人就不会离心离德，朝廷上就不会改变各人的官位，国家也不会改变制度，天下就安安稳稳地和过去没有什么不同；这是用尧一样的圣王来继承尧，那又会有什么改变呢？如果圣人不出在圣明帝王的后代子孙之中而出在辅佐大臣之中，那么天下人随从归附他，就像恢复国家而振兴它一样了，天下也会安安稳稳地和过去没有什么不同；这是用尧一样的圣王来继承尧，那又会有什么改变呢？只有那改朝换代、变更制度才是困难的。所以圣明的天子活着，那么天下人就专一地尊崇他，极其顺从而有秩序，评定德行来确定各自的等级位次；圣明的天子死了，那么能够担负起治理天下重任的继承人，一定会有的。礼义的名分全部落实了，哪里还用得着禅让呢？有人说："是他们年老体衰才把王位禅让给别人的。"这又不对。人的血脉气色筋骨体力倒是有衰退的，至于那智慧、思考能力、判断抉择能力却是不会衰退的。有人说："年老的人不能忍受那劳累才退下来休息的。"这又是怕做事者的议论。天子权势极大而身体极安逸，心情极愉快而志向没有不能实现的，所以身体不会因为当了天子而劳累，而他的尊贵则是至高无上的了。穿着嘛，便是穿五色的上衣，再配上杂色的下衣，加上有花纹的刺绣，再用珠玉加以装饰。吃喝嘛，便是牛、羊、猪齐全的宴会一个连一个，珍贵奇异的佳肴样样具备，各种香气美味应有尽有，在音乐声中送上食物，在击鼓声中进餐，奏起《雍》曲而把宴席撤回到灶上祭祀灶神，端菜的人有上百个侍候在西厢房。呆在天子的位置上听政，就设置了帷帐和小屏风，背靠大屏风而坐，诸侯在堂下有礼貌地奔走前来朝见。要出宫门，巫觋就有事情了，要出王城大门，大宗伯、大祝就有事情了；坐上宽阔的大车、踩着柔软的蒲席来保持身体的安稳，旁边放置湖岸上生长的香草来调养鼻子，车前有画着交错花纹的横木来调养眼睛，车铃的声音在车子慢行时合乎《武》《象》的节奏、在车子奔驰时合乎《韶》《护》的节奏来调养耳朵，三公扶着车轭、握着缰绳，诸侯有的扶着车轮、有的护在车厢两侧、有的在马前引路，大国诸侯排列在车后，大夫跟在他们的后面，小国诸侯与天子的高级文官再跟在大夫的后面，士兵们穿着铠甲而在道路两旁警卫，百姓们隐藏躲避而没有人敢观望。天子坐着像大神一样尊严，行动像天帝一样自如，扶持老年的生活、保养衰退的身体，还有比这更好的吗？老年人要休息，那休息还有像这样安定快乐宁静愉悦的吗？所以说：诸侯有告老退休的，天子没有告老退休的；有诸侯传让国家的，没有天子禅让天下的。这是古今都一样的。所谓“尧、舜把王位禅让给别人”，这是不符合事实的假话，是知识肤浅者的传闻，是孤陋寡闻者的胡说。他们是一些不懂得是否违背世道人情的道理，不懂得国家与天下、至高无上与不至高无上之间的不同的人，是一些还不能和他们谈论天下的大道理的人啊。

镂雕双龙凤玉佩（春秋战国）

【原文】

世俗之为说者曰：“尧、舜不能教化，是何也？曰：朱、象不化[①]。”是不然也。尧、舜，至天下之善教化者也，南面而听天下，生民之属莫不振动从服以化顺之；然而朱、象独不化，是非尧、舜之过，朱、象之罪也。尧、

舜者，天下之英也；朱、象者，天下之嵬，一时之琐也[2]。今世俗之为说者不怪朱、象，而非尧、舜，岂不过甚矣哉！夫是之谓嵬说。羿、蠭门者，天下之善射者也，不能以拨弓、曲矢中[3]；王梁、造父者，天下之善驭者也，不能以辟马、毁舆致远[4]；尧、舜者，天下之善教化者也，不能使嵬琐化。何世而无嵬，何时而无琐，自太皞、燧人莫不有也[5]。故作者不祥，学者受其殃，非者有庆。《诗》曰[6]："下民之孽，匪降自天；噂沓背憎[7]，职竞由人[8]。"此之谓也。

【注释】

①朱：尧的儿子，封于丹，故又称丹朱。传说他德才不好，所以尧不传位给他而让给舜。象：舜的异母弟弟，传说他曾多次谋杀舜。

②一时：一世。

③拨：通"弩"，弓乖张不正。"中"下当有"微"字（陈奂说）。

④辟：通"躄"，腿瘸。

⑤太皞：古帝名，传说是远古东夷族首领，风姓，居于陈。一说即伏羲氏（传说中人类的始祖）。燧人：古帝名，传说他发明了钻燧取火，使民熟食，于是人民推举他为王，号燧人氏。

⑥引诗见《诗·小雅·十月之交》。

⑦噂：聚在一起谈论。沓：形容话多。

⑧职：主要。竞：争逐，此指争抢灾祸。

【译文】

社会上那些庸俗的创立学说的人说："尧、舜不能教育、感化人。这种说法的根据是什么呢？他们说：因为丹朱、象都没有被感化。"这种说法不对。尧、舜，是普天下最善于进行教育感化的人，他们朝南坐着治理天下，所有的民众无不惊恐颤动听从归服以至于被感化而依顺他们。然而唯独丹朱、象不能被感化，这不是尧、舜的过错，而是丹朱、象的罪过。尧、舜是天下的英杰，丹朱、象是天下的怪物、一代的庸人。现在社会上那些庸俗的创立学说的人，不责怪丹朱、象而非议尧、舜，岂不是错得很厉害了吗？这叫做奇谈怪论。羿、逢蒙，是天下善于射箭的人，但不能用别扭的弓和弯曲的箭去射中微小的目标；王良、造父，是天下善于驾驭马车的人，但不能依靠瘸腿的马和坏车子到达远方的目的地；尧、舜，是天下善于进行教育感化的人，但不能使怪僻鄙陋的人转化。哪个社会没有怪僻的人？哪个时代没有鄙陋的人？从太皞氏、燧人氏以来没有什么时代没有过。所以那些创立学说的人不善，学习的人就受到了他们的毒害，非难他们的人才有幸福。《诗》云："民众的灾难与不幸，并非从天来降临；当面唠叨背后恨，主要作祟在于人。"说的就是这种情况。

【原文】

世俗之为说者曰："太古薄葬，棺厚三寸，衣衾三领，葬田不妨田[1]，故不掘也。乱今厚葬饰棺，故扣也[2]。"是不及知治道，而不察于扣不扣者之所言也。凡人之盗也，必以有为[3]，不以备不足，足则以重有馀也。而圣王之生民也，皆使当厚优犹不知足[4]，而不得以有馀过度。故盗不窃，贼不刺[5]，狗豕吐菽粟，而农贾皆能以货财让；风俗之美，男女自不取于涂而百姓羞拾遗[6]。故孔子曰："天下有道，盗其先变乎！"虽珠玉满体，文绣充棺，黄金充椁，加之以丹矸，重之以曾青，犀象以为树，琅玕、龙兹、华觐以为实[7]，人犹且莫之扣也。是何也？则求利之诡缓，而犯分之羞大也。夫乱今然后反是[8]：上以无法使，下以无度行，知者不得虑，能者不得治，贤者不得使。若是，则上失天性[9]，下失地利，中失人和。故百事废，财物诎而祸乱起[10]。王公则病不足于上，庶人则冻餧羸瘠于下；于是焉桀、纣群居，而盗贼击夺以危上矣。安禽兽行，虎狼贪，故脯巨人而炙婴儿矣。若是，则有何尤扣人之墓、抉人之口而求利矣哉[11]？虽此倮而薶之[12]，犹且必扣也，安得葬薶哉？彼乃将食其肉而龁其骨也。夫曰："太古薄葬，故不扣也；乱今厚葬，故扣也。"是特奸人之误于乱说，以欺愚者而潮陷之以偷取利焉[13]，夫是之谓大奸。传曰："危人而自安，害人而自利。"此之谓也。

【注释】

①传说商代以前平葬而不垒坟，所以不妨碍种田。

②抇：古“掘”。

③以：为。有为：有所为，有缘故。

④当（當）：是“富”字之误。厚：富。优犹：叠韵联绵词，同“优游”，形容宽舒的样子。不：当为“而”字之误。

⑤盗、贼：搞偷窃的叫“盗”，搞劫杀的叫“贼”。刺：作“刺”，刺：杀人。

⑥取：通“聚”，会。涂：通“途”。男女自不取于涂：依古代正统的礼俗，男、女不走同一条路（见《孔子家语·相鲁篇》），或者是男的走右侧，女的走左侧（见《礼记·内则》），所以风俗美好时男女不会在路上相会。

⑦琅玕：形似珠子而质次于玉的美石，

⑧然后：这才。是：指代上文所说的古代圣王统治时的情形。

⑨天性：指天时。

⑩詘：同“屈”。詘，竭，尽。

⑪有：通“又”。抉人之口：是为了偷琀（古代死人口中所含的珠玉等）。

⑫倮：同“裸”，赤身裸体，指不使死人“珠玉满体”，甚至于没有“衣衾三领”。

⑬潮：实为“淖”字之误。淖陷：使……陷于泥淖中，坑害。偷：苟且，指薄葬之说对死者是极不负责的。

【译文】

社会上那些庸俗的创立学说的人说：“远古时代葬礼节俭，棺材板只有三寸厚，衣服只有三套，被子只有三条，埋在田底下而不妨碍种田，所以不会被挖掘。混乱的今天葬礼奢侈，用珍宝来装饰棺材，所以会被盗挖。”这是对治国的道理还没有达到通晓的程度而对盗墓不盗墓的原因又不清楚的人所说的话。大凡人们的盗窃，一定是有原因的，不是为了使自己不足的东西能齐备，就是为了使自己绰绰有余的东西进一步富余。而圣明的帝王养育民众，使他们都富足宽裕而懂得满足，不可以有多余的财物，不可以超过规定的标准。所以窃贼不会来偷窃，强盗不会杀人抢劫，狗猪会不吃粮食，而农夫商人都能把财物让给别人；风俗是那样的美好，男女自然不在路上相会，而百姓都以拾取别人遗失的东西为羞耻。所以孔子说："社会政治清明，盗贼大概会首先转变吧！"像这样，即使珍珠宝玉挂满了尸体，绣有彩色花纹的丝织品塞满了内棺，黄金塞满了外棺，用朱砂涂刷它，用曾青粉饰它，在墓穴中用犀牛角和象牙雕刻成树，用琅玕、龙兹、华觐做成树上的果实，人们仍将没有去盗挖它的。这是为什么呢？是因为人们求取私利的诡诈之心松懈了，而违犯道义的羞耻感增强了。混乱的今天这才与古代相反。君主不根据法度役使人民，臣民不根据法度去办事，有才智的人不能去谋划国家大事，有能力的人不能去治理国家，有德行的人不能在位役使人。像这样，那么上面就会错失农时，下面就会丧失土地所产生的利益，中间就会失掉人民的同心合力；所以各种事情被废弃，财物紧缺，而祸乱也就产生了。天子诸侯在上面忧虑财物不足，老百姓则在下面受冻挨饿疲弱消瘦；于是桀、纣似的暴君成群地占据在各国的君位上，而盗贼也就打家劫舍以至于危害到他们的君主了。于是像禽兽一样横行，像虎狼一样贪婪，所以也就把大人做成肉干来吃而把婴儿做成烤肉来吃了。像这样，那么又为什么要指责盗掘死人的坟墓、挖死人的嘴巴来求取利益的行为呢？像这样，即使是赤身裸体来埋葬死人，也一定会被挖掘的，哪能埋葬呢？因为他们将会吃死人的肉而啃死人的骨头。所谓"远古时代葬礼节俭，所以不会被挖掘；混乱的今天葬礼奢侈，所以会被盗挖"，这只是奸邪的人被谬论所迷惑了，却又用它来欺骗愚蠢的人而坑害他们，以便从中苟且捞取好处，这叫做最大的奸邪。古书上说："使别人危险以便使自己安全，使别人受害以便使自己得利。"说的就是这种人。

【原文】

子宋子曰："明见侮之不辱[①]，使人不斗。人皆以见侮为辱，故斗也；知见侮之为不辱，则不斗矣。"应之曰："然则亦以人之情为不恶侮乎？"曰："恶而不辱也。"曰："若是，则必不得所求焉。凡人之斗也，必以其恶之为说，非以其辱之为故也。今俳优、侏儒、狎徒詈侮而不斗者[②]，是岂钜知见侮之为不辱哉[③]？然而不斗者，不恶故也。今人或入其央渎[④]，窃其猪彘，则援剑戟而逐之，不避死伤，是岂以丧猪为辱也哉？然而不惮斗者，恶之故也。虽以见侮为辱也，不恶则不斗；虽知见侮为不辱，恶之则必斗。然则斗与不斗邪，亡于辱之与不辱也，乃在于恶之与不恶也。夫今子宋子不能解人之恶侮，而务说人以勿辱也，岂不过甚矣哉！金舌弊口，犹将无益也。不知其无益则不知；知其无益也，直以欺人则不仁[⑤]。不仁不知，辱莫大焉。将以为有益于人，则与无益于人也[⑥]，则得大辱而退耳。说莫病是矣。"

【注释】

①明：阐明，宣传彰明。见：被，受。之：犹"而"。辱：意动用法。

②俳：滑稽演员。优：优伶，演戏的人。侏儒：发育不正常而身材矮小的人，古代常充当供人取乐的活宝。狎：戏弄。徒：服劳役的人。詈：骂。

③钜：通"讵"，与"岂"同义连用，难道，哪里。

④央：中。央渎：沟中。古代人常把猪养在沟中。

⑤直：犹"特"。特地，故意。

⑥与：通"举"，都。

【译文】

宋钘先生说："宣明了被人侮辱而不以为耻辱，就能使人们不争斗。人们都把被侮辱当作为耻辱，所以会争斗；如果懂得了被侮辱算不上是一种耻辱，就不会争斗了。"回复他说："这样的话，那么先生也以为人之常情是不憎恶被人侮辱的吗?”他说:“虽然憎恶被人侮辱,但并不把被侮辱当作是耻辱。”回复他说:“像这样,那就一定达不到先生所追求的目标了。大凡人们的争斗,一定是把自己憎恶受侮辱当作辩解,而不是把自己感到耻辱作为理由。现在那些滑稽演员和唱戏的优伶、供人取乐的矮子、被人戏弄的奴仆,受到辱骂欺侮却不争斗,这哪里是因为他们懂得了被人侮辱算不上是一种耻辱的道理呢?然而他们不争斗,是因为他们不憎恶被人侮辱的缘故啊。现在如果有人进入人家的沟中,偷了人家的猪,那么失主就会拿起剑戟去追赶窃贼,甚至不避死伤,这哪里是因为他把丢失猪看作为耻辱呢?然而他不怕争斗,是因为憎恶窃贼啊。所以,即使把被侮辱看作为一种耻辱,但如果不憎恶它,就不会争斗;即使懂得了被侮辱算不上是一种耻辱的道理,但如果憎恶它,就一定会争斗。这样看来,争斗不争斗,不在于感到耻辱还是不感到耻辱,而在于憎恶还是不憎恶。现在宋先生不能消除人们对被人侮辱的憎恶,而致力于劝说人们别把受侮辱看作为耻辱,岂不是错得很厉害了吗?即使是能言善辩的铁嘴巴把嘴皮都磨破了,仍将毫无裨益。不懂得这种劝说毫无裨益,那就是不明智;知道它毫无裨益,却故意要用它来骗人,那就是不仁慈。不仁慈不明智,耻辱没有比这更大的了。要认为宋先生的说法有益于人吗?但全都无益于人,只落得个极大的耻辱而退场罢了!学说没有比这更糟的了。”

【原文】

子宋子曰:“见侮不辱。”应之曰:凡议,必将立隆正然后可也。无隆正,则是非不分而辨讼不决。故所闻曰:“天下之大隆,是非之封界,分职名象之所起[①],王制是也。”故凡言议期命[②],是非以圣王为师;而圣王之分[③],荣辱是也。是有两端矣:有义荣者,有势荣者;有义辱者,有势辱者。志意修,德行厚,知虑明,是荣之由中出者也,夫是之谓义荣。爵列尊,贡禄厚[④],形势胜,上为天子诸侯,下为卿相士大夫,是荣之从外至者也,夫是之谓势荣。流淫污僈,犯分乱理,骄暴贪利,是辱之由中出者也,夫是之谓义辱。詈侮捽搏[⑤],捶笞膑脚[⑥],斩断枯磔[⑦],藉靡舌缂[⑧],是辱之由外至者也，夫是之谓势辱。是荣辱之两端也。故君子可以有势辱，而不可以有义辱；小人可以有势荣，而不可以有义荣。有势辱无害为尧，有势荣无害为桀。义荣、势荣，唯君子然后兼有之；义辱、势辱，唯小人然后兼有之。是荣辱之分也。圣王以为法，士大夫以为道，官人以为守，百姓以成俗，万世不能易也。今子宋子案不然，独诎容为己[9]，虑一朝而改之，说必不行矣。譬之，是犹以塼涂塞江海也[10]，以焦侥而戴太山也，蹎跌碎折不待顷矣[11]。二三子之善于子宋子者，殆不若止之，将恐得伤其体也。

【注释】

①分职：分掌职务。名象：名物制度。

②命：命名，确定事物的名称。

③分：义。

④贡：贡品，指天子、诸侯而言。禄：俸禄，指卿相士大夫而言。

⑤捽：揪住。

⑥捶：通“箠。“箠”、“笞”都指杖刑，即用鞭、杖或竹板抽打。膑：膝盖骨。膑脚：剔掉膝盖骨的酷刑。

⑦断：指砍断肢体。枯：通“辜”。辜磔：古代一种酷刑，即车裂后弃市，俗名五马分尸，将人头和四肢分别拴在五辆车上，用马拉车以撕裂肢体，并暴尸示众。

⑧舌缨：割舌的一种刑罚。

⑨己：作“已”。

⑩塼：“抟”之俗字，揉捏成团。涂：泥。

⑪戴：用头顶。一说用背驮。蹎：“颠”的本字，跌倒。

【译文】

宋钘先生说：“被侮辱而不以为耻辱。”回复他说：凡是议论，一定要树立一个最高的准则才行，没有一个最高准则，那么是非就不能区分而争辩也无法解决。我过去听到的话说：“天下最大最高的准则，判断是非的界线，分掌职务、名物制度的起源，就是古代圣王的制度。”所以，凡是发言立论或约定事物的名称，它们的是非标准都要以圣王作为榜样；而圣王的道德原则，是看重光荣耻辱的。这光荣耻辱各有两个方面，有道义方面的光荣，有势位方面的光荣，有道义方面的耻辱，有势位方面的耻辱，志向美好，德行淳厚，智虑精明，这是从内心产生出来的光荣，这叫做道义方面的光荣。爵位尊贵，贡品俸禄优厚，权势地位优越，高一点的做了天子诸侯，低一点的做了卿相士大夫，这是从外部得到的光荣，这叫做势位方面的光荣。行为放荡、丑恶，违犯道义、扰乱伦理，骄横凶暴、唯利是图，这是从内心产生出来的耻辱，这叫做道义方面的耻辱。受人责骂侮辱、被揪住头发挨打，受杖刑被鞭打、受膑刑被剔去膝盖骨，被砍头断手、五马分尸并弃市，被五花大绑、被反绑吊起，这是从外部得到的耻辱，这叫做势位方面的耻辱。这些就是光荣耻辱的两个方面。所以君子可能有势位方面的耻辱而不可能有道义方面的耻辱，小人可能有势位方面的光荣却不可能有道义方面的光荣。有势位方面的耻辱不妨碍他成为尧，有势位方面的光荣不妨碍他成为桀。道义方面的光荣、势位方面的光荣，只有君子才能同时拥有它们；道义方面的耻辱、势位方面的耻辱，只有小人才会同时占有它们。这就是光荣和耻辱方面的道理。圣王把它当作法度，士大夫把它当作原则，一般官吏把它当作守则，老百姓根据它形成习俗，这是千秋万代也不会改变的。现在宋先生却不是这样，他独自用委曲容忍来整饬自己，想一个早晨改变历来的道德原则，他的学说一定行不通。拿它打个比方，这就好像是用捏成团的泥巴去填塞江海，让三尺长的矮人去驮泰山，跌倒在地粉身碎骨也就用不着等待片刻了。诸位中与宋先生相好的，恐怕还不如去制止他，否则将来恐怕会伤害自己身体的。

【原文】

子宋子曰：“人之情，欲寡，而皆以己之情为欲多，是过也。”故率其群徒，辨其谈说[①]，明其譬称，将使人知情欲之寡也[②]。应之曰：“然则亦以人之情为欲，目不欲綦色，耳不欲綦声，口不欲綦味，鼻不欲綦臭，形不欲綦佚。此五綦者，亦以人之情为不欲乎？”曰：“人之情欲是已。”曰：“若是，则说必不行矣。以人之情为欲此五綦者而不欲多，譬之是犹以人之情为欲富贵而不欲货也，好美而恶西施也[3]。古之人为之不然。以人之情为欲多而不欲寡，故赏以富厚而罚以杀损也[4]，是百王之所同也。故上贤禄天下[5]，次贤禄一国，下贤禄田邑，愿悫之民完衣食。今子宋子以是之情为欲寡而不欲多也，然则先王以人之所不欲者赏，而以人之所欲者罚邪？乱莫大焉。今子宋子严然而好说[6]，聚人徒，立师学，成文曲[7]，然而说不免于以至治为至乱也，岂不过甚矣哉？”

【注释】

①辨：通“辩”，动听有理，此用作使动词。

②情欲之寡：当作“情之欲寡”。

③西施：春秋时越国的美女。

④厚：财富。杀：减少。

⑤上贤：指天子。

⑥严然：同“俨然”，庄重的样子。

⑦曲：乐章，指韵文。宋子的文章，《汉书·艺文志》把它归入小说家。文曲：泛指文章。

【译文】

宋钘先生说：“人的本性，要得很少，但现在的人却都认为自己的本性是想要很多，这是错误的。”所以他率领他的弟子们，把他的言论学说说得动听有理，把他的比喻称引说得明白清楚，想要使人们懂得人的本性是要求很少。回复他说：“这样的话，那么先生也认为人的本性是眼睛不想看最美丽的颜色、耳朵不想听最悦耳的音乐、嘴巴不想吃最好的美味佳肴、鼻子不想闻最好的气味、身体不想追求最大的安逸？这五种极好的享受，先生也认为人们的本性是不想要的吗？”他说：“人的本性，是想要这些享受的。”回复他说：“如果这样，那么先生的说法就一定行不通了。认为人的本性是想要这五种极好的享受而又并不想要很多，拿它打个比方，这就好像认为人的本性是想富贵的但又不要钱财、是喜爱美色的但又讨厌西施一样。古代的人做事就不是这样。他们认为人的本性是想要多而不希望少，所以用财富来奖赏，用减少财富来处罚，这是各代帝王所相同的。所以上等的贤才以天下的税收作为俸禄，次一等的贤才以一国的税收作为俸禄，下等的贤才以封地内的税收作为俸禄，忠厚老实的百姓能保全穿的吃的。现在如果宋先生认为古代这些人的本性也是想要少而不想要多，那么古代的圣王是用人们所不想要的东西来奖赏而用人们想要的东西来处罚吗？混乱没有比这更大的了。现在宋先生一本正经地珍爱自己的学说，聚集门徒，建立了师生教学关系，写成了文章，但是他的学说不免把治理得最好的情况看成是最混乱的情况，岂不是错得很厉害了吗？"

【解读】

本篇为论诸家世俗乖谬，内容庞杂，系统性较差，但所论推崇尧舜圣王之制，实行礼法并重的治国主张，仍可形成贯穿始终的鲜明主题。

政治清明极端重要。孔子说："其身正，不令而行；其身不正，虽令不从。"（《论语·子路》）孟子说："君正，莫不正，一正君而国定矣。"（《孟子·离娄章句上》）这是说国家政治的好坏取决于君主，贤则政治清明，不肖则政治昏暗。荀子认为，"君正"是对君主的道德要求，还应当有执政方法的规范，所以在孔孟言贤之外，荀子以"主道利明"补充之，既贤且明，才能保证政治清明的全面实现。君主与臣民的关系在于"相有"，"有"即"佑"，是互动相助的运行。主唱臣民应，主仪臣民动；反之，主唱默臣民无应，主仪隐臣民无动。无论唱还是仪，都要求君主"宣明"，臣民的应与动均以君主"宣明"之唱、仪为条件，臣民的"治辨"即完备治理，也以君主"宣明"之唱、仪为条件。这由"上端诚则下愿悫矣，上公正则下易直矣"和"上周密。则下疑玄矣"；而臣民的治辨、愿悫、易直又导致易一、易使、易知的效验，由此而使国家强而又功、明而又治，这都是讲求执政方法注重政治清明的好处。荀子驳"主道利周"而倡"主道利明"，表明他反对法家的神秘幽暗、苛酷寡恩的政治，赞扬儒家的坦诚清明、仁爱多惠的政治。

汤武革命的意义。荀子评价汤武革命的标准是礼义，所谓“修其道，行其义，兴天下之同利，除天下之同害，而天下归之也”。按照这个标准来检验，桀纣由于“反禹、汤之德，乱礼义之分，禽兽之行，积其凶，全其恶，而天下去之也”，因而可以得出结论说：“以桀、纣为常有天下之籍则然，亲有天下之籍则不然，天下谓在桀、纣则不然。”“亲有”句之“亲”训“自身”，意谓他们并非自身拥有天子职位，而为世袭所致，且因他们违背礼义，失去民心，已将曾经拥有的天子职位丧失，故不再为君矣。此三句文气一贯，否定凡世袭必有正当性的传统观念。按照这个标准再来检验汤、武，他们是至强、至辨、至明的圣人，故能委以至重、至大、至众，可谓“天子唯其人”。这是论其主观条件。再从客观现实看，“天下归之之谓王，天下去之之谓亡”，汤、武“诸侯有能德明威积，海内之民莫不愿得以为君师”，实际上已经“用天下”；然而桀、纣虽为“禹、汤之后”，“而不得一人之与”，“天下未尝合于桀、纣也”，“虽未亡，吾谓之无天下矣”。所以，桀、纣亡者当亡，汤、武王者当王，皆以用礼义抑或违礼义为原由。于是，又可以得出结论说：“诛暴国之君若诛独夫”，“而汤、武不弑君”。荀子论汤武非篡夺，是为了彰显汤武革命的历史必然性和正义性，希望战国七雄在争夺天下的时候，思考如何正确对待汤武革命，不能扭曲这一伟大历史事件，视汤武诛独夫是“为臣弑君”，窃国夺天下，而把它当成兼并战争的榜样，为诸侯间的非正义争斗涂脂抹粉。荀子直斥“汤武篡夺”之论为“直堕之耳”，即妄言诋毁。荀子认为，汤武革命与战国末世的兼并，其性质与结果不同。诸侯国与天下，是大、小具之别，只能以大、小道分别得之，小人以小道得小具或为可能，而用大道得大具“则非圣人莫之能有也”。小道，非正道；大道，礼义也。战国七雄在荀子心目中不过末世之兵、强盗之兵，只能干窃国夺国的勾当，欲学汤武取天下，则非用礼义不可。荀子要战国诸侯王做圣人，实乃痴人说梦。

治古圣王之制。荀子说，治古“凡爵列、官职、赏庆、刑罚，皆报也，以类相从者也”，意谓社会等级、官吏职位及其刑赏，均按依类相从、相当相称的原则建立制度，不会有“德不称位，能不称官，赏不当功，罚不当罪”的现象，而且将“征暴诛悍”列为王道宗旨，治世盛举。“杀人者死，伤人者刑”，治世刑重，百王之所同，自古而皆然。因为刑重有益于求治，刑轻而不称罪，必将引起祸乱而沦为乱世。荀子将治古的礼义传统理解为礼法并重，刑赏并举，刑重是天下大治的根本之策，这就从理论上完成了他对“法后王”的全面论述，使他跟法家接近起来。尊重中央权威，施行天子禁令，让诸侯臣服，全天下接受教化，也是治古圣王之制的重要内容，尽管有“形势”、“远近”的不同，无论甸、侯、宾、要，还是荒服，都以崇王为基本制度。关于上古部落联盟的领袖推选制度。荀子和孟子一样，也有一家论。孟子之天授民授论，以与贤、与子不论，但须历年久、施泽民、德若舜禹及天子荐，而以继位必贤为基本条件。荀子否定禅让之说，着力发挥孟子“贤”的思想，以礼法制度不变，即不“徙朝改制”，来界定“贤”的内涵，使之具体化、明确化、法制化。所以，孟子继位之论崇道德之贤，荀子继位之论隆礼法之制，后者较之前者在政治上更为成熟和先进。和孟子相同的是，荀子也要求继位圣王“道德纯备，智惠甚明，南面而听天下，生民之属，莫不振动从服以化顺之”。这是传统的儒家治国理念，以自身的道德完美教化人民。荀子更强调礼法制度的一贯性和传承延续。首先，要以礼法治国，“圣王在上，图德而定次，量能而授官，皆使民载其事而各得其宜；不能以义制利，不能以伪饰性，则兼以为民。”毫无疑问，是以礼法治国理政的实际才干来衡量圣王，否则只能做普通民众，不可与圣王匹配。其次，要维护礼法制度，生死不渝，“朝不易位，国不更制，天下厌然与乡，无以异也。”只要做到了以上两点，无论后子还是三公继位，都是“以尧继尧”，何须以“禅让”之名来论之呢！只要维护、延续礼法制度“以尧继尧”，即谓之顺、大、至，否则谓之逆、小、不至。“有擅国，无擅天下，古今一也。”荀子认为，诸侯禅让封国有之，而天子禅让天下绝无，因为有天下必有礼义，有礼义必有天下，岂有禅让之理！这是勿庸置疑的。总之，荀子把治古部落联盟推选领袖的民主制度纳入了礼治的范畴。

宋子之论无益于治有助于乱。荀子驳宋钘，见于《非十二子篇》、《天论篇》、《解蔽篇》和本篇，而以本篇资料翔实最为可贵。将学术争论引入政治斗争，为治国理政服务，是荀子与人争论的宗旨。而他用以判断学术是非的标准，则又是"王制"。宋子认为，俳优、侏儒、狎徒受到侮辱詈骂而不反抗，是他们不以侮为辱；而荀子持相反观点，指出他们不以侮为恶。"不辱不斗"和"不恶不斗"，这两种理论不同。但目的却都是为了消除战国末世的社会争斗。宋子在现象上找原因，企图用人们精神上的隐忍退让来平息纷争。荀子显然进入事物的本质，说明争斗是人们憎恶之情感的表现和结果，所以他才进而研究荣辱的种类及性质。他指出，君子有势辱无义辱，小人有势荣无义荣，君子兼义势两荣，小人兼义势两辱，君子虽有势辱无害为尧，小人虽有势荣无害为桀。对荣辱的区分，"圣王以为法，士大夫以为道，官人以为守，百姓以成俗，万世不能易也"。由此可见，荣辱可以成为社会和人们言行的总纲，假若如宋子"见侮不辱"，非但不能偃兵息斗，反而会造成是非颠倒、荣辱不分的混乱。荀子与宋子在人之本性是欲多、欲寡上有相反的看法，他揭露宋子的自相矛盾："以人之情为欲此五綦者而不欲多，譬之是犹以人之情为欲富贵而不欲货也，好美而恶西施也。""先王以人之所不欲者赏，而以人之所欲者罚邪，乱莫大焉。"宋子解决社会矛盾与社会分配的办法，必然导致赏罚不当，违背人之常情。荀子以治古圣王之制，是"赏以富厚，而罚以杀损也"，应做到"上贤禄天下，次贤禄一国，下贤禄田邑，愿悫之民完食"。这是用"礼义之分"来调节、疏导不同等级职分的人应有的合理欲求，更有利于社会的稳定和社会生产力的进步。荀、宋对"人之情"的处理方法各以求至治与求至乱相为区别。

礼论第十九

【题解】

本篇为《荀子》第十九篇，系统讨论了礼的起源、内容和作用等问题。

荀子认为，人生来就有欲望，而礼是后天人为形成的。礼一方面可以满足人生来就有的欲望，另一方面可以区分贵贱、尊卑、长幼的等级差别。礼是人道的最高标准，是治国的根本，天下遵从礼就能得到治理、安定、存续，不遵从礼就会混乱、危险甚至灭亡。在各种礼节仪式中，荀子尤其重视丧礼，因为丧礼集中体现了礼的精神，他认为严肃慎重地对待生死，是君子之道，并在文中进行了详细的说明。

【原文】

礼起于何也？曰：人生而有欲；欲而不得，则不能无求；求而无度量分界，则不能不争；争则乱，乱则穷。先王恶其乱也，故制礼义以分①之，以养②人之欲、给人之求，使欲必不穷于物，物必不屈③于欲，两者相持而长。是礼之所起也。

【注释】

①分：名分，用作动词，确定名分、等级的意思。
②养：养育、保养之意。
③屈：竭尽。

【译文】

礼产生的环境和情况是怎样的呢？回答道：人的欲望是与生俱来的；如果想要的东西不能拥有，就会产生追求；假使一味追求而没有限度的话，争抢的事件就会发生；一发生争抢祸乱就会随着而来，祸乱之后就会产生困境。古代的君王憎恶祸乱，因此就制定了礼义来规定人们的职责，用这种办法来调节人们的欲望、满足人们的需求，让人们的欲望绝对不能因为财物的原因而得不到满足，财物不会因为人们的欲望而耗尽，让物资、欲望两者互相制约，相互促进。礼的起源就是如此。

【原文】

故礼者，养也。刍豢稻粱，五味调香[①]，所以养口也；椒兰芬苾[②]，所以养鼻也；雕琢刻镂，黼黻[③]文章，所以养目也；钟、鼓、管、磬、琴、瑟、竽，笙，所以养耳也；疏房、檖貌、越席，床笫、几筵[④]，所以养体也。故礼者，养也。

【注释】

①调香：原指的是香喷喷的佳肴，在这里是调和之意。

②芬苾：芬芳、芳香之意。

③黼黻：是古代礼服上绣的花纹，也用来比喻文采。

④疏房：指的是宽敞透亮的房子。几：古人席地而坐，旁边放有用来倚靠的小桌子叫几。筵：指的是竹制的垫席。

【译文】

因此说，礼是调养人们欲望的。牛羊猪狗等肉食和稻米谷子这类作物，五味调和好的美味，是为调养嘴巴而用的；椒兰散发诱人的香味，是为调养鼻子而用的；器具上雕刻的花纹图案，礼服上绘制的精美图形，是为调养眼睛而设的；钟、鼓、管、磬、琴、瑟、竽、笙等乐器，是为调养耳朵而用的；高房大屋，竹席几筵，是为调养身体而用的。从这个意义上讲，礼是调养人们欲望的。

【原文】

君子既得其养，又好其别。曷谓别？曰：贵贱有等，长幼有差，贫富轻重皆有称者也。故天子大路越席，所以养体也；侧载睪芷，所以养鼻也，前有错衡，所以养目也；和鸾之声，步中《武》、《象》，趋中《韶》、《護》，所以养耳也；龙旗九斿[①]，所以养信也[②]；寝兕、持虎、蛟韅、丝末、弥龙[③]，所以养威也；故大路之马，必倍至教顺[④]，然后乘之[⑤]，所以养安也。孰知夫出死要节[⑥]之所以养生也？孰知夫出费用之所以养财也？孰知夫恭敬辞让之所以养安也？孰知夫礼义文理[⑦]之所以养情也？故人苟生之为见[⑧]，若者必死；苟利之为见，若者必害；苟怠惰偷懦之为安[⑨]，若者必危；苟情说[⑩]之为乐，若者必灭。故人一之于礼义，则两得之矣；一之于情性，则两丧之矣。故儒者将使人两得之者也，墨者将使人两丧[⑪]之者也，是儒、墨之分也。

【注释】

①斿：旗上的飘带。

②信：即“符信”，凭据的意思。古代君王和各级官员为了区别不同的地位和身份，使用不同的旗，龙旗九斿是君王的符信，因此有“养信”一说。

③寝兕：指的是卧着的雌性的犀牛。持虎：蹲着的老虎。两者都是指画在君王车子上的图案。蛟韅：指的是用鲛鱼皮做的马腹带，放在两腋旁，上面在马鞍上固定。丝末：指的是用丝制成的车帘。弥龙：车壁上画着的龙。

④教顺：调教驯服之意。

⑤乘之：驾驭马。

⑥出死要节：指的是为了保持良好的节操，舍身求之。

⑦礼义文理：指的是各种礼仪范式。

⑧生之为见：见生，只看到生的意思。“之为”，构成宾语前置的助词。

⑨安：乐、欢喜之意。

⑩情说：就是恣情欢悦。说，通“悦”。

⑪两丧：礼义和情性都丢失了。

【译文】

君子不仅得到了礼的调养，同时又遵从于礼的区别。何为区别呢？回答道：高低贵贱有着不同的等级，长幼老少有一定的差别，贫富尊卑之间、权重和位卑之间差别和不同都是存在的。所以，天子坐的是宽阔的大车、铺垫着绵软的蒲席，这都是为了保养身体而设的；身体旁边放着香草，是为了调养鼻子而设的；车前有画满美丽图案的横木，是为了调养眼睛而设的；在车子慢行时，车铃的声音与《武》、《象》的节奏相合，在车子飞驰时，车铃的声音又和《韶》、《頀》的节奏相合，这是为了调养耳朵而设的；画有龙图案的旗帜下有九条飘带，是为了显示天子的神气而设的；车子上画着横卧的犀牛和蹲着的老虎、马系着的腹带是用鲨鱼皮制成的、车前挂有丝制的车帘、车耳的形状像龙形，这是为了彰显天子的威严而设的；天子的大车上所配备的马，要提前把它训练得特别顺服，然后给它配上马鞍，这是为了保证安全而设的。有谁知道舍弃生命换来名节也是为了保养生命呢？有谁知道破费钱财是为了追求钱财呢？有谁知道谦让之礼是为了达到安全无争斗呢？有谁知道礼义仪式是为了调养情操呢？因此一个人看见的只是生，那么他就一定会死；如果眼睛里只有利，那么他就一定会受到损害；假如只喜欢苟且偷安，那么他就一定会面临危难；如果整日欢情于歌舞，那么他就一定会灭亡。一个人如果能一心把心思放在讲究礼义上，礼义情性就都能长期伴随着他；如果只是把心思放在情性的满足上，礼义情性就不能和他长久地相伴。儒家提倡的是将它们都保全下来，墨家提倡的则是将它们统统毁灭，这正是儒墨两家的区别之所在。

【原文】

礼有三本①：天地者，生之本也；先祖者，类②之本也；君师者，治之本也。无天地，恶生？无先祖，恶出？无君师，恶治？三者偏亡③，焉无安人④。故礼，上事⑤天，下事地，尊先祖而隆君师。是礼之三本也。

【注释】

①本：根本、最基础的东西。

②类：种族之意。

③偏亡：缺乏某方面。

④焉无安人：这样的话，人们不能享受安宁。

⑤事：祭祀之意。

【译文】

礼的三个根本是：生存的根本是天地，种族的根本是祖先，政治的根本是君主与师长。天地不存在的话，何谈生存？祖先没有诞生，何谈种族的产生？君主与师长没有出现，何谈太平的天下？三样之中不论少了哪一样，都不可能有安宁的人民。因此，礼就是对上听命于天，对下遵从于地，尊重祖先推崇君王。这就是礼的三个根本。

【原文】

故王者天太祖①，诸侯不敢坏②，大夫、士有常宗③，所以别贵始④。贵始，得⑤之本也。郊⑥止乎天子，而社⑦止于诸侯，道⑧及士、大夫，所以别尊者事尊、卑者事卑，宜大者巨、宜小者小也。故有天下者事七世⑨，有一国者事五世，有五乘之地⑩者事三世，有三乘之地者事二世，持⑪手而食者不得立宗庙，所以别积厚者流泽⑫广、积薄者流泽狭也。

【注释】

①天太祖：把太祖与天同祭。太祖：指的是国家的缔造者。

②坏：指毁坏始祖的庙。

③常宗：指的是同一个祖宗传下来的宗族体系，这一宗法是永久的。

④别贵始：各自尊重各自宗族的始祖。

⑤得：通“德”。

⑥郊：指的是郊祭，古代的君王，每年冬至都要到南郊举行大型的祭天活动。只有这些受命于天的天子才有资格举行郊祭。

⑦社：指的是社祭，也就是祭地。

⑧道：祭路神。

⑨事七世：指的是侍奉七代祖先，建好七代祖先的神庙来进行祭祀。《礼记·祭法》中规定，天子立七庙，诸侯立五庙，大夫立三庙，适士立二庙，庶士、庶人无庙。

⑩五乘之地：古代十里为一成，每成出兵车一辆，即一乘。五乘之地，即五十里封地，指大夫的封地。

⑪持：通“恃”，依靠。

⑫流泽：指的是将恩泽流传给后人。

【译文】

正是这个原因，统治天下的君王可以把初创国家的始祖与天同时祭祀，诸侯也不敢毁坏始祖的宗庙，大夫和士拥有世代不能改变的祭祀的大宗，这样的宗法祭祀制度把各自尊奉的始祖一一加以区别。道德的根本是从尊重始祖开始的。能到郊外祭祀天神的人只能是天子，而土地神的祭祀则是从天子开始直到诸侯都可以参与，祭路神的活动则一直到士和大夫都可以进行，这样就区别出来了，尊贵的人只能是由尊贵的人去侍奉、卑贱的人只能由卑贱的人去侍奉、有能力做大事的就做大事、只能够做小事的就做小事。因此，天下的君王建立宗庙祭祀七代祖先，一国的诸侯建立宗庙祭祀五代祖先，大夫建立宗庙祭祀三代祖先，士建立宗庙可以祭祀两代祖先，普通的百姓则没有建立祖庙的权利，这种做法是用来有所区别：功德高的人流传的恩德十分的广远、功德低的人流传的恩德相对狭小。

【原文】

大飨[①]，尚玄尊、俎生鱼[②]，先大羹[③]，贵食饮之本也[④]。飨[⑤]，尚玄尊而用酒醴[⑥]，先黍稷而饭稻粱[⑦]；祭[⑧]，齐大羹而饱庶羞[⑨]；贵本而亲用也[⑩]。贵本之谓文[⑪]，亲用之谓理[⑫]，两者合而成文[⑬]，以归大一[⑭]，夫是之谓大隆[⑮]。故尊之尚玄酒也，俎之尚生鱼也，豆[⑯]之先大羹也，一也。利爵之不醮也[⑰]，成事之俎不尝也，三臭之不食也，一也。大昏之未发齐也[⑱]，太庙之未入尸[⑲]也，始卒之未小敛[⑳]也，一也。大路之素未集也[㉑]，郊之麻絻[㉒]也，丧服之先散麻也，一也。三年之丧[23]，哭之不反也[24]；《清庙》[25]之歌，一倡而三叹也[26]；县一钟[27]，尚拊、膈[28]，朱弦而通越也[29]；一也。

【注释】

①大飨：指的是古人在太庙中，将历代的祖先一起祭祀。这种大的祭祀活动一般三年举行一次。

②尚：通“上”，上供。玄尊：指的是盛有清水的酒杯。尊，与“樽”同。俎：一种长方形的四脚器皿，在祭祀的时候用来盛放鱼肉等祭品。

③大羹：不加任何调味品的肉汤，在祭祀的时候用。

④本：本源、最早的。上面讲的清水、生鱼、大羹是人类最为原始的食物。在古人看来，祭祀远祖时，就要用远祖生活时所吃的东西，这样才能博得祖宗的欢迎。

⑤飨：通“享”，用祭品来进贡神灵。这里主要是指每个季度举行的祭祀活动。

⑥酒醴：甜酒。

⑦黍：黍子，孔子将它称为是“五谷之长也，祭先王为上盛（上等祭品）”。稷：一种谷类作物，看起来像黍，但是没有黏性。粱：粟，谷子，去皮之后即是小米。

⑧祭：指的是每月举行的祭祀活动。

⑨齐：与“跻”同音，上供的意思。庶：众、全部的。羞：味美的食物。

⑩亲用：接近实用、方便实用的意思。

⑪文：指的是礼的形式。

⑫理：指的是最为通常的道理。

⑬文：完善周全的礼法。

⑭大：通“太”。大一：远古时期的淳朴状态。

⑮大隆：最为盛大、庄重的礼节。

⑯豆：古代一种盛食物的器具，像高脚盘，祭祀时也用来盛祭品。

⑰利：祭祀时，将祭品端给尸的人。醮：喝光。

⑱大昏：指君王的婚礼。昏，通“婚”。发：举办之意。齐：读作“醮”，古代婚礼的一种形式，父亲亲自醮子，让他去迎示。

⑲尸：古代在祭祀时，代表死者接受祭祀的人。

⑳小敛：为死者换上寿衣。

㉑大路：即大辂，指的是到郊外祭天时天子乘的车。素末：即“丝末”。

㉒絻：通“冕”，指礼帽。

㉓三年之丧：服丧三年。

㉔反：通“返”。不反：不返回，放声大哭，声音没有没有刻意的声调。

㉕《清庙》：是《诗经·周颂》中讲周统治者祭文王的颂歌。

㉖倡：通“唱”。三叹：三个人随声应和。

㉗县一钟：只挂有一口钟，没有用编钟，朴素为标准。县，同“悬”。

㉘拊、膈：两者都是古代的打击乐器。

㉙朱弦：指瑟。通越：打通瑟底的孔，这样做可以使瑟音低沉。越，豁口，这里指的是瑟底的孔。

【译文】

在太庙里合祭历代祖先的时候，把酒器里装满清水，把俎里盛上生鱼作为上等的祭品，先要进献的是不加任何调味品的肉汁，原因是为了尊重祖先饮食的原始习俗。四季祭祀远祖的时候，上等祭品是将酒器中盛上清水，敬献甜酒，先要献上黍、稷，再去供奉上稻粱；每月祭祀近祖的时候，首先要敬献的是不加任何调味品的肉汁，其次就是呈上各种美味的食物；所有的东西都是既尊重了祖先饮食的本源，同时又接近实际的功用。尊重祖先饮食的本源是一种形式上的修饰，接近实际的功用是一种内容上的合理，两者结合起来形成的就是礼义制度，与此同时，又不乏远古的质朴状态，这可以称得上是最隆重的礼节。因此，酒杯的清水代替了酒，俎中放有生鱼，先盛上不加任何调味品的肉汁，以上三种做法回归了远古的质朴状态。代替死者受祭的尸，不会把祭祀之人所献的酒喝光，祭礼完毕后，俎中的生鱼不能吃掉，受祭者将祭祀之人献上的饮食用鼻子闻三次而不吃掉，以上三种做法回归了远古的质朴状态。举行盛大的婚礼还没有去迎亲的时候，祭祀太庙代死者受祭的尸还没有进庙的时候，在人刚死还未给他穿上寿衣的时候，以上三种情况回归了远古的质朴状态。天子祭天时所用的大车选取没有上色的丝绸做车帘，在郊外祭天时要头戴麻布制的礼帽，居丧时先在腰间系上麻带，以上三种做法回归了远古的质朴状态。服丧三年内，放声哭号没有曲折的声调；《清庙》的颂歌，一个人领唱三个人附和；悬挂一口钟，用拊、膈奏乐；将瑟底部打孔；以上三种做法回归了远古的质朴状态。

【原文】

凡礼；始乎棁[①]，成乎文[②]，终乎悦校[③]。故至备，情[④]文俱尽；其次，情文代胜[⑤]；其下，复情以归大一也。天地以合，日月以明；四时以序，星辰以行；江河以流，万物以昌；好恶以节，喜怒以当；以为下则顺，以为上则明；万物变而不乱，贰[⑥]之则丧也。礼岂不至矣哉！立隆以为极[⑦]，而天下莫之能损益也。本末相顺，终始相应；至文[⑧]以有别，至察[⑨]以有说。天下从之者治，不从者乱；从之者安，不从者危；从之者存，不从者亡。小人不能测也。

【注释】

①棁：应为“脱”，简略。

②文：文饰，礼节仪式之意。

③校：应为“恔”，如意、满意。

④情：情感，礼所要表达的情感，比如说丧礼表达哀伤，祭礼表达敬意。

⑤情文代胜：情、文两者相互之间不协调，轮流、更迭之意。或是情胜过文，或是文胜过情。

⑥贰：违背。

⑦隆：完善的礼制。极：指的是言行的极致。

⑧至文：非常完善。

⑨至察：非常细致。

【译文】

所有的礼都是从疏略开始，直到有了礼节仪式就成形了，最终又会走到让人称心如意的境地。因此那些最为完备的礼，要表达的感情和礼节仪式都有很形象的表现；在这之下，那些所要表达的感情和礼节仪式就有相互交错的现象；最下一层，就是让那些所要表达的感情回归原始状态，不停地走向远古的质朴。不论怎样，天地会由于礼的作用而风雨应时，日月会由于礼的作用而光芒万丈；四季会由于礼的作用而按时更替，星辰会由于礼的作用而正常流转；江河会由于礼的作用而奔腾不息，万物会由于礼的作用而欣欣向荣；爱憎会由于礼的作用而适当迸发，喜怒会由于礼的作用而恰到好处；用它来统治自己的国家和民众就能得到人民的归顺，用它来要求君王就能使他保持英明通达；世间万物瞬息万变而不混乱，假如离弃了礼，那么一切将不复存在了。难道礼不成了万能的了吗？贤明的人确立了发展到高度成熟的礼制并把它制定成了最高的准则，天下人没有敢随意增减改变它的。这种礼制的根本原则和具体细节协调统一，终始相互呼应；完美至极又不乏明确的等级区分，细致入微又理论充分。普天之下，但凡是遵循礼的国家就有序，违背礼的国家就混乱；遵循礼的国家会享受安定，违背礼的国家会遭受危险；遵循礼的国家长存，违背礼的国家毁灭。对小人来说，礼的这些作用他们是估量不到的。

【原文】

礼之理诚深矣，“坚白”、“同异”之察入焉[①]而溺；其理诚大矣，擅作典制、辟陋之说入焉而丧[②]；其理诚高矣，暴慢恣睢轻俗以为高之属入焉而队[③]。故绳墨诚陈[④]矣，则不可欺以曲直；衡诚县矣，则不可欺以轻重；规矩诚设矣，则不可欺以方圆；君子审于礼，则不可欺以诈伪。故绳者，直之至；衡者，平之至；规矩者，方圆之至；礼者，人道[⑤]之极也。然而不法礼，不足礼[⑥]，谓之无方之民[⑦]；法礼，足礼，谓之有方之士。礼之中焉能思索，谓之能虑；礼之中焉能勿易，谓之能固。能虑，能固，加好者焉，斯圣人矣。故天者，高之极也；地者，下之极也；无穷者，广之极也；圣人者，道之极也。故学者，固学为圣人也，非特学为无方之民也。

【注释】

①入焉：遇到礼。

②辟：通“僻”，邪僻。陋：缺少见识。

③以为高：自高自大的意思。队：同“坠”，跌落、掉落、失败的意思。

④陈：陈列，拉出来的意思。

⑤人道：指处世为人的道理。

⑥足礼：依照、重视礼法。

⑦无方之民：不走正道、没有原则标准的人。

【译文】

礼有很深奥的道理啊，所谓“坚白”、“同异”明察的辨析刚与礼的道理相碰撞就消失了身影；礼有很是伟大的道理啊，所有擅自编写的制度、凡俗的学说刚与礼的道理相碰撞就葬送了自己的生命；礼有很高深的道理啊，所有那些把粗暴残酷这些习俗作为高尚的人刚与礼的道理相碰撞就气焰全无了。以此，当木工的墨线已经陈列出来后，再用曲直来搞欺骗就是不可能的了；秤实实在在地挂了起来，再用轻重来搞欺骗就是不可能的了；圆规尺子真正摆了出来，再用方圆来搞欺骗就是不可能的了；君子心中对礼有了深刻的了解，再用诡诈来欺骗他就是不可能的了。可以这样说，墨线是直的极点；秤是平的极点，圆规尺子是方圆的极点；礼则是社会道德规范的极点。这样的话，不遵循礼，不能透彻地理解礼，就是一个没有原则的人；遵循礼，透彻地理解礼，就能称之为有原则的贤士。在遵循礼、理解礼的过程中能积极地思索判断，就可以称为善于谋虑；在遵循礼、理解礼的过程中能保持不变，就能称为有坚定的意志。能够谋虑，能够坚定，同时还有对礼的喜爱，就成为圣人了。因此天是高的极点，地是低的极点，无穷是广阔的极点，圣人自然就是道德的极点。因此一个善于学习的人，就应该以圣人为标准，不是只学怎样做一个不走正路没有原则的人。

【原文】

礼者，以财物为用①，以贵贱为文，以多少为异②，以隆杀为要③。文理繁，情用省，是礼之隆也。文理省，情用繁，是礼之杀也。文理情用相为内外表里，并行而杂④，是礼之中流也。故君子上致⑤其隆，下尽其杀，而中处其中⑥。步骤、驰骋、厉骛不外是矣⑦，是君子之坛宇、宫廷也⑧。

青铜鎏金羊角杯（春秋战国）

人有是⑨，士君子也；外是，民也；于是其中焉，方皇周挟⑩，曲得其次序，是圣人也。故厚者，礼之积也；大者，礼之广也；高者，礼之隆也；明者，礼之尽也。《诗》⑪曰："礼仪卒度，笑语卒获。"此之谓也。

【注释】

①以财物为用：相互赠送礼物，表达情意的行为。

②多少：得到实际物质的多少。

③隆：大量的。杀：减少。

④并行而杂：并列着相互配合。

⑤致：竭尽全力去做的意思。

⑥中处其中：适当对待中等的礼。

⑦步骤：漫步之意。厉骛：快跑。

⑧坛宇、宫廷：指的是君王居住、安身的地方。

⑨有：通"域"，居住、居处。是：此，就是上面讲到的"上致其隆，下尽其杀，而中处其中"的规矩。

⑩方皇周挟：指的是无所顾忌地活动。挟，通“浃”。

⑪《诗》：指《诗·小雅·楚茨》。

【译文】

礼以财物馈赠为行礼之用，将尊贵与卑贱的不同装饰作为文饰，用享受的多少表示上下等级的差别，将繁复和节俭当成是要领。繁复的礼节仪式，所要表达的情感和所起到的作用却应该是简约的，这是对隆重的礼而言的。简约的礼节仪式，所要表达的情感和所起到的作用却应该是繁复的，这是对简省的礼而言的。礼节仪式和它所要表达的情感以及所要起到的作用之间是互为表里的，二者相互交错配合，这是对适中的礼而言的。因此懂礼的君子在面对隆重的礼仪时就极尽它的隆重，在面对简省的礼仪时就极尽它的简省，而在面对适中的礼仪同样会以适中的方式来对待。慢慢地走、迅速地跑、驾着马驰骋、再剧烈地奔跑都不去超越这一规矩，君子活动范围就是这样划定的。

人的活动如果限定在这个范围内，那就是君子的风范，如果超出了这个规矩，自然就成为普通的人；如果是在这个规矩中左右周旋，又能适时地符合它的次序，便成为圣人了。因此圣人之所以厚道，是靠礼的积蓄；圣人之所以大度，是靠礼的深广；圣人之所以崇高，是靠礼的高大；圣人之所以明察，是靠礼的透彻。《诗经》讲：“礼仪如果完全和法度吻合，谈吐就自然都得当。”这种情况和上面说的是一样的啊。

【原文】

礼者，谨于治生死者也。生，人之始也：死，人之终也。终始俱善，人道毕矣。故君子敬始而慎终。终始如一，是君子之道、礼义之文也。夫厚其生而薄其死，是敬其有知而慢其无知也，是奸人之道而倍叛之心[①]也。君子以倍叛之心接臧、谷，犹且羞之，而况以事其所隆亲乎！故死之为[②]道也，一而不可得再复也，臣之所以致重其君，子之所以致重其亲，于是尽矣。故事生不忠厚、不敬文，谓之野；送死不忠厚、不敬文，谓之瘠。君子贱野而羞瘠。故天子棺椁[3]十重，诸侯五重，大夫三重，士再重；然后皆有衣衾多少厚薄之数，皆有翣蒌文章之等[4]；以敬饰之，使生死终始若一，一足以为人愿，是先王之道、忠臣孝子之极也。天子之丧动四海，属[5]诸侯。诸侯之丧动通国[6]，属大夫。大夫之丧动一国，属修士。修士[7]之丧动一乡，属朋友。庶人之丧，合族党，动州里[8]。刑余罪人之丧，不得合族党，独属妻子，棺椁三寸，衣衾三领，不得饰棺，不得昼行，以昏殣[9]，凡缘[10]而往埋之，反，无哭泣之节，无衰[11]麻之服，无亲疏月数之等[12]，各反其平，各复其始，已葬埋，若无丧者而止，夫是之谓至辱。

【注释】

①倍叛之心：当别人活着的时候，就对他很恭敬，当他死去就变得怠慢了，这种对人的态度就是“倍叛之心”。倍，通“背”。

②为：有。

③棺椁：在古代，棺材最里面的一口叫“棺”，套在“棺”外的大棺材叫做“椁”。

④翣蒌：指的是遮盖棺材的物件。翣，像团扇，木条制成的框，蒙上带有图案的布，灵车行驶过程中，用来遮蔽灵柩，埋葬的时候插在墓穴中遮蔽棺材。蒌，在古代，用来衬垫棺材的物件。文章：在这里指的是翣蒌上的花纹图案。

⑤属：汇集。

⑥通国：指的是友好的国家。

⑦修士：上士，是士一级中地位较高的人。

⑧州里：周代的行政单位，一乡中包括一万二千五百户，一州中包括二千五百户，一里中包括二十五户。

⑨殣：掩埋。

⑩凡缘：指的是平常的衣服。在古代送葬时是应该穿丧服的，这里是说不是按丧礼的礼仪来办的。

⑪衰：通“缞”，古代的一种丧服，是将宽四寸、长六寸的麻布条披在

胸前。

⑫无亲疏月数之等：没有按照与死者的亲疏远近关系来划分守丧的时间。在古代，根据生者和死者亲疏关系的不同，服丧的期限分别有三年、一年、九个月、五个月、三个月几个不同的类别。在这里的罪人之死“不得合族党”，所以没有亲戚参加葬礼，也就无亲疏之分，丧期之分也就不存在了。

【译文】

礼指的就是能够严谨地对待生与死。人生的开始是生，人生的终结是死。能把这终结和开始处理好，为人之道也就完善了。因此君子总是会谨慎地对待人生的开始，严肃地对待人生的终结。这种对待终结与开始的问题和对待事情是相通的，君子的原则就在于此，同时也是礼义的具体规定。只看重人活着的时候，对人的死亡很是轻视，对有知觉的活人尊重，对没有知觉的死人怠慢，邪恶之人遵循的就是这个原则，怀有背叛别人的心态。君子假使用背叛别人的心去对待奴仆、儿童，都有耻辱感，何况让他用这种心肠供奉自己的君主和父母呢！再加上死亡只有一次，不论是谁，只要死掉了就不可能再重来一次，所以臣子所要表达的对自己君主的敬重，子女所要表达的对自己父母的敬重，此时就到达了终点。假使供养生者不忠诚信实、不谦恭有礼，就是粗野的代名词；葬送死者不忠诚信实、不谦恭有礼，就是薄待的代名词。君子不但鄙视粗野，与此同时还将薄待认为是耻辱的事情。因此君王的棺材所用的木材有七层，诸侯有五层，大夫有三层，士有两层；此外，他们又都有衣服被子等东西，它们的多少、厚薄都有着数目的规定，棺材都有遮蔽物而且花纹图案存在着等级差别；所有的这些是来恭敬地装饰死者的，让他们生前和死后、终结生命时和开始生命时的样子都是一样的，用这种始终如一的满足来完成人们的愿望，古代圣王遵循的就是这一原则，忠臣孝子以此为最高的标准。为君王举办丧事，天下齐哀，各处的诸侯都要来送葬。为诸侯举办丧事，所有友好的国家，都要派大夫前来送葬。为大夫举办丧事则牵动一国，各处的上士都要前来送葬。为上士举办丧事则牵动一乡，各处的朋友都要来送葬。至于为百姓举办丧事，牵动州里，则是要召集同族亲属前来送葬。为那些受过刑罚的罪犯举办丧事，同族亲属不能聚集起来送葬，只有妻子儿女前来送葬。三寸厚的棺材，三套衣服和被子，棺材没有任何的文饰，白天不准送葬，只能在黄昏时埋葬。妻子儿女不穿丧服，只能穿着平常的服装把他埋掉。事情办完之后，没有任何哭泣的礼节，披麻戴孝的丧服也没有，也就没有按照亲戚的亲疏关系形成的服丧日期的等级差别，每个人很快地回到正常的生活状态，都恢复到自己之前的样子。埋葬之后，就像是没有死人一样，不去做任何特别的事情，这是最大的耻辱。

【原文】

礼者，谨于吉凶不相厌[①]者也。紸纩听息之时[②]，则夫忠臣孝子亦知其闵[③]已，然而殡敛之具未有求也[④]；垂涕恐惧，然而幸生之心未已，持生之事未辍也；卒矣，然后作具之。故虽备家，必逾日然后能殡，三日而成服。然后告远者出矣，备物者作矣。故殡，久不过七十日，速不损五十日。是何也？曰：远者可以至矣，百求可以得矣，百事可以成矣。其忠至矣，其节大矣，其文备矣，然后月朝卜日，月夕卜宅[⑤]，然后葬也。当是时也，其义止，谁得行之？其义行，谁得止之？故三月之葬，其貌[⑥]以生设饰死者也，殆非直留死者以安生也，是致隆思慕之义也。

【注释】

①相厌：相当、等同，这里是相互混淆之意。

②紸纩听息：指的是指把新棉絮放在临终者的口鼻前，以此观察他是否还有气息。紸，与“注”同，安置。纩，新棉絮。质地柔软轻薄，微薄的气息能够将其飘动。

③闵：与“惛”同，昏迷、指生命垂危。

④殡：指的是死者入棺之后到埋葬前的仪式。未有求：没有顾及到的意思。

⑤月朝卜日，月夕卜宅：意思是说，在早晨的时候卜卦，来确定葬期，晚上的时候卜卦，来确定葬地。

⑥貌：象，效法。

【译文】

礼严格得让那些吉利的事与凶恶的事互不混淆。用新的棉絮放在临终人的鼻前测定他的气息时，即使是忠臣孝子也明白他垂危的事实了，但这时还不去考虑停柩入殓的用具；虽然他们此时满脸泪痕，担心害怕，但希望他能幸运地活下去的想法一直不断，延续他生命的事情不断地在做着；直至他死了，治丧的物品才开始着手准备。因此，就算是那些有齐备的治丧物品的人家，也要在人死一天之后才能入棺停柩，到第二天才开始身穿丧服守丧。之后到各地报丧的人才出发，准备治丧物品的人这时才开始行动起来。因此停放灵柩的时间，最长不过七十天，最快也要在五十天之上。原因是什么呢？是因为：要让远处来奔丧的亲友都能来到，最后的需求都得到了，事情都操办得很妥当了。人们的忠诚之心尽到了，对长辈的礼节实行过了，仪式齐备了，在这之后才会在月底占卜定下埋葬的地点，还要在月初占卜定下埋葬的日期，安排好了才去埋葬。这时，道义上禁止的一切事情，谁又能去做？道义上推行的一切事情，谁又能禁止？因此三个月的停柩葬礼，看似是用生者的器具来装饰死者的过程，其实是在保留死者来安慰在世的生者，这正是在表达尊敬怀念之意啊。

【原文】

丧礼之凡[①]：变[②]而饰，动而远[③]，久而平[④]。故死之为道也[⑤]，不饰则恶，恶则不哀；尔则玩[⑥]，玩则厌，厌则忘，忘则不敬。一朝而丧其严亲[⑦]，而所以送葬之者不哀不敬，则嫌于[⑧]禽兽矣。君子耻之。故变而饰，所以灭恶也；动而远，所以遂敬也；久而平，所以优[⑨]生也。

【注释】

①凡：所有的，总共的。

②变：人死之后，尸体腐烂变形。

⑤动而远：举行葬礼时死者逐步远离生前居住的房间。动，在这里指的是举行丧礼时各种不同的仪式。

④平：指生者对死者的哀伤之情逐渐地平复。

⑤故：与“夫”同。为：与“有”同。

⑥尔：通“迩”，近。玩：轻视、狎昵。

⑦严亲：指的是君主和父母之类的亲属。

⑧嫌于：与……相近似。

⑨优：好处、益处。

【译文】

举行丧礼的一般原则是：人死后要进行装饰，举行丧礼每一步仪式都是为了使死者逐步远去，在长时间之后，恢复到平常的状态就会比较自然。所以，对待死者，假如不装饰死者，就很难看；难看的话，就没有人会哀痛了；如果离死者近了，人们就会产生轻视的态度；轻视，就会厌弃；厌弃了，怠慢就会产生；怠慢了，不恭敬的行动就出现了。假使有一天自己尊敬的父母亲去世了，但送葬的人却不哀痛、不恭敬，那就无异于禽兽了。君子是将这当成耻辱的。人死后之所以要进行装饰，是为了避免丑恶难看的；举行丧礼仪式时渐渐地让死者远去，是表示敬意的表现；长时间之后哀痛的心情逐渐平复，是以此让生者好好生活下去。

【原文】

礼者，断长续短，损有余、益不足，达爱敬之文、而滋成行义之美者也，故文饰、粗恶[1]，声乐、哭泣，恬愉、忧戚，是反也；然而礼兼而用之，时举而代御[2]。故文饰、声乐、恬愉，所以持平奉吉也[3]；粗衰[4]、哭泣、忧戚，所以持险奉凶也。故其立文饰也，不至于窕[5]冶；其立粗衰也，不至于瘠弃；其立声乐，恬愉也，不至于流淫惰慢；其立哭泣、哀戚也，不至于隘慑伤生[6]。是礼之中流也。

【注释】

①粗恶：指的是简单的礼仪。

②时举而代御：适时采用并且交替更换地使用。

③持、奉：对待、看待。

④粗衰：据上下文，应为“粗恶”。

⑤窕冶：窕，通“姚”，妖艳。

⑥隘：穷困。慑：悲伤。

【译文】

礼是取长补短，消减多余的、增加不足的，让表达怜惜恭敬的仪式能顺利地实施，以此让美好的德行道义在心中逐渐地养成。所以美丽的修饰和粗俗简陋，音乐和哭泣，安逸愉快和悲伤苦闷，它们都是相反的；但礼是把它们糅在一起来用，随时拿出来交错使用。美丽的修饰、音乐、安逸愉快，都是平安和吉祥的一种表达；粗俗简陋、哭泣、悲伤苦闷，都是凶恶和不幸的一种表达。以此礼在确立美丽修饰的规范时，妖艳的样子是要极力避免的；同时在确立粗略简陋的规范时，毁坏形体的事情也是不会做的；在确立音乐、安逸愉快的规范时，放荡不羁的程度是不可能出现的；在确立哭泣、苦闷的规范时，过度悲伤、有损身体的极限是不会达到的。这可以称其为是礼的中庸之道。

【原文】

故情貌之变，足以别吉凶、明贵贱亲疏之节，期止[①]矣；外是，奸也；虽难，君子贱之。故量食而食之，量要[②]而带之。相高以毁瘠[③]，是奸人之道也，非礼义之文也，非孝子之情也，将以有为[④]者也。故说豫娩泽[⑤]，忧戚萃恶[⑥]，是吉凶忧愉之情发于颜色者也。歌谣謸笑[⑦]，哭泣谛号[⑧]，是吉凶忧愉之情发于声音者也。刍豢、稻粱、酒醴、餰鬻[⑨]，鱼肉、菽藿、酒浆[⑩]，是吉凶忧愉之情发于食饮者也。卑絻、黼黻、文织[11]，资粗、衰绖、菲繐、菅屦[12]，是吉凶忧愉之情发于衣服者也。疏房、檖貌、越席、床笫、几筵，属茨、倚庐、席薪、枕块[13]，是吉凶忧愉之情发于居处者也。两情者，人生[14]固有端焉。若夫断之继之，博之浅之[15]，益之损之，类之[16]尽之，盛之美之，使本末终始莫不顺比[17]，足以为万世则，则是礼也。非顺孰修为之君子[18]，莫之能知也。

【注释】

①期止：这样就够了。

②要：同“腰”。

③相高：追求更大的荣誉和利益。毁瘠：损坏自己的身体。

④有为：有所追求，此处是别有企图的意思。

⑤说：通“悦”。豫：通“娱”，欢愉之意。娩：美好，温顺之意，主要是形容脸色喜悦。泽：人在高兴时容光焕发的样子。

⑥萃：面色憔悴、黄瘦之意。恶：愁眉苦脸难看的样子。

⑦谠笑：戏谑，开玩笑。

⑧谛：通“啼”，出声哭。号：放声大哭。

⑨饘鬻：饘，稠粥。鬻，同“粥”，稀粥。

⑩藿：豆叶，幼小时可以食用。酒：应为“水”。

⑪卑絻：与“裨冕”同。这里指的是祭服。文织：有彩色花纹的丝织品。

⑫资粗：守丧时穿的粗布衣服。绖：古代服丧期间结在头上或腰间的麻带。衰绖：丧服。菲繐：薄而稀的麻布，指的是丧期为五个月的丧服。菅屦：茅草编织的鞋子。

⑬属茨：用芦苇、茅草搭成屋顶的房子。倚庐：在古代，为父母守丧时居住的简陋房屋。房子位置在中门之外的东墙下，用木头斜倚在墙上搭成的。席薪、枕块：用柴草当褥子，用土块当枕头。

⑭人生：即为“人性”。

⑮博、浅：见识多称“博”，见识少称“浅”。此处是使动用法。

⑯类之：和上面的一样就以此类推。

⑰顺比：协调。

⑱顺：通“慎”，谨慎。孰：与“熟”同。

【译文】

因此神情容貌上的变化，是用来区别吉利和不幸、显示亲疏之间的礼节等级，这样就足够了；超过了这个限度，就变成了奸邪的行为；尽管难以做到，也会遭到君子的鄙视。因此要依据食量的大小吃东西，依据腰身的尺寸扎带子。用过度的哀伤毁坏自己的身体从而在别人面前证实自己的高尚，奸邪之人才会有这样的行径，它并不在礼义规定的范围之内，也不能称之为是孝子的真情，而是有其他目的。兴奋欢乐时容光焕发，愁苦悲伤时愁眉苦脸，这是碰到吉利与不幸时忧愁与愉快不同心情在容貌上的表现。歌唱时嬉笑，哭泣时啼号，这是碰到吉利与不幸时忧愁与愉快不同心情在声音上的表现。刍豢、稻粱、酒醴，饘鬻、鱼肉、菽藿、酒浆，这分别是碰到吉利与不幸时忧愁与愉快不同心情在食物上的表现。卑绕、黼黻、文织、粗布、衰绖、菲繐、草鞋，这分别又是碰到吉利与不幸时忧愁与愉快不同心情在服饰上的表现。疏房、檖貌、越席、床笫、几筵，草屋、倚庐、席薪、枕块，这分别是碰到吉利与不幸时忧愁与愉快不同心情在住所上的表现。忧愁与愉快这两种心情，是人生来就有的，要让这两种情绪断绝或持续，让它们被大部分的人了解或少部分的人了解，增强或减损它们，让它们在合乎法度的前提下得到充分的表达，让它们保持旺盛和美好的状态，让所有根本的原则和具体的细节、人生终结和人生开始的仪式没有相抵触的地方，这样的话就可以用来做世世代代的法则了，这就是所谓的礼。假如不是依从礼、理解礼、学习礼、施行礼的君子，这些道理是没办法懂得的。

【原文】

故曰：性者，本始材朴[①]也；伪者；文理隆盛也。无性，则伪之无所加；

无伪，则性不能自美。性、伪[2]合，然后成圣人之名，一天下之功于是就也。故曰：天地合而万物生，阴阳接而变化起，性伪合面天下治。天能生物，不能辨物也；地能载人，不能治[3]人也；宇中万物、生人之属，待圣人然后分[4]也。《诗》曰："怀柔百神，及河乔岳。"[5]此之谓也。

【注释】

①材朴：天然的材质。

②伪：指人为。

③治：治理，安抚。

④分：安排。

⑤《诗》：指《诗·周颂·时迈》。怀柔：安慰之意。乔岳：很高的山。

【译文】

因此可以这样讲：人天生的本性，好像是未加工过的原始木材；后天人为的修饰，在隆重盛大礼节仪式中可以体现出来。本性没有的话，人为的修饰就没有地方施行；没有人为的修饰，天生的本性也不能自我地达到完美。本性和人为的修饰相配合，圣人的名声才能由此成就，统一天下的功业才能由此而建立。因此说：上天和大地相配，就产生了万物；阴气和阳气相配，就出现了变化；本性和人为的修饰相配，治理好天下就成为自然的了。上天能使万物产生，但不能把万物治理；大地承载着人民，但不能治理人民；宇宙中的各种事物和各类人群，必须要在圣人的管理下才能安排好。《诗经》说："聚集众神仙，来到很高的泰山。"其中的情况是很类似的啊。

【原文】

丧礼者，以生者饰死者也，大象[1]其生以送其死也。故如死如生，如亡如存[2]，终始一也。始卒，沐浴、鬠体、饭唅[3]，象生执[4]也。不沐，则濡栉三律而止[5]；不浴，则濡巾三式[6]而止。充耳而设瑱[7]，饭以生稻，唅以槁骨[⑧]，反生术[⑨]矣。设亵衣[⑩]，袭三称[⑪]，缙绅[⑫]而无钩带矣。设掩面儇目[⑬]，鬠而不冠笄[⑭]矣。书其名[⑮]，置于其重[⑯]，则名不见而柩独明[⑰]矣。荐器[⑱]，则冠有鍪而毋縰[⑲]，瓮、庑[⑳]虚而不实，有簟席而无床笫[㉑]，木器不成斫，陶器不成物，薄器不成内[㉒]，笙、竽具而不和[㉓]，琴、瑟张而不均，舆藏而马反，告不用也。具生器[㉔]以适墓，象徙道也。略而不尽，貌而不功[㉕]，趋舆而藏之，金革辔靷[㉖]而不入，明不用也；象徙道，又明不用也。是皆所以重哀也。故生器文而不功[㉗]，明器貌而不用。凡礼，事生，饰[㉘]欢也；送死，饰哀也；祭祀，饰敬也；师旅[㉙]，饰威也。是百王之所同、占今之所一也，未有知其所由来者也。故圹垄[㉚]，其貌象室屋也；棺椁，其貌象版、盖、斯、拂也[㉛]；无、帾、丝歶、缕翣[㉜]，其貌以象菲、帷、帱、尉也[㉝]；抗折[㉞]，其貌以象槾茨、番、阏也[㉟]。故丧礼者，无它焉，明死生之义，送以哀敬而终周藏也。故葬埋，敬藏其形也；祭祀，敬事其神也；其铭、诔、系世[㊱]，敬传其名也。事生，饰始也；送死，饰终也。终始具，而孝子之事毕、圣人之道备矣。

【注释】

①大象：大致仿效的意思。

②如死如生，如亡如存：根据篇末的“事死如事生、事亡如事存”来看，应该是“事死如生、事亡如存”。

③鬠：与“髻”同，指的是将头发束起。体：修整四肢、剪指甲等。饭唅：将玉、米之类的东西放到死者口中。

④象生执：效仿死者生前做过的事情。

⑤濡栉：将梳子弄湿。律：梳头的动作。

⑥式：通“拭”，擦拭。

⑦瑱：塞在耳朵中的玉。

⑧槁骨：应为“皓贝”，白色的贝。

⑨反生术：指的是与生前所做的事情相反。

⑩设：穿上。亵衣：贴身的内衣。

⑪袭：穿上。称：套、层的意思。

⑫缙绅：将官吏上朝时拿的手板插在腰带上。缙，与“搢”同，插。绅，古代贵族系在腰间的带子。

⑬掩面儇目：指的是用整幅宽五尺长的白色熟绢将死者的头部裹住，用一尺二寸见方的黑色方巾将死者的眼睛蒙上。

⑭笄：古时候用来固定发髻或别住帽子时的饰物。男女都有固定发髻的笄，而固定帽子的笄只有男子才有。

⑮书其名：古代贵族在其死后，要把名字写在明旌上。

⑯置于其重：指的就是将写好名字的明旌贴在重上。重，木制的代以受祭的神主牌。

⑰柩独明：只有灵柩明显地摆左前面。

⑱荐器：摆出来的用竹、木、陶土等制威的随葬器物。

⑲鍪：帽子。毋：通“无”。縰：古时候包头发的丝织物。

⑳庑：一种陶制的容器，和酒瓮形状相似。

㉑簟席：指竹席。床笫：指床垫。

㉒不成斫：没有经过雕琢。不成物：不成器物、不能使用的意思。不成内：即“不成用”。

㉓不和：乐器的音乐不和谐。

㉔生器：指的是死者生前用过的器物。

㉕貌而不功：外表粗略，没有精细加工。

㉖金革辔靷：古代车马上的用具。

㉗文而不功：只是起到礼仪的作用，并没有实际的功用。

㉘饰：表达。

㉙师旅：指的是军事活动中的礼仪。

㉚圹垄：坟墓、墓穴。

㉛版：车上挡风尘的厢板。盖：指车盖。斯：疑为“靳”，“靳”借作“鞎”，即车前革制的装饰。拂：即“茀”，车后的遮蔽。

㉜无：通“幠”，指的是盖在尸体上的布。帾：通“褚”，指的是盖在棺材上的布。丝歶：指的是修饰丧车用的丝织物。缕翣：指的是棺木上的装

饰物。

㉝菲：挡门用的草帘。帷：围在四周的帷帐。帱：单层的帐子。尉：通“罻”，网状的帷帐。

㉞抗折：两者都是承重的木制葬具。折，形状像是木条制成的床屉子，安置于抗的下面，在墓穴之上，仿佛是墓穴的天花板一样。抗与折的形状相似，但更结实，安置于折的上面，坟冢的下面，泥土的压力主要由它来承受。

㉟槾：用泥土涂抹墙壁和房顶。茨：用茅草、芦苇盖房子。番：通“藩”，篱笆。阏：指挡风尘的门。

㊱铭：刻在钟鼎等金属器物上记述死者生平功德的文字。诔：记述死者功德，同时表示哀悼的文字。系世：指的是世代相传的记载帝王与诸侯氏族世系的家谱。

【译文】

丧葬中的礼仪，是按照活人的情形来装饰死人的，主要是依照他的生前事迹来为他送终的。因此对待逝世就像是对待出生一样，侍奉死人就要像侍奉活人那样，对待人生的终结要与对待人生的开始一样。在人刚死的时候，要给他洗头洗澡、把头发扎起来，把指甲剪干净、把珠玉等含物放入死者的口中，这些都是在模仿他生前的工作。如果不给他洗头的话，就用沾水的梳篦梳理三下就行了；如果不洗澡的话，就用沾水的毛巾擦三遍就行了。把耳朵填塞起来，将生米放入口中，将贝塞在嘴里，这又和生前所做的事情相反了。为死者穿好内衣，外衣要穿三套，朝板照例插在腰带上，不要设紧腰带的钩子。裹上用来遮脸的白绢和遮眼的黑色丝巾，把头发扎起来而不戴帽子、不插簪子。将死者的名字写在明旌上，然后把它放在神主牌上，他的名字看不见了，只有灵柩十分明显在那里放着了。给死者的随葬物品，帽子有卷边但没有包发的丝巾，有瓮、庑但是空着不放东西，有竹席但没有床垫，木器都没有经过雕饰，陶器都没有成形，竹子芦苇制成的物品没有什么用处，笙、竽都有但声音不和谐，琴、瑟上了弦但还没有调音，运棺材的车子一同埋葬，马要牵回去，但不再用了。将生前的用具准备好了之后送到墓中，这模拟的是搬家的程序。随葬的物品简约不够齐备，徒有外表却不够精细，赶着车将它们送到墓地埋葬，车辔、车套等车上的用具不埋，但都不再用了；模拟搬家的程序，也表示了那些随葬的东西不再用了。所有的这些为的都是加重哀伤的情感。因此，生前的用具只有礼仪上的作用而不再使用它，随葬的物品只有外表却不精制。所有的礼仪，侍奉活着的人都是为了渲染欢乐之情，葬送死者是为了更深层地表达哀伤的情感，祭祀是为了装饰恭敬的情感，军队是为了彰显威武的气势。各代帝王在这方面都是相同的、古今也都是一致的，但是至于它是从什么时代传下来的，就没有人知道了。因此，墓穴和坟冢，它们像房屋的形状；内棺外棺，它们的形状又像是车旁板、车顶盖、车前皮盖、车后革帘构成的车厢，尸体和棺材上盖的被子、丝织麻织的遮蔽物、棺材的遮蔽物，它们的形状是在窗帘和各种帷帐的基础上变化而来的；承受坟冢之重、覆盖墓穴的葬具硬度很高，它们是仿效墙壁、屋顶、篱笆和门户而来的。因此，丧葬的礼仪，其他的含义什么都没有，只是为了显示出生死的意义，用悲痛哀悼的心情去葬送死者，最终把他妥善地掩藏好。之所以埋葬，是为了恭敬地将死者的躯体收起来；之所以祭祀，是为了恭敬地将死者的灵魂侍奉；那些铭文、诔辞、传记家谱，是为了恭敬地将死者的名声传颂。侍奉初生的人，是用礼对待生命的开始；葬送死者，是用礼对待生命的终结。养生送死的礼仪没有任何的疏忽，孝子的事情也就办完了，圣人之道也就齐备了。

【原文】

刻死而附生谓之墨[①]，刻生而附死谓之惑，杀生而送死[②]谓之贼。大象其生以送其死，使死生终始莫不称宜而好善，是礼义之法式也，儒者是矣。

【注释】

①刻：减缩。附：丰厚。墨：昏暗之意。节俭的丧葬，是墨家主张的，所以把丧葬俭省称为“墨”，这具有一定的社会文化意义。

②杀生而送死：用活人来殉葬。

【译文】

减损死者的所用之物，从而增加生者的所用之物，是刻薄的表现，减损生者的所用之物从而增加死者的所用之物，是惑乱的表现，将生者杀掉来殉葬死者，是残害的做法。大概模拟他生前的情景来为他送终，让逝者和活人、人生终结和人生开始时的仪式合于礼数，尽善尽美，这自然就是礼义的标准了，这就是儒者啊。

【原文】

三年之丧，何也？曰：称情[①]而立文，因以饰群[②]，别亲疏、贵贱之节而不可益损也。故曰：无适不易之术也。创巨者，其日久；痛甚者，其愈迟。三年之丧，称情而立文，所以为至痛极[③]也。齐衰、苴杖、居庐、食粥、席薪、枕块[④]，所以为至痛饰也。三年之丧，二十五月而毕，哀痛未尽，思慕未忘，然而礼以是断之者，岂不以送死有已、复生[⑤]有节也哉？凡生乎天地之间者，有血气之属[⑥]必有知，有知之属莫不爱其类。今夫大鸟兽则失亡其群匹[⑦]，越月逾时，则必反铅[⑧]；过故乡，则必徘徊焉，鸣号焉，踯躅焉，踟蹰焉，然后能去之也。小者是燕爵犹有啁噍之顷焉[⑨]，然后能去之。故有血气之属莫知于人，故人之于其亲也，至死无穷。将由夫愚陋淫邪之人与？则彼朝死而夕忘之；然而纵之，则是曾鸟兽之不若也，彼安能相与群居而无乱乎？将由夫修饰之君子[⑩]与？则三年之丧，二十五月而毕，若驷之过隙；然而遂之，则是无穷也。故先王圣人安为之立中制[⑪]节，一使足以成文理，则舍[⑫]之矣。

【注释】

①称情：度量哀伤的程度。

②群：相互之间有亲属关系的群体。

③极：最高

的、极度的。极度的哀伤不可再超过这三年的期限，就是指下文所讲的“送死有已”。

④齐衰：指的是熟麻布做成的丧服。苴杖：用粗糙的竹子做成的临时手杖，是在哭丧时用的。居庐：指的就是“倚庐”，是给居丧人住的小屋。

⑤复生：丧事办完之后，恢复正常的生活秩序。

⑥血气之属：泛指动物和人。

⑦群匹：指的是同类或是配偶。

⑧反：通“返”。铅：同“沿”。返沿，指的是顺流而下，此处是从众的意思。

⑨是：则。爵：通“雀”。啁噍：与“啁啾”同，指的是嘈杂的鸟叫声。

⑩修饰之君子：指的是处处按照礼仪的要求做事的人。

⑪中制：合理的丧服制度。

⑫舍：脱下、除去丧服的意思。

【译文】

什么是三年的服丧呢？回答道：这种礼仪制度是根据人的感情而确立的，是用来整理亲族，区分远近亲疏以及高贵与卑贱的不同礼节，再不能从中增减什么了。因此说：这种措施无论到什么地方都是不可改变的。大的伤口，愈合时间就会漫长；严重的伤痛，痊愈的过程自然就慢。三年服丧的礼仪制度，是根据人的感情而确立的，为那些伤痛至极的感情立的最高期限。身上穿着丧服、手中撑着孝棍、整日居住在简陋的房屋中、只吃薄粥、用柴草做垫席、用土块做枕头，这是为那些特别悲痛的心情作的外在的装饰。三年的服丧，实际上二十五个月就终止了，但哀伤的情绪却不会瞬时间终止，思念的心情是难以抑制的，礼制规定却要在这个时候终止服丧，这样做的原因，难道不是因为送别死者要有个终结、恢复正常的生活要有一定的克制吗？但凡是生存于天地之间的，不论人还是动物都是有知觉的，有知觉就没有不爱自己同类的，假使失去了自己的群体或配偶，那在一个月或之后一定的时间里，总有一天会返回队伍的；每当来到原来住过的地方，就定会在那里作几次徘徊周旋，啼鸣吼叫一番，并且还要驻足一阵，来回走动，然后才会离开。对于小的燕子麻雀之类的也还要在那里叽叽喳喳一会儿，之后才离开。人是有血气的种属中最聪明的一类了，因此人对于自己父母的感情，直到死都不会穷尽。是要跟从那些浅陋无耻的人吗？早晨他们的父母亲死了，晚上他们就忘了；这样的情况放任自流的话，那他们就连鸟兽都不及了，他们又如何能够互相在一起居住而没有纷争呢？是要依从那些修养很深的君子吗？那三年的服丧期，二十五个月完毕了之后，他们认为时间飞快得像驾车的四匹马经过墙缝一样迅速；这种情况还依顺着他们的话，那就会无限期地服丧。由于这些原因，先王圣明的人就综合确定了适中的标准、制定出了服丧三年的礼节，让人们能从容地完成礼仪，之后按照规定除去丧服。

【原文】

然则何以分之①？曰：至亲以期断②。是何也？曰：天地则已易矣，四时则已遍矣，其在宇中者莫不更始矣，故先王案以此象③之也。然则三年何也？曰：加隆焉，案使倍之，故再期也。由九月以下，何也？曰：案使不及也。故三年以为隆，缌、小功以为杀④，期九月以为间⑤。上取象于天，下取象于地⑥，中取则于人，人所以群居和一之理尽矣。故三年之丧，人道之至文⑦者也。夫是之谓至隆。是百王之所同、古今之所一也。

【注释】

①分之：指的是按照亲疏远近关系制定穿丧服的年限。在古代，父亲在为母、已嫁女为父母的服丧期都是一年。

②以期断：一年为期限。

③象：象征新的开始。

④缌：细的麻布，这里指的是细麻布做成的丧服，穿三个月。古代的五种丧服包括：斩衰、齐衰、大功、小功、缌麻，缌麻是最轻的一种。那些关

系较为疏远的亲属、亲戚都穿缌麻丧服。小功：也是一种丧服名，它是用较细的熟麻布做成的，穿五个月。男子在为从祖父母、堂伯、堂叔等人服丧时，服小功。小功的上一级是大功，是穿九个月的丧服。杀：减少的意思。

⑤间：介于隆、杀之间中等的礼数。

⑥上取象于天，下取象于地：服丧三年的根据在于农历每三年出现一个闰月，服丧一年的根据在于天时每年按照规律变化一次，服丧九月的根据在于天地以九为阳数，服丧五月的依据在于地有东西南北中五向、金木水火土五行，服丧三月的根据在于天时三月为一季。取象，取法的意思。

⑦至文：最为完善的礼仪制度。

【译文】

即是如此，如何区分亲疏不同的丧礼呢？回答道：最亲近的父母，对他们本来就是要在一周年时终止服丧的。原因是什么呢？回答道：经过了一周年，天地都变了模样，四季又轮回了一遍，宇宙中的动植物统统都开始生长了，因此古代的圣王就用人事效法天地，以此来象征新的开始。即是如此，那为什么又有三年的丧期呢？回答道：原因是为了特别加重哀情，使其加倍，所以加了两年。九个月以下的丧期，又是怎么来的呢？回答道：为的是让它不如父母的丧礼隆重。人们把服丧三年作为最隆重的礼，把穿缌、小功举行的丧礼作为减等的丧礼，服丧九个月也就成了中等的丧礼。这种礼的制定，上得自于天，下得自于地，中得自于人，人们之所以能合群居住在一起，并且和谐相处，其中的道理也就体现出来了。因此三年的服丧，是做人之道最高的礼仪。也就是最为隆重的礼仪。各代帝王在这方面都是相同的、古往今来也都是一致的。

【原文】

君之丧所以取三年，何也？曰：君者，治辨[①]之主也，文理[②]之原也，情貌[③]之尽也，相率而致隆之，不亦可乎？《诗》[④]曰："恺悌君子，民之父母。"彼君子[⑤]者，固有为民父母之说焉。父能生之，不能养之；母能食之，不能教诲之；君者，已能食之矣[6]，又善教诲之者也，三年毕矣哉？乳母，饮食之者也，而三月；慈母[7]，衣被之者也，而九月；君，曲备之者也，三年毕乎哉？得之则治，失之则乱，文之至也。得之则安，失之则危，情之至也。两至者俱积焉，以三年事之犹未足也，直无由进之耳[8]！故社，祭社[9]也；稷，祭稷[10]也；郊者，并百王于上天而祭祀之也。

【注释】

①辨：治理、整治。

②文理：指的是礼义、规范。

③情貌：指臣民忠诚、恭敬的样子。

④《诗》：指《诗·大雅·泂酌》。

⑤君子：有地位同时德才兼备的统治者，这里指的是君主。

⑥食：喂养、供奉。君主给人分发俸禄，因此说“食之”。

⑦慈母：这样称呼本来是表示对生母的尊称。在古礼，同时还要指称抚育自己成长的庶母或保姆之类。

⑧直：但是。由进：指的是由此而增多。

⑨祭社：祭土地神。

⑩祭稷：祭祀谷神。

【译文】

君主的丧礼期限选取三年的原因是什么呢？回答道：君主是整个社会的主宰者，礼义制度本源于此，是忠实的内情和恭敬的外貌所要侍奉的极致，人们纷纷遵循，对他的尊重，不也是可以理解的吗？《诗经》讲：“和蔼平易的君子，是人民的衣食父母。”那些君子本来就有是民众父母的说法。父亲能将自己生下，但不能尽到喂养自己的职责；母亲能够喂养自己，又不能尽到教诲自己的职责；君主则是既能养育百姓，又能适时而教的人，为君主服丧三年就结束了吗？对喂养自己的奶妈，应该为她服丧三个月；对替自己料理衣被床铺的慈母，应该为她服丧九个月；君主是照顾自己各个方面的人，为他服丧三年就结束了吗？这一点注意到了，就能把国家治理好；这一点忽视了，国家就会变得混乱；这是在礼义制度中再不能重要的礼节啊。这一点做到了，国家就会安定；这一点做不到，国家就会危险；这是忠信之情的最高体现啊。最重要的礼节和最高的情感表达都在君主的丧礼中得以显现，因此用三年时间来侍奉君主的神灵恐怕还是不足啊，只是这丧期实在是没有办法再增加了！所以在社祭时，祭祀的只有土地神；稷祭时，祭祀的只有谷神；郊祭时，就把历代的帝王和上天合起来一同祭祀。

【原文】

三月之殡，何也？曰：大之①也，重之也。所致隆也，所致亲也，将举错之②，迁徙之，离宫室而归丘陵③也，先王恐其不文也，是以繇④其期，足之日也。故天子七月，诸侯五月，大夫三月，皆使其须足以容事⑤，事足以容成，成足以容文，文足以容备，曲容备物之谓道矣⑥。

【注释】

①大之：扩大丧礼的意思。

②举错之：安置死者，准备各种各样的东西。

③丘陵：小土山称之为丘，大土山称之为陵。丘陵，在这里指的是坟墓。古代帝王诸侯之墓又称为丘的，比如说吴王阖闾之丘。也有称之为陵的，比如说绍兴的禹陵等。

④繇：通“遥”，加长、延长。

⑤须：等待，停留，指灵柩等待下葬的时间。容：容许、确保、可以。

⑥曲容：各方面都很周全、适宜。道：丧礼遵循的原则。

【译文】

停柩三个月，是什么原因呢？回答道：之所以要这样做，就是为了表示重视其事，不敢草率的意思。当死者是自己很尊重的人，十分亲密的人，要安排他，把他移走，从宫室中离开，继而埋葬到陵墓中去，古代的圣明君王唯恐这种事情不能够合乎礼仪，所以就把停柩的日期延长，让操办丧事的人能够有足够的时间来安排各项事情。因此天子停柩时间是七个月，诸侯是五个月，大夫是三个月，这样做的原因都是为了在停柩的时间内能从容地操办各种事情，丧事的成功是由这些所安排的事情来保证的，礼仪的实施又是通过妥善安排这些事情来保证的，礼仪的实施又使得丧葬物品得以完备，诸多方面能确保丧葬物品的完备，这就是最正确的、应遵循的原则了。

【原文】

祭者，志意思慕之情也。愅诡唈僾而不能无时至焉[①]。故人之欢欣和合之时，则夫忠臣孝子亦愅诡而有所至矣。彼其所至者，甚大动也；案屈然已[②]，则其于志意之情者惆然不嗛[③]，其于礼节者阙然[④]不具。故先王案为之立文，尊尊亲亲之义至矣[⑤]。故曰：祭者，志意思慕之情也。忠信爱敬之至矣，礼节文貌之盛矣，苟非圣人，莫之能知也。圣人明知之，士君子安行之，官人以为守，百姓以成俗。其在君子，以为人道也；其在百姓，以为鬼事也。故钟、鼓、管、磬、琴、瑟、竽、笙，《韶》、《夏》、《頀》、《武》、《汋》、《桓》、《箾》、简、《象》[⑥]，是君子之所以为愅诡其所喜乐之文也。齐衰、苴杖，居庐、食粥、席薪、枕块，是君子之所以为愅诡其所哀痛之文也。师旅有制，刑法有等，莫不称罪，是君子之所以为愅诡其所敦[⑦]恶之文也。卜筮视日[⑧]，斋戒修涂[⑨]，几筵、馈荐[⑩]，告祝[⑪]，如或飨之[⑫]。物取而皆祭之[⑬]，如或尝之。毋利举爵，主人有尊[⑭]，如或觞[⑮]之。宾出，主人拜送，反，易服，即位而哭，如或去之。哀夫！敬夫！事死如事生，事亡如事存，状乎无形影，然而成文。

【注释】

①愅诡：感动的样子。唈僾：心情抑郁不快，不欢畅的意思。至：本意到达，这里引申为表达出来。

②屈然：闲置的样子，不施行祭祀之礼。屈，竭、完。

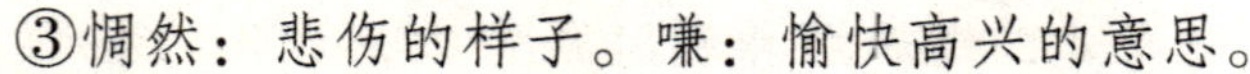

③愪然：悲伤的样子。嗛：愉快高兴的意思。

④阙然：缺失的意思。

⑤尊尊：敬重君王。亲亲：孝敬父母。

⑥《韶》：指的是舜曲名。《頀》：汤曲名。《武》：周武王时期的乐曲名。《夏》：即《大夏》，夏禹时的曲名。《汋》：是用来歌颂周武王秉承先祖之德治天下的乐章。《桓》：祭祀周武王所用的乐章。《箾》：周初产生的歌颂周文王的曲名。简：是衍文。《象》：周武王伐纣的曲子。

⑦敦：通“憝”，憎恨，怨恨。

⑧视日：依照日期和时辰来预测吉凶的一种迷信活动。

⑨修涂：与“修除”同，指的是修饰整理祠庙的意思。

⑩几筵：祭祀的席位。馈荐：在祭祀的时候，所进贡的牺牲黍稷等祭品。

⑪告祝：古时祭祀的一种仪式。祝，辅助祭祀的人。

⑫或：这里指有的神。飨：通“享”，指鬼神享用祭品。

⑬物取：积攒起来、准备好的祭品。在古代，祭品是要提前备办的，免得不齐备。《礼记·祭义》中曾讲“孝子将祭，虑事不可以不豫；比时（事先）具物，不可以不备。”取，通“聚”。

⑭有：通“侑”，劝说之意。尊：酒具。

⑮觞：装着酒的杯叫“觞”，拿着觞劝人喝酒以及自饮都可以称之为“觞”。在这里指的是自饮。

【译文】

祭祀活动，是用来表达人的心意和思慕之情的。人们感动郁闷的时候是需要有机会来表达的。人们欢喜和睦的时候，忠臣孝子也会有这样的感动，人们思念君主、亲人不得同享欢乐的心情也是需要表达的。他们想要表达的心情，是一种十分强烈的激动；假使没有祭祀的礼仪，那他们内心的情感方面就会感到惆怅，就不会有满足感，在礼节方面他们就会产生欠缺和遗憾的感觉。在这种情况下，古代的圣王就为他们制定了礼仪制度，这样一来，尊重君主、尊敬父母的道义就有表达的途径了。因此可以说：祭祀是用来表达人的心意和思慕之情的。这是忠诚敬爱的最高表现形式，是礼节仪式的极致，假使不是圣人的话，这一点是很难弄明白的。圣人清楚地明白祭祀的意义，有道德的士君子坦然地参加祭祀活动，官吏将祭祀当成是自己的职责，百姓则将它变成了自己的习俗。在君子那里，被认为是统治社会的一种道德规范；在百姓那里，被认为是侍奉鬼神的事情。钟、鼓、管、磬、琴、瑟、竽、笙等乐器在祭祀的过程中被使用，《韶》、《夏》、《護》、《武》、《汋》、《桓》、《箾》、《象》等乐曲在祭祀过程中被演奏，这都是君子在被他喜爱的事情感动之后，用一种礼仪形式来表达这种感动的表现。穿着丧服、撑着孝棍、住在陋屋、只吃薄粥、把柴草当成是垫席、把土块当成是枕头，这是君子在感到哀伤之后，用一种礼仪形式来表达这种情绪的表现。军队有它特定的制度，刑法有自己轻重的等级，没有任何刑罚与罪行是相悖的，这是君子在感到厌恶之后，用一种礼仪形式来表达这种情绪的表现。占卜卦数、观察日月星辰判断是否吉利，清洁身心、打扫装饰祠庙，把祭祀的席位摆好、把牺牲黍稷等祭品供奉好，受祭者支配男巫，仿佛是真有神来享用祭品。先前准备好的祭品都献给代表死者受祭的尸，受祭者要全部尝遍，就仿佛是真的有神尝过一样。辅助祭祀的人不准举杯向受祭者敬酒，祭祀的主人要亲自向受祭者劝饮，受祭者饮用了，就仿佛是真的有神在举杯喝酒。祭祀结束后宾客离开，主人拜揖为他们送行，返回之后，脱掉祭服换上丧服，坐到座位上痛哭，就仿佛是真的有神离开了他。如此悲哀！如此恭敬！侍奉死者就好像是在侍奉生者一样，侍奉已故去的人就好像是在侍奉依然活着的人一样，被祭祀的人虽然没有身影，但这种活动，无疑可以作为一种礼义制度在人类社会中存在。

【解读】

荀子终生隆礼，礼是其社会政治思想的核心内容。本篇深入探讨礼的起源和本质，阐述礼的内容和规范，为封建社会实行礼治提供了理论依据。

礼的起源与礼的三本。荀子从物与欲的矛盾入手，以探究礼的起源与本质。“人生而有欲，欲而不得，则不能无求”，这是生理需求所使然。但“求而无度量分界，则不能不争”，争不起于求，而起于无序之求。原来人们的贵贱有等级，长幼有差别，贫穷富裕以及所得物之价值也都应各得其宜，这就是“度量分界”。打破它，就会引起纷争；维护它，就能止争弥乱。荀子认为，先王制定的等级名分制度，就是使人们有序求欲的“度量分界”。按照这个“度量分界”，可养不同等级名分之人所欲，可给不同等级名分之人所求，“养人之欲，给人之求”，既养之且别之，人们都能得到和自己经济地位、政治身份相称的经济与社会资源，物与欲的矛盾就会得到解决。由此荀子得出结论说：“使欲必不穷于物，物必不屈于欲，两者相持而长，是礼之所起也。”不仅物与欲的矛盾必须“制礼义以分之”而得以解决，而且情与礼的矛盾也必须“一之于礼义”而得以解决。因为欲如失去节制会导致争、乱、穷，情如失去节制也会导致灾难，所谓“苟生之为见”必死，“苟利之为见”必害，“尚怠惰偷懦之为安居”必危，“苟情说之为乐”必灭。所以，情也应以礼义为“度量分界”加以节制，所谓“出死要节”可以养生，“出费用”可以养财，“恭敬辞让”可以养安，“礼义文理”可以养情。由此又得出结论说：“故人一之于礼义，则两得之矣；一之于情性，则两丧之矣。”综上述。荀子认为欲望与情性有无序膨胀的特质，是导致天下混乱的根源。先王制定礼义，用以节制欲望，可使欲望与物质两者互相制约，互相增长，促进社会生产力的提高；用以节制情性，可使情性与礼义两者和谐美善，有利于人的良性发展。这就是礼义的起源之论。为了促使社会和人自身的发展，荀子又提出“礼有三本”的社会管理方法，来完善他的以礼治国的学说。天地乃人类生命之本，先祖乃人类族类之本，君师乃治国之本。依此，则上事天、下事地、尊先祖而隆君师的祭祀之礼成立，随之行赠、丧葬之礼亦成立，以至后来将天、地、君、亲、师等列为封建社会众多礼义节文而臻于完备，概由礼之三本发源。但是“礼有三本”也同样有“度量分界”的规范，以约束不同等级名分的人，天子、诸侯、大夫、修士各有其祭祖祭庙、行赠、丧葬的规定，而“持手而食者”皆不能与大夫以上的统治者享受同样的礼仪。因此，可以说荀子将礼义节文制度化、神圣化，甚至带有宗教

色彩，目的是用这种封建的政治与道德规范，来养欲役民、导情入治，最终为巩固封建制度服务。

礼的高尚品格。荀子之礼，可以上于天下于地中于人，自然界和社会，无所不包，无所不治，既能使天地和谐、日月昌明、四季轮回、星辰运行、江河流动、万物昌盛，又能使人好恶节制、喜怒得当，上使君主明智、下使人民顺从，千变万化而不混乱，天下治乱安危存亡全系于之。所以说，“礼岂不至矣哉！立隆以为极，而天下莫之能损益。本末相顺，终始相应，至文以有别，至察以有说。”这是从现实生活、社会制度、国家管理的层面，来论证礼义是最高准则，因为它具有“至文”的品格，能使贵贱尊卑有别；具有“至察”的品格，能使是非判断分明。其次，再从精神和真理的层面，来论证礼义是最高准则，因为它具有“诚深”、“诚大”、“诚高”的义理，凡经这些品格的检验，以混淆、曲直、轻重、方圆而行欺诈的奸人邪说，如“坚白”、“同异”的辩说，擅自编造典制以混淆礼者，暴慢狂放轻视民众者，都将宣告失败。所谓“礼者，人道之极也。然而不法礼，不足礼，谓之无方之民；法礼。足礼，谓之有方之士”。法且足，即遵照并重视礼，以礼为至高无上的真理，才够得上法度之士。最后，则从最完美的道德层面，来论证礼义是最高准则，这无疑是对圣人而言。“礼之中焉能思索，谓之能虑；礼之中焉能勿易，谓之能固。能虑、能固，加好者焉，斯圣人矣！”总共有四个条件，是合取关系。首先是行为符合于礼，入于礼之规范，进而思虑其中义理，且坚守不移，始终如一，然此仅为法礼、足礼的法度之士。只有好之于礼方可成为圣人，与天“高之极”、地“下之极”、无穷“广之极”并列，称为“道之极”，这才进入最高的道德境界。这就是说，当法度之士一旦对最高准则礼义有了完美无缺的认识和践履，他就能由普通人变为圣人。荀子经过上述三个层面的论证和提升，终于完成了对礼义的神圣化打造，它似乎成了绝对真理、绝对精神，上于天下于地中于人，无论社会还是自然界，都能发生神奇的作用。这是执着的隆礼顽疾给荀子理论带来的自身矛盾。

礼的情文俱尽。荀子认为，礼有情、文两个方面，情即礼之意，文即礼之威仪。二者处于对立统一的关系之中，若能情文俱尽，即为礼之至备；若未能至备，即为情文代胜，或情胜于文，或文胜于情；更次，即为复情于本性的礼之初始。“凡礼，始乎棁，成乎文，终乎悦校”，说的是礼文至备的过程和条件。礼之初始以疏略为特征，只有臻于威仪完善之制，方能愉悦人情，其时情文俱尽，故为礼文至备。可见，威仪完善与愉悦人情，是合二为一的完美结合。荀子反复强调礼之至文、礼之至备，就在于礼以别贵贱尊卑之名分为实质。吉凶忧愉之情，如发于颜色，则为“说豫娩泽，忧戚萃恶”；发于声音，则为“歌谣謸笑，哭泣谛号”；发于食饮，则为“刍豢、稻粱、酒醴、餰鬻、鱼肉、菽藿、酒浆”；发于衣服，则为“卑絻、黼黻、文织、资粗、衰绖、菲繐、菅屦”；发于居处，则为“疏房、檖貌、越席、床笫、几筵、属茨、倚庐、席薪、枕块”。如此“称情而立文”，就形成了“是百王之所同，古今之所一也，未有知其所由来者也”的礼仪制度，即“事生，饰欢也；送死，饰哀也；祭祀，饰敬也；师旅，饰威也”。但是礼仪古制是可以逐步加以完善的，所以圣人对之“断之继之，博之浅之，益之损之，类之尽之，盛之美之，使本末终始莫不顺比纯备，足以为万世则，则是礼也”。圣人制定并完善礼义及其制度，对人的素朴之性施以化性起伪的功夫，使之由恶变善，其功效之大，可以与“天地合而万物生，阴阳接而变化起”相提并论，并为天地所难以媲美。

乐论第二十

【题解】

本篇是荀子为墨子非乐而发，重点论述了音乐的起源及其社会作用，批判了墨子反对音乐的主张。墨子认为，凡事应该利国利民，现在百姓、国家都在为生存而奔波，而制造乐器、组成乐队则需聚敛百姓的钱财，荒废百姓的生产，而且音乐还能使人耽于荒淫。因此，必须禁止音乐。但荀子认为墨子之道“犹瞽之于白黑也，犹聋之于清浊也，犹欲之楚而北求之也”，是完全行不通的。同时，荀子还认为，音乐是人性的一种必然需要，对于丰富人类的社会生活、增强礼义教化是必不可少的。音乐不但可以表现人的感情，从而得到娱乐，而且具有“入人也深”、“化人也速”的强大感染力和教育影响力，因而可以“移风易俗”。另外，荀子也认为，在对待音乐的问题上应该持有正确的态度，那便是崇尚礼义之乐而鄙视淫邪之音，应该顺应事势而废黜旧乐，修订新声。荀子反复提醒统治者要高度重视音乐的教育感化和社会引导功能。如果对音乐放任自流，那么邪音淫声就会搞乱社会，扰乱人的心智。所以，统治者必须制定正声雅乐来加以引导，使它能够真正“感动人之善心”，从而使它为巩固统治服务。

刻菱纹针刺熏炉（春秋战国）

【原文】

夫乐者，乐也[1]，人情之所必不免也。故人不能无乐；乐则必发于声音，形于动静；而人之道[2]——声音、动静、性术之变，尽是矣。故人不能不乐，乐则不能无形，形而不为道[3]，则不能无乱。先王恶其乱也，故制《雅》、《颂》之声以道之[4]，使其声足以乐而不流，使其文足以辨而不諰，使其曲直、繁省、廉肉、节奏，足以感动人之善心，使夫邪污之气无由得接焉。是先王立乐之方也，而墨子非之，奈何？

【注释】

①乐：这里是指音乐，歌舞。乐：喜乐，也指喜乐感情。

②而：犹“则”。人之道：指人之所为。

③道：同“导”。

④《雅》、《颂》：《诗经》中的两类乐曲。《雅》就是朝廷的正声雅乐，

分为《大雅》和《小雅》两种。“颂”即“容”，指舞蹈时的容貌。《颂》是宗庙祭祀的舞曲，分为《周颂》（周朝的）、《鲁颂》（鲁国的）、《商颂》三种。

【译文】

音乐，就是人的喜乐感情的表现，它是人的情感绝对不能缺少的东西。所以，人不可能没有音乐。欢乐了就一定会在歌唱吟咏的声音中表现出来，在手舞足蹈的举止中体现出来；可见人的所作所为——包括声音、举止、性情及其表现方式的变化，就全都体现在这音乐之中了。所以，人不能没有音乐，有音乐就不能没有表现形式，但如果不对这种表现形式进行引导，就不可能不发生祸乱。古代的圣王憎恶祸乱，所以创作了《雅》、《颂》的音乐来引导人们，使这些歌声足够用来表达快乐而不淫荡，使它的节奏清晰而不窒塞，使那音律的宛转或舒扬、繁复或简单、清脆利落或圆润丰满、节制停顿或推进加快，都足够用来感动人的行善之心，使那些邪恶肮脏的风气没有途径能和人们接触。这就是古代圣王设置音乐的原则。但是墨子却反对音乐，又能怎么样呢？

【原文】

故乐在宗庙之中，君臣上下同听之，则莫不和敬；闺门之内，父子兄弟同听之，则莫不和亲；乡里族长之中[①]，长少同听之，则莫不和顺。故乐者，审一以定和者也[②]，比物以饰节者也[③]，合奏以成文者也；足以率一道，足以治万变。是先王立乐之术也。而墨子非之，奈何？

【注释】

①乡里族长：都是古代的行政区域单位。

②一：指五音（宫、商、角、徵、羽）中作为主音的一个音。和：指五音中除主音以外用来应和主音的其他音。

③比：并列。物：指乐器。

【译文】

所以，当音乐在祖庙之中奏响时，君臣上下共同来聆听它，就再也没有人不和谐恭敬的了；在家门之内奏响时，父子兄弟共同来聆听它，就再也没有人不和睦相亲的了；在乡村里弄之中奏响时，年长的和年少的共同来聆听它，就再也没有人不和谐顺从的了。所以，音乐，是审定一个主音来确定其他和音的，是配上各种乐器来调整节奏的，是一起演奏来组成众音和谐的乐曲的；它足能用来率领统一的原则，足能用来整治各种变化。这就是古代圣王制定乐制的原则方法。可是墨子却反对音乐，又能怎么样呢？

【原文】

故听其《雅》、《颂》之声，百志意得广焉[①]；执其干戚[②]，习其俯仰屈伸，而容貌得庄焉；行其缀兆[③]，要其节奏，而行列得正焉，进退得齐焉。故乐者，出所以征诛也，入所以揖让也。征诛揖让，其义一也。出所以征诛，则莫不听从；入所以揖让，则莫不从服。故乐者，天下之大齐也，中和之纪也，人情之所必不免也。是先王立乐之术也。而墨子非之，奈何？

【注释】

①志意得广：心胸开阔的意思。

②干戚：盾牌与斧头。这里是指用来表演反映战争内容的舞蹈道具。

③缀：表记，指舞蹈时行列的标识。兆：界域，指舞蹈者活动的界域。缀兆，指舞蹈时的行列位置。

【译文】

所以，人们听到《雅》、《颂》的音乐，志向心胸就能宽广了；拿起那盾牌斧头等舞蹈道具，练习低头抬头弯曲伸展等舞蹈动作，体态容貌就显得庄重了；排列在适当的位置上，迎合那舞曲的节奏，队列就能不偏不斜了，进退就能整齐一致了。所以，音乐，对外可用来征讨诛杀，对内可用使人们相互礼让。对于征伐与礼让，音乐的意义和作用是一样的。对外用音乐作为征伐的工具，那就没有人不听从；对内用音乐作为礼让的手段，那就没有人不服从。所以，音乐是齐一天下的工具，是使人们的性情符合礼法要求的纲纪，是人的情感绝对不能脱离的东西。这就是古代圣王制定乐制的原则方法。可是墨子却反对音乐，又能怎么样呢？

【原文】

且乐者，先王之所以饰喜也；军旅鈇钺者[①]，先王之所以饰怒也。先王喜怒皆得其齐焉。是故喜而天下和之，怒而暴乱畏之。先王之道，礼乐正其盛者也，而墨子非之。故曰：墨子之于道也，犹瞽之于白黑也，犹聋之于清浊也，犹欲之楚而北求之也。

【注释】

①鈇：斧。钺：大斧。鈇、钺：都是古代斩杀的刑具。

【译文】

况且，音乐，是古代的圣王用来表现喜悦之情的；军队和刑具，是古代的圣王用来表现愤怒之情的。古代圣王的喜悦和愤怒都能通过音乐与军队刑具而表达得恰如其分。所以，圣王喜悦了，天下人就附和他；圣人愤怒了，凶暴作乱的人就害怕他。在古代圣王的政治原则中，礼制和音乐正是其中最重要的，但墨子却反对音乐。所以说：墨子对于正确的政治原则，就好像是瞎子对于白色和黑色分不清一样，就好像是聋子对于音质的清亮与浑厚分不清一样，就好像是想到南方的楚国却又到北方去寻求一样。

【原文】

夫声乐之入人也深，其化人也速，故先王谨为之文。乐中平，则民和而不流；乐肃庄，则民齐而不乱。民和齐，则兵劲城固，敌国不敢婴也[①]。如是，则百姓莫不安其处，乐其乡，以至足其上矣。然后名声于是白，光辉于是大，四海之民，莫不愿得以为师。是王者之始也。乐姚冶以险，则民流僈鄙贱矣。流僈则乱，鄙贱则争。乱争，则兵弱城犯，敌国危之。如是，则百姓不安其处，不乐其乡，不足其上矣。故礼乐废而邪音起者。危削侮辱之本也。故先王贵礼乐而贱邪音。其在序官也[②]，曰："修宪命，审诛赏，禁淫声，以时顺修。使夷俗邪音不敢乱雅，太师之事也。"

【注释】

①婴：通"撄"，碰，触犯。

②序官：叙述官员的职责与权限，这里指的是《王制》篇中关于乐官职责的叙述。

【译文】

音乐对人的影响是非常深刻的，它感化人心也是很快的，所以古代的圣王十分谨慎地修饰音乐。音乐中正平和，百姓就和睦协调而不淫荡；音乐严肃庄重，那么百姓就同心同德而不混乱。百姓和睦协调、同心同德，兵力就强劲，城防就牢固，敌国就不敢来侵犯了。这样一来，老百姓就无不满足于自己的住处，喜欢自己的家乡，并且最充分地去供奉自己的君主。然后，君主的名声就会因此而显著，光辉因此而盛大，天下的百姓，就没有谁不希望得到他让他做自己的君长。这是称王天下的开端。音乐妖冶轻浮而邪恶，百姓就淫荡轻慢卑鄙下贱了。百姓淫荡轻慢，就会混乱；卑鄙下贱，就会相互争夺。混乱又争夺，那就会使得兵力衰弱、城池被破坏，敌国就会来侵犯了。这样的话，老百姓就无法安居乐业了，就无法最充分地供奉自己的君主了。所以，礼制雅乐被废弃，靡靡之音就兴起来，这是国家危险削弱、遭受侮辱的根源。所以，古代的圣王看重礼制雅乐而鄙视靡靡之音。在关于乐官职责的叙述中，先王是这样说的："制定法令文告，审查诗歌乐章，禁绝淫荡的音乐，根据时势去对音乐加以修整，使蛮夷的落后风俗和邪恶的音乐不敢扰乱正声雅乐，这就是太师的职事。”

【原文】

墨子曰：“乐者，圣王之所非也，而儒者为之，过也。”君子以为不然。乐者，圣人之所乐也，而可以善民心，其感人深，其移风易俗易[①]，故先王导之以礼乐而民和睦。

【注释】

①这里应该是“移风俗易”。

【译文】

墨子说：“音乐，是圣明的帝王所反对的，而儒家却提倡它，那是错误的。”君子认为并不是这样。音乐，是圣人所喜欢的，而且可以用来改善百姓的思想，它感人至深，它改变风俗也是非常容易的，所以古代的圣王用礼制音乐来引导百姓而百姓就和睦了。

【原文】

夫民有好恶之情而无喜怒之应，则乱。先王恶其乱也，故修其行，正其乐，而天下顺焉。故齐衰之服，哭泣之声，使人之心悲；带甲婴軸[①]，歌于行伍[②]，使人之心伤；姚冶之容，郑、卫之音[③]，使人之心淫；绅、端、章甫[④]，舞《韶》歌《武》，使人之心庄。故君子耳不听淫声，目不视女色，口不出恶言。此三者，君子慎之。

【注释】

①婴：系，指把帽带系在颈上。軸：同“胄”，头盔。

②行伍：古代军队的编制，五人为伍，二十五人为行，所以用“行伍”指称军队。

③郑、卫之音：是指春秋时期郑、卫两国的新乐。

④绅：古代士大夫束在腰间、一头垂下的大带子。端：古代诸侯、大夫、士在祭祀时穿的式样端正的礼服，举行冠礼、婚礼时也穿此。

【译文】

百姓有了爱憎的感情而没有表达喜悦愤怒的方式来和它相应，就会发生混乱。古代的圣王憎恶这种混乱，所以修养自己的德行，订正国内的音乐，因而天下人就顺从他了。所以，穿上服丧的丧服，哭泣的声音，会使人的内心悲痛；穿上铠甲，系上头盔，在部队中歌唱，会使人的内心忧伤；妖艳的容貌，郑国、卫国的靡靡之音，会使人的内心淫荡；系着宽大的腰带、穿着礼服、戴着礼帽，随着《韶》、《武》的乐曲载歌载舞，会使人的内心严肃庄重。所以，君子，耳朵不聆听淫荡的音乐，眼睛不注视女子的美貌，口中不说出邪恶的言辞。这三件事，君子是非常慎重地对待的。

【原文】

凡奸声感人而逆气应之，逆气成象而乱生焉。正声感人而顺气应之，顺气成象而治生焉。唱和有应，善恶相象，故君子慎其所去就也。

【译文】

大凡淫邪的音乐感动人以后，就必定会有歪风邪气来应和它，歪风邪气形成了气候的时候，混乱的局面就产生了。正派的音乐感动人以后，就必定会有和顺的风气来应和它，和顺的风气成了社会现象，那么秩序井然的局面就出现了。有唱必有和，善与恶相随而形成风气，所以君子很慎重地对待对这两类音乐的取舍。

【原文】

君子以钟鼓道志[①]，以琴瑟乐心[②]。动以干戚，饰以羽旄[③]，从以磬管[④]。

故其清明象天⑤，其广大象地，其俯仰周旋有似于四时。故乐行而志清，礼修而行成。耳目聪明，血气和平，移风易俗，天下皆宁，莫善于乐。故曰：乐者，乐也。君子乐得其道，小人乐得其欲。以道制欲，则乐而不乱；以欲忘道，则惑而不乐。故乐者，所以道乐也。金石丝竹，所以道德也。乐行而民乡方矣。故乐者，治人之盛者也，而墨子非之。

【注释】

①道：同“导”。
②乐心：使心志欢乐，这里是陶冶性情的意思。
③羽旄：野鸡毛与旄牛尾，都是古代舞蹈中的道具。
④从：这里是调和的意思。
⑤清明：是指乐声清脆明朗。象：比拟。

【译文】

君子用钟、鼓来引导心志，用琴、瑟来陶冶性情，用盾牌斧头之类的舞蹈道具来运动四肢，用野鸡毛和牦牛尾之类的舞具来做装饰，用石磬、箫管之类的乐器来调和节奏。所以，他的乐曲声清脆明朗，像天地一样广博辽远，那舞姿的俯仰旋转又和四季的变化相似。所以，音乐推行以后，人们的志向就会高洁，礼制遵循以后，人们的德行就能养成。要使人们耳聪目明，感情温和平静，改变风俗，天下都安宁，没有什么比音乐更好的了。所以说，音乐，就是人们喜乐感情的体现。圣人君子喜欢音乐是为了提高自己的道德修养，小人喜欢音乐则是为了满足个人的欲念。用道义来控制欲望，那就能得到欢乐而不淫乱；为满足欲望而忘记了道义，那就会迷惑而不快乐。所以，音乐是用来引导人们娱乐的。金钟石磬琴瑟管箫等乐器，是用来引导人们修养道德的。音乐推行以后，百姓就趋向于正确的道路了。所以，音乐是治理百姓的最重要的一种途径和工具，而墨子却反对它。

【原文】

且乐也者，和之不可变者也；礼也者，理之不可易者也。乐合同，礼别异。礼乐之统[①]，管乎人心矣。穷本极变，乐之情也；著诚去伪，礼之经也。墨子非之，几遇刑也。明王已没，莫之正也。愚者学之，危其身也。君子明乐，乃其德也。乱世恶善，不此听也。於乎哀哉！不得成也。弟子勉学，无所营也。

【注释】

①统：总体，总括。

【译文】

况且，音乐，是协调人情时不可变更的手段；礼制，是治理社会时不可更换的原则。音乐使人们同心同德，礼制区分着人们的上下等级。所以礼制与音乐的总纲领，可以约束人们的思想了。从根本上改变人的性情，是音乐的本质；彰明真诚、去掉虚伪，是礼制的永恒原则。然而墨子却反对它们，这简直是接近于犯罪了。圣明的帝王已经死去，没有人来加以纠正。愚蠢的人还要学习墨子的谬论，这将会危害他们自己的生命。君子彰明提倡音乐，这才是仁德的表现。混乱的社会，人们厌恶善行，反而不听这些提倡音乐的话。哎呀！可悲啊！音乐因此而不能发挥出它的作用。弟子们要努力地学习啊，不要因为墨子的反对而有所迷惑啊。

【原文】

声乐之象：鼓大丽[①]，钟统实[②]，磬廉制[③]，竽、笙、箫、和、筦、籥发猛[④]，埙、篪翁博[⑤]，瑟易良[⑥]，琴妇好[⑦]，歌清尽，舞意天道兼。鼓，其乐之君邪？故鼓似天，钟似地，磬似水，竽、笙、箫、和、筦、籥似星辰日月，鞉、柷、拊、鞷、椌、楬似万物[⑧]。曷以知舞之意？曰：目不自见，耳不自闻也，然而治俯仰诎信进退迟速莫不廉制[⑨]，尽筋骨之力以要钟鼓俯会之节而靡有悖逆者，众积意谔谔乎[⑩]。

【注释】

①大丽：异常高亢、猛烈。丽，通“厉”，激越高亢。

②统：通“充”，指声音洪亮浑厚。

③廉：清白俭约，这里是指声音清脆不浑厚。制：通“智”，这里引申为明亮。

④和：小笙。筦：同“管”，一种管乐器。籥：古管乐器。

⑤埙：一种陶土烧制的吹奏乐器。篪：一种单管横吹乐器。翁博：形容气势如大水涌流一样浩瀚磅礴。

⑥易：平和。良：温良。

⑦妇好：形容声音柔和婉转。妇，同“女”，柔婉。

⑧鞉：有柄的小鼓。柷：是一种漆筒似的打击乐器。拊、鞷：都是古代的打击乐器。椌：是一种类似祝的打击乐器。楬：又名“敔”，一种虎状木制打击乐器。

⑨诎信：屈伸。诎，同“屈”。信，通“伸”。

⑩众积意：指各种舞姿的深厚含义。谔谔：同“迟迟”，舒缓，悠长。

【译文】

音乐的表现：鼓声异常高亢猛烈，钟声洪亮浑厚，磬声清越明朗，竽、笙、箫、和、管、籥等管乐器的声音昂扬激越，埙、篪的声音浩瀚磅礴，瑟的声音平易温良，琴的声音柔婉优美，歌唱的声音清新润泽，舞蹈的意象则包容了自然界的一切现象。鼓，大概是音乐的主宰吧？所以鼓声像天，钟声像地，磬声像水，竽、笙、箫、和、管、籥等管乐器的声音像日月星辰，鞉、柷、拊、鞷、椌、楬的声音像万物。凭什么来了解舞蹈的意象呢？回答说：跳舞的人眼睛不能看见自己的形体，耳朵不能听到自己的声音，但是处理低头、抬头、弯曲、伸直、前进、后退、缓慢、快速的舞蹈动作时无不干净利落明白清楚，竭尽全身的筋骨的力量来迎合钟、鼓交互联系的节奏，没有丝毫的悖乱之处，各种舞蹈姿势的深刻含义，就从这舒缓的动作中体现出来的吧。

【原文】

吾观于乡而知王道之易易也[①]。主人亲速宾及介[②]，而众宾皆从之；至于门外，主人拜宾及介，而众宾皆入；贵贱之义别矣。三揖至于阶，三让以宾升，拜至，献酬[③]，辞让之节繁；及介，省矣；至于众宾，升受，坐祭，立饮，不酢而降；隆杀之义辨矣。工入，升歌[④]，三终[⑤]，主人献之；笙入，三终[⑥]，主人献之；间歌三终[⑦]，合乐三终[⑧]，工告乐备，遂出。二人扬觯[⑨]，乃立司正[⑩]。焉知其能和乐而不流也。宾酬主人，主人酬介。介酬众宾，少长以齿，终于沃洗者。焉知其能弟长而无遗也。降。说屦，升坐，修爵无数。饮酒之节，朝不废朝，莫不废夕。宾出，主人拜送，节文终遂。焉知其能安燕而不乱也。贵贱明，隆杀辨，和乐而不流，弟长而无遗，安燕而不乱，此五行者，足以正身安国矣。彼国安而天下安。故曰：吾观于乡而知王道之易易也。

【注释】

①乡：是指乡中饮酒的礼仪。易：和乐。

②主人：指乡大夫，即主管乡中政教禁令的官。速：召请的意思。宾、介：都是宾客。

③献酬：古代主客互相敬酒，主人先向客人敬酒叫“献”，客人用酒回敬主人叫“酢”，主人再次向客人敬酒以表答谢叫“酬”。客人向主人致答谢酒也叫“酬”。

④升歌：到堂上演奏歌曲。

⑤终：将一首歌曲或乐曲从头到尾歌唱或演奏一遍叫一终。歌三终：指把《诗经·小雅》中的诗歌《鹿鸣》、《四牡》、《皇皇者华》各唱一遍。

⑥三终：指吹笙的人把《诗经·小雅》中的乐曲《南陔》、《白华》、

《华黍》各奏一遍。

⑦间：间隔，轮流。间歌三终：指乐工先唱《诗经·小雅》中的《鱼丽》，接着吹笙的吹奏《小雅》中的《由庚》；乐工再唱《南有嘉鱼》，吹笙的再吹《崇丘》；乐工再唱《南山有台》，吹笙的再吹《由仪》。

⑧合乐三终：指乐工在唱《诗经·周南》中的《关雎》、《葛覃》、《卷耳》时，吹笙的同时吹奏《诗经·召南》中的《鹊巢》、《采蘩》、《采蘋》。

⑨觯：古代饮酒的圆形器皿。

⑩司正：专门监督正确地行使祭酒礼仪的人。

【译文】

孔子说：我看到了乡里喝酒的礼仪，就知道王道是和乐的了。主人亲自去邀请贤德的贵宾和德行稍次的陪客，其他的陪客就都跟着他们来了；来到主人家的门外，主人向贵宾和陪客拱手鞠躬后进门，一般客人也就都跟着进门了；对高贵者和卑贱者的不同礼仪就这样分别开来了。主人拱手作揖三次才与贵宾来到厅堂的台阶下，再谦让三次而使贵宾登上厅堂，再拜谢贵宾的到来，主人献酒酬宾，推辞谦让的礼节十分繁多；至于陪客，那礼节就简略了；至于一般客人，登堂受酒，坐着酹酒祭神，站着饮酒，不用酒回敬主人就退下堂去了；隆重与简省的礼仪就这样分别开来了。乐工进来，登上厅堂，把《鹿鸣》、《四牡》、《皇皇者华》三首歌各唱一遍，主人敬酒；吹笙的人进来，把《南陔》、《白华》、《华黍》三支乐曲各吹奏一遍，主人敬酒；乐工与吹笙的间隔着轮流歌唱演奏各三曲，再合着歌唱演奏各三曲，乐工报告乐曲已经完备，然后就退出去了。主人与主客共同举起酒杯互相敬酒，还设置了监督行礼的专职人员。从这些礼仪之中可以知道他们能够和睦安乐而不淫荡。贵宾向主人敬酒表示答谢，主人向陪客敬酒表示答谢，陪客向一般客人敬酒表示答谢，宾主对年轻的年长的都根据年龄依次酬谢，最后轮到向主人手下盥洗酒杯的人酬谢。从这些礼仪之中可以知道他们能够尊重年轻的尊敬年长的而不遗漏一个人。退下堂去，脱去鞋子，然后再登堂就座，依次不断地相互敬酒。请人喝酒的限度是：在早晨饮酒不耽误早上要做的事，在傍晚喝酒不耽误晚上要做的事情。贵宾出门，主人拱手鞠躬送行，礼节仪式到此才算结束了。从这些礼仪中可以知道人们休息饮酒时也不过分，而是谨守礼仪的。高贵者和卑贱者被区别清楚，隆重的礼仪和简省的礼仪被分别开来，和睦安乐而不淫荡，尊重年轻的尊敬年长的而不遗漏一个人，休息时饮酒而不过分，这五种行为，足够用来端正自己的品行，足以安定国家了。国家安定了，整个天下也就安定了。所以说：我看到了乡里请人喝酒的礼节，就知道王道是和乐的。

【原文】

乱世之征：其服组[①]，其容妇[②]，其俗淫，其志利，其行杂，其声乐险，其文章匿而采[③]，其养生无度，其送死瘠墨，贱礼义而贵勇力，贫则为盗，富则为贼。治世反是也。

【注释】

①组：丝织而有花纹的宽带，这里是指五彩缤纷、华丽的服装。

②妇：这里是指男人仿效妇女，做妖里妖气的打扮。

③匿：通“慝”，邪恶。

【译文】

混乱的社会的迹象是：人们的衣着妖艳古怪，男人的容貌打扮得像妇女一样妖媚，风俗淫荡，人们的志向是唯利是图，人们的行为恶劣，音乐的曲调邪恶怪僻，文章内容邪恶而辞藻华美，人们的生活奢侈无度，葬送死者却俭省刻薄，人们轻视礼制与道义而崇尚勇敢与武力，贫穷的人就沦为盗贼，富裕的就伤害好人。太平盛世的情况与此完全相反。

【解读】

荀子继承孔子以提倡雅乐为宗旨的论乐传统，其论仍以诗、乐、舞三位一体，在探究音乐内在本质的同时，着力宣扬礼乐、刑法并重的思想，从而丰富和发展了儒家的王道艺术理论。

音乐的起源。从本篇看，荀子将人情界定为喜怒哀乐，指出这些情感必然会有“声音”之发、“动静”之形，呈现出诗、乐、舞联成一体的表现形态，将“人之道，声音、动静、性术之变”生动形象地宣泄出来，这就是音乐。荀子以“夫乐者，乐也，人情之所必不免也”的命题，首次提出了音乐“缘于情”的论断，初步接触到艺术的本质。同时他还论及了音乐的元素如声、文、音响节奏等内部形式的艺术特征。荀子的音乐起源之论，引起了人们对于艺术作品中情感性的内容和形式的注意，认识到情可感人，情可化人，其力量之速、功效之甚，有时非思想理智可比。其后学者关于艺术是情感表现的论述，其源盖出于此。

礼乐与王道。音乐是人宣泄情感的工具，不同的情会产生不同的音乐，如雅乐正声与郑卫之音即是。而且，不同的音乐又能使人产生如悲、伤、淫、庄等类心理反应。据《礼记·乐记》载，战国初期的魏文侯曾问于子夏，说他“端冕而听古乐，则唯恐卧；听郑卫之音，则不知倦”。荀子有感于他所见的君子，“听淫声”、“视邪色”、“出恶言”是司空见惯的现象，究其原因，是有了欢乐之情，“形而不为道”，即缺乏疏导而造成了混乱。因此，荀子认为，要使音乐“善民心”、“感人深”、“移风易俗”而致“天下顺”、“治生焉”，除了推行“礼乐”以导情入礼，再也不会有更好的办法。“先王之道，礼乐正其盛者也”，这说明礼乐极为重要，它因礼仪与音乐的融合，是导情入礼最得力的工具，而成为先王重大的行为准则。音乐用于主和，使人民同心同德、和谐一致：礼义用于理国，区分贵贱尊卑的名分而不致淆乱。二者统一而形成的“中和之纪”，以“乐合同，礼别异”为宗旨，究原尽化，贮诚去伪，就可以避免喜怒哀乐之情无节、行为举止背礼，道欲矛盾、礼情对立必然随之解决，进入“美善相乐”的最高境界。导情成功与否，关键在于音乐的品质和内容风格，若是雅颂之声，“乐中平则民和而不流，乐肃庄则民齐而不乱”；若是郑卫之音，“乐姚冶以险，则民流僈鄙贱矣”。而且音乐以“唱和有应，善恶相象”的规律为导向，“凡奸声感人而逆气应之，逆气成象而乱生焉。正声感人而顺气应之，顺气成象而治生焉”。荀子于本篇先后三次用“先王立乐之方”一语，申述“先王贵礼乐而贱邪音”是“王者之始”，足见他对礼乐何其重视。他援引“序官”主张修订法令文告，用于审查诗歌乐章，这是借用刑法以保护礼乐的发展，并不给淫声邪音留有任何生存空间。而包含歌唱男女爱情成分的郑、卫之音，正在所斥的“淫声邪音”之列。荀子继承孔子“放郑声”的思想，以礼义束缚音乐的多样化发展，甚至取缔爱情歌曲，表现出其所谓乐政苛酷的一面。

解蔽第二十一

【题解】

本篇为《荀子》第二十一篇，主要阐述了荀子的认识论思想。荀子承认人天生具有认识事物的能力，而客观事物本身是可以被认识的：“凡以知，人之性也；可以知，物之理也。”但是，人们在认识过程中容易被片面的认识所蒙蔽，“蔽于一曲而暗于大理”。所以荀子主张“解蔽”，“解蔽”的方法就是“虚壹而静”，所谓的“虚”，就是不让心中已经储藏的知识去妨害将要接受的知识；所谓的“壹”，就是不让对那一事物的认识来妨害对这一事物的认识；所谓的“静”，就是不让做梦和烦乱的想象扰乱认识，以达到“大清明”的境界。

“王子午”青铜鼎（春秋战国）

【原文】

凡人之患，蔽于一曲而暗于大理。治则复经，两疑则惑矣。天下无二道，圣人无两心。今诸侯异政，百家异说，则必或是或非，或治或乱。乱国之君，乱家之人，此其诚心莫不求正而以自为也，妒缪于道而人诱其所迨也[①]。私其所积，惟恐闻其恶也；倚其所私，以观异术，惟恐闻其美也。是以与治虽走而是己不辍也，岂不蔽于一曲而失正求也哉！心不使焉，则白黑在前而目不见，雷鼓在侧而耳不闻，况于使者乎！德道之人[②]，乱国之君非之上，乱家之人非之下，岂不哀哉！

【注释】

①缪：通“谬”。迨：通“绐”，哄骗，欺骗。

②德：通“得”。

【译文】

人们的毛病，是被片面的事情所蒙蔽，在大道理上有所亏损。专心于一方面就能使认识恢复到正道上来，对正道采取模棱两可的态度就会使自己迷惑。天下没有两条并行的道理，圣人也不会对道三心二意。诸侯采取各种政治措施，百家之言更是五花八门，那么其中必定有对的也有错的，有可以拿来治理国家的，也有祸害国家的。使国家陷入混乱的国君，使家庭陷入混乱的人，他们的内心没有不想走上正道的，而只是由于他们的自以为是。但是他们由于偏离了正道，其他人就会投其所好地引诱他。偏好于自己的经验，惟恐听到不利于自己做法的言论。依靠自己的偏见，来观察他人的学说，惟恐听到有关他的好话。这样一来，就背离正道越来越远还在不停地走下去。这难道不是由于被片面的事物所蒙蔽而造成的吗？自己的心思不在这里，即使黑色和白色放在眼前也是看不出它们的差别的，响雷近在耳畔也是听不见的，更何况是被片面事物所蒙蔽的人呢？得道的人，使国家混乱的君主在他的上面非难他，使家庭混乱的小人在下面反对他，这难道不是很可悲吗？

【原文】

故为蔽[①]：欲为蔽，恶为蔽；始为蔽，终为蔽；远为蔽，近为蔽；博为蔽，浅为蔽；古为蔽，今为蔽。凡万物异则莫不相为蔽，此心术之公患也。

【注释】

①故：发语词。

【译文】

被片面事物蒙蔽的原因：有的人是被自己的欲望所蒙蔽，有的人是被憎恶所蒙蔽；有的人是只看到事情的开头而被蒙蔽，有的人只看到事情的结局而被蒙蔽；有的是只看到远方的事物而被蒙蔽，有的是只看到近在眼前的事物而被蒙蔽；有的是由于知识繁杂而被蒙蔽，有的是见识浅陋而被蒙蔽；有的是只看到古代的情况而被蒙蔽，有的是只看到现在的情况而被蒙蔽。凡是万事万物都有不同，没有不相互造成蒙蔽的，这就是心智的通病。

【原文】

昔人君之蔽者，夏桀、殷纣是也。桀蔽于末喜、斯观[①]，而不知关龙逢[②]，以惑其心而乱其行；纣蔽于妲己、飞廉[③]，而不知微子启，以惑其心而乱其行。故群臣去忠而事私，百姓怨非而不用[④]，贤良退处而隐逃，此其所以丧九牧之地而虚宗庙之国也[⑤]。桀死于亭山，纣县于赤旆。身不先知，人又莫之谏，此蔽塞之祸也。成汤监于夏桀[⑥]，故主其心而慎治之，是以能长用伊尹而身不失道，此其所以代夏王而受九牧也。文王监于殷纣，故主其心而慎治之，是以能长用吕望而身不失道，此其所以代殷王而受九牧也。远方莫不致其珍，故目视备色，耳听备声，口食备味，形居备宫，名受备号，生则天下歌，死则四海哭，夫是之谓至盛。《诗》曰："凤凰秋秋，其翼若干，其声若萧。有凤有凰，乐帝之心。"此不蔽之福也。

【注释】

①末喜：即"妺喜"，桀的妃子。斯观：桀的佞臣。

②关龙逢：桀的贤臣。

③妲己：商纣王的妃子。飞廉：商纣王佞臣。

④非：同“诽”，毁谤，说别人的坏话。

⑤九牧：即九州，古代传说全国共有九个州。虚：通“墟”，废墟，这里用作动词。

⑥监：通“鉴”，借鉴。

【译文】

从前，国君被蒙蔽的，夏桀、殷纣就是代表。夏桀被末喜、斯观所蒙蔽，竟然不知道任用关龙逢，结果导致思想迷茫和行为混乱；殷纣被妲己、飞廉蒙蔽，竟然不任用微子启，结果导致思想迷茫和行为混乱。因此群臣都放弃了忠心而谋私利，百姓埋怨咒骂不愿意为其卖力，贤良的人辞官隐居来逃避祸患，正因为这样才丧失了大好河山，使自己的宗庙断了香火。夏桀死于鬲山，殷纣被杀后头颅悬挂在赤旗上示众。自己没有什么预见性，而又不采纳他人的谏言，这就是被蒙蔽的祸患啊！成汤借鉴夏桀的教训，所以自己保持清醒的头脑，于是能够长久地任用伊尹，而自己又不迷失，这就是他取代夏王赢得天下的原因。文王借鉴殷纣的教训，所以自己保持清醒的头脑，于是能够长久地任用吕望，而自己又不迷失，这是他能够取代殷王赢得天下的原因。远方各国没有不献出自己的珍宝，所以眼睛能够看到美色，耳朵能够听到音乐，嘴里能够吃到珍馐美食，身体居住在宫殿里，名字受到人们的称赞，活着的时候天下所有的人都为其大唱颂歌，死后四海之内都为其痛哭，这就是所说的达到了极盛。《诗经》上说：“凤凰啾啾地鸣叫，它的翅膀像战士的银枪，它的声音像萧声。有凤又有凰，使帝王心情舒畅。”这就是没有被蒙蔽的福气啊！

【原文】

昔人臣之蔽者，唐鞅、奚齐是也[①]。唐鞅蔽于欲权而逐载子[②]，奚齐蔽于欲国而罪申生[③]，唐鞅戮于宋，奚齐戮于晋。逐贤相而罪孝兄，身为刑戮，然而不知，此蔽塞之祸也。故以贪鄙、背叛、争权而不危辱灭亡者，自古及今，未尝有之也。鲍叔、宁戚、隰朋仁知且不蔽[④]，故能持管仲而名利福禄与管仲齐；召公、吕望仁知且不蔽[⑤]，故能持周公而名利福禄与周公齐。传曰："知贤之为明，辅贤之谓能。勉之强之，其福必长。"此之谓也。此不蔽之福也。

【注释】

①唐鞅：战国时宋康王的臣子，后被宋康王所杀。奚齐：晋献公的宠妃骊姬的儿子。

②载子：当作"戴子"，指戴驩，他曾任宋国太宰，后来被唐鞅驱逐而逃往齐国。

③申生：晋献公的太子，奚齐的异母兄。

④鲍叔：名牙，曾奉公子小白出奔莒。后来小白即为齐桓公，任命他为宰相，他辞谢而推荐管仲，所以以知人著称。宁戚、隰朋：齐桓公的大臣。知：通"智"。

⑤召公：又作"邵公"，姓姬，名奭，因其采邑在召（今陕西岐山西南），所以称召公。

【译文】

从前大臣被蒙蔽的，唐鞅、奚齐就是代表。唐鞅被自己对权力的欲望所蒙蔽，驱逐了戴驩，奚齐被自己图谋篡国的欲望所蒙蔽，从而使申生获罪。唐鞅被杀死在宋国，奚齐被杀于晋国。唐鞅驱逐了贤相，奚齐加罪于有孝名的哥哥申生。他们自己被杀了，还不知道自己哪里做错了，这就是被蒙蔽所造成的祸患啊！由于贪婪、背叛、争权而不危险、受辱和灭亡的人，从古至今，还没有这样的。鲍叔、宁戚、隰朋三个人仁德、智慧而且没有被自己的私欲所蒙蔽。所以能支持管仲治理齐国，从而得到与管仲相同的名利福禄。召公、吕望两个人仁德、智慧而且没有被自己的私欲所蒙蔽，所以能支持周公治理国家，从而得到与周公相等的名利福禄。古书上说："了解贤能的人叫做明，辅助贤能的人叫做能，勤勉自强，一定福气长久。”说的就是这个道理。这就是没有被蒙蔽的福气啊！

【原文】

昔宾孟之蔽者[①]，乱家是也[②]。墨子蔽于用而不知文[③]，宋子蔽于欲而不知得[④]，慎子蔽于法而不知贤，申子蔽于势而不知知[⑤]，惠子蔽于辞而不知实，庄子蔽于天而不知人[⑥]。故由用谓之道，尽利矣；由欲谓之道，尽嗛矣[⑦]；由法谓之道，尽数矣；由势谓之道，尽便矣；由辞谓之道，尽论矣；由天谓之道，尽因矣。此数具者，皆道之一隅也。夫道者，体常而尽变，一隅不足以举之。曲知之人，观于道之一隅而未之能识也，故以为足而饰[⑧]之，内以自乱，外以惑人，上以蔽下，下以蔽上，此蔽塞之祸也。孔子仁知且不蔽，故学乱术，足以为先王者也。一家得周道，举而用之，不蔽于成积也。故德与周公齐，名与三王并，此不蔽之福也。

【注释】

①宾孟：指往来于各诸侯国之间的游士。

②家：即“百家争鸣”之“家”。指学派。

③文：文饰，指文辞的修饰。

④欲：指少欲。得：贪得。

⑤申子：即申不害，战国中期郑国京邑（今河南荥阳县东南）人。法家代表人物之一，曾任韩昭侯的宰相。

⑥庄子：即庄周，战国中期宋国人，道家的主要代表之一。

⑦嗛：通“慊”，满足，指欲望少而知足。

⑧饰：通“饬”，整治，指研究。

【译文】

从前游说之人被蒙蔽的，那些使国家混乱的人就是代表。墨子过分强调实用性而轻视礼乐的重要性，宋子过分强调人类的情欲而不懂得如何正确地得到欲，慎子过分强调法的作用而不懂得贤能的人的作用，申子过分强调权势的重要而忽视了智慧的重要性，惠子过分强调言辞而不知道事物的实际情况，庄子过分强调天理而忘记了人的作用。所以，若是只从功用的角度来谈论道，就全都是利益了；若是只从情欲的角度来谈论道，就全都去追求欲望了；若是只从法的角度来谈论道，就全都是权术了；若是只从权势的角度来谈论道，众人都去追求方便行事了；若是只从言辞的角度谈论道，只剩下争论了；若是只从天的角度来谈论道，人们都要消极地听天由命了。这几种游说之人的学说相同的地方。在于都是道德一个方面。道，它的本身是不会变化的，然而能把天下的事物的变化都汇集在一起，仅从某一方面是不能说明道的：被蒙蔽的人，看见道的一个方面而不能全面把握，就自认为得到全部加以夸耀，内心混乱不明，对外也迷惑了别人，在上面君主蒙蔽了臣下，在下臣民蒙蔽了君主，这就是蒙蔽造成的祸患啊！孔子仁德而有智慧，而且没有受到蒙蔽，所以，他的学说成为治国之道，足以能够像先王那样。孔子成为一家之言，能够得到全面的道，这就是由于没有受到蒙蔽的缘故。所以孔子的品德和周公相齐，名字与三王并列，这就是没有受到蒙蔽的福气啊！

【原文】

圣人知心术之患，见蔽塞之祸，故无欲无恶[①]，无始无终，无近无远，无博无浅，无古无今，兼陈万物而中县衡焉[②]。是故众异不得相蔽以乱其伦也。

【注释】

①恶：讨厌，不喜欢。
②县：“悬”的古字，挂。

【译文】

圣人了解人们思想上的毛病，能看到被蒙蔽的祸患，所以不会受制于喜欢的事物和憎恶的事物，不只看事物的开始还要了解事物的结局，不但要顾及眼前的事情还有考虑以后的情况，博大精深的事情和浅显易懂的事情都要仔细考虑。了解古代的情况还要熟悉现代的情况，这样把各种不同的事物全面地进行考察，然后衡量找出些规律和辨别标准。这样，就会找到各个事物不同之处的看待标准也就不存在事物相互蒙蔽所导致的混乱秩序了。

【原文】

何谓衡①？曰：道。故心不可以不知道。心不知道，则不可道而可非道。人孰欲得恣而守其所不可，以禁其所可？以其不可道之心取人，则必合于不道人，而不合于道人。以其不可道之心，与不道人论道人，乱之本也。夫何以知？曰：心知道，然后可道；可道，然后能守道以禁非道，以其可道之心取人，则合于道人，而不合于不道之人矣。以其可道之心，与道人论非道，治之要也。何患不知？故治之要在于知道。

【注释】

①衡：秤，指标准。。

【译文】

什么是标准呢？回答：就是大道。所以，思想上不可以没有道。若是思想上没有道，就不会肯定正道而去肯定邪道了。谁会在放纵不羁的时候，守着自己不愿意做的事情，而禁止自己做自己愿意做的事情呢？用自己否定正道的思想方法来选择人，就一定会和那些邪道上的人合得来，而和那些正道上的人合不来。用自己否定正道的思想方法与那些邪道上的人谈论正道上的人，这就是混乱的根本原因。怎么知道的呢？回答：思想上了解正道，这样之后才能肯定正道；肯定正道，这样之后才能守护着正道而防止邪道，用自己正道的思想方法来选择人，就会与正道上的人合得来，从而和邪道上的人合不来。用自己正道的思想方法来与正道上的人谈论邪道，这才是治理国家

的关键。怎么会担心不能了解道呢？所以说治国的关键在于了解道。

【原文】

人何以知道？曰：心。心何以知？曰：虚壹而静。心未尝不藏也，然而有所谓虚；心未尝不满也，然而有所谓一；心未尝不动也，然而有所谓静。人生而有知，知而有志，志也者，藏也；然而有所谓虚，不以所已藏害所将受谓之虚。心生而有知，知而有异，异也者，同时兼知之。同时兼知之，两也，然而有所谓一，不以夫一害此一谓之壹。心，卧则梦，偷则自行[①]，使之则谋。故心未尝不动也，然而有所谓静，不以梦剧乱知谓之静。未得道而求道者，谓之虚壹而静，作之，则将须道者之虚则人，将事道者之壹则尽，尽将思道者静则察。知道察，知道行，体道者也。虚壹而静，谓之大清明。万物莫形而不见，莫见而不论，莫论而失位。坐于室而见四海，处于今而论久远，疏观万物而知其情，参稽治乱而通其度[②]，经纬天地而材官万物，制割大理，而宇宙理矣。恢恢广广[③]，孰知其极！睪睪广广[④]，孰知其德！涫涫纷纷[⑤]，孰知其形！明参日月，大满八极[⑥]，夫是之谓大人！夫恶有蔽矣哉！

【注释】

①偷：苟且，得过且过。

②稽：考证，考核。

③恢恢：宽而广。

④睪睪：广大的样子。广广：空旷。

⑤涫涫：水沸腾的样子。

⑥八极：即东、西、南、北、东南、东北、西南、西北八个方向，形容极其广大。

【译文】

人怎么才能了解道呢？回答：靠心。心怎么会了解道呢？回答：虚心、专一而且宁静。心不是没有各种偏好，但是只有虚心，才能接受新事物；心不是没有三心二意的时候，但是只有专一，才能一件件事情地去做。心不是没有活动，但是只有宁静，才能有所节制。人生来就是有认识能力的，有认识能力才能有记忆，记忆，就是把事物的印象储藏起来。但是这里所说的虚心，不由于自己的记忆而妨害自己将要接受的新事物。人生来是有认识能力的，有了认识能力，就能同时接受许多事物，同时接受许多事物，就是同时接受许多知识。同时接受许多知识，就叫做两。但是这里所说的专一，就是不因为对那一事物的认识妨碍对这一事物的认识，这就叫做专一。心，在睡觉的时候就会做梦，思想不集中的时候就会胡思乱想。运用的时候会有所谋划。所以心不是不活动的，但是这里所说的宁静，是不因为梦的混乱而打扰到知识。没有了解道正在追求道的人，就要告诉他要虚心、专一而宁静，作为认识道的准则。想要了解道的人，虚心就能得道；想要学习道的人，专心就能够了；想要研究道的人，宁静了就能明察道的真义。明察道的真义，认识道而又能够身体力行，这就是体会了道的人。虚心、宁静而且专一，就叫做认识上的透彻明白。这样就能全面了解各种事物的形态，一切对事物的了解都能分门别类，一切的分类都不会有所差错。坐在一间屋子里就能看到四海的万物，处在现在而能分析古代的情况。粗略地了解万物就能知道它们的本质，考察社会的治乱就能通晓它们的界限，治理天地又能从整体上把握万物的规律，利用万物，宇宙间的整个规律就全在手上。广大无垠啊，有谁能知道圣人的胸怀的博大！浩翰无边啊，有谁知道圣人的道德的高深！纷纷繁繁啊，有谁知道圣人的伟大形象！他的光明和日月相媲美，他的胸怀和八极一样无边，这就是所谓的大人。这样的人怎么会有什么蒙蔽得了！

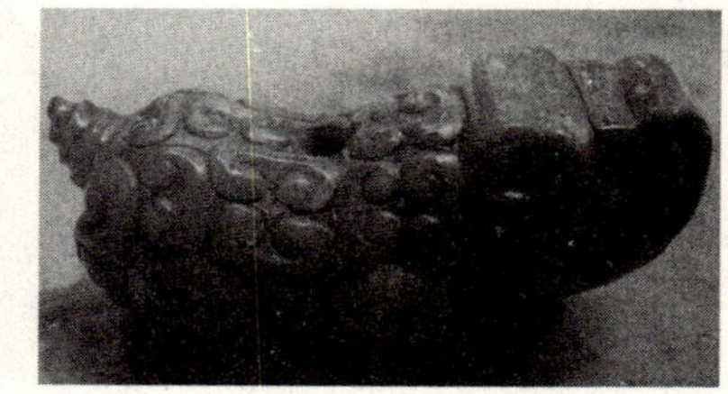

玉虎（春秋战国）

【原文】

心者，形之君也，而神明之主也，出令而无所受令。自禁也，自使也，自夺也，自取也，自行也，自止也。故口可劫而使墨云[①]，形可劫而使诎申，心不可劫而使易意，是之则受，非之则辞。故曰：心容其择也，无禁必自见[②]，其物也杂博，其情之至也不贰。《诗》云："采采卷耳，不盈倾筐。嗟我怀人，寘彼周行[③]。"顷筐易满也，卷耳易得也，然而不可以贰周行。故曰：心枝则无知，倾则不精，贰则疑惑。以赞稽之，万物可兼知也。身尽其故则美。类不可两也，故知者择一而壹焉。

【注释】

①墨：同"默"。

②见：同"现"。

③寘：同"置"。安排，放置。

【译文】

心，是身体的君主和智慧的君主，只发出命令而不接受别的命令。自己限制，自己役使，自己争取，自己获得，自己行动，自己停止。所以嘴巴可以被迫讲话或沉默，身体可以被迫舒张或弯曲，心不能被迫改变自己的意思，对的就实行，不对的就拒绝。所以说，心有容量，它的选择是没有界限的，必定要自主地表现，它认识的事物虽然广博繁杂，它的本质是一致的，不会改变的。《诗经》上说："采呀采呀卷耳菜，还不满一小筐，怀念我那心爱的人儿，索性把那竹筐放在大路上。"竹筐虽说容易装满，卷耳菜也是容易得到的，但是不能三心二意地站在大路旁。所以说，心思分散了就不能得到知识了，思想动摇了就不能精深，三心二意了就会产生疑惑。一个人竭尽全力地做到一心一意，万物都是可以被认识的，身体力行了就能达到完美。对任何一种事物都不能三心二意，所以明智的人选择一个就一心一意地去研究它。

【原文】

农精于田而不可以为田师[①]，贾精于市而不可以为市师，工精于器而不可以为器师。有人也，不能三技而可使治三官，曰：精于道者也，精于物者也。精于物者以物物，精于道者兼物物。故君子壹于道而以赞稽物[2]。壹于道则正，以赞稽物则察，以正志行察论，则万物官矣。

【注释】

①师：领导，官员。

②赞：辅助，辅佐。

【译文】

农民善于种田，但是不能做管理农业的官员；商人善于做买卖，但是不能做管理商业的官员；工匠善于制作器件，但是不能做管理工业的官员。有这样的人，他不精通这三种技术，但是可以做管理这三种行业的官员，这是由于他善于用道来管理，而那三种人是善于运用物的。善于使用物的人能利用物，善于运用道的人能运用各种物，所以君子只把握道就能考察万物。专一于道就能思想正确。用道来考察万物就能明察，用正确的思想来推行明察万物的道理，那么万物都会得到治理。

【原文】

昔者舜之治天下也，不以事诏而万物成。处一危之，其荣满侧；养一之微，荣矣而未知。故《道经》曰："人心之危，道心之微。"危微之几，惟明君子而后能知之。故人心譬如槃水，正错而勿动[1]，则湛浊在下而清明在上[2]，则足以见鬒眉而察理矣。微风过之，湛浊动乎下，清明乱于上，则不可以得大形之正也。心亦如是矣。故导之以理，养之以清，物莫之倾，则足以定是非，决嫌疑矣。小物引之则其正外易，其心内倾则不足以决庶理矣。故好书者众矣，而仓颉独传者[3]，壹也；好稼者众矣，而后稷独传者[4]，壹也；好乐者众矣，而夔独传者[5]，壹也；好义者众矣，而舜独传者，壹也。倕作弓，浮游作矢[6]，而羿精于射；奚仲作车[7]，乘杜作乘马[8]，而造父精于御。自古及今，未尝有两而能精者也。曾子曰[9]："是其庭可以搏鼠[10]，恶能与我歌矣！”

【注释】

①错：同“措”。

②湛：同“沉”。

③仓颉：相传是黄帝时的史官，据说他创造了汉字。

④后稷：尧时的农官，周族的始祖，名弃，“后稷”是他受封后的号，“后”是君长的意思，“稷”是一种谷物，他被任命为农师，所以称“后稷”。

⑤夔：尧、舜时的乐官。相传他奏乐能使鸟兽起舞。

⑥倕：古代传说中心灵手巧的工匠的名字。浮游：或作“夷牟”、“牟夷”，黄帝时人，传说他创造了箭。

⑦奚仲：夏禹时的车正（掌管车服的官），相传他善于造车。

⑧乘杜：即相士，是商朝祖先契的孙子，因为他发明了“乘马”，所以称为“乘杜”。

⑨曾子：孔子的学生，名参（shen）

⑩庭：同“莛”，草茎。

【译文】

从前舜治理天下的时候，并非事事都给与指示而所有的事情都办成了。专一于道而又居安思危，荣耀就会来到他的身边；培养专一于道的能力而又关注细节，荣耀就会在不知不觉中到来。所以《道经》上说：“人的思想在于居安思危，道的精要在于养心知微。”思危和知微之间的关系，只有君子才能够知道。所以人的心好比盘子中的水，端正地放着不动摇，就会浑浊的在下面而清澈的在上面，足够从中观察到胡须眉毛的纹理了。一阵微风过来，浑浊的就在下面活动，清澈的就在上面活动，就是大概的形状也是看不出来的。心也是这样的。所以用理性来引导它，使它保持清醒的状态，外物不能使它倾倒，这样就可以判断是非解决疑难了。如果外界的小事物引诱它，那么外面不能保持端正，内心又倾倒，就连粗浅的道理都不懂了。所以喜欢写字的人很多，但是只有仓颉的流传下来了，这就是由于他专一；喜欢种庄稼的人很多，但是只有后稷的流传下来了，是由于他专一；喜欢音乐的人很多，但是只有夔的流传下来了，这是由于他专一；喜欢道义的人很多，但是只有舜的流传了下来，这是由于他专一；倕制造了弓，浮游创造了箭，而只有后羿精于射箭；奚仲创造了车，乘杜首先用马驾车，而只有造父精于驾车。从古至今，没有谁是由于一心两用而能事业专精的。曾子说："看着打拍子的小棍，心里想着可以用它来打老鼠，怎么能和我一起唱好歌呢？"

【原文】

空石之中有人焉[①]，其名曰觙[②]。其为人也，善射以好思。耳目之欲接则败其思，蚊虻之声闻则挫其精，是以辟耳目之欲[③]，而远蚊虻之声，闲居静思则通。思仁若是，可谓微乎？孟子恶败而出妻[④]，可谓能自强矣；有子恶卧而焠掌，可谓能自忍矣[⑤]，未及好也。辟耳目之欲，可谓能自强矣，未及思也。蚊虻之声闻则挫其精，可谓危矣，未可谓微也。夫微者，至人也。至人也，何强，何忍，何危？故浊明外景，清明内景。圣人纵其欲，兼其情，而制焉者理矣。夫何强，何忍，何危？故仁者之行道也，无为也；圣人之行道也，无强也。亡者之思也恭，圣人之思也乐。此治心之道也。

【注释】

①空石：地名。
②觙：人名。一说是孔子之孙子思。
③辟：同"避"。
④出：遗弃，使出。
⑤有子：孔子的学生有若。焠：烧灼。

【译文】

石洞之中有一个人，叫做级。他为人喜欢猜谜语而又喜欢思考。如果耳朵和眼睛受到外物的影响，就会破坏他的思考；听到蚊虫的声音，就会妨碍他聚精会神。所以避开影响耳朵眼睛的外物，远离蚊虫的骚扰，独居一处静坐思考才会思想明白。如果思考“仁”也像这样，是否就是达到精微的地步呢？孟子厌恶败坏了自己的名声而休了妻子，可以算得上自强了，但是不能说思考得够多了。有若在看书的时候害怕睡着，用火来烤手掌，可以说达到自我控制了，但还没能达到爱好仁德的地步。避开眼睛和耳朵的影响，算得上自强了，但是还没有思考得够多。听到蚊虫的声音就不能聚精会神，可以说达到自我警惕的程度了，但是还不够精微。能够达到精微的地步的人就是最完美的人了。最完美的人，多么自制，多么自强。多么自我警惕！所以朦朦胧胧的微光在外，清清楚楚的光亮在内。圣人能够随心所欲，放纵自己的性情，可是处理事情还是非常理性。这是多么自强，多么自制，多么自我警惕啊！所以仁德的人从事仁道，可以达到无为的境界；圣人从事圣道，根本不需要自强。仁德的人的思索小心谨慎；圣人的思考是轻松快乐的。这是修养身心的方法。

【原文】

凡观物有疑，中心不定，则外物不清。吾虑不清，则未可定然否也。冥冥而行者，见寝石以为伏虎也，见植林以为后人也，冥冥蔽其明也。醉者越百步之沟，以为跬步之浍也[①]；俯而出城门，以为小之闺也[②]，酒乱其神也。厌目而视者[③]，视一以为两；掩耳而听者，听漠漠而以为哅哅[④]，势乱其官也。故从山上望牛者若羊，而求羊者不下牵也，远蔽其大也；从山下望木者，十仞之木若箸，而求箸者不上折也，高蔽其长也。水动而景摇[⑤]，人不以定美恶，水势玄也[⑥]。瞽者仰视而不见星，人不以定有无，用精惑也。有人焉，以此时定物，则世之愚者也。彼愚者之定物，以疑决疑，决必不当。夫苟不当，安能无过乎？

【注释】

①浍：田间小沟渠。

②闺：上圆下方的小门。

③厌：通“压”。

④哅哅：喧闹声。

⑤景：通“影”。

⑥玄：通“眩”。

【译文】

大凡在观察事物的时候有疑惑，心中捉摸不定，就不可能看清楚外物；自己考虑不清楚，就不可能判断是非。在昏暗的地方行走的人，看见横卧的石头，认为是卧着的老虎，看见直立的树木，认为是站着的人，这是由于昏暗蒙蔽了他的眼睛。喝醉的人横跨百步的沟，认为是小半步的小沟，低下头过城门，认为是一个小圆门洞，这是由于酒精迷惑了他的神志。掩住眼睛看东西的人，把一个东西看作两个；掩上耳朵听声音的人，听到很小的声音其实是很大的声音。这是由于外力扰乱了他的感官。从山上看牛就像羊，但是牧人不会下山去牵它，这是距离远蒙蔽了牛的大小。从山下眺望山上树木，几丈高的树木就像筷子那样，但是找筷子的人不会上山去折它，这是由于山势高遮挡了树木的高度。河水摇动，水中的倒影就跟着摇动，人们不根据这来判定事物的好丑，这是由于水晃动使人眼花缭乱。眼睛瞎的人抬头看不见星星，但他不会因此而确定天上没有星星，这是由于瞎子的眼睛看不清东西。有这样的人，凭这时的情况来断定外界事物，这是世界上最愚蠢的人。这种愚蠢的人判定事物，是用疑惑的眼光来判定疑惑，一定不会正确。既然不会正确，怎么可能不会出错？

【原文】

夏首之南有人焉[①]，曰涓蜀梁[②]。其为人也，愚而善畏。明月而宵行，俯见其影，以为伏鬼也，卬视其发[③]，以为立魅也，背而走，比至其家，失气而死，岂不哀哉！凡人之有鬼也，必以其感忽之间、疑玄之时正之[④]。此人之所以无有而有无之时也，而己以定事。故伤于湿而击鼓鼓痹，则必有敝鼓丧豚之费矣，而未有俞疾之福也[⑤]。故虽不在夏首之南，则无以异矣。

【注释】

①夏首：古地名，在今湖北省。
②涓蜀梁：人名。
③卬：同“仰”，抬头。
④正：通“证”，证实。
⑤俞：通“愈”。

【译文】

夏首的南边有一个人，叫做涓蜀梁，他为人比较愚蠢而且害怕鬼神。他在有月亮的晚上走路，低头看见自己的影子，认为是卧着的鬼；抬头看见自己的头发，认为是魅，转身就跑，等到回到家里，断气而亡，这难道不可悲吗？大凡人发现鬼的时候，一定是在恍惚之间、疑惑不定的时候。这正是人们把无当作有、把有当作无的时候，自己却在这个时候判定事物，所以人们得了风湿病，就打鼓驱鬼，杀猪祭神，结果必定有打破鼓、白白送掉猪的花费，却没有治好病的福气。所以即使不在夏首的南边居住，但与那个涓蜀梁并没有什么区别。

【原文】

凡以知，人之性也；可以知，物之理也。以可以知人之性，求可以知物之理，而无所疑止之[①]，则没世穷年不能遍也。其所以贯理焉虽亿万，已不足以浃万物之变，与愚者若一。老身长子而与愚者若一，犹不知错[②]，夫是之谓妄人。故学也者，固学止之也。恶乎止之？曰：止诸至足。曷谓至足？曰：圣也。圣也者，尽伦者也；王也者，尽制者也。两尽者，足以为天下极矣。故学者，以圣王为师，案以圣王之制为法，法其法，以求其统类[③]，以务象效其人。向是而务，士也；类是而几，君子也；知之，圣人也。故有知非以虑是，则谓之惧；有勇非以持是，则谓之贼；察孰非以分是[④]，则谓之纂；多能非以修荡是，则谓之知；辩利非以言是，则谓之詍[5]。传曰：“天下有二：非察是，是察非。”谓合王制与不合王制也。天下有不以是为隆正也，然而犹有能分是非、治曲直者邪？若夫非分是非，非治曲直，非辨治乱，非治人道，虽能之无益于人，不能无损于人。案直将治怪说，玩奇辞，以相挠滑也[6]；案强钳而利口，厚颜而忍诟，无正而恣睢，妄辨而几利[7]；不好辞让，不敬礼节，而好相推挤。此乱世奸人之说也，则天下之治说者，方多然矣。传曰：“析辞而为察，言物而为辨，君子贱之；博闻强志，不合王制，君子贱之。”此之谓也。

【注释】

①疑：通“凝”，固定。
②错：通“措”，搁置，放弃。
③类：以……为法式，效法。几：接近。
④孰：同“熟”，仔细，周详。
⑤詍：多言。
⑥挠滑：扰乱。
⑦几：通“冀”，希望得到。

【译文】

一般来说，对事物的认识能力，人生来就具备；可以被人认识。这是事物本身具备的规律。用可以感知的认识能力，来感知可以被认识的事物的规律，如果没有限制，即使一辈子都不能全部感知。事物内部蕴含的规律虽然很多，但还是不能应付万事万物的变化，这也和愚蠢的人的想法一致。学习，一直等到自己老了，儿子都长大了，还是和愚蠢的人的想法相同，还是不知道自己错了，这就叫做妄人。所以学习本来就是要学到最高境界。什么是学习的最高境界？回答：就是最圆满。什么叫最圆满？回答：就是通晓圣王之道。圣人，就是完全精通自然和社会关系的人。王者，就是掌握了社会法制的人。把这两个方面都掌握了的人，就算是最高标准了。所以，学习的人都把圣王作为榜样，把圣王制定的社会法制当作自己的法度，效法圣王的法制从而寻求他的大纲，以便努力地效仿他的为人。照这样做的人，就是士；与这个标准接近的人，就是君子；完全掌握这个标准的人，就是圣人。所以，有智慧却不去理解圣王之道，就叫做瞎抓；有力气却不用来维护圣王之道，叫做贼；能够明察却不用来分辨圣王的法制，就叫做混淆；有很多技能却不用来发扬圣王的法制，就叫做巧诈；能言善辩却不用来宣传圣王的法制，这就叫做废话。古书上说："天下的事都有两个方面：通过'是'可以明察'非'，通过'非'可以明察'是'。"说的就是符合王制和不符合王制两种情况。天下如果不把王制作为判断是非的标准，这样一来怎么能分清是非曲直呢？假如不能分出是非，不能断定曲直，不能辨别治乱，不能研究做人的道理，即使能掌握它却对人没有什么好处，没有掌握它也对人没有什么坏处；这只不过是研究一些奇言怪语，玩弄词藻，来相互饶舌罢了。强迫压制别人而又能言善辩，厚颜无耻而又忍受辱骂，不走正路而又胡作非为。狂妄诡辩而又图谋私利，不会谦虚礼让，不顾礼节礼仪，却喜欢相互倾轧，这就是扰乱社会的奸邪学说，现在这个社会上这种学说，多半都是这样的。古书上说："玩弄词藻而自认为明察秋毫，谈论事物而自认为能言善辩，君子看不起这种行为。见识广博，记忆力强，但是不按照圣王的法制去做，君子鄙视这种人。"说的就是这种人。

【原文】

为之无益于成也，求之无益于得也，忧戚之无益于几也[①]，则广焉能弃之矣。不以自妨也，不少顷干之胸中。不慕往，不闵来，无邑怜之心[②]，当时则动，物至而应，事起而辨，治乱可否，昭然明矣！

【注释】

①几：希望，指实现愿望。

②邑：通"悒"，愁闷不安。

【译文】

做一件事对成功没有什么好处，追求一件事物对利益没有什么好处，尤其对危机的解除没有什么好处，就应该把它远远地抛弃掉，不应该妨碍自己，不把它留在心里片刻。不羡慕过去，不担心未来，不要有忧虑、怜惜的心思，在适当的时机迅速行动，事情来了及时应付，事情一旦发生马上着手解决，这样，是治还是乱，不就再清楚明白不过了吗！

【原文】

周而成，泄而败，明君无之有也；宣而成，隐而败，暗君无之有也。故君人者周则谗言至矣，直言反矣[①]，小人迩而君子远矣。《诗》云："墨以为明，狐狸而苍。"此言上幽而下险也。君人者宣则直言至矣，而谗言反矣，君子迩而小人远矣。《诗》曰："明明在下，赫赫在上。"此言上明而下化也。

【注释】

①反：通"返"，回去。

【译文】

隐蔽真情就会成功，公开真情就会失败，明君是不会做这样的事；公开真情就会成功，隐蔽真情就会失败，昏君也不会这么做的。所以统治者若是隐蔽真情，谗言就会随之而来，直言就会离开，小人围了上来，君子就疏远了。《诗经》上说："你把黑暗当光明，他说狐狸呈深蓝。"这是说君主昏庸愚昧，那么臣民就会险恶。君主如果开诚布公，那么正直的话就来了，毁谤的话就缩回去了，君子接近而小人远离了。《诗经》上说："下面光明，在上就有赫赫光辉。"说的就是上面开明了下面就能被感化了。

【解读】

荀子的“解蔽”之说在认识论方面着力解决认识的思维规律，论证正确认识事物的方法。首先，他肯定人有认识世界的能力，而且客观事物也是可以被正确认识的。“凡以知人之性，可以知物之理也。以可以知人之性，求可以知物之理，而无所疑止之，则没世穷年不能遍也。”这是说，人对世界的认识是由认识自身到认识外界，逐步具备了把握客观事物并给予正确认识的能力；但是客观现实世界的变化运动永远没有完结，人对于真理的认识也永远没有完结；只是认识了绝对真理的一部分。荀子这一论断，是其唯物主义认识论的基石。其次，他指出对客观事物的认识过程是由感性认识上升到理性认识，感性认识往往带有局限性，必须在感性认识的基础上发挥理性思维的作用，才能形成正确的认识，对客观事物做全面的把握。“凡观物有疑，中心不定，则外物不清；吾虑不清，则未可定然否也。”这说明，认识停留在感性阶段，必然发生错觉，或者仅认识了事物的假象，或者竟是感官失常，如冥行者、醉者、厌目者、掩耳者、望牛者、望木者、摇水者、瞽者等，均是“愚者之定物，以疑决疑，决必不当”。又如夏首涓蜀梁以为有鬼的悲剧，也是惑于疑似之物而发生错误。这里，荀子强调心定、虑清，即理性思维必须发挥其作用。“心不使焉，则白黑在前而目不见，雷鼓在侧而耳不闻”，“心者，形之君也，而神明之主也，出令而无所受令”。耳、目、鼻、口、形等，被荀子称为“天官”，它们各有所能，不可互相替代借用，能认识各种事物在不同方面的不同属性，但这都只是感觉器官所获取的感性认识。心则不同。心被荀子称为“天君”，是人身体与精神的主宰者、支配者；具有自禁、自使、自夺、自取、自行、自止六种能力，具有自由性、自主性、能动性和判断力，因而能对感性材料进行分析、辨别、验证，最终形成正确认识。荀子在研究心的理性思维规律的基础上，进而探讨获取正确认识的方法：第一，“壹于道，而以赞稽物”，“万物可兼知也”。防止心枝，即心有所分歧；防止心倾，即偏邪不正；防止心贰，即疑惑不定，有此三防，就能用心专一，正心于道，排除疑似，无论多么繁复的事物也都能予以明确认识。更重要的是，要站在道的高度，去认识万物，由认识一个个具体事物，提升到认识事物的一般性质。有人虽不能如农精于田，如贾精于市，如工精于器，但他却担当管理农、贾、工的官职，这就是“精于道者也”，“精于道者兼物物”。第二，“故无欲无恶，无始无终，无近无远，无博无浅，无古无今，兼陈万物而中县衡焉。是故众异不得相蔽，以乱其伦。”“衡”训道，“伦”训理。对于万物之众异，知其一而不知其二，及其一而不及其余，就会犯“蔽于一曲，而乱于大理”的错误。所以，将事物不同的属性全体陈列，进而以道这一测定事物的标准予以验证，各种事物的不同特点就不会相互蒙蔽，不会扰乱事物之间相反相成的道理。这是站在道的高度，由认识事物的差异性、特殊性，进而认识事物的普遍性。曲知之人和圣人因认识方法的不同，前者只能识“道之一隅”，后者则能得“周道”，即得道之全。由于把握了“体常而尽变”，所以就不局限于事物的特殊性，不陷入认识上的片面性，并由认识事物的普遍性，全面掌握道之规律，若用以指导行动，就不会因积习而受蔽塞。第三，虚壹而静的治心之道。荀子认为，心之本性是“有知”，即有认识能力，它具有藏、异、动的品质。其所藏者，指陈旧信息、既成看法，会有杂念；其所异者，指事物有区别，会有两个不同方面的认识；其所动者，指心不由自主地运行，会难以驾驭。为了使心能获取正确的认识，其关键在于治心，而治心的方法则是虚壹而静。老庄先提出虚静说，稷下道家宋钘、尹文又继而倡导虚壹而静说，这些都是弃智去欲、无求无藏的精神追求和道德修养的方法。荀子也讲虚壹而静用以“知道”，但他所说的道不是本体论的道，不是精神境界，而是事物的普遍规律，所以他的虚壹而静就是认识论上所指的掌握事物普遍规律的思维活动及方法。虽有所藏，若“不以所已臧害所将受”，即仍能接受新鲜思想，就叫做虚。虽有所异，若“不以夫一害此一”，即仍能进行对另一方面的认识，就叫做壹。虽有动，若“不以梦剧乱知”，即仍能始终把握特定的对象，就叫做静。心能虚空而排拒杂念，专心一意而不旁移，凝神清心而不浮躁，这是虚壹而静的结果，是治心之道对“有知”之藏、异、动诸品质进行节制、修整的结果。“虚则入”、“壹则尽”“静则察”和“大清明”，是思维活动和认识能力的理想化状态，故而“万物莫形而不见，莫见而不论，莫论而失位”。

至于荀子所论人君之蔽、人臣之蔽、诸子百家之蔽，以及解除他们之蔽有何方法，这些都是荀子治心之认识论的应用，也是撰写本文的政治目的之所在。人君之蔽在于“惑其心而乱其行”，如夏桀、殷纣者；人君无蔽在于“主其心而慎治之”，如商汤王、周文王者。人臣之蔽在于“贪鄙、背叛、争权”，如唐鞅、奚齐者；人臣无蔽在于“仁知”、“知贤”、“辅贤”，如鲍叔、宁戚、隰朋、召公、吕望者。又，宾孟之蔽如乱家者流，“墨子蔽于用而不知文，宋子蔽于欲而不知得，慎子蔽于法而不知贤，申子蔽于势而不知知，惠子蔽于辞而不知实，庄子蔽于天而不知人”。以上三种人“故为蔽”，“故”训胡，即何以造成蔽塞呢？荀子归纳为欲、恶、始、终、远、近、博、浅、古、今“十蔽”，以“凡万物异则莫不相为蔽，此心术之公患也”一语总说其实质。万事万物互相区别，纷繁复杂，人的认识偏执一端而产生蔽塞，这种片面性、局限性，是认识方法上的通病。治理上述三种政治上的蔽塞，仍然在于“知道”、“知道人”，换而言之，向孔子学习，在道德修养上“仁知且不蔽”，在治国理政上“学乱术足以为先王者也”。“乱”含治、乱二义。《尔雅．释诂》：“乱，治也。”《尚书·顾命》：“其能而乱四方。”蔡沈集传：“而，如；乱，治也。”古称善于治国的能臣为“乱臣”，如《尚书·泰誓》：“予有乱臣十人。”后亦称不守臣道之臣为“乱臣”，如《管子·君臣下》：“君为倒君，臣为乱臣，国家之衰也，可坐而待之。”而此处乱术谓治术。以治天下之术治国平天下，就是“得周道”。不会因原有成习而蔽塞。

正名第二十二

【题解】

名实关系是先秦诸子百家都非常关注和重视的话语与课题，各家各派都在讨论，但论述最为深刻、理论最为完整的当属荀子的《正名》篇。本篇主要论述了名称与它所反映的实际内容之间的关系以及如何制定名称的问题。它是中国古代逻辑学中的重要篇章之一。荀子在文中首先对王者制名与正名的重要意义进行了论述，认为“名定而实辨，道行而志通”，指出名分关系着礼乐、刑罚，是国家兴衰成败的关键，也是国家长治久安的根本。荀子认为，事物的名称是“约定俗成”的，比如，刑罚的名称要仿照商朝，爵位的名称要依照周朝，礼法仪式的名称要依据《礼经》，而一般事物的名称则可以遵从华夏各国的成俗共同来约定。但这种“约定俗成”又是以客观事物的实际内容为基础的，所以，确定名称时要“稽实”。另一方面，名称虽然受制于实际内容，但它一经确定，又能对实际内容发生影响，即“名定而实辨”。当然，名称也会随着时间和客观事物的变化而变化。在社会政治生活领域内，“正名”能“明贵贱”、“辨同异”、“率民而一”，这也就是荀子强调“正名”的政治内涵。从正名出发，篇中还论述了辩说的问题，对孔子的“以名正实”的正名思想进行了批判继承，还对庄子、公孙龙、宋钘、墨子、惠施等人关于“见侮不辱”、“山渊平”、“情欲寡”、“杀盗非杀人”、“白马非马”等诡辩论的观点进行了驳斥，并批判了有关欲望方面的异端邪说。

【原文】

后王之成名①：刑名从商②，爵名从周③，文名从《礼》④。散名之加于万物者⑤，则从诸夏之成俗曲期⑥，远方异俗之乡则因之而为通⑦。散名之在人者：生之所以然者谓之性。性之和所生，精合感应，不事而自然谓之性⑧。性之好、恶、喜、怒、哀、乐谓之情。情然而心为之择谓之虑。心虑而能为之动谓之伪。虑积焉、能习焉而后成谓之伪。正利而为谓之事。正义而为谓之行⑨。所以知之在人者谓之知。知有所合谓之智。智所以能之在人者谓之能⑩。能有所合谓之能。性伤谓之病。节遇谓之命⑪。是散名之在人者也，是后王之成名也。

【注释】

①成：确定。

②刑名：刑罚的名称。从：根据，依照。

③爵名：爵位的名称。

④文名：礼节仪式的名称。《礼》：指《仪礼》。

⑤散名：散杂的名称，指各种事物的名称。

⑥成俗：旧有的习俗。曲期：共同约定。

⑦因：利用，凭借。

⑧事：从事，做，人为。自然：自己如此。

⑨正利：正当的利益。事：事业，功业。正义：正当的道理。行：品行，德行。

⑩“智”为衍文。

⑪节遇：偶然的遭遇。

【译文】

后王如此来确定名称：刑罚的名称依照商朝，爵位的名称依照周朝，礼节仪式的名称依照《仪礼》。赋予万物的名称，则是根据华夏各国旧有的习俗共同约定，边远地区不同习俗的地方也可以利用这些名称进行沟通。关于人的各种名称有：生来就如此的叫作本性。性的阴阳和气所产生的、精神接触外物的感应、不经过人为而自己如此的叫作本性。性的好、恶、喜、怒、哀、乐叫作情感。情感产生而心灵进行选择叫作思虑。内心思虑而官能据此行动叫作人为。思虑不断积累、官能反复修习后形成的，也叫作人为。为了正当的利益而作为叫作事业，为了正当的道义而作为叫作德行。人所具有的认识事物的能力叫作认识能力。这种认识能力与外部事物相合叫作智慧。人所具有的做事能力叫作本能，这种能力与外部事物相合叫作才能。本性受到伤害叫作疾病。偶然的际遇叫作命运。以上是关于人的各种名称，是后王所确定的名称。

【原文】

故王者之制名，名定而实辨，道行而志通，则慎率民而一焉。故析辞擅作名以乱正名，使民疑惑，人多辨讼[①]，则谓之大奸，其罪犹为符节、度量之罪也[②]。故其民莫敢托为奇辞以乱正名。故其民悫，悫则易使，易使则公[③]。其民莫敢托为奇辞以乱正名，故壹于道法而谨于循令矣。如是，则其迹长矣[④]。迹长功成，治之极也，是谨于守名约之功也。

【注释】

①辨：通“辩”。讼：争辩。

②为：制作。度量：用以计量长短和容积的标准。度，计量长短的标准。量，计量物体多少的容器。

③公：通“功”，功绩，功劳。

④迹：业绩，事迹。

【译文】

所以王者制定事物的名称，名称确定，那么实物就能区分了，制定名称的原则实行，思想就能沟通了，于是就谨慎地率领百姓，统一遵守这些名称。所以析解言辞、擅自创名来扰乱正确的名称，使百姓疑惑，使人们进行更多的争辩，那就叫作大奸人，他的罪行与制作信符和度量衡的罪行一样。所以王者的百姓没有谁敢制造怪僻的言辞来扰乱正确的名称。因此他的百姓就朴实，朴实就容易役使，容易役使就能成就功业。他的百姓没有谁敢制造怪僻的言辞来扰乱正确的名称，所以就专一于法度而谨慎地遵循政令了。像这样，那么他的事迹就能长久。事迹长久而功业成就，是政治的最高境界。这是严谨地坚持用名称来约束百姓的功效啊。

【原文】

今圣王没，名守慢，奇辞起，名实乱，是非之形不明，则虽守法之吏、诵数之儒[①]，亦皆乱也。若有王者起，必将有循于旧名，有作于新名。然则所为有名，与所缘以同异[②]，与制名之枢要，不可不察也。

【注释】

①数：指礼制。

②缘：依照，根据。以：使。

【译文】

现在圣王去世了，名称的管理松懈了，怪僻的言辞出现了，名称和实物的关系淆乱，正确和错误的真相不清楚，那么即使是掌管法度的官吏、讲述礼制的儒生，也都混乱不清。如果再有王者出现，一定会对旧有的名称有所沿用，并制定一些新的名称。既然这样，那么对于为什么要有名称、使名称有同有异的根据以及制定名称的关键，就不能不考察了。

【原文】

异形离心交喻[①]，异物名实玄纽[②]，贵贱不明，同异不别，如是则志必有不喻之患，而事必有困废之祸。故知者为之分别，制名以指实，上以明贵贱，下以辨同异。贵贱明，同异别，如是则志无不喻之患，事无困废之祸。此所为有名也。

【注释】

①形：形体，指人。离：背离。

②玄：通“眩”，迷乱，迷惑。纽：结。

【译文】

不同人的不同认识要互相晓谕，不同的事物，如果名称和实物混乱地缠结在一起，那么高贵和卑贱就不能明确，相同和相异就不能区别。像这样，那么思想就一定会有不能被知晓的忧患，而事情就一定会有陷入困境而废弃的灾祸。所以有智慧的人给万事万物以分别，制定名称来指称实物，上用来明确高贵和卑贱，下用来区别相同和相异。高贵和卑贱明确了，相同和相异区别了，那么思想没有不能被知晓的忧患，而事情没有陷入困境而废弃的灾祸。这就是为什么要有名称的原因。

【原文】

然则何缘而以同异？曰：缘天官。凡同类、同情者，其天官之意物也同[①]，故比方之疑似而通[②]，是所以共其约名以相期也。形体、色、理以目异，声音清浊、调竽奇声以耳异[③]，甘、苦、咸、淡、辛、酸、奇味以口异，香、臭、芬、郁、腥、臊、洒、酸、奇臭以鼻异[④]，疾、养、沧、热、滑、铍、轻、重以形体异[⑤]，说、故、喜、怒、哀、乐、爱、恶、欲以心异[⑥]。心有征知[⑦]。征知则缘耳而知声可也，缘目而知形可也，然而征知必将待天官之当簿其类然后可也[⑧]。五官簿之而不知，心征之而无说，则人莫不然谓之不知。此所缘而以同异也。

【注释】

①天官：天生的感官。据《无论》篇，指耳、目、鼻、口、形五官。意物：对事物的感觉。

②比方：比拟。疑：通“拟”，比拟。

③调竽：疑为“调节”，指和谐的乐曲。奇声：指杂乱不和谐的声音。

④郁：乌身上一种腐臭的气味。腥：猪身上的臊臭气味。臊：狗身上的腥臭气味。洒：当为“漏”字，通“蝼”，马身上类似蝼蛄一样的臊臭气味。酸：当为“庮”字，牛身上类似烂木头一样的臊臭气味。奇臭：奇异的气味。

⑤疾：痛。养：通“痒”。沧：寒冷，凉。铍：当为“钑”字，通“涩”，不光滑，不灵活，不滑润。

⑥说：通“悦”。故：通“固”，指心中郁结烦闷。

⑦有：犹“能”。征：验，验证。

⑧当：抵，触及。簿：通“薄”，迫近，靠近。

【译文】

那么，根据什么而使事物的名称有同有异呢？回答说：根据人天生的感官。凡是同一个族类、具有相同情感的人，他们天生的感官对事物的感觉也是相同的，所以对事物的比拟只要大体相似就能通晓，这就是人们能共同使用那些约定的名称来互相交往的原因。形体、颜色、纹理，因为眼睛的感觉而不同；声音的清浊、乐声的和谐和不和谐，因为耳朵的感觉而不同；甜、苦、咸、淡、辣、酸以及奇异的味道，因为嘴巴的感觉而不同；香、臭、草的香气、鸟的腐臭、猪腥气、狗臊气、马臭气、牛臭气以及奇异的气味，因为鼻子的感觉而不同；痛、痒、冷、热、滑、涩、轻、重，因为身体的感觉而不同；愉快、烦闷、喜悦、愤怒、悲哀、快乐、喜爱、厌恶以及各种欲望，因为心的感觉而不同。心能够验证认识。既然心能够验证认识，那么就可以依靠耳朵来了解声音，就可以依靠眼睛来了解形状，然而心验证认识却一定要等待天生的感官接触相应的事物之后才行。如果五官接触了外界事物而不能认识，心验证认识而不能说明，那么，人们就不得不说他是无知的。这些就是使事物的名称有同有异的根据。

【原文】

然后随而命之：同则同之，异则异之，单足以喻则单，单不足以喻则兼[①]，单与兼无所相避则共[②]，虽共，不为害矣。知异实者之异名也，故使异实者莫不异名也，不可乱也，犹使异实者莫不同名也[③]。故万物虽众，有时而欲遍举之，故谓之“物”。“物”也者，大共名也。推而共之，共则有共[④]，至于无共然后止。有时而欲遍举之[⑤]，故谓之鸟兽。鸟兽也者，大别名也[⑥]。推而别之，别则有别，至于无别然后止。名无固宜，约之以命。约定俗成谓之宜，异于约则谓之不宜。名无固实，约之以命实，约定俗成谓之实名。名有固善，径易而不拂[⑦]，谓之善名。物有同状而异所者[⑧]，有异状而同所者，可别也。状同而为异所者，虽可合，谓之二实。状变而实无别而为异者，谓之化。有化而无别，谓之一实。此事之所以稽实定数也，此制名之枢要也。后王之成名，不可不察也。

【注释】

①单：单名，指单音词。兼：复名，指复音词。

②共：指共名，一类事物共有的名称。

③异：当为“同”字。

④共则有共：共有的名称之中又有共有的名称。

⑤遍：当为“偏”字。

⑥别名：与“共名”相对，指一类事物中的部分事物的名称。

⑦径易：直接平易。拂：逆，违背。

⑧所：处所，此处指实质。

【译文】

然后就依照它来给事物命名：相同的事物就取相同的名称，不同的事物就取不同的名称，单音节的名称能让人明白的就用单音节的名称，单音节的名称不能让人明白就用多音节的名称。单音节的名称和多音节的名称如果不相冲突就使用共有的名称，虽然使用共有的名称，也不会造成什么损害。知道不同的事物要用不同的名称，所以使不同的事物无不具有不同的名称，这是不可混乱的，就像使相同的事物无不具有相同的名称一样。万物虽然众多，有时却想要把它们全部列举出来，所以把它们叫作“物”。“物”是个最大的共有名称。依此推求而给事物制定共有的名称，那么共有的名称之中又有共有的名称，直到不再有共有的名称，然后才终止。有时想要把它们部分地列举出来，所以把它们叫作鸟兽。鸟兽是一种大的别名。依此推求而给事物制定别名，那么别名之中又有别名，直到不再有别名，然后才终止。名称并没有本来就适宜的，而是人们共同约定来命名的。约定而成为习俗就说它是适宜的，和约定的名称不同就叫作不适宜。名称并没有固有的指称对象，而是人们共同约定给实物命名的，约定而成为习俗就把它作为某一实物的名称。有本来就很完美的名称，直接平易而不违背事理，就叫作完美的名称。事物有形状相同而实质不同的，有形状不同而实质相同的，这是可以区别的。形状相同却是不同实质的，即使可以合用一个名称，也叫作两个实物。形状改变但实质并没有改变而成为不同事物的，叫作变化。有变化而实质没有区别的，叫作一个实物。这是对事物考察实质、确定数目的方法，这些就是制定名称的关键。后王确定名称，是不能不明察的。

【原文】

“见侮不辱”①，“圣人不爱己”②，“杀盗非杀人也”③，此惑于用名以乱名者也。验之所以为有名而观其孰行，则能禁之矣。“山渊平”④，“情，欲寡”⑤，“刍豢不加甘，大钟不加乐”⑥，此惑于用实以乱名者也。验之所缘无以同异而观其孰调⑦，则能禁之矣。“非而谒楹”，“有牛马非马也”，此惑于用名以乱实者也。验之名约，以其所受悖其所辞，则能禁之矣。凡邪说辟言之离正道而擅作者，无不类于三惑者矣。故明君知其分而不与辨也。

【注释】

①见侮不辱：受到侮辱并不是耻辱。这是战国中期宋钘的说法。

②圣人不爱己：圣人并不格外地珍爱自己，对人对己都是一样的。

③杀盗非杀人也：杀死强盗并不是杀人。这是墨子的说法。

④山渊平：高山与深渊一样平。这是名家惠施的说法。

⑤情，欲寡：人的欲望很少。这是宋钘的说法。

⑥刍豢不加甘，大钟不加乐：吃肉并不比吃普通的食物更甘美，大钟之音并不能增加更多的快乐。这大概是墨子的说法。

⑦“无”：应该是衍文。

【泽文】

“被侮辱而不以为耻辱”，“圣人不爱惜自己”，“杀死盗贼不是杀人”，这些说法都是在使用名称方面迷惑了以致搞乱了名称的说法。用为什么要有名称的道理去检验它们，并观察它们有哪一种能行得通，那就能禁止这些说法了。“高山和深渊一样平”，“人的本性是欲望很少”，“牛羊猪狗等肉食并不比一般食物更加香甜，大钟的声音并不比一般的声音更加悦耳”，这些说法是迷惑于用实际中的特殊情况来混淆名称的本质含义。用为什么要使事物的名称有同有异的根据去检验它们，并观察它们有哪一种能够吻合，那就能禁止这些说法了。“飞箭经过柱子可以说明停止”，“有牛马，但它不是马”，这些说法是迷惑于用事物的名称来混淆事物的实质，用名称约定的原则去检验它们，用这些人所能接受的观点去反驳他们所反对的观点，那就能禁止这些说法了。凡是背离了正确的原则而擅自炮制的邪说谬论，无不与这三种惑乱的说法类似。英明的君主知道它们与正确学说的区别而根本不去和他们争辩。

【原文】

夫民易一以道而不可与共故[①]，故明君临之以势，道之以道，申之以命，章之以论[②]，禁之以刑。故其民之化道也如神，辨势恶用矣哉[③]？今圣王没，天下乱，奸言起，君子无势以临之，无刑以禁之，故辨说也。实不喻然后命，命不喻然后期[④]，期不喻然后说，说不喻然后辨。故期、命、辨、说也者，用之大文也，而王业之始也。名闻而实喻，名之用也。累而成文，名之丽也。用、丽俱得，谓之知名。名也者，所以期累实也[⑤]。辞也者，兼异实之名以论一意也。辨说也者，不异实名以喻动静之道也。期命也者，辨说之用也。辨说也者，心之象道也。心也者，道之工宰也。道也者，治之经理也。心合于道，说合于心，辞合于说；正名而期，质请而喻[⑥]；辨异而不过，推类而不悖；听则合文，辨则尽故。以正道而辨奸，犹引绳以持曲直[⑦]，是故邪说不能乱，百家无所窜[⑧]。有兼听之明，而无奋矜之容；有兼覆之厚，而无伐德之色。说行，则天下正；说不行，则白道而冥穷[⑨]。是圣人之辨说也。《诗》曰[⑩]：“颙颙卬卬[⑪]，如珪如璋[⑫]，令闻令望。岂弟君子，四方为纲。”此之谓也。

【注释】

①共故：商量，谋划。

②章：同“彰”，彰明，使……明白清楚。

③辨：通“辩”。辨势：指辩说其所以然。

④期：仔细体会。

⑤期累实：约定用以表达各种各样的事物。

⑥质请：根据实情。请，通“情”，实情，是指名称表示的实际内容。

⑦持：掌握，这里是了解、判别，衡量的意思。

⑧窜：躲藏。百家无所窜：指他们的奸诈谬误被揭露于光天化日之下。

⑨白道：说明正道。冥穷：深究正道。

⑩引诗见《诗经·大雅·卷阿》。

⑪颙颙：形体外貌恭敬温和的样子。卬卬：志气高昂的样子。

⑫珪：一种玉器，上圆下方。璋：一种玉器，形状像半个珪。珪与璋都是帝王、诸侯在朝会时所拿的玉器，所以用来喻指美德。

【译文】

老百姓，很容易用正道来统一他们，却不可以和他们共商大事。所以，英明的君主用权势来统治他们，用正道来引导他们，用命令来告诫他们，用分析、说明正道来晓谕他们，用刑法来禁止他们为非作歹。所以他统治下的百姓感化于正道就像被神仙支配了一样，哪里还用得着辩说呢？当今社会，圣明的帝王不存在了，天下混乱，奸诈邪恶的言论产生了，君子没有权势去统治百姓，也没有刑法去禁止他们为非作歹，所以要辩论解说。实际事物不能让人明白，就给它们命名，命名了还不能使人了解就会合众人来约定，约定了还不能使人明白就解说，解说了还不能使人明白就辩论。所以，约定、命名、辩论、解说，是名称使用方面最重要的形式，也是帝王大业的起点。名称一被听到，它所表示的实际事物就能被了解，这是名称的用途。积累名称而形成文章，这就是名称的配合。名称的使用、配合都符合要求，就叫做精通名称。名称，是用来互相约定从而用以表达各种实际事物的。言语，是人们用同一个概念和事物来辨明是非之理的。辩论与解说，是不使名实相乱来阐明是非的道理。约定与命名，是供辩论与解说时使用的。辩论与解说，是心灵对道的认识的一种表象。心灵，是道的主宰。道，就是治国的根本原则。心意符合于道，解说符合于心意，言语符合于解说；使名称正确无误并互相约定。根据事物的实际情况来说明事物，辨别不同的事物的区别而不失误，推论类似的事物而不违背情理，这样的话，听取意见时就能合于礼法，辩论起来就能彻底揭示事物的原因。用正确的原则来辨别奸邪，就像拉出墨线来判别曲直一样，所以奸邪的学说就不能来扰乱正道，各家的谬论也无处躲藏了。有广泛听取各方意见的明智，而没有趾高气扬、骄傲自大的神色；有兼容并包的宽宏大量，而没有自夸美德的神色。自己的学说得到实行，那么天下就能治理好；自己的学说不能实行，那就彰明正道而自己深究正道。这就是圣人的辩论与解说。《诗经》上说："形貌恭顺，志气高昂，洁身如玉，美名远扬，这样和乐平易的君子，是四方百姓的典范。"说的就是这种情况。

【原文】

辞让之节得矣[1]，长少之理顺矣；忌讳不称，袄辞不出；以仁心说，以学心听，以公心辨；不动乎众人之非誉，不治观者之耳目[2]，不赂贵者之权势，不利传辟者之辞[3]；故能处道而不贰，吐而不夺[4]，利而不流[5]，贵公正而贱鄙争。是士君子之辨说也。《诗》曰[6]："长夜漫兮，永思骞兮[7]。大古之不慢兮，礼义之不愆兮，何恤人之言兮?"此之谓也。

【注释】

①节：礼节。这里是指品德。

②治：应该是"冶"，通"蛊"，迷惑，即哗众取宠的意思。

③传辟：应该是便辟，是指身边亲近的人。辟，通"僻"，邪僻不正。

④吐：是指发言，发表意见。不夺：不受外力的胁迫而改变。

⑤利而不流：意思是口才流利而不至于毫无节制。

⑥引诗不见于今本《诗经》，是逸诗。

⑦騫：通“愆”，过错的意思。

【译文】

谦让的品德具备了，长幼的伦理顺当了，人们忌讳的话不去说，奇谈怪论不出口，用仁慈的心去解说道理，用求学的心去听取意见，用公正的心去辩论是非，不因为众人的诽谤或者赞誉而动摇，不去迷惑别人的耳目，不赠送财物去买通高贵者的权势，不喜欢左右的亲信的言辞，所以能坚持正道而不三心二意，大胆发言而不会因为受到外力的胁迫而改变观点，言语流利而不至于毫无节制，崇尚公正而鄙视庸俗粗野的争论，这就是士君子的辩论与解说。《诗经》上说：“长夜漫漫，我常思索我的缺点。远古的传统我不怠慢，礼义上的错误我不犯，又何必担忧别人说长道短?”说的就是这样的君子。

【原文】

君子之言，涉然而精，俛然而类[①]，差差然而齐[②]。彼正其名，当其辞，以务白其志义者也。彼名辞也者，志义之使也，足以相通则舍之矣；苟之，奸也。故名足以指实，辞足以见极[③]，则舍之矣。外是者谓之訒[④]，是君子之所弃，而愚者拾以为己宝。故愚者之言，芴然而粗[⑤]，啧然而不类，諮諮然而沸[⑥]。彼诱其名，眩其辞，而无深于其志义者也。故穷藉而无极[⑦]，甚劳而无功，贪而无名。故知者之言也，虑之易知也，行之易安也，持之易立也，成则必得其所好而不遇其所恶焉。而愚者反是。《诗》曰[⑧]：“为鬼为蜮，则不可得；有靦面目[⑨]，视人罔极？作此好歌，以极反侧。”此之谓也。

【注释】

①俛然：贴切。俛，同“俯”，贴近。

②差差然：参差不齐的样子。

③极：根本，中心。

④讱：困顿。这里是令人困惑不解的意思。

⑤芴然：轻浮的样子。

⑥諮諮然：多话的样子。

⑦穷藉：极为杂乱。

⑧《诗》：是指《诗经·小雅·何人斯》。

⑨靦：露面见人，这里是指有脸面。

【译文】

君子的言论，浅显而又精微，贴切中肯而有法度，具体说法参差错落而大旨始终一致。他正确地选择那些名称，恰当地使用那些词句，以此来努力阐明他的思想学说。那些名称与词句，是思想、学说的使者，足以用来沟通人们的思想，就不必再说了，但如果所说的不符合礼义，那就是奸邪之说。所以，名称能够用来表示事物的实质，词句能够用来表达本质的思想，就不必再说了。背离这种标准的就叫做令人困惑不解，这是君子所要抛弃的，但愚蠢的人却拣来当作自己的宝贝。所以，蠢人的言论，是轻浮而粗野的，吵吵嚷嚷而不合法度，是啰唆而嘈杂的。他们混淆那些名称，炫耀那些词句，但是表达出来的思想学说却毫无深意。所以他们是异常杂乱而不着边际，非常吃力却没有功效，话语虽然很多却什么也说不清楚。所以，智者的言论，只要思虑就很容易理解，只要运用就很容易做到妥当，坚持它容易站得住脚跟，成功了就一定能得到自己所喜欢的东西而不会得到自己所厌恶的东西。可是愚蠢的人却与此相反。《诗经》上说："你是鬼是短狐，我无法看清楚你的原形；你有脸有面，人们会一直盯着你，我作此好歌唱一唱，就是要尽情地揭穿你的反复无常。"说的就是这种人。

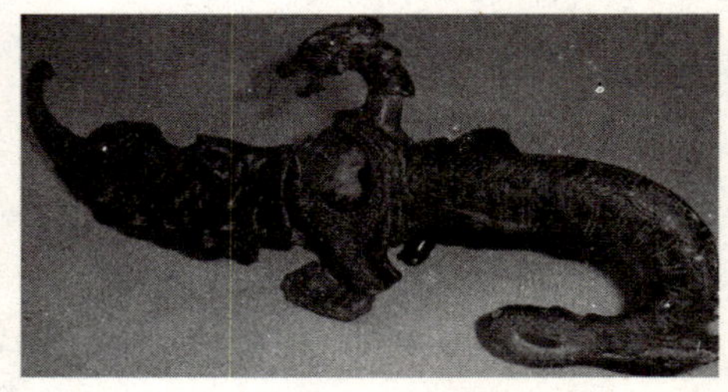

青铜龙柄虎翘刀（春秋战国）

【原文】

凡语治而待去欲者[1]，无以道欲而困于有欲者也。凡语治而待寡欲者[2]，无以节欲而困于多欲者也。有欲无欲，异类也，生死也，非治乱也。欲之多寡，异类也，情之数也，非治乱也。欲不待可得，而求者从所可，欲不待可得，所受乎天也；求者从所可，受乎心也。所受乎天之一欲，制于所受乎心之多，固难类所受乎天也。人之所欲，生甚矣；人之所恶，死甚矣。然而人有从生成死者，非不欲生而欲死也，不可以生而可以死也。故欲过之而动不及，心止之也。心之所可中理，则欲虽多，奚伤于治？欲不及而动过之，心使之也。心之所可失理，则欲虽寡，奚止于乱？故治乱在于心之所可，亡于情之所欲。不求之其所在而求之其所亡，虽曰“我得之”，失之矣。

【注释】

①语治：谈论治国之道。待：应该是“持”，主张的意思。

②寡欲：这是孟子、宋钘的观点。

【译文】

一般来说，凡是谈论治国之道而主张消除人们的欲望的人，是没有办法来正确地引导人们的欲望而被人们已有的欲望所困扰的人。一般来说，凡是谈论治国之道而主张减少人们的欲望的人，是没有办法来节制人们的欲望而被人们过多的欲望所困扰的人。有欲望与没有欲望，是不同类的，是人的本性所固有的，这与国家的安定或动乱无关。欲望的多与少，是不同类的，是人情的必然现象，与国家的安定或动乱无关。人的欲望并不等到其所欲之物可能得到才产生，追求满足欲望的人总是在他自己所认可的情况下去追求。欲望并不等到其所欲之物可能得到才产生，这是来自天赋的；追求满足欲望的人总是在他自己所认可的情况下去追求，这是受心的支配。人们所秉承的来自天赋的单纯的欲望，会被那些出于内心的众多的思考所制约，结果当然很难再与原先来自天赋的本性而产生的单纯的欲望相似了。人的欲望，活着就是最强烈的欲望，人的厌恶，死亡就是最强烈的厌恶。然而，有的人却放弃了生而去死，这不是他们不想活而想死，而是因为在那种情势下不可以活而必须去死。所以，有时欲望超过了某种程度而行动却没有达到那种程度，这是因为内心节制了欲望。如果内心所认可的欲望是符合礼义的，那么这种欲望即使很多，又怎么会妨害国家的安定呢？有时欲望没有达到某种程度而行动却超过了那种程度，这也是因为受心的驱使。内心所认可的欲望如果违背礼义，那么这种欲望即使很少，又岂止是使国家动乱这么简单呢？所以，国家的安定或动乱的关键取决于内心所认可的欲望是否合乎礼义，而不在于人情的欲望是多是少。不从根源所在的地方去寻找原因，却从没有关系的地方去找原因，虽然自称找到了问题的关键所在，其实却是恰恰错过了问题的关键。

【原文】

性者，天之就也；情者，性之质也；欲者，情之应也。以所欲为可得而求之，情之所必不免也；以为可而道之，知所必出也。故虽为守门，欲不可去，性之具也。虽为天子，欲不可尽。欲虽不可尽，可以近尽也；欲虽不可去，求可节也。所欲虽不可尽，求者犹近尽；欲虽不可去，所求不得，虑者欲节求也。道者，进则近尽，退则节求，天下莫之若也。

【译文】

本性，是自然造就的；情感，是本性的实际内容；欲望，是情感对外界事物的反应。认为自己的欲望可能会得到满足就努力去追求，这是情感所必不能免的现象；认为自己的欲望是正确的而努力去实行它，这是人的智慧必定会驱使人去这样做的。所以，即使是卑贱的看门人，他的欲望也是无法消除的，因为这是本性所具有的。即使是高贵的天子，他的欲望也是没有止尽的。欲望虽然不可能全部得到满足，却可以接近于全部满足；欲望虽然不可能消除，但对满足欲望的追求却是可以节制的。欲望虽然不可能全部满足，追求的人还是能接近于全部满足的；欲望虽然不可能消除，但追求的东西不能得到，用心思考的人就会打算节制自己的追求了。施行治国之道的人，在可能的情况下，应该使自己的欲望接近于止尽，在条件不允许的情况下，就努力节制自己对欲望的追求，天下再没有比这个更好的原则了。

【原文】

凡人莫不从其所可而去其所不可。知道之莫之若也而不从道者，无之有也。假之有人而欲南无多①；而恶北无寡②。岂为夫南者之不可尽也、离南行而北走也哉？今人所欲，无多；所恶，无寡。岂为夫所欲之不可尽也、离得欲之道而取所恶也哉？故可道而从之，奚以损之而乱？不可道而离之，奚以益之而治？故知者论道而已矣，小家珍说之所愿皆衰矣。

【注释】

①欲南无多：想去南方的愿望并不强烈。

②恶北无寡：厌恶到北方去的愿望强烈。

【译文】

凡是人无不依从自己所认可的而背弃自己所否定的。既然知道没有什么比正道更好的了，却又不依从正道，天下是没有这种人的。假如有人想到南方去的愿望并不是很强烈，但是厌恶到北方去的欲念却十分强烈，难道他会为了南方的路途不可穷尽而放弃往南走转过头来向北走吗？现在的人们，想要得到的，就无所谓多；所厌恶的，就无所谓少。他们难道会因为那想要得到的东西不可能全部得到就离开了那实现欲望的道路而去求取厌恶的东西吗？所以，人们满足了符合道的欲望，哪里会因为增多了这些欲望就使得国家发生混乱了呢？人们放弃了那些不符合正道的欲望，又怎么会因为减少了这些欲望就使得国家安定了呢？所以，明智的人只是依照正道去行事，那些不符合正道的学者们的奇谈怪论所追求的一套自然就会消亡了。

【原文】

凡人之取也，所欲未尝粹而来也[①]；其去也，所恶未尝粹而往也。故人无动而不可以不与权俱[②]。衡不正[③]，则重县于仰，而人以为轻；轻县于俛，而人以为重；此人所以惑于轻重也。权不正，则祸托于欲，而人以为福；福托于恶，而人以为祸；此亦人所以惑于祸福也。道者，古今之正权也；离道而内自择，则不知祸福之所托。

【注释】

①粹：纯粹，引申为完全。
②权：秤锤，这里引申指衡量行为的准则。
③衡：秤杆，秤。不正：指悬挂秤杆的支点偏于一边。

【译文】

大凡人们求取的时候，想要的东西从来没有能完全彻底地得到；人们舍弃的时候，所厌恶的东西从来没有能完全彻底地去掉。所以，人们无论什么行动，都不能不用正确的准则来衡量。秤如果不准，那么重的东西挂上去反而会翘起来，而人们就会把它当作是轻的；轻的东西挂上去反而会低下去，而人们就会把它当作是重的。这就是人们对轻重发生迷惑的原因。衡量行为的准则如果不正确，那么灾祸就会寄寓在人们所追求的事物中，而人们还把它当作幸福；幸福就会依附于人们所厌恶的事物中，而人们还把它当作灾祸。这也就是人们对祸福发生迷惑的原因。道，是从古到今最准确、最正确的衡量标准，背离了道而由自己主观来选择，那就会不知道祸福所依存的地方了。

【原文】

易者，以一易一，人曰无得亦无丧也；以一易两，人曰无丧而有得也；

以两易一，人曰无得而有丧也。计者取所多，谋者从所可。以两易一，人莫之为，明其数也。从道而出，犹以一易两也，奚丧？离道而内自择，是犹以两易一也，奚得？其累百年之欲，易一时之嫌[1]，然且为之，不明其数也。

【注释】

①嫌：通“慊”，是指一时的满足。

【译文】

交易，拿一件东西换一件东西，人们就说没有收获也没有损失；拿一件东西换两件东西，人们就说没有损失而有收获；拿两件东西换一件东西，人们就说没有收获而有损失。善于计算的人总是取数量多的东西，善于谋划的人总是会追求他认为合宜的东西。拿两件东西换一件，没有一个人肯干这种事，因为大家都明了它们的数目。依从道去行动，就好比拿一件东西去换两件东西，有什么损失呢？背离了道而由自己主观去抉择，这就好比拿两件东西去换一件东西，有什么收获呢？用长期追求的欲望去换取暂时的满足，这种事还是要去做，这种人是连数量也不懂得的。

【原文】

有尝试深观其隐而难其察者[1]。志轻理而不重物者[2]，无之有也；外重物而不内忧者，无之有也。行离理而不外危者，无之有也；外危而不内恐者，无之有也。心忧恐，则口衔刍豢而不知其味，耳听钟鼓而不知其声，目视黼黻而不知其状，轻暖平簟而体不知其安[3]。故向万物之美而不能嗛也[4]，假而得问而嗛之[5]，则不能离也。故向万物之美而盛忧，兼万物之利而盛害。如此者，其求物也，养生也？粥寿也[6]？故欲养其欲而纵其情，欲养其性而危其形，欲养其乐而攻其心，欲养其名而乱其行。如此者，虽封侯称君，其与夫盗无以异；乘轩戴絻[7]，其与无足无以异。夫是之谓以己为物役矣！

【注释】

①“难”字后面的“其”字应该是衍文。

②理：道理。不重物者：应该是“不外重物者”。

③平簟：床与竹席。

④向：通“享”，享有。嗛：通“慊”，满足。

⑤问：应该是“间”之误。间：间隙。

⑥粥：通“鬻”，卖。

⑦轩：一种有篷遮蔽的车，为卿大夫及诸侯夫人等达官贵人所乘。

【译文】

我又试探着深入地观察那些隐蔽而又难以看清楚的情况。心里轻视道义而又不看重物质利益的，没有这种人；外看重物质利益而内心不忧虑的，没有这种人。行为违背道义而在外又不危险的，没有这种人；外部危险而内心不恐惧的，没有这种人。心里忧虑恐惧，那么嘴里衔着牛羊猪狗等肉食也感觉不到美味，耳朵听着钟鼓奏出的音乐也感觉不到悦耳，眼睛看着锦绣的花纹也察觉不到形状，穿着轻软暖和的衣服坐在竹席上身体也感觉不到舒适。所以，这样的人享受到了万物中美好的东西也仍然不能感到满足，即使得到短暂时间的满足，那还是不能脱离忧虑恐惧。所以，享受到了万物中美好的东西却仍然非常忧虑，占有了万物的利益却有着极大的祸害。像这样的人，他追求物质利益，是在保养生命呢？还是在卖掉寿命？想要满足自己的欲望却放纵自己的情欲，想要保养自己的性命却危害自己的身体，想要培养自己的乐趣却侵害自己的心灵，想要护养自己的名声却胡作非为败坏了自己的名声。像这样的人，即使被封为诸侯而称为国君，他们和那些盗贼也没有什么不同；即使坐着高级的马车、戴着大官的礼帽，他们和没有脚的人也没有什么不同。这就叫做使自己被物质利益所奴役了。

【原文】

心平愉，则色不及佣而可以养目[①]，声不及佣而可以养耳，蔬食菜羹而可以养口[②]。粗布之衣、粗紃之履而可以养体，局室、芦帘、葭稾蓐、尚机筵而可以养形[③]。故无万物之美而可以养乐，无势列之位而可以养名。如是而加天下焉，其为天下多，其和乐少矣[④]，夫是之谓重己役物。无稽之言，不见之行，不闻之谋，君子慎之。

【注释】

①佣：通“庸”，一般。

②蔬食：同“疏食”，粗食。

③局：局促，狭窄。葭：初生的芦苇。稾：谷类植物的茎秆。蓐：草垫子。尚：应该是“尚”字的误写。“尚”同“敝”，破旧。机：通“几”，几案。筵：竹制的垫席。

④和：应该是“私”字的误写。

【译文】

内心平静愉快，虽然眼前的颜色还不到一般的水平，照样可以用来调养眼睛；虽然声音还不到一般的水平，照样可以用来调养耳朵；粗饭、菜羹，照样可以用来调养口胃；粗布做的衣服、粗麻绳编制的鞋子，照样可以用来保养身躯；狭窄的房间、芦苇做的帘子、稻草做的草垫子、破旧的几桌竹席，照样可以用来保养体态容貌。所以，虽然没有享受到万物中美好的东西而仍然可以用来培养欢乐的情绪，没有权势封爵的地位而仍然可以获得很高的名望。像这样的人，如果把统治天下的权力交给他，他就会为天下操劳得多，而为自己的享乐考虑得就少了，这就叫做看重自己而役使外物。没有根据的言论，没有见过的行为，没有听说过的计谋，对于这些，君子都是十分慎重的。

【解读】

《荀子》一书站在儒家立场对先秦逻辑予以综合，全面地渗透着儒家伦理思想，其逻辑学说与体系，是以替新兴地主阶级取天下提供理论武器为最终目的的。所以，它以正名为中心，把名、辞、辨说招引到正名的旗帜之下，服务于立隆正、明贵贱、行王制，这是一套完整的正名逻辑体系。《正名篇》是逻辑专著，对名、辞、辨说的探讨全面而系统。后人研读，要透过其伦理内容和思想，细心采撷其宝贵的逻辑学理论和知识。

思维活动形态与思维形式。“实不喻然后命，命不喻然后期，期不喻然后说，说不喻然后辨。”所谓“实”，指客观事物，对它反映可有命、期、辨、说四种思维活动形态，分别是制名的思维活动，下判断的活动。解说、推理的活动，辩析的活动。与此四种思维活动形态相联系，由命而产生名，由期而产生辞，由辨和说而产生辩说，这是三种思维形式。首先说名，定义为“所以期累实也”。期，会通、反映；累，众多。这是说，名是对众多事物的反映。所以，荀子之名相当于概念。荀子肯定名反映实，实在名先，这是对孔子以名正实、名在实先的名实观以修正，做了唯物主义的解释。名反映众多事物，一个名可以指称一类事物，如人、物、鸟兽、性、情、礼义、事、行等，就是对各类不同事物的共性即本质的反映而形成的，这说明名具有抽象性、概括性的特点。名反映的数量和实质也不是一成不变，实不变，名也不变，后世可沿用旧名；实有变，名也随之而变，后世不再沿用旧名而改制新名，这就是“有循于旧名，有作于新名”。名的循旧与创新，都由事物的发展变化和人们的需要来决定，荀子对此仅有朴素的认识，但所包含的唯物且辩证的观点，应予充分肯定。和孔子的“名不正则言不顺，言不顺则事不成，事不成则礼乐不兴，礼乐不兴则刑罚不中，刑罚不中，则无所措手足”这一正名主张相呼应，荀子提出自己的制名正名理论：“故王者之制名，名定而实辨，道行而志通，则慎率民而一焉。”孔子因不满于僭越名位，提出正礼义之名，以挽救礼崩乐坏的局面，这是政治考量；荀子则着眼于逻辑为思维的工具，名正是逻辑要求，所谓“制名以指实”，“名闻而实喻”，

“名定而实辨”，明显是强调使用概念务须明确的问题。诚然，荀子追随孔子，在正名之义上必有一脉相承之处，但荀子侧重于研究名、实的逻辑规律，论证名正在于名实相符。其次说辞，定义为“兼异实之名以论一意也”。兼，连缀也；论，知也。这是说，辞是连缀不同实之名而推知出一个思想的思维形式，故相当于命题或判断。从结构看，是不同实之名相兼组合，无疑在名的基础上形成语句，即由表示不同事物的名之集合而成。从作用看，不再是名指称事物而已，而是不同实之名相兼论意，推知出一个思想，对事物是否具有某种属性表示出然否的认识。荀子关于辞的定义要比《墨辩》之“辞以抒意”的说法更加明确。荀子还提出“当其辞，以务白其志义者也”的要求，这其实是应能明白、正确地表达思想的逻辑规则。最后说辩说，定义为“不异实名以喻动静之道也。”异，离析；实名，有实之名；动静，名之变化之道。这是说，辩说是根据名实相符，不使离析相乱的原则，来辨明名反映实的变化规律，以澄清孰是孰非的思维形式。辩说或说辩，相当于推理和论证，其逻辑要求是“推类而不悖”，“当是非”。名、辞、辩说这三种思维形式，以名为基础，也以名为根本，归根结底是为了喻实。

正名的必要性。“所为有名”，即所以要制名，这是讲正名的必要性。“异形离心，交喻异物，名实玄纽，贵贱不明，同异不别”，当解为事物形态各异，人们互说异物，致使事物之名与实惑乱纽结。为分辨人之贵贱名分，区别事物之同异性质，必须制定统一之名，约定于确定之实，以便人们用同一名指称相同对象，用不同的名认识不同的对象。这就是为什么要有名和为什么要正名的原因和重要性。

正名的依据。“所缘有同异”，即制名所依据的是什么，这是讲认识事物的同异，从而形成事物的同异之名，这就是概念形成的过程。“何缘而以同异？曰：缘天官”。《天论篇》以耳、目、鼻、口、形为天官，以心治五官为天君。本篇则具体说明，以目区分“形体色理”，以耳区分“声音清浊、调竽奇声”，以口区分“甘苦咸淡辛酸奇味”，以鼻区分“香臭芬郁、腥臊洒酸奇臭”，以形体区分“疾养沧热、滑铍轻重”，以心区分“说故喜怨哀乐爱恶欲”。天官耳、目、鼻、口、形簿于物，即感觉器官与客观事物接触，只能产生感性认识，叫做“天官意物”。人们的天官机能完全相同，对同类同性质事物的认识也是相同的，因而可以通过比方之、拟似之而相通识，“是所以共其约名，以相期也”。约名，省约之名，概括之名。期，约也。荀子说，以共识的概括之名相互约定，其初始并不意味着概念的成立，还须天君对天官所获取的感觉材料做思维加工，不断地予以分析、鉴别、验证，去伪存真，去粗取精，让人们最终取得一致认识，确定统一的同异之名。这种“心有征知”，即理性认识的发生及作用，是概念最后形成的关键一步。“征知必将待天官之当簿其类，然后可也”，是说理性认识要以感性认识为基础，否则是无源之水、无本之木，不真实，不可靠。但理性认识亦极重要。“五官簿之而不知，心征之而无说，则人莫不然，谓之不知”，是说天君的征验，即思维加工既存在于理性认识，也存在于感性认识之中，由于其作用发挥不够，故而“五官簿之”而不能认知，“心征之”而不能以名表述。这些说明，心的理性认识能力，是使名实相符和以名指实，即形成概念的最重要的条件。

正名的纲要。（一）“同则同之，异则异之”。前之“同”、“异”皆指实，后之“同”、“异”皆指名。同实者同名，异实者异名，制名据实，制名指实，所以名的同异是以实的同异为转移的。这就是说，对同类的事物用同一概念表达，对不同类的事物用不同的概念表达。（二）“单足以喻则单，单不足以喻则兼。”这是讲单名、复名的运用在语词上有不同的形式，单字足以喻实者如马，单字不足以喻实则改用复字如白马，故马为单名、白马为复名。又，天下、足下、君子、小人、先生、将军，还有造次、抑郁、徘徊、逡巡、逍遥、须臾等等，都是兼名或复名。荀子所谓单与兼仅指名之语词形式之单、兼有别，并非认为单与兼必为种属概念关系。（三）遍举用共名，偏举用别名。“有时而欲遍举之，故谓之物”与“有时而欲偏举之，故谓之鸟兽”二句，遍、偏义不同，前者为普遍概括，后者为有限概括。荀子从概念外延上区别出共名、别名，大共名、大别名一系列概念种类。共名与别名各有系列，所谓“推而共之，共则有共”；“推而别之，别则有别”，二者分别沿着共的方向与别的方向进行推演，可以求出更大的共名或更大的别名。共，是外延的扩大；别，是外延的缩小。共之“至于无共然后止”，即“无共”，它是最高层次的共名，其外延最大；别之“至于无别然后止”，即“无别”它是最低层次的别名，其外延最小。荀子举“物”为大共名之例，确为最高范畴，甚当；举“鸟兽”为大别名之例，并非为最小的类，此例不妥。共名与别名的对象都是事物的类，绝非指某特定的单一对象。荀子排除单、兼之名中非属种关系的概念，仅就具有属种关系者而言，提出“单与兼无所相避则共，虽共，不为害矣”，相避，相违也。这就是单、兼之名所反映的事物在类属上不相抵触，而外延处于完全包含关系，那么就可以共用其名，可以进行共之、别之，亦即外延扩大或缩小的逻辑推演。（四）“约定俗成”和“径易不拂”。正名，就是寻求一个正确的名。首先，是一个实名。“名无固实，约之命实，约定俗成，谓之实名”。任何一个名，本无固定之实，只是人们相约以命其实，它才成为有实之名，但既经确定，不可由人任意改动。其次，应是一个宜名。名之宜否，也是人们相约成习而为宜，异于约定俗成而为不宜。最后，还应是一个善名。“径易而不拂”，直接平易和不违众约，或者顺口易懂而不发生误解的，就是善名。实、宜、善三者既相互区别又相互联系，三者兼备，就是荀子所谓的正名。（五）“稽实定数”。“物有同状而异所者”，如两只蚕，形状相同而立于不同的地方，它们同用一名，却是不同实体，“谓之二实”。“有异状而同所者”，如蚕之化蛾，形状发生变化，却占有同一个空间而且实体是同一个，“谓之一实”。一实而有多名，二实而共一名，这两种情况是有区别的，不应混淆。所谓“此事之所以稽实定数也”，其事，指各种事物；实，指事物之实体；数，指名称之数量，合而言之是说：通过考察事物的实体有无变化来制定名称的数量。这符合“名以指实”的原则。之六，正名破惑，一民之行。荀子认为，战国“邪说辟言之离正道而擅作”的三惑之论甚嚣尘上，他曾多次予以揭露批驳，本篇则着重从逻辑的角度，对各家异端之说再行正名之辨。第一种是“用名以乱名者”，其代表是宋子的“见侮不辱”，墨子、庄子的“圣人不爱己”、“杀盗非杀人”。荀子的见解是，辱是共名，又有义辱、势辱两个别名。“君子可以有势辱，而不可以有义辱”。因此，宋子以辱之共名混淆了义辱、势辱两个别名的区别，并否定了一切辱。又，人与己、盗是共名与别名的关系，己从属于人，盗从属于人。圣人爱人，就包括了爱己；盗亦人，杀盗即杀人。宋子、墨子都是犯了借用侮、辱、人、己、盗这些语词形式上的区别而偷换概念的错误。第二种是“用实以乱名者”，其代表是惠施的“山渊平”，宋子的“情欲寡”，墨子的“刍豢不加甘，大钟不加乐”。荀子认为，名反映事物的共同的一般的性质，但惠施却以特殊条件下，山出于耳入于口，宋子也以特殊条件下，人的本性是寡欲的；墨子也以特殊条件下，牛羊猪狗的味道不比普通食物甜美，大钟的声音并不使人快乐，他们由一偏之实却得出普遍性结论。他们犯了用个别之实去混淆反映一般性质之名的错误。第三种是“用名以乱实者”，其代表是墨子、庄子的“不相爱为非应更易为兼相爱”、“全是牛”、“马不是马”。荀子所举三例之文义难解，但他批评“以名乱实”，指斥文字游戏会妨碍对事物一般性质的反映，则在逻辑理论上是有意义的。怎样破斥“三惑”诡辩呢？荀子给出“验之所以为有名，而观其行”、“验之所缘无以同异，而观其孰调”和“验之名约，以其所受，悖其所辞”三种方法，是强调名实相符、制名指实和约定俗成的重要原则，在用名喻实的思维与语言实践中的意义和作用。因为只有坚持名的确定性，人民才能识别各种偷换概念、自相矛盾的诡辩，才能有统一的思想和行动。

论辩的分类和原则，荀子将辩说合而论之，是一种运用论证、推理的思维形式；分而论之，说在于证明，辩在于反驳。本篇则重在探讨辩。首先是辩的产生和意义。荀子认为，有圣王明君治国，他们“临之以势，道之以道，申之以命，章之以论，禁之以刑”，人民就能顺于正道，无须再用辩说了。然而，“今圣人没，天下乱，奸言起，君子无势以临之，无刑以禁之，故辨说也。”既然没有行政资源可以利用来阻止奸言邪说的流行，君子以辩为武器，来排拒异端而成就王业，实属不得已而为之。荀子在本篇申明，圣人用辩在于“白道”，即宣明正名之道。“道也者，治之经理也”，因此，所谓“心合于道，说合于心，辞合于说”，就可以理解为：借用逻辑的形式和语言，将对治国理政规律的认识表达出来。这是以名指实，以名喻实的过程，应当完全遵循逻辑规则：“正名而期，质请而喻。辨异而不过，推类而不悖；听则合文，辨则尽故。”圣人之辩无论使用概念、运用判断，还是进行推理论证，达到了名实相符的最高境界，取得了最大的逻辑与语言的效果。由于以名实相符的正道辨奸，因而使邪说不能乱名，百家不敢窜改是非，虽兼听兼覆而不自傲自夸。有如周公，其道行，天下名正言顺；又如孔子，其说不行，宣明正名之道而隐身。君子之辩同样具有高尚的品质。宣扬礼义仁爱是其辩说内容，充满“辞让之节”、“长少之理”，以仁心说话，以学心容人，以公心辨异，不以忌讳之辞伤人，不以怪异之言惑众，这就是君子之辩真善美的风貌。面临“众人之非誉”、“观者之耳目”、“贵者之权势”、“传辟者之辞”这四种诱惑而不为之动、不为之治、不为之赂、不为之利，始终坚持“处道而不贰，吐而不夺，利而不流，贵公正而贱鄙争”的原则，这些都是君子之辩真善美品质在内容和风格上的具体表现。这里，荀子将宣扬礼义仁爱的立场一以贯之，与在逻辑上遵守同一律、坚持名实相符的原则统一起来论述。“君子之言涉然而精，俛然而类，差差然而齐”，这是语言的规范；“彼正其名，当其辞，以务白其志义者也”，则是逻辑要求了。荀子本篇所言“愚者之言”，即如《非相篇》等说的“小人之辩”，所指为百家杂言者，并非普通百姓。“芴然而粗，啧然而不类，諮諮然而沸”，是其粗俗低劣的语言风格；“彼诱其名，眩其辞，而无深于其志义者也”，是其混乱的逻辑，以艰而不解，隐晦其思想。这和君子真善美之辩恰成对立。

性恶第二十三

【题解】

这是一篇系统阐述荀子有关人性思想的文章。荀子在篇中重点批判了孟子的性善论的观点，阐明了自己关于人性邪恶的社会观。“性恶论”是荀子思想中最著名的观点，也是其政治思想的基石。荀子在文中先从人的物质欲望和心理要求出发，论证了“人之性恶”的道理。全篇始终围绕“人之性

青铜箭头一组（春秋战国）

恶，其善者伪也”的观点展开。荀子所谓“性”即天性，是“不可学，不可事而在人者”的“人情”，而“伪”则是“可学而能，可事而成之在人者”，即后天的努力、环境的影响和教育的结果。荀子认为人生而有耳目口腹之欲，贪利争夺、趋利避害之心，故其本性是恶的。荀子在全面分析了“性恶”的种种表现之后，提出了区分善恶的标准以及善所产生的基本原理和条件。通过尧禹与桀跖、君子与小人之间德性的比较研究，荀子指出尧禹之所以能够成为人人敬仰的圣人，君子之所以能够成为人人效法的楷模，完全在于他们后天的努力，是“能化性，能起伪，伪起而生礼义”的结果。因此，为了改变人性之恶，荀子一方面特别强调后天的教育和环境的影响，主张“求贤师”、“择良友”；另一方面则特别强调政治的作用，提出了“立君上之势以临之，明礼义以化之，起法正以治之，重刑罚以禁之”的政治主张。总之，荀子认为“人之性恶”，而化性起伪的根本方法则在于以道德的、政治的、刑罚的手段去改恶为善。值得特别强调指出的是，荀子始终强调了人们后天努力的重要性，强调了教育与环境的影响对人们道德观念的重要作用。这正是“性恶论”的积极意义之所在。

【原文】

人之性恶，其善者伪[①]也。今人之性，生而有好利焉，顺是，故争夺生而辞让亡焉；生而有疾[②]恶焉，顺是，故残贼生而忠信亡焉；生而有耳目之欲，有好声色焉，顺是，故淫乱生而礼义文理[③]亡焉。然则从[④]人之性，顺人之情，必出于争夺，合于犯分乱理，而归于暴。故必将有师法之化、礼义之道[⑤]，然后出于辞让，合于文理，而归于治。用此观之，然则人之性恶明矣，其善者伪也。

【注释】

①伪：通“为”，人为。
②疾：嫉妒，憎恶。
③文理：礼法。
④从：通“纵”，纵容。
⑤化：教化。道：同“导”，引导。

【译文】

人的本性是邪恶的，那些善良的行为是后天的作为。人的本性一生下来就喜好财利，依从这种本性，因此人们都争抢掠夺，谦让的品德就消失了；一生下来就有妒忌憎恨的心理，依从这种本性，因此就会残杀陷害他人，忠诚守信的品德就消失了；一生下来就有声色的欲望，有喜欢美好音乐、美色的本能，依从这种本性，因此就会产生淫荡混乱，礼义法度就消失了。那么，放纵人的本性，依从人的情欲，就一定导致争抢掠夺，一定出现违犯等级名分、扰乱礼义法度的行为，而最终出现暴乱。因此一定需要师长和法度的教化、礼义的引导，然后人们才会推辞谦让，遵守礼法，而国家最终走向安定太平。那么人的本性是邪恶的道理就很明显了，那些善良的行为是人们后天的作为。

【原文】

故枸木必将待檃栝烝矫然后直[1]，钝金必将待砻厉然后利[2]。今人之性恶，必将待师法然后正，得礼义然后治。今人无师法，则偏险而不正；无礼义，则悖乱而不治。古者圣王以人之性恶，以为偏险而不正、悖乱而不治，是以为之起礼义、制法度，以矫饰[3]人之情性而正之，以扰化[4]人之情性而导之也。始皆出于治、合于道者也。今之人，化师法、积文学[5]、道礼义者为君子，纵性情、安恣睢[6]而违礼义者为小人。用此观之，然则人之性恶明矣，其善者伪也。

【注释】

①枸：弯曲。烝：同“蒸”，用蒸气加热，这是为了使被矫正的木材柔软以便矫正。

②金：金属器具，指有锋刃的武器或工具。砻：磨。厉：同“砺”，磨刀石，引申为磨。

③饰：通“饬”，整治。

④扰化：教化。

⑤文学：文化典籍知识。

⑥安恣睢：习惯于任意胡作非为。

【译文】

因此弯曲的木料一定要经过檃括矫正加热，才能变直；钝的金属器具一定要经过磨砺，然后才能锋利。人的本性邪恶，一定要经过师长和法度的教化后才能端正，用礼义加以引导才能矫正。人们如果没有师长和法度的教化，就会偏邪而不端正；没有礼义的引导，就会悖乱而得不到管理。古代圣明的君王认为人的本性是邪恶的，认为人们是偏邪而不端正的、悖乱而得不到治理的，因此建立了礼义、制定了法度，用它们来矫正整治人们的性情让他们端正，用来教化人们的性情以便引导他们。让他们都能遵守秩序、从而行为合乎道德原则。现在的人，被师长和法度所感化、积累文献经典方面的知识、遵行礼义的人，就是君子；放纵情性、习惯于胡作非为而违背礼义的人，就是小人。由此看来，那么人的本性是邪恶的道理就很明显了，那些善良的行为是人后天的作为。

【原文】

孟子曰：“人之学者，其性善。”[①]曰：是不然。是不及知人之、性[②]，而不察乎人之性、伪之分者也。凡性者，天之就也，不可学，不可事[3]。礼义者，圣人之所生也，人之所学而能、所事而成者也。不可学、不可事而在人者，谓之性；可学而能、可事而成之在人者，谓之伪；是性、伪之分也。今人之性，目可以见，耳可以听。夫可以见之明不离目，可以听之聪不离耳。目明而耳聪，不可学明矣。

【注释】

①孟子：继孔子之后的儒家代表人物。名轲。这里的引语，不见于今本《孟子》。《孟子·告子上》说："人无有不善。""学问之道无他，求其放心而已矣。"意思与此相似。

②是：这。及：达到，够。

③事：从事，人为。

【译文】

孟子说："人们之所以能学习，是因为本性是善良的。"我说：这是不对的。这是还不了解人的本性，也不明白人的先天本性和后天人为之间的区别。一般来说，本性是与生俱来的，是学习不来的，不是努力就能得到的。礼义是圣人创建的，是人们能够学习、努力实践做到的。人身上那种不能学习、不能努力就能做到的东西，叫本性；人可以学会、可以通过努力实践做到的，叫人为；这就是本性和后天人为的区别。人的本性，比如说眼睛可以用来看，耳朵可以用来听。那可以看见东西的视力离不开眼睛，可以听声音的听力离不开耳朵。视力和听力是不可能学到，这是很明显的。

【原文】

孟子曰："今人之性善，将皆失丧其性故也[1]。"曰：若是则过矣。今人之性，生而离其朴、离其资[2]，必失而丧之，用此观之，然则人之性恶明矣。所谓性善者，不离其朴而美之，不离其资而利之也。使[3]夫资朴之于美、心意之于善，若夫可以见之明不离目、可以听之聪不离耳，故曰目明而耳聪也。

【注释】

①将：必、一定。“故”下应有“恶”字。一说上句“性善”当作“性恶”。

②资：资质，指所谓天生的才能、性情。

③使：提示之词。

【译文】

孟子说：“现在人的本性是善良的，一定是他们丧失了本性因此才会作恶的。”我说：这样来解释是错误的。人们的本性，生来就离开它自然的素质，一定会失去本性的，这样看来，人的本性是邪恶的道理很明显。所谓本性是善良的，应该是不脱离它的本真而美，不脱离它的自然属性而好。那天生的资质对于美来说、心意对于善良来说就像看东西的视力离不开眼睛、听声音的听力离不开耳朵一样。因此说资质的美和心意的善良就像眼睛的视力和耳朵的听力一样。

【原文】

今人之性，饥而欲饱，寒而欲暖，劳而欲休，此人之情性也。今人饥，见长而不敢先食者，将有所让也；劳而不敢求息者，将有所代也。夫[①]子之让乎父，弟之让乎兄；子之代乎父，弟之代乎兄；此二行者，皆反于性而悖于情也，然而孝子之道，礼义之文理也。故顺情性则不辞让矣，辞让则悖于情性矣。用此观之，然则人之性恶明矣，其善者伪也。

【注释】

①夫：句首发语词。

【译文】

人的本性，饿的话就想吃饱，冷的话就想穿暖，累的话就想休息，这是人本来的性情。饿了，看见父亲兄长在而不敢先吃，这是因为要谦让；累了，却不敢去休息，这是因为要代长者劳动。儿子要对父亲谦让，弟弟要对哥哥谦让；儿子代替父亲劳作，弟弟代替哥哥劳作；这两种德行，都是违反本性而背离欲望的做法，但却是孝子应该的作法、礼义的规定。因此依从情欲本性就不会有谦让的品行，推辞谦让是违背情欲本性的。由此看来，那么人的本性是邪恶的就很明显了，那些善良的行为是后天人为的。

【原文】

问者曰："人之性恶，则礼义恶生[①]？"应之曰：凡礼义者，是生于圣人之伪，非故[②]生于人之性也。故陶人埏埴[③]而为器，然则器生于工人之伪，非故生于人之性也。故工人斫[④]木而成器，然则器生于工人之伪，非故生于人之性也。圣人积思虑、习伪故[⑤]，以生礼义而起法度，然则礼义法度者，是生于圣人之伪，非故生于人之性也。若夫目好色，耳好声，口好味，心好利，骨体肤理好愉佚[⑥]，是皆生于人之情性者也，感而自然、不待事而后生之者也。夫感而不能然、必且待事而后然者，谓之生于伪。是性伪之所生、其不同之征[⑦]也。故圣人化性而起伪[⑧]，伪起而生礼义，礼义生而制法度。然则礼义法度者，是圣人之所生也。故圣人之所以同于众、其不异于众者，性也；所以异而过众者，伪也。夫好利而欲得者，此人之情性也。假之人有弟兄资财而分者，且顺情性，好利而欲得，若是则兄弟相拂[⑨]夺矣；且化礼义之文理，若是则让乎国人矣。故顺情性，则弟兄争矣；化礼义，则让乎国人矣。

【注释】

①恶生：怎么产生。

②故：通“固”，本来，原先。

③埏埴：调和黏土。

④斫：砍削。

⑤习伪故：熟悉人为的事理。

⑥肤理：皮肤的纹理。骨体肤理指身体。佚：同“逸”，安闲。

⑦征：征验、证据、特征。

⑧起伪：倡导人为的努力。起，兴起。

⑨拂：违抗，不顺。

【译文】

有人问：“如果人的本性是邪恶的，那么礼义是怎么产生的呢？”答道：所有的礼义，都是圣人人为创造的，而不是由人的本性生发出来的。制作陶器的人调和黏土而制成陶器，那么陶器是工人人为造成的，而不是原本产生于工人的本性。木工砍削木材做成木器，那么木器是工人人为造成的，而不是原本产生于人的本性。圣人努力思考、熟悉人为的事理，从而制定了礼义、建立了法度，那么礼义法度是圣人人为努力的成果，而不是原先产生于人的本性。至于眼睛喜好美色，耳朵喜好音乐，嘴巴喜好美味，内心爱好财利，身体喜欢舒适安逸，这都产生于人的本性，是感受到了就自然生成、不经过人为努力就会产生的。那些感受到了却不能生成、一定要经过努力才能形成的东西，就是产生于人为。这就是先天本性和后天人为所产生的东西以及它们不同的特征。因此，圣人改变了人们邪恶的本性而倡导人为的努力，经过人为的努力后礼义就产生了，礼义产生后就制定了法度。那么礼义法度是圣人创造的。因此圣人和众人相同而跟众人没有什么不同，就是人先天的本性；圣人和众人不同但是又超过了众人，是他们后天的人为努力。爱好财物并且希望得到，这是人的本性。假如弟兄之间有财产要分，并且依从本性，爱好财物并且希望得到，那么兄弟之间也会反目为仇、互相争夺了；如果受到礼义规范的教化，那人们就会相互推让了。因此顺从本性，就会兄弟相争；受礼义教化，人们就会相互推让了。

【原文】

凡人之欲为善者，为性恶也。夫薄愿厚，恶愿美，狭愿广，贫愿富，贱愿贵，苟无之中[①]者，必求于外；故富而不愿财，贵而不愿势，苟有之中者，必不及于外。用此观之，人之欲为善者，为性恶也。今人之性，固无礼义，故强学而求有之也；性不知礼义，故思虑而求知之也。然则性而已，则人无礼义，不知礼义。人无礼义则乱，不知礼义则悖。然则生而已，则悖乱在己。用此观之，然则人之性恶明矣，其善者伪也。

【注释】

①无之中：自己没有这种东西。中，内，指自己。

【译文】

一般来说，人们想做好事，正是本性邪恶的原因。微薄就希望变得丰厚，丑陋就希望变得美丽，狭窄就希望变得宽广，贫穷就希望变得富裕，卑贱就希望变得高贵，如果自己没有一种东西，就一定会向外求取；因此富裕了就不羡慕钱财，显贵了就不羡慕权势，如果本身有了某种东西，就一定不会向外去求取了。由此看来，人们想做好事，是本性邪恶的原因。人的本性，本来是没有礼义观念的，因此才努力学习而力求掌握它；人的本性是不懂礼义的，所以才努力思索而力求了解它。那么如果人们只凭着本性，就不会有礼义的产生，也不会懂得礼义。一旦没有礼义社会就会混乱，不懂礼义就会悖谬。那么如果只凭着本性的话，人就会悖乱集于一身。从此看来，人的本性是邪恶的道理是非常明显的，那些善良的行为是后天人为的。

【原文】

孟子曰："人之性善。"曰：是不然。凡古今天下之所谓善者，正理平治也；所谓恶者，偏险悖乱也。是善恶之分也已。今诚以人之性固正理平治邪，则有恶用圣王、恶用礼义矣哉[①]？虽有圣王礼义，将曷加于正理平治也哉？今不然，人之性恶。故古者圣人以人之性恶，以为偏险而不正、悖乱而不治，故为之立君上之势以临[②]之，明礼义以化之，起法正以治之，重刑罚以禁之，使天下皆出于治、合于善也。是圣王之治而礼义之化也。今当试[③]去君上之势，无礼义之化，去法正之治，无刑罚之禁，倚而观天下民人之相与也；若是，则夫强者害弱而夺之，众者暴寡而哗[④]之，天下之悖乱而相亡不待顷矣。用此观之，然则人之性恶明矣，其善者伪也。

【注释】

①有：通“又”。恶：哪里、怎么。
②临：面对，这里指统治。
③当试：倘使，倘若。
④哗：呵斥对方不让他发言。

【译文】

孟子说：“人的本性是善良的。”我说：这是不正确的。那些古今、天下的所谓的善良，是指合乎礼义法度，遵守社会秩序；所谓的邪恶，是指狡诈不正，违背混乱。这是善良和邪恶的不同。人的本性确实本来是合乎正道和法度的吗？那又怎么用得着圣明的君主和礼义呢？即使有了圣明的君主和礼义，对于合乎正道和法度的本性又能增加些什么呢？因此人性不是善良的，而是邪恶的。古代的圣人认为人的本性是邪恶的，认为人们的天性是偏险而不正，悖乱而不治的，所以确立了君主的权势去统治他们，彰明礼义法度来教化他们，创建法治来管理他们，加重刑罚去限制他们邪恶的行为，使天下人的行为都遵守秩序、符合善良的准则。这就是圣王治理国家和礼义的教化的表现。现在如果舍弃君主的位置，不用礼义加以教化，除去法治的管理，不用刑罚来制约人们的行为，站在旁边冷眼观看民众相互交往；那么，强大的力量就会侵害弱小的并且掠夺他们，人多的就会压迫人少的并且呵斥他们不让他们发言，天下就会大乱，各国不久就会相继灭亡了。由此看来，那么人的本性是邪恶的道理就很明显了，那些善良的行为是后天人为的。

【原文】

故善言古者，必有节[①]于今，善言天者，必有征于人。凡论者，贵其有辨[②]合、有符验。故坐而言之，起而可设，张而可施行。今孟子曰："人之性善。"无辨合符验，坐而言之，起而不可设，张而不可施行，岂不过甚矣哉！故性善则去圣王，息礼义矣；性恶则与圣王，贵礼义矣。故檃栝之生，为枸木也；绳墨之起，为不直也；立君上、明礼义，为性恶也。用此观之，然则人之性恶明矣，其善者伪也。直木不待檃栝而直者，其性直也。枸木必将待檃栝烝矫然后直者，以其性不直也。今人之性恶，必将待圣王之治、礼义之化，然后始出于治、合于善也。用此观之，然则人之性恶明矣，其善者伪也。

【注释】

①节：验证。

②辨：通"别"，是古代借贷时候用的一种凭证，分为两半，双方各执一半，相合以为证明。

【译文】

因此，善于谈论古代的人，一定参考了现在的事情；善于谈论天的人，一定用人事来作为参考。凡是发表言论，看重像凭证、兵符契合一样有根据、可以检验。因此坐着时谈论的事情，站起来就可以张罗安排，推广开来就可以实施。孟子说："人的本性是善良的。"不能够核对检验，坐着谈论之后，站起来却不能张罗安排，推广开来却不能实施，难道这不是错得太离谱了吗？如果人的本性是善良的，那就可以废除圣明的帝王的位置、取消礼义；如果人的本性是邪恶的，那就赞成设置圣明的帝王的位置、重视礼义了。檃栝出现了，是因为弯曲木材的存在；墨线出现了，是因为不直的东西存在着；设立君主的位置，推崇礼义，是因为人的本性是邪恶的。由此看来，那么人的本性是邪恶的道理就很明显了，那些善良的行为是后天人为的。挺直的木材不用经过檃栝的矫正就是挺直的，是它的本性就是挺直的缘故。弯曲的木材一定要经过檃栝的矫正才能挺直，是它的本性是弯曲的缘故。正因为人的本性是邪恶的，因此一定要用圣明的帝王来治理、礼义来教化，然后人们才能被治理好、做事才符合善良的标准。由此看来，那么人的本性是邪恶的道理就很明显了，那些善良的行为是人为的。

【原文】

问者曰："礼义积伪[①]者，是人之性，故圣人能生之也。"应之曰：是不然。夫陶人埏埴而生瓦，然则瓦埴[②]岂陶人之性也哉？工人斫木而生器，然则器木[③]岂工人之性也哉？夫圣人之于礼义也，辟[④]亦陶埏而生之也，然则礼义积伪者，岂人之本性也哉？凡人之性者，尧、舜之与桀、跖，其性一也；君子之与小人，其性一也。今将以礼义积伪为人之性邪，然则有[⑤]曷贵尧、禹，曷贵君子矣哉？凡所贵尧、禹、君子者，能化性，能起伪，伪起而生礼义；然则圣人之于礼义积伪也，亦犹陶埏而生之也。用此观之，然则礼义积伪者，岂人之性也哉？所贱于桀、跖、小人者，从[⑥]其性，顺其情，安恣睢，以出乎贪利争夺。故人之性恶明矣，其善者伪也。

【注释】

①礼义积伪：礼义是人们的行为积累之后出现的。
②瓦埴：用黏土来制作瓦。"瓦"用作动词。
⑥器木：把木材做成木器。"器"用作动词。
④辟：通"譬"，比如。
⑤有：通"又"。
⑥从：通"纵"，放纵。

【译文】

问的人说："礼义是人们的行为积累之后出现的，这是人的本性中带有的因素，所以圣人才能创造出礼义。"答道：这是不对的。制作陶器的人将黏土放在模子里从而制作出瓦，那么用黏土做成的瓦就是陶器工人的本性吗？木工加工木材做成器具，那么用木材做成的器具难道就是木工的本性吗？圣人对于礼义来说，就像陶器工人用模子和黏土制造瓦一样，那么积累人的后天行为而制定的礼义，难道可以说是人的本性了吗？拿人的本性来说，尧、舜和的桀、跖，他们的本性是相同的；君子和小人的本性是相同的。如果把积累人的后天行为制定的礼义当作是人的本性，那么又何必推崇尧、禹，何必看重君子呢？人们推崇尧、禹、君子的原因，在于他们能改变自己的本性，能进行后天的努力，经过后天的努力之后礼义就产生了；那么圣人在积累了人们后天的行为之后制定的礼义，也就像陶器工人用模子和黏土而造出瓦一样。由此看来，那么积累后天行为而制定的礼义，可以算作人的本性吗？人们鄙视桀、跖、小人的原因，在于他们放纵本性，依从情欲，无顾忌地恣肆放荡，从而做出贪图财利争抢掠夺的暴行来。因此人的本性是邪恶的道理是很明显的，那些善良的行为是后天人为的。

【原文】

天非私曾、骞、孝己而外众人也[1]，然而曾、骞、孝己独厚于孝之实而全于孝之名者，何也？以綦于礼义故也。天非私[2]齐、鲁之民而外秦人也，然而于父子之义、夫妇之别，不如齐、鲁之孝具、敬父者[3]，何也？以秦人之从情性、安恣睢、慢于礼义故也，岂其性异矣哉？

【注释】

①曾、骞：指曾参和闵子骞，他们都是孔子的学生，以孝道著称。孝己：殷高宗的长子，也以孝著称。

②私：私下偏好，偏私。

③具：具备。父：当是“文”字之误。“文”指有礼节。“敬文”是注重礼节的意思。

【译文】

老天并非偏袒曾参、闵子骞、孝己而不顾众人，只是曾参、闵子骞、孝己充实了孝道的实质而完全得到了孝子的名声，这是为什么呢？是他们全力实践礼义的原因。老天并非偏袒齐国、鲁国的人民而不顾秦国人，但是秦国人对于父子之间的礼义、夫妻之间的职分上，赶不上齐人、鲁人孝道完备、注重礼节，这是为什么呢？是由于秦人放纵本性、任意恣肆放荡、轻慢礼义，难道是他们的本性不同吗？

【原文】

“涂之人可以为禹[①]。”曷谓也？曰：凡禹之所以为禹者，以其为仁义法正[②]也。然则仁义法正有可知可能之理，然而涂之人也，皆有可以知仁义法正之质，皆有可以能仁义法正之具；然则其可以为禹明矣。今以仁义法正为固无可知可能之理邪，然则唯[③]禹不知仁义法正、不能仁义法正也。将使涂之人固无可以知仁义法正之质，而固无可以能仁义法正之具邪，然则涂之人也，且内不可以知父子之义，外不可以知君臣之正。今不然，涂之人者，皆内可以知父子之义，外可以知君臣之正，然则其可以知之质，可以能之具，其在涂之人明矣。今使涂之人者，以其可以知之质、可以能之具，本夫仁义法正之可知之理、可能之具，然则其可以为禹明矣。今使涂之人伏术为学[④]，专心一志，思索孰[⑤]察，加日县久[⑥]，积善而不息，则通于神明，参[⑦]于天地矣。故圣人者，人之所积而致矣。

【注释】

①涂：通“途”。涂之人：路上的人。指普通老百姓。禹：指圣贤之人。

②法正：法度。

③唯：疑为“虽”，即使。

④伏术：指遵循礼仪法度。伏，通“服”，从事。

⑤孰：通“熟”，仔细、周密的意思。

⑥加日：累日、连续。县：同“悬”，维系、长久。

⑦参：并列。

【译文】

“路上的普通人可以成为禹一样圣贤的人。”这句话怎么解释呢？答道：禹成为禹的原因，在于他本人实行了仁义法度。那么仁义法度就可以被了解、可以做到，而普通人，也都具有了解仁义法度的素质，都具有可以做到仁义法度的才能；那么很明显他们是可以成为禹这样的人。如果仁义法度本来就不能被了解、不可以做到的话，那么，禹也不能懂得仁义法度、无法实行仁义法度了。假如普通人本来不具备了解仁义法度的素质，本来就不具备可以做到仁义法度的才能，那么，普通人在内就不会懂得父子之间的礼义，在外也不会知道君臣之间的道义了。现在的情况却不是这样。普通人在内都能够懂得父子之间的礼义，在外也能知道君臣之间的道义，那么，可以理解仁义法度的素质、能够做到仁义法度的能力，在普通人身上存在着的事实就很明显了。现在如果让普通人使用他们能够理解仁义的素质、能够做到仁义的能力，去理解仁义法度、按照仁义法度做事，那么，很明显他们是可以成为禹的。现在如果使普通人学习遵循礼义法度，一心一意地思考探索仔细考察，长久地坚持，永不停止地去积累善行，那就能和神明相通，和天地并列了。因此，圣人是普通人积累善行的结果。

【原文】

曰：“圣可积而致，然而皆不可积，何也?”曰：可以而不可使[①]也。故小人可以为君子而不肯为君子，君子可以为小人而不肯为小人。小人君子者，未尝不可以相为也，然而不相为者，可以而不可使也。故涂之人可以为禹，则然；涂之人能为禹，则未必然也。虽不能为禹，无害可以为禹。足可以遍行天下，然而未尝有能遍行天下者也。夫工匠农贾[②]，未尝不可以相为事也，然而未尝能相为事也。用此观之，然则可以为，未必能也；虽不能，无害可以为。然则能不能之与可不可，其不同远矣，其不可以相为明矣。

青铜豆（春秋战国）

【注释】

①使：迫使，指由别人迫使他去做。

②贾：商人。

【译文】

有人问："积累善行就可以成为圣人，但是普通人却不能积累善行成为圣人，这是为什么呢？"答道：可以积累善行，但是却不能强迫人们积累善行。因此小人可以成为君子却不愿意做君子，君子可以变成小人但是却不愿意做小人。小人和君子，不是不能够相互转化，但是他们却不会相互转化，就是由于可以做到但是不能够强迫实行的原因。因此，普通人可以成为禹一样的圣人，这是正确的；普通人一定能成为禹一样的圣人，就不一定正确了。虽然不一定能成为禹一样的圣人，但并非不可以成为禹一样的圣人。脚可以走遍世界，但是没有能走遍天下，也是这个道理。工匠、农夫、商人，不是不可以互相交换职业，但是他们却没有交换职业。从此来看，那么是可以做到，但是不一定做到；即使不一定能做到，也并非不可以做到。那么，能够不能够一定做到和可以不可以做到，它们的差别太大了，他们之间不可以互相转化也是很明显的。

【原文】

尧问于舜曰："人情何如？"舜对曰："人情甚不美[①]，又何问焉？妻子具[2]而孝衰于亲，嗜欲得而信衰于友，爵禄盈而忠衰于君。人之情乎！人之情乎！甚不美，又何问焉？唯贤者为不然。”

【注释】

①美：美好。

②具：俱全，都有了。

【译文】

尧问舜说：“人情究竟怎样啊?”舜答道：“人情非常不好，又问它做什么呢？妻子儿女全都有了，就减轻了对于父母的孝敬；嗜好欲望得到了满足，就减轻了对于朋友的信用；爵位俸禄丰厚了，就减轻了对于君主的忠诚。这就是人情啊！人情啊！太不好了，又问它做什么呢？只有贤德的人不是这样的。”

【原文】

有圣人之知者，有士君子之知者，有小人之知者，有役夫之知者：多言则文而类[1]，终日议其所以[2]，言之千举万变，其统类一也，是圣人之知也。少言则径而省，论[3]而法，若佚[4]之以绳，是士君子之知也。其言也谄[5]，其行也悖，其举事多悔，是小人之知也。齐给便敏[6]而无类，杂能旁魄[7]而无用，析速粹孰[8]而不急，不恤是非，不论曲直，以期胜人为意，是役夫之知也。

【注释】

①文：有文采。类：符合礼法。

②所以：理由。

③论：通“伦”，条理。

④佚：疑为“秩”，又通“程”，事物的标准，这里是用作动词。

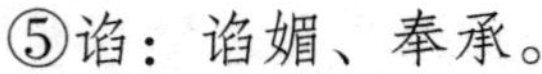

⑤谄：谄媚、奉承。

⑥齐给便敏：口齿伶俐。齐，快速。

⑦旁魄：通“磅礴”，广大无边。

⑧粹孰：精熟。

【译文】

人世间存在着圣人的智慧、士君子的智慧、小人的智慧、奴仆的智慧。言语宽广博大，并且文采斐然合于礼义法度，不停地谈论他主张的理由，说话千变万化，但是有统一的原则，这就是圣人的智慧。说话少，但是直截了当并且简洁直接，有条理并且依循法度，就像用墨线矫正过一样整齐，这就是士君子的智慧。说话阿谀奉承，行为违背常理，做事经常后悔，这就是小人的智慧。口齿伶俐但是不合法度，技艺多而驳杂无用，分析问题迅速、遣词造句熟练但并非重点，不顾是非，不讲曲直，一心想要胜过别人，这就是奴仆的智慧。

【原文】

有上勇者，有中勇者，有下勇者。天下有中[①]，敢直其身；先王有道，敢行其意；上不循于乱世之君，下不俗[②]于乱世之民；仁之所在无贫穷，仁之所亡无富贵[③]；天下知之，则欲与天下同苦乐之；天下不知之，则傀然[④]独立天地之间而不畏：是上勇也。礼恭而意俭，大齐信焉而轻货财；贤者敢推而尚[⑤]之，不肖者敢援[⑥]而废之：是中勇也。轻身而重货，恬祸而广解苟免[⑦]；不恤是非、然不然之情，以期胜人为意：是下勇也。

【注释】

①中：中正之道，指礼义。

②俗：用作动词，指同流合污。

③无贫穷：不会在意是否贫穷。无富贵：不以富贵为念。

④傀然：同"岿然"，独立的样子。

⑤尚：通"上"。

⑥援：牵引，这里是摒弃的意思。

⑦恬：安于、安静。广解苟免：想方设法解脱以求免于罪责。

【译文】

有上等勇敢的人，有中等勇敢的人，有下等勇敢的人。天下安定的时候，敢于挺身坚守正道；古代的圣王治理国家的方法很好，他们敢于贯彻执行圣王的意志；向上不顺从制造乱世的君主，向下不和扰乱社会的人同流合污；实行仁德的地方不会在意是否贫穷，仁德丧失的地方不愿其身富裕高贵；天下的人都知道他，就会和天下人同甘共苦；天下的人不知道他，就岿然独立于天地之间而毫无惧怕：这就是上等勇敢的人。有礼貌、讲恭敬并且内心谦让，推崇忠诚信用而看轻财物，敢于推崇有贤能的人并且让他处于高位，敢于把不称职的人拉下并且废除其职务：这是中等勇敢的人。看轻自己的生命却看重财物，看轻闯祸并且想方设法解脱以求免于罪责；不管是非、不讲正不正确，一心想要胜过别人：这就是下等勇敢的人。

【原文】

繁弱、巨黍[①]，古之良弓也；然而不得排檠[②]，则不能自正。桓公之葱[③]，太公之阙[④]，文王之录[⑤]，庄君之曶[⑥]，阖闾之干将、莫邪、巨阙、辟闾[⑦]，此皆古之良剑也；然而不加砥砺[⑧]则不能利，不得人力则不能断。骅骝、騹骥、纤离、绿耳[⑨]，此皆古之良马也；然而必前[⑩]有衔辔之制，后有鞭策之威，加之以造父之驭[⑪]，然后一日而致千里也。夫人虽有性质美而心辩知[⑫]，必将求贤师而事之，择良友而友之。得贤师而事之，则所闻者尧、舜、禹、汤之道也；得良友而友之，则所见者忠信敬让之行也；身日进于仁义而不自知也者，靡[⑬]使然也。今与不善人处，则所闻者欺诬、诈伪也，所见者污漫[⑭]、淫邪、贪利之行也，身且加于刑戮而不自知者，靡使然也。传曰："不知其子视其友，不知其君视其左右。"靡而已矣！靡而已矣！

【注释】

①繁弱、巨黍：古代良弓的名字。

②排檠：矫正弓弩的器具。

③桓公：齐桓公。葱：桓公用的宝剑名，因为剑呈现青色，因此用“葱”命名。

④太公：姜太公。阙：太公用的宝剑名。

⑤文王：周文王。录：文王用的宝剑名，因为剑呈现绿色，故名“录”。

⑥庄君：指楚庄王。曶：楚庄王用的宝剑名，因为剑光恍惚，因此名为“曶”。

⑦阖闾：吴国国君。干将、莫邪、巨阙、辟闾：都是阖闾使用的宝剑名。

⑧砺：磨刀石，这里用作动词。

⑨骅骝：黑鬣黑尾的赤色骏马，也名枣骝。𩦺：同“骐”，青黑色的骏马，它的纹路像棋盘，因此得名。纤离：毛纹细密的黑色骏马，“离”通“骊”。绿耳：千里马。

⑩必前：《荀子集解》写作“前必”，根据《群书治要》卷三十八引文改。

⑪驭：这里指驾驭技术。

⑫性质：秉性、气质。辩知：聪明才智。

⑬靡：通“摩”，切磋，指环境的熏陶。

⑭污漫：污秽卑鄙。

【译文】

繁弱、巨黍是古代的良弓，但是如果没有经过排檠的矫正，它就不会变正。齐桓公的葱，姜太公的阙，周文王的录，楚庄王的曶，吴王阖闾的干将、莫邪、巨阙、辟闾，这些都是古代的宝剑，然而不用磨刀石磨砺就不会锋利，不借助人力也不能砍断东西。骅骝、骐骥、纤骊、绿耳，这些都是古代的宝马，但是必须在它们的前面加上马嚼子、马缰绳加以控制，在后面用鞭子加以驱打，再加上造父的驾驭技术，然后它们才能一天跑上千里的路程。人们虽然有美好的资质，并且具备辨别理解事物的能力，也一定要师从于贤能的老师，和品质良好的朋友交往。师从于贤能的老师，那么他就会听到关于尧、舜、禹、汤治理国家的正道；和品质良好的朋友交往，那么就会接触忠诚守信恭敬谦让的品行；那么自己一天天地靠近仁义的境界却毫无察觉，这是环境潜移默化的影响。如果和品德不好的人相处，那么就会听到欺骗狡诈，就会看到污秽、淫邪、贪利的品行，自己将一天天靠近刑罚杀戮却毫无知觉，这也是外界环境潜移默化的影响，古书上说："如果不了解自己的儿子的话，就看看他的朋友的为人就知道了，如果不清楚君主的德行就看看他身边的臣子怎么样就会知道了。"这就是外界环境潜移默化的影响啊。这就是外界环境潜移默化的影响啊。

【解读】

性善、性恶的争论反映出孟荀二人在哲学基本问题上的分歧，也来源于他们对现实社会及其规范的不同理解。孟子重天人合一，荀子重天人相分。孟子论天，主要是义理之天、伦理之天，如《孟子·万章章句上》"天不言，以行与事示之而已矣"，即是将天视为客观的道理。所以，人可以通过知性而知天，达到以人合天的目的。荀子以自然之天来验证客观规律的普遍存在，认为人能以主体生存者的理性主义思维，来把握天、支配天。这种天人相分的思想继续延伸，引出主体认识自我，改造自然和化性起伪的理论。盖由性善，故通过主观意识的内省修养，而知性知天；只因性恶，故通过客观现实的人为改造而知天制天。前者从天与人的统一性立论，后者则从天与人不一致性立论，分道扬镳，为儒学两面大旗。

人性之欲本恶，善者化性起伪。"人之性恶，其善者伪也。"这是《性恶篇》之总纲，揭示出人之天赋本性与后天人为之性的区别，以此作为否定孟子性善论的理论依据，也为推行礼治奠定理论基础。性恶即天赋本性，如"生而好利焉"、"生而有疾恶焉"、"生而有耳目之欲．有好声色焉"，均为人之生理需求。而性善则是后天人为之性，如辞让、忠信、礼义、文理等，均属社会道德伦理范畴。天赋人以本性，与生俱来，如目之能见，耳之能听，明不离目，聪不离耳，均为“天之就也，不可学，不可事”，如同未经加工之质朴素材，称之为先天之本性，简言之曰性；而礼义道德则由圣人制作，“可学而能，可事而成”。通过学习，“离其朴，离其资”，使质朴之性得以改造，由恶入善，如曾参、闵子骞和孝己均以孝顺父母著称，并非天性如斯，而是他们“厚于孝之实，而全于孝之名”，由践履而成。又如齐、鲁之邦注重礼义孝道之教化，其民习于父子之义、夫妇之别，而秦国不重视礼义教化，其民纵情任性，安于恣睢。所以，后天人为之性是由教育和环境所养成，可以称之为伪。荀子提出性、伪之分，具有重要意义。荀子所言本性，即天就之性，天生好利、疾恶、好耳目声色，这些实乃人之生理需求，却被界定为性恶。这是离开人的社会存在，单论动物本能而得出的认识，自然地就把人与禽兽混为一谈了。在这个从根本上发生错误的前提下，进而推论后天教育和环境熏陶可使人避争夺而行辞让、避残贼而行忠信、避淫乱而行礼义文理，去恶从善，及至由途之人变为圣人。荀子不懂得人是社会动物，一生下来就在社会当中生活，其善恶皆属伦理道德，是社会产物。离开人的社会性去谈本性为恶为善，是永远也争辩不清楚和分辨不出是非来的。但是性伪之分和性恶之说终归是独具特色的思想。首先它可以持之有故、言之成理地提出新说，先天本性恶后天伪性善，贯彻着“明于天人之分”的唯物主义天人观，使荀子之学成为具有完整科学体系的理论；其次，由先天本性恶之说，可以更为合理地引申出化性起伪、环境教育不可或缺的地位和作用，使其无庸置疑；最后，化性起伪的思想较之孟子心性之论更显先进，启示人立足于“为”，不能局限于精神领域的内省修养，而要更注重外在的实践性努力，将个人融入社会，全面地实现人生价值。

途之人可以为禹。和孟子“人皆可以为尧舜”的论断相呼应，荀子提出“涂之人可以为禹”的命题，二者意义相同，但前者以性善论、后者以性恶论诠释，致思之路并不一致。第一，孟子认为凡人皆有礼义仁智四善端，“岂人所不能哉？所不为也。”若能“为之而已”（《孟子·告子章句下》），保持本然之善，即可成为圣贤。而荀子则认为，众人成为圣贤必须从改造本然性恶起步。“为之立君上之势以临之，明礼义以化之，起法正以治之，重刑罚以禁之，使天下皆出于治，合于善也。”这是礼义、法正、刑罚并行，教化、法制、环境同时发挥作用，造成全社会“正理平治”，于是遇饥则“子之让乎父，弟之让乎兄”，遇劳则“子之代乎父，弟之代乎兄”，人便成为君子了。矫饰、扰化人之恶的情性是变成圣贤的根本原因。第二，在本然性恶这一点上，没有圣、愚之分。“尧、舜之与桀、跖，其性一也；君子与小人，其性一也。”之所以会有圣贤、众人之分，君子、小人之别，并非在于性，而在于伪。礼义积伪由后天学习而得，是圣人君子的可贵之处；对礼义执著追求与践履，是圣人君子成功的奥秘所在。“化师法，积文学，道礼义者为君子；纵性情，安恣睢，而违礼义者为小人。”这是同为本然性恶的人，或成为圣人君子，或成为小人庶民的两条不同的道路，两种人生价值取向。第三，对于众人为什么没有能够成为圣贤的问题，荀子的回答比孟子深刻得多。“尧舜之道，孝弟而已矣。子服尧之服，诵尧之言，行尧之行，是尧而已矣。子服桀之服，诵桀之言，行桀之道，是桀而已矣。”（《孟子·告子章句下》）孟子认为能否成为圣贤，取决于向尧还是向桀学习，取决于向内心挖掘自我精神中的善端还是丧失这种善端。在荀子看来，圣贤之为圣贤并不神秘，众人可以成为圣贤也不神秘，只在于“以其为仁义法正也”。而“可以知仁义法正之质”、“可以能仁义法正之具”这个基本条件，圣贤和众人同样具备。但这只是一种自然的道德潜能，还有待于主体发挥主观能动性，参与礼义法度的群体性实践活动，不断地“学”与“为”，克服天赋本性，最终达到圣贤的崇高精神境界。荀子并不否定孟子所倡导的个体的精神修养，但他更强调以下三点：一是服膺道术，专心致志。因为“圣人者，人之所积而致也”，所以众人“伏术为学，专心一志，思索孰察，加日县久，积善而不息，则通于神明，参于天地矣”。这是积习于学习和实践礼义而成为圣贤。二是拜贤师择良友，潜移默化。“得贤师而事之，则所闻者尧、舜、禹、汤之道也；得良友而友之，则所见者忠信敬让之行也。”个体的精神修养必须融入群体和社会，为自己造就有利于学习和实践礼义的生活圈子，经常受到贤师良友的习染熏陶，所见所闻全然具体生动、切实可行的礼法仁义，自然成效显著，“身日进于仁义而不知也者”，这是在良好的师友环境中积学礼义而成为圣贤。但是众人则往往“与不善人处，则所闻者欺诬、诈伪也；所见者汙漫淫邪，贪利之行也”。他们在道德上缺乏免疫力，不能抗拒精神污染，没有能够完成本然性恶的改造过程，因而“身且加于刑戮而不自知者”，离圣贤更加远了。三是智勇悬绝，圣愚终分。由于在本然性恶上并无圣愚之分，故小人可以为君子，君子可以为小人，但又因后天之为不同，而分出圣人、士君子、小人的智勇悬绝，小人终为小人，圣人终为圣人。“故圣人之所以同于众，其不异于众者，性也；所以异而过于众者，伪也。”这是说，圣人君子对于礼义的追求和践履，具有强烈的愿望和主动积极的精神，这是中等智勇、上等智勇。他们虽然天生不知礼义，却能“思虑而求知之也”，“伪起于性而生礼义”。而小人固守下智下勇，天生不知礼义，却又不思求归化礼义，始终未能将“可以知仁义法正之质”和“可以能仁义法正之具”发挥出来。“然则生而已则悖乱在己”这句话，可以概括说明，途之人对于礼义不知不为，可以为而不能为，因而不能变成圣贤的道理。

君子第二十四

【题解】

荀子作本篇的主旨在于论述为君之道，篇中所称“君子”即指君主或天子。荀子认为，天子在治理国家、统领人民从而使国家富强、社稷稳定、人民安居乐业等方面具有重要的权威和作用，为了拥有并维护好这种权威，最为紧要的就是效法古代的圣王，用道义来判断政事。具体来说，荀子认为天子要统治天下，必须摒弃“刑罚怒罪，爵赏逾德，以族论罪，以世举贤”的做法，做到“论法圣王”，“以义制事”，“尚贤使能，等贵贱，分亲疏，序长幼”，“刑当罪”，“爵当贤”。只有彻底抛弃世袭等级制度，废止宗族门阀关系，尚贤使能，启用有才能的贤人来治理国家，引导人民，才能形成一种安定团结的政治局面，才能形成并且巩固天子至高无上的权威。

四凤连弧纹镜（春秋战国）

【原文】

天子无妻[①]，告人无匹也。四海之内无客礼，告无适也。足能行，待相者然后进[②]；口能言，待官人然后诏。不视而见，不听而聪，不言而信，不虑而知，不动而功，告至备也[③]。天子也者，势至重，形至佚，心至愈[④]，志无所诎，形无所劳，尊无上矣。《诗》曰[⑤]："普天之下，莫非王土；率土之滨[⑥]，莫非王臣。"此之谓也。

【注释】

①天子无妻："妻"是"夫"配偶，从声训的角度来说，"妻"就是"齐"的意思，即与丈夫齐等。由于天子至高无上，不能有人与他齐等，所以天子之妻称"后"而不称"妻"，从这种意义上来说，也就是"天子无妻"，而并非真的没有配偶。

②相者：辅助行礼的人。

③至备：指天子的臣属极其完备。因为其臣属完备，各种事情可以全部委托群臣去干，所以能"不视而见，不听而聪，不言而信，不虑而知，不动而功"。

④愈：通"愉"。

⑤引诗见《诗·小雅·北山》

⑥率：循，顺着。滨：水边。率士之滨：沿着大地的海边，指海边以内的国土。古人认为中国四周都是海，所以沿着海边而包抄，也就是指中国而言。说"率土之滨"，等于说"四海之内"，它与"普天之下"同义。

【译文】

天子没有妻子，是说别人没有和他地位相等的。天子在四海之内没有人用对待客人的礼节接待他，是说没有人做他的主人。天子脚能走路，但一定要依靠礼宾官才向前走；嘴能说话，但一定要依靠传旨的官吏才下命令；天子不用亲自去看就能看得见，不用亲自去听就能听清楚，不用亲自去说就能取信于民，不用亲自思考就能理解，不用亲自动手就能有功效，这是说天子的下属官员极其完备。天子权势极其重大，身体极其安逸，心境极其愉快，志向没有什么受挫折的，身体没有什么可劳累的，尊贵的地位是无以复加的了。《诗》云："凡在苍天覆盖下，无处不是天子的土地；从陆地到海滨，无人不是天子的臣民。"说的就是这个啊。

【原文】

圣王在上，分义行乎下，则士大夫无流淫之行，百吏官人无怠慢之事，从庶百姓无好怪之俗，无盗贼之罪，莫敢犯上之禁，天下晓然皆知夫盗窃之不可以为富也，皆知夫贼害之不可以为寿也，皆知夫犯上之禁不可以为安也。由其道，则人得其所好焉；不由其道，则必遇其所恶焉。是故刑罚綦省而威行如流。世晓然皆知未为奸则虽隐窜逃亡之由不足以免也[①]，故莫不服罪而请。《书》曰："凡人自得罪。"此之谓也。

【注释】

①由：通"犹"，还。

【译文】

圣明的帝王在上，名分、道义推行到下面，那么士大夫就不会有放肆淫荡的行为，群臣百官就不会有懈怠傲慢的事情，群众百姓就不会有邪恶怪僻的习俗，不会有偷窃劫杀的罪行，没有人敢触犯君主的禁令。天下的人明明白白地都知道盗窃是不可能发财致富的，都知道抢劫杀人是不可能获得长寿的，都知道触犯了君主的禁令是不可能得到安宁的；都知道遵循圣明帝王的正道，就每人都能得到他所喜欢的奖赏；如果不遵循圣明帝王的正道，那就一定会遭到他所厌恶的刑罚。所以刑罚极少用而威力却像流水一样扩展出去，社会上都明明白白地知道为非作歹后即使躲藏逃亡也还是不能够免受惩罚，所以无不伏法认罪而主动请求惩处。《尚书》说："所有的人都自愿得到惩处。"说的就是这种情况。

【原文】

故刑当罪则威，不当罪则侮；爵当贤则贵，不当贤则贱。古者刑不过罪，爵不逾德，故杀其父而臣其子，杀其兄而臣其弟。刑罚不怒罪[①]，爵赏不逾德，分然各以其诚通[②]。是以为善者劝，为不善者沮；刑罚綦省而威行如流，政令致明而化易如神[③]。传曰："一人有庆，兆民赖之[④]。"此之谓也。

【注释】

①怒：多，超过的意思。

②通：上行下达，贯彻实行。

③致：同"至"，极。易：蔓延。

④庆：善。兆：数量单位。古代下数以十万为一亿，十亿为一兆；中数以万万为一亿，万亿为一兆；上数以亿亿为一兆。此极言其多。赖：依靠。

【译文】

所以刑罚与罪行相当就有威力，和罪行不相当就会受到轻忽；官爵和德才相当就会受人尊重，和德才不相当就会被人看不起。古代刑罚不超过犯人的罪行，官爵不超过官员的德行，所以杀了父亲而让儿子做臣子，杀哥哥而让弟弟做臣子。刑律的处罚不超过犯人的罪行，官爵的奖赏不超过官员的德行，分明地各自按照实际情况来贯彻执行。因此做好事的人受到鼓励，干坏事的人得到阻止；刑罚极少用而威力像流水一样扩展出去，政策法令极明确而教化像神灵一样蔓延四方。古书上说："天子一个人有了美好的德行，亿万人民就能靠他的福。"说的就是这种情况。

【原文】

乱世则不然：刑罚怒罪，爵赏逾德，以族论罪，以世举贤。故一人有罪而三族皆夷[①]，德虽如舜，免刑均，是以族论罪也。先祖当贤[②]，后子孙必显，行虽如桀、纣，列从必尊，此以世举贤也。以族论罪，以世举贤，虽欲无乱，得乎哉？《诗》曰[③]："百川沸腾，山冢崒崩，[④]，高岸为谷，深谷为陵。[⑤]。哀今之人，胡憯莫惩[⑥]！"此之谓也。

【注释】

①故：犹"夫"。三族：指父族、母族、妻族。

②当：曾经。

③引诗见《诗·小雅·十月之交》。

④冢：山顶。崒：通"碎"。

④以上四句暗喻民怨沸腾，统治集团分崩离析，上下等级地位发生了变易。

⑥胡：何，为什么。憯：助词，曾，乃。惩：警戒。

【译文】

混乱的时代就不是这样。刑律的处罚超过了犯人的罪行，官爵的奖赏超过了官员的德行，按照亲属关系来判罪，根据世系来举用贤人。一个人有了罪而父、母、妻三族都被诛灭，德行即使像舜一样，也不免受到同样的刑罚，这是按照亲属关系来判罪。祖先曾经贤能，后代的子孙就一定显贵，行为即使像夏桀、商纣王一样，位次也一定尊贵，这是根据世系来举用贤人。按照亲属关系来判罪，根据世系用贤人，即使想没有祸乱，办得到吗？《诗》云："很多河在沸腾，山峰碎裂往下崩，高高的山崖成深谷，深深的峡谷成山陵。可哀当今的执政者，为什么竟然不警醒？"说的就是这种情况啊。

【原文】

论法圣王，则知所贵矣；以义制事，则知所利矣。论知所贵，则知所养矣；事知所利，则动知所出矣。二者，是非之本，得失之原也。故成王之于周公也，无所往而不听，知所贵也。桓公之于管仲也，国事无所往而不用，知所利也。吴有伍子胥而不能用，国至于亡，倍道失贤也。故尊圣者王，贵贤者霸，敬贤者存，慢贤者亡，古今一也。故尚贤使能，等贵贱，分亲疏，序长幼，此先王之道也。故尚贤使能，则主尊下安；贵贱有等，则令行而不流①；亲疏有分，则施行而不悖②；长幼有序，则事业捷成而有所休。故仁者，仁此者也③；义者，分此者也④；节者，死生此者也；忠者，惇慎此者也⑤；兼此而能之，备矣。备而不矜，一自善也，谓之圣。不矜矣，夫故天下不与争能而致善用其功。有而不有也，夫故为天下贵矣。《诗》曰："淑人君子，其仪不忒；其仪不忒，正是四国。"此之谓也。

【注释】

①流：通"留"。

②施：恩惠。行：赐，给予。悖：谬误。

③仁：爱。此：指"尚贤使能、等贵贱、分亲疏、序长幼"等"先王之道"。

④分：职分，这里用作意动词。

⑤惇：忠厚，诚实。慎：真诚。

【译文】

议论效法圣明的帝王，就知道什么人是应该尊重的了；根据道义来处理事情，就知道什么办法是有利的了。议论时知道所要尊重的人，那就会懂得所要修养的品德了；做事时知道有利的办法，那么行动时就会懂得从什么地方开始了。这两个方面，是正确与错误的根本原因，是成功与失败的根源。周成王对于周公，没有什么方面不听从，这是懂得了所要尊重的人。齐桓公对于管仲，凡是国家大事没有什么方面不听从，这是懂得了有利的办法。吴国有了伍子胥而不能听从他，国家落到灭亡的地步，是因为违背了正道失掉了贤人啊。所以使圣人尊贵的君主能称王天下，使贤人尊贵的君主能称霸诸侯，尊敬贤人的君主可以存在下去，怠慢贤人的君主就会灭亡，从古到今都是一样的。崇尚贤士，使用能人，使高贵的和卑贱的有等级的区别，区分亲近的和疏远的，按照次序来安排年长的和年幼的，这就是古代圣王的正道。崇尚贤士、使用能人，那么君主就会尊贵而臣民就会安宁；高贵的和卑贱的有了等级差别，那么命令就能实行而不会滞留；亲近的和疏远的有了分别，那么恩惠就能正确赐予而不会违背情理；年长的和年幼的有了次序，那么事业就能迅速成功而有了休息的时间。讲究仁德的人，就是喜欢这正道的人；讲究道义的人，就是把这正道当作职分的人；讲究节操的人，就是为这正道而献身的人；讲究忠诚的人，就是忠厚真诚地奉行这正道的人；囊括了这仁德、道义、节操、忠诚而全能做到，德行就完备了；德行完备而不向人夸耀，一切都是为了改善自己的德行，就叫做圣人。不向人夸耀了，所以天下的人就不会和他争能，因而他就能极好地利用人们的力量。有了德才而不自以为有德才，所以就被天下人尊重了。《诗》云："善人君子忠于仁，坚持道义不变更。他的道义不变更，四方国家他坐镇。"说的就是这种情况啊。

【解读】

荀书反复申述"法先王"在于得其统、"法后王"在于得其制，以"法后王"之制实现"法先王"之统。本篇通过阐述"论法圣王"，将先王礼义传统与后王礼法制度二者合二为一而得其精要。所谓论，即考核、评定；所谓法，即效法。考评人与事应效法圣王，就是"以义制事"，以等级名分及其准则来治国理政。先王制定礼义，节情导欲，止争弥乱，而使天下大治。后王延续先王这一礼义传统，终使贵贱尊卑的等级名分制度化、完备化，万世传承而不变更。这一礼法制度，就其纲领而言，包括"论知"、"事知"两个方面，"论知"以奉养贤士为贵，"事知"以区别等级名分处理政事为利。二者是治国理政中考量是非、得失的总原则，若能坚守，并做好尚贤、使能、等贵贱、分亲疏、序长幼五件大事，就是履行了“先王之道”，实现了“法先王”、“法后王”合二为一的理想政治。从治国的效果看，因尚贤使能“则主尊下安”，因贵贱有等“则令行而不流”，因亲疏有分“则施行而不悖”，因长幼有序“则事业捷成而有所休”，总之其功大矣；从修身的效果看，因以亲友待此五事而得仁，因以明辨此五事而得义，因以生死坚守此五事而得节，因以朴实谨慎遵行此五事得而得忠，仁、义、节、忠兼备已身而成为圣人，可谓其善大矣。大功极善，是效法圣王所要追求的目标。

“刑当罪”、“爵当贤”，是治世刑赏注重公正、公平的表现，与古代圣王“刑罚不怒罪，爵赏不逾德，分然各以其诚通”的礼法制度一脉相承。“为善者劝，为不善者沮；刑罚綦省而威行如流，政令致明而化易如神。”所谓“化易如神”，是指古代圣王的礼法制度简明而威力无比，其刑赏重在教化，对遵行之为善者予以勉励，对不遵行之为不善者加以阻止，故而施行起来有如神助，通畅无碍。荀子所提倡的是古者圣王之礼法，绝非法家苛酷之刑罚。他还明确反对“一人有罪，而三族皆夷”的“以族论罪”和“先祖当贤，后子孙必显”的“以世举贤”，更赋予儒家礼法以民主和人道的精神。

成相第二十五

【题解】

古代把乐曲或曲词从头到尾演奏或演唱一遍叫“成”。“相”则是古代一种打击乐器，又名“拊”、“拊搏”，由熟皮制成的皮囊中塞满谷糠而成，形如小鼓，拍打时声音沉闷，因其一般用来打节拍，对乐曲的演奏或曲词的演唱起辅助作用，所以叫“相”。“成相”，即演奏拊搏，引申而指一边念诵一边拍打拊搏作节拍的一种文学样式，就像“大鼓”、“快板”，由敲鼓、击板引申而来，指一种曲艺形式。它可能是当时的一种民间曲艺形式，与现在一边敲鼓为节拍一边说唱的大鼓以及一边击竹板为节拍一边念诵唱词的快板类似，只不过它不配乐歌唱、也不说白而只是念诵而已。这里用做篇名，与下篇的“赋”一样，是以体裁来做篇名。全文五十六章，实可分为三篇，每篇都以“请成相”的套语作为开头。在第一部分，荀子指出君主必须疏远馋人亲近贤人，并且借用许多历史事实塑造出了理想的圣王贤相的形象。在第二部分中，荀子把尧、舜、禹、许由、善卷等人与周幽王、周厉王等人作比较，用他们的成败得失来告诫君主与臣下必须推崇礼法，任用贤能，而绝不能任用那些善于进谗言的人，不能争宠嫉贤。在第三部分中，荀子则提出了为君之道的五条要领。这三篇成相以及《赋篇》中的五篇赋与“佹诗”、“小歌”和《汉书·艺文志·诗赋略》统称为《孙卿赋十篇》，可见它在古代属于赋的一个流别，是一种不歌而诵的文体。为了便于念诵，其词押韵，其句式也较为整练，与诗相近。所以从其文辞的形式上来看，它实可视为后代说唱文学的滥觞，在中国文学史上具有重要的地位。本篇以通俗的形式，既回顾了历史，又宣扬了礼法兼治、“明德慎罚”、“贵贱有等”、“尚贤推德”、“务本节用”等一系列政治主张，所以，一向为后人所重视。

编钟（春秋战国）

【原文】

请成相[①]，世之殃，愚暗愚暗堕贤良[②]。人主无贤，如瞽无相[③]，何伥伥[④]！

请布基[⑤]，慎圣人[⑥]，愚而自专事不治。主忌苟胜，群臣莫谏，必逢灾。

【注释】

①请成相：请听我唱完这首歌。相，古代民歌的一种体裁。“请成相”是这种体裁的民歌的开头套语。

②堕：通“隳”，陷害。

③瞽：盲人。

④伥伥：惆怅，无所适从的样子。

⑤布基：从头叙说的意思。

⑥圣人：应该是“听之”的形误。

【译文】

听我唱完这一支相歌：先说世间的祸殃，愚昧的人昏庸又糊涂，竟然陷害那忠良。君主没有贤臣辅佐，就像盲人无人扶助一样，无所适从何等迷惘。

请让我从头叙说，你们仔细听端详：做君主的愚昧独断又专行，国家大事不治理，却嫉妒又好胜，一心要胜过臣下忠良，做臣下的规劝无方，国家必定会灭亡。

【原文】

论臣过[①]，反其施[②]，尊主安国尚贤义。拒谏饰非，愚而上同，国必祸。曷谓罢[③]？国多私，比周还主党与施[④]。远贤近谗，忠臣蔽塞，主势移。

【注释】

①论：审察。

②施：施行。

③罢：通“疲”，没有德才。

④还：通“环”，这里引申为封闭、蒙蔽。

【译文】

考察臣子的过错，要看他是怎么做，是否尊君安祖国，崇尚贤人道义多。拒绝臣下劝谏，反而极力把自己的过失掩饰，让臣下愚昧地附和君主说，国家一定会遭祸。

什么叫做不贤能？是国家内部多是谋取私利的人，尽都是紧密勾结、蒙蔽国君、扶植党羽的人。被疏远的是贤人，被亲近的是谗臣，忠臣良将不得近，君主权势已经旁落。

【原文】

曷谓贤？明君臣，上能尊主爱下民[①]。主诚听之，天下为一，海内宾[②]。主之孽，谗人达，贤能遁逃国乃蹶。愚以重愚，暗以重暗，成为桀。

【注释】

①爱下民：应该是“下爱民”。
②宾：宾服，服膺。

【译文】

什么叫做有德行？明白君臣的职分等级，对上能够尊重君主，对下能够爱护百姓。君主诚诚恳恳倾听，天下统一全平定，四海之内都服膺。

再说君主的罪孽，在于谗佞都显贵，贤能的人只好逃亡，国家因此而覆亡。愚昧加上愚昧，昏庸加上昏庸，君主就成为了和夏桀同一类的人。

【原文】

世之灾，妒贤能，飞廉知政任恶来。卑其志意，大其园囿，高其台。武王怒，师牧野[①]，纣卒易乡启乃下。武王善之，封之于宋，立其祖。

【注释】

①牧野：古地名，一作坶野，在今河南淇县西南。

【译文】

再说商代的灾害，在于嫉妒贤能，飞廉竟然执掌了朝政，还要让那恶来担当重任。使得纣王还扩大园林讲气派，高高筑起那露台。武王因此而怒火高涨，会师牧野讨伐商纣王，纣王的士兵齐倒戈，微子启只好投降做俘虏。武王善待微子启，把他封在宋国住，还为他建立庙宇供他祭祖。

【原文】

世之衰，谗人归，比干见刳箕子累①。武王诛之，吕尚招麾②，殷民怀③。

世之祸，恶贤士，子胥见杀百里徙④。穆公任之⑤，强配五伯⑥，六卿施⑦。

【注释】

①累：通“缧”，捆绑犯人的大绳子，这里引申为捆绑，囚禁。

②麾：指挥作战用的旗子。

③怀：归顺。

④百里：就是指百里奚，春秋时虞国大夫。

⑤穆公：秦穆公，名任好，春秋时秦国君主。

⑥配：匹配，相当。

⑦六卿：古代天子有六军，六军的主将称六卿。

【译文】

商代的衰落和灭亡，是因为谗佞归附了商纣王，比干被剖腹挖心脏，箕子被囚禁在牢房。武王诛杀了商纣王，姜太公挥师进军，殷商的百姓纷纷归顺。

再说人间的祸殃，是因为人们厌恶贤能的士人，子胥被杀，百里奚被作为奴隶陪嫁到他邦。秦穆公任用百里奚，设置了六卿威风扬，国家强大得可以和五霸相匹敌。

【原文】

世之愚，恶大儒，逆斥不通孔子拘[①]。展禽三绌[②]，春申道缀[③]，基毕输[④]。

请牧基，贤者思，尧在万世如见之。谗人罔极，险陂倾侧[⑤]，此之疑。

【注释】

①逆：拒绝。斥：排斥，驱逐。通：通达，得志，指被重用而显贵。

②展禽：春秋时鲁国大夫，字子禽，封于柳下，习称柳下惠。绌：通“黜”，废黜，罢免。

③春申：即楚国贵族春申君黄歇。缀：通“辍”，停止，废止。

④基：是指国家的基业。

⑤陂：通“诐”，不正，邪僻。

【译文】

再说人间的愚昧，憎恶伟大的名儒，不被重用遭驱逐，孔子几次被拘囚，贤人参政无路。柳下惠三次被废黜，春申君德政被废除。国家的基业啊，败坏全无。

请听我谈谈重视治国的根本，在于思慕用贤臣，唐尧的治国之道虽然久远，却像在眼前一样清晰可见。只有歪斜不正的谗人作恶无止境，险恶邪僻心术不正，才会对尧的治国之道怀疑怨恨。

【原文】

基必施。辨贤罢，文、武之道同伏戏[①]。由之者治，不由者乱，何疑为？

凡成相[②]，辨法方，至治之极复后王[③]。慎、墨、季、惠[④]，百家之说，诚不详。

【注释】

①伏戏：又作伏羲，传说是人类的始祖，他教民结网，从事渔猎畜牧。
②凡：总括，总结。
③复：重复，恢复。这里引申为遵循、效法。后王：指现当代的帝王。
④季：季梁，战国前期杨朱一派的人物。

【译文】

国家的基业必须发展，就要辨别贤才与无知，文王、武王以及伏戏对都有相同的认识和做法。遵循这一点来治理国家，国家就会安定太平，不遵循这一点，国家就会混乱无边，为什么还要怀疑这件事？

总括我所唱的歌，就是要辨明治国的方法。治理国家的最高标准就在于效法后代的帝王。法家、慎到、墨翟、惠子与季梁，他们的主张，胡言乱语不吉祥。

【原文】

治复一[①]，修之吉。君子执之心如结[②]。众人贰之，谗夫弃之，形是诘[③]。水至平，端不倾，心术如此像圣人。而有势[④]，直而用抴，必参天。

【注释】

①复：归复，趋向。
②心如结：形容坚定不移。
③形是诘：以法责问，以刑治罪。形，通“刑”，刑法。
④“而”字前面应该有“人”字。

【译文】

治国的目标是统一天下，这样做的就吉祥如意，君子坚守这个目标坚定不移，心意就像打了结。众人对这个目标三心又二意，谗人抛弃这个目标，就以刑罚来惩处他们。一杯水啊极其平，端起它来不斜倾，人的心术若是这样正，就像伟大的圣人。严正律己宽容人，如用舟船接客乘，功高就能与天地相配。

【原文】

世无王，穷贤良，暴人刍豢仁人糟糠。礼乐灭息。圣人隐伏[①]，墨术行。治之经，礼与刑，君子以修百姓宁。明德慎罚，国家既治，四海平。

【注释】

①隐伏：隐藏潜伏，这里是指不得志。

【译文】

世间没有圣明的帝王，有缺乏贤臣良相，残暴的人吃着美味，仁义的人却吃着糟糠。礼崩乐坏都灭亡，圣人只好隐居又躲藏，墨家的学说于是就到处盛行了。

治理国家的纲领，就是礼制与刑罚，君子用礼来修养自身，百姓因为害怕刑罚而安宁。彰明美德，谨慎地施行刑罚，不但能使国家太平，普天之下也能够得到平定。

【原文】

治之志[①]，后势富，君子诚之好以待。处之敦固[②]，有深藏之[③]，能远思。

思乃精，志之荣，好而壹之神以成。精神相反，一而不贰，为圣人。

【注释】

①志：志向。这里引申为原则。

②敦固：厚实，坚定。
③深藏：这里是指深入思考。

【译文】

治理国家的原则是把个人的权势财富放在最后边，君子能够真诚地爱好对待这个原则，朴实而坚定地维护这个原则，又能够深思远虑。思考精细意志恢弘，心志专一就能达到完美的境界。

思考如果能精心，爱好它啊又心志专一，专心一致没有二心，就能成为大圣人。

【原文】

治之道，美不老[①]，君子由之佼以好[②]。下以教诲子弟，上以事祖考[③]。

【注释】

①美：美好。这里指专一于治国之道。老：衰败，松弛。
②佼：美好。
③祖考：祖父与父亲。这里泛指祖先。

【译文】

治理国家的纲要，是要专心不懈怠于治国之道，君子遵循这个正道，就会美好再美好。对下可以用来教导子弟，对上可以用来侍奉祖宗父老。

【原文】

成相竭，辞不蹶[①]，君子道之顺以达[②]。宗其贤良，辨其殃孽。

【注释】

①蹶：竭尽，枯竭。

②道：实行，实施。

【译文】

相歌已经结束，我的话语还没有说完，君子遵行上述的“道”，就能走上顺利通达的道路。尊崇那些贤臣良相，仔细辨明那些奸贼妖魔。

【原文】

请成相，道圣王，尧、舜尚贤身辞让。许由、善卷[1]，重义轻利，行显明。

【注释】

①许由、善卷：尧、舜时代的隐士。传说尧要把帝位让给许由，许由不接受而逃到箕山下。舜要把帝位让给善卷，善卷不接受而逃入了深山。

【译文】

请让我唱完一支相歌，说说圣明的帝王，尧、舜崇尚贤德人，亲自来把帝位相让。许由、善卷志高尚，看重道义轻视财利，他们的德行异常光明。

【原文】

尧让贤，以为民，泛利兼爱德施均[1]。辨治上下，贵贱有等，明君臣。

【注释】

①泛利：广泛地给予百姓利益。

【译文】

尧让帝位给贤人，全是为了老百姓，他给予所有的人以利益，恩德布施非常均匀。上上下下都治理，贵贱有别等级分，君臣职分都分明。

【原文】

尧授能[1]，舜遇时，尚贤推德天下治[2]。虽有贤圣，适不遇世，孰知之？

【注释】

①授能：意思是把帝位传给有才能的人。
②推德：推崇有德行的人。

【译文】

尧把帝位传给贤能的人，虞舜遇上了大好时机，他推崇贤能的与有德行的人，天下终于得到了太平。现在虽然有贤圣，偏偏没有遇到好时运，谁又能知道他贤能？

【原文】

尧不德[1]，舜不辞，妻以二女任以事。大人哉舜，南面而立，万物备。

【注释】

①不德：不升位，也就是自己不升帝位，退位让贤。

【译文】

尧让贤退位，舜没有推辞做了国君，尧又把两个女儿嫁给了舜，还将治理天下的重任托付给他。伟大的人啊是虞舜！他朝南而立称了帝王，万物齐备都丰盛。

【原文】

舜授禹，以天下，尚得推贤不失序[1]，外不避仇，内不阿亲，贤者予。

【注释】

①得：通“德”，是指有德行的人。序：次序，秩序，这里是指能够根据才能功德的高低来推举贤德。

【译文】

舜把帝位传给禹，把治理天下的大权交给了他。大禹崇尚有德行的人，推举贤人不失次序，对外不回避仇人，对内不偏私亲友，把官位授予贤德的人。

【原文】

禹劳心力[①]，尧有德，干戈不用三苗服[②]。举舜甽亩[③]，任之天下，身休息。

【注释】

①禹劳心力：是指禹准备动用武力。
②三苗：又称有苗，古代南方的一个部族。
③甽亩：田间。甽，田间的水沟。

【译文】

大禹操心想动用武力，尧有着高尚的德行，没有使用武力而三苗就心悦诚服地来归顺他了。又从田间提拔了虞舜，授予他治理天下的重任，自己离位去休息。

【原文】

得后稷，五谷殖，夔为乐正鸟兽服[①]。契为司徒[②]，民知孝弟，尊有德。

【注释】

龙凤盖罐（春秋战国）

①夔：人名，相传是尧时的乐官，他奏乐时能够使鸟兽起舞。乐正：古代乐官的名称。

②契：人名，传说是商族的始祖，帝喾的儿子。司徒：古代管理土地和教化百姓的官。

【译文】

任用后稷管农务，教导人民种五谷，夔做乐正奏乐曲，鸟兽起舞也全都驯服了。契成了司徒，百姓便懂得了对父兄的孝敬，人人都尊重有德行的人。

【原文】

禹有功，抑下鸿[①]，辟除民害逐共工[②]，北决九河[③]，通十二渚[④]，疏三江。

【注释】

①鸿：通“洪”，洪水。

②辟除：排除，袪除。共工：原是主管水利的官，后来成为一个氏族部落的氏，这部落从五帝时代一直延续到周代。这里的共工是指禹时主管水利的官。

③决：掘开堵塞水流的地方来疏通水道。九河：与下文的“三江”在这里都是泛指江河。

④渚：水中的小洲。

【译文】

大禹有不可磨灭的大功，他遏止了泛滥的洪水，排除了百姓的祸害，驱逐流放了共工，在北方疏通了江河和十二个洲渚，让大河得以畅通无阻。

【原文】

禹傅土[①]，平天下，躬亲为民行劳苦，得益、皋陶、横革、直成为辅[②]。

【注释】

①傅：通“敷”，治理。

②益：即伯益，古代嬴姓各族的祖先。横革、直成：也是辅佐大禹治理天下的人，具体事迹不详。“为”字前面应该是漏掉了“以”字。

【译文】

夏禹领导人民治理水土，安定天下，亲自为民来操劳，做事劳累又辛苦，又得到伯益、皋陶、横革和直成的辅助。

【原文】

契玄王[①]，生昭明，居于砥石迁于商[②]。十有四世，乃有天乙，是成汤。

【注释】

①玄王：即指契，传说因为其母简狄吞玄鸟卵而受孕生下了他，所以又称他为玄王。

②砥石：古代的地名。商：古地名，在今河南商丘南，商时名叫亳。

【译文】

契因为他的母亲吞下了玄鸟的卵受孕而生下了他，所以称为玄王，他生下了儿子昭明，开始住在砥石冈，后来迁到封地商。经过了十四世才有了天乙，天乙就是商朝的成汤。

【原文】

天乙汤，论举当，身让卞随举牟光[1]。道古贤圣[2]，基必张。

【注释】

①卞随、牟光：传说都是商朝的隐士，成汤打败了夏桀，把天下让给他们，他们认为汤杀君不义，所以都不接受，并投水而死。

②根据上文各段的情况，这一句应该是漏掉了四个字。

【译文】

商王天乙号称汤，评论选拔人才都得当，他把帝位让给卞随和牟光。遵循效法古代圣王的治国之道，国家的基业必定会得到弘扬。

【原文】

愿陈辞[1]，世乱恶善不此治。隐讳疾贤良，由奸诈，鲜无灾。

【注释】

①这一句的前面或者后面应该是漏掉了三个字。

【译文】

我愿把见解陈述一下，世道混乱，厌弃贤良的人却得不到惩处。隐瞒过错，嫉害贤良，奸邪狡诈之人长时间得到任用，结果很少不招致灾祸。

【原文】

患难哉！阪为先[1]，圣知不用愚者谋。前车已覆，后未知更，何觉时！

【注释】

①阪：斜坡。这里引申为歪门邪道。

【译文】

处在灾难之中却大搞邪恶，圣明贤德的人得不到重用，却让愚蠢的人出谋划策。前面的车已经倾倒，后面的人却不知道改辙易道，何时才能觉悟？

【原文】

不觉悟，不知苦，迷惑失指易上下[1]。忠不上达[2]，蒙掩耳目，塞门户。

【注释】

①指：方向。
②忠：通“衷”，是指真实情况。

【译文】

君主实在不觉悟，不知如此会受苦，迷失了方向，上下也颠倒。实情不能上达给君主，君主耳目被蒙住，堵塞了知晓实情的门户。

【原文】

门户塞，大迷惑，悖乱昏莫不终极[1]。是非反易，比周欺上，恶正直。

【注释】

①莫：古“暮”字，昏暗，指愚昧。

【译文】

了解事情的途径被堵住，就会有极大的迷惑，惑乱昏暗，不知道何时才是尽头。是非颠倒，互相勾结蒙蔽君主，正直之士遭到厌弃。

【原支】

正直恶，心无度，邪枉辟回失道途①。己无尤人②，我独自美，岂独无故③？

【注释】

①邪枉：奸邪不正。辟：通“僻”，邪僻不正。回：曲折，引申为奸邪。
②尤：怨恨，指责。
③后面的一个“独”字应该是衍文。

【译文】

正直之士被憎恶，人们心中全无法度。奸邪不正，歪门邪道，人们都迷失了正道。自己不要埋怨别人，以为只有自己没有错误，造成这种情况，难道没有自己的原因吗？

【原文】

不知戒，后必有，恨後遂过不肯悔①。谗夫多进，反覆言语，生诈态。②人之态，不如备，争宠嫉贤利恶忌。妒功毁贤，下敛党与，上蔽匿。

【注释】

①恨：通“很”，凶悍地坚持错误不改叫“很”，今字作“狠”。後：应该是“復”字的误写，“復”通“愎”，刚愎，任性、固执的意思。遂过：坚持错误。遂，顺从。这里引申为坚持。
②态：通“慝”，奸恶，邪恶。

【译文】

不知警惕出事故，以后一定还会再犯错误，拒绝规劝，坚持错误，不知道悔悟。谗人多被任用，他们的言语颠三倒，净干些欺诈邪恶的事。

对于臣子的邪僻，君主不知防备与警惕，臣下就会争宠妒贤，彼此互相憎恨猜忌。妒忌功臣，诋毁贤能，在下面聚集党羽互相勾结，对上使君主受尽蒙蔽。

【原文】

上壅蔽，失辅势，任用谗夫不能制。孰公长父之难[①]，厉王流于彘[②]。

周幽、厉[③]，所以败，不听规谏忠是害。嗟我何人，独不遇时，当乱世。

【注释】

①孰：应该是“郭”字的误写。“郭”：通“虢”。虢公长父：又称虢仲，周厉王的宠臣，深得周厉王的信任。

②厉王：即周厉王。彘：古地名，在今山西霍县。

③周幽：周幽王，西周末代君王。

【译文】

君主在上受到了蒙蔽，失去辅佐和权势，任用了进谗的小人，到后来也不能控制他们了。虢公长父太放肆，因此而引起的动乱使得周厉王也只好流窜逃到彘地。

周幽王与周厉王，之所以把国家败坏了，就是因为他们不听别人的规劝，专门残害那忠臣。可叹我算什么人，偏偏生不逢时，活在乱世一无所成。

【原文】

欲衷对[①]，言不从，恐为子胥身离凶[②]。进谏不听，刭而独鹿[③]，弃之江。

观往事，以自戒，治乱是非亦可识。托于成相，以喻意。

【注释】

①衷对：应该是“对衷”，意思是把心里的话全部说出来。对，通“遂”，尽，全。

②离：通“罹”，遭受。

③刭：用刀割颈。独鹿：同“属镂”，剑名，相传吴王将此剑赐给伍子胥逼他自杀。

【译文】

我想把心里的话全部说出来，可惜却无人听从，又恐怕像伍子胥那样，自己反而遭到厄运。他苦心进言劝谏，吴王却不听，反而被赐给了属镂割脖颈，还被抛尸在江心。

纵观往事，要自我警惕，安定混乱是与非，从中也可以有所知。我把这些想法都寄托在相歌里，以此来表明我的心意。

【原文】

请成相，言治方，君论有五约以明[1]。君谨守之，下皆平正，国乃昌。

【注释】

①论：通“伦”，原则。

【译文】

请让我唱完这支相歌，说说治国的方针。为君之道有五条，简约又明确。如果君主能够严格遵守它，臣民便会安宁都端正，国家也就会繁荣昌盛。

【原文】

臣下职，莫游食[①]，务本节用财无极。事业听上，莫得相使，一民力。

【注释】

①游食：游手好闲吃白食。

【译文】

臣民百姓都尽职，没有人游手好闲吃白食，从事农耕节省开支，财富无穷国库得以充实。一切事务都听从君主的安排，不得擅自互相指使，百姓的力量得到统一。

【原文】

守其职，足衣食，厚薄有等明爵服。利往仰上[①]，莫得擅与，孰私得？

【注释】

①往：应该是“隹”字的误写，“隹”是“唯”的古字。仰：仰仗，依赖。

【译文】

人人尽职又尽责，就能丰衣又足食，俸禄多少有等级，明确爵位与服饰。财利仰仗君主赐赐予，臣下不得擅自布施，谁能私下得财资？

【原文】

君法明，论有常，表仪既设民知方。进退有律，莫得贵贱，孰私王？

【译文】

君主的法令制度明确无误，判断决定一贯有常规，规章制度已设立，人们都知道了方向。任免官吏有标准，君主不得凭借个人的意愿使人或贵或贱，谁还会私下讨好君主？

【原文】

君法仪，禁不为，莫不说教名不移[①]。修之者荣，离之者辱，孰它师[②]？

【注释】

①说教：悦服君主教化的意思。
②它师：效法其他。师，效法。这里的“它师”应该是“师它”。

【译文】

君主的法度是标准，禁止之事不敢去做，人人都悦服君主的教化，名号政权不变更。遵循法度就荣耀，背离法度就会遭致耻辱，谁敢效法其他去横行？

【原文】

刑称陈[①]，守其银[②]，下不得用轻私门。罪祸有律，莫得轻重，威不分。

【注释】

①称：恰当。是指刑罚与罪过相符合。陈：陈设，引申为施行。
②银：通：“垠”，界限。

【评议】

刑罚施行要恰当，遵守规定界限清，臣下不得因为私人关系擅自减轻刑罚，豪门权势自会轻。惩处罪过按照法令的规定，不得随意加重或减轻，君主的权威不会被分裂。

【原文】

请牧祺，明有基[①]，主好论议必善谋。五听循领[②]，莫不理续，主执持。

【注释】

①这两句应该是“请牧基，明有祺”。祺：福，吉祥。

②五：指上文所阐述的五条处理政事的原则。领：要领，指五条处理政事的原则。

【译文】

请听我谈谈治国的根本，君主贤明有吉祥，君主喜爱倾听臣下的议论，还必须善于谋划。五条原则都能得到贯彻实行，遵循为君的这五条纲领，无不研治相继承，君主的政权才会牢固。

【原文】

听之经，明其请[①]，参伍明谨施赏刑[②]。显者必得，隐者复显，民反诚。

【注释】

①请：通“情”，真实情况。

②参伍：同“叁伍”，即“三”与“五”，错综复杂的意思。

【译文】

听取政事的要领，在于无比明白真实情况，通过比较检验把情况弄清楚，谨慎实施赏和刑。明显之事一定要查清，隐蔽之事也会显形，百姓就会回归真诚老实了。

【原文】

言有节，稽其实，信诞以分赏罚必[1]。下不欺上，皆以情言，明若日。

【注释】

①信诞：真假。以：通“已”。

【译文】

要人说话有分寸，就得考核那些真实的情况，真话假话已分清，赏罚一定要实行。臣民不敢再欺君，言辞话语都会吐露真情，就像太阳一样明。

【原文】

上通利，隐远至[1]，观法不法见不视[2]。耳目既显，吏敬法令，莫敢恣。

【注释】

①隐远：是指偏远僻静之处的人。

②观法不法：意思是说君主能够看清合法与不合法的事。见不视：意思是说君主能够看到别人看不见的事。

【译文】

君主明达不被人蒙蔽，远方的百姓都会来归顺。君主看清合法与不合法的事，看清别人很难看到的事，耳聪又目明，百姓人人都敬畏法令，遵守法令，没有人敢肆意妄为。

【原文】

君教出，行有律，吏谨将之无铍滑[1]。下不私请，各以宜[2]，舍巧拙。

【注释】

①铍：通“颇”，邪。滑：通“汩”，扰乱。

②宜：适宜的办法，指合乎道义的行为。“宜”字前面应该有“所”字。

【译文】

君主发布那教令，臣民执行之时有标准，官吏谨慎执行法令，没有人敢胡作非为。臣下不私下去请托求情，人人都谨守道义来侍奉君主，不再做营私取巧的事。

【原文】

臣谨修[①]，君制变，公察善思论不乱[②]，以治天下，后世法之，成律贯[③]。

【注释】

①修：当为“循”字的误写，遵循。

②论：通“伦”，人伦，指人与人之间的伦理道德关系。

③律：法则。贯：古时穿钱的绳索。引申指贯通古今的常规惯例。

【译文】

臣下谨慎守法令，君主掌握着变革的权力，公正明察善于思索，伦理关系不混乱。用这个原则来治理天下，后世的君王效法成为典范，终成常规代代传。

【解读】

《荀子》一书有关政治问题的意见至少用了八篇专文论述，现又以《成相篇》之通俗文学形式抒写人君大道，具有高度的概括性、创造性、文学性。本篇所述的思想与理论已分别见于《王制篇》等，这里就提纲挈领，形成体系，重在探寻规律，总结教训，以达到提耳教诲之目的。

本篇命名《成相》，意含双关。据《礼记·乐记》云："治理以相，讯疾以雅。"《礼记·曲礼》云："邻有丧，舂不相。"《尚书·益稷》云："博拊琴瑟以咏。"对这些古籍的记载，郑玄、孔颖达等人均有相关解释。综合言之，相、雅均为古乐器名。歌唱时，击相以为歌声之节；舞蹈时，奏雅以为动作之节。相，又称拊，表面是皮革，里面装着糠，其形如小鼓，因搏拊有辅助歌乐使之不紊乱的功能，故称之为相。成，即奏。无论庙堂祭祀或民间劳动舂米等，演奏相，均可以调节歌声、动作之缓急。逐渐演变而推广到民间，即把乐器的名称转移为歌辞的名称了。"舂牍"、"送杵声"等说法，证明"成相辞"已形成古代说唱文学体裁之一了，大体如诗而俗，为念诵讲唱词形式。班固《汉书·艺文志》著录《成相杂辞》十一篇，已失传。但由此可推知，《成相辞》在荀子时代已普遍流行于民间，为群众所喜爱，故引起荀子拟作的兴趣。荀子撰《成相》之篇，说自己"托于成相以喻意"，既指本篇所唱形式为成相歌辞，又指所唱内容为明君贤臣如何完成治理国家的大事，"成"寓成就、"相"寓辅佐治理之意。

荀子《成相篇》被学者称为"后世弹词之祖"。但荀子仅为仿制、借用当时已臻成熟的说唱文体罢了，本篇之撰保留了当时《成相辞》的体制格调和艺术特征。全篇采用三、三、七句式与四、七句式的格式行文，总体协韵。杨倞分为三章，现从张长弓之说分为五章。五章依次分别以"请成相"、"凡成相"、"请成相"、"愿陈辞"、"请成相"一句开场白领起，每章包含若干节，篇中文义转折变换自然而不拘泥。篇中讲述许多历史故事，让听者在接受贤德圣道之时不致失去兴味。现代弹词、鼓词、道情等，其格调与荀子《成相篇》颇为类似，显然是从荀子时代的《成相辞》演变出来的，这可以从唯一保留下来并十分完整的荀子《成相篇》得到证实。所以说，荀子《成相篇》具有很高的文献和艺术史研究价值。

赋第二十六

【题解】

“赋”的意思是铺叙朗诵，引申而为一种着意铺陈事物、“不歌而诵”（不配乐歌唱而朗诵）的文体形式。它像诗一样全篇押韵，所以自古以来就被认为是古诗的一个流别；但它的句式又不很像诗而像散文，没有固定的格式，所以它实是一种用韵的散文，介乎诗歌与散文之间。把赋作为一种文体的名称，即肇始于荀子《赋》篇，所以本篇在中国文学史上具有特别重要的地位。当然，赋作为一种文体，有其发展过程。荀子的《赋》篇，与后来的古赋、骈赋、律赋、文赋等相比，具有不同的特点。本篇中的五篇赋，每首描写一件事物。其前半部分是一种句式较为整练而接近于诗的谜语，后半部分是一种句式较为散文化的猜测之辞，末尾则点出谜底。至于篇末的一首诗与一首歌，则与前五篇赋略为不同，它不取猜谜的形式，而以较为显豁的词语来铺叙揭露社会上的反常现象，更具有政治诗的味道。荀子借此批判了当时社会上奸邪之人当道，而忠诚仁厚的人则被废黜的不合理的社会现象，字里行间既彰明了他对这种社会现象的不满和愤懑，又表达了荀子对于社会安定统一的企盼。也就是说，荀子采取借物寓意的手法，表达了他对“礼”和圣君贤相的道德风尚的赞赏，同时也表达了荀子渴望社会安定和谐的美好愿望。这种托物讽喻的特点对后代“劝百讽一”的赋颂传统的形成无疑具有极大的影响。

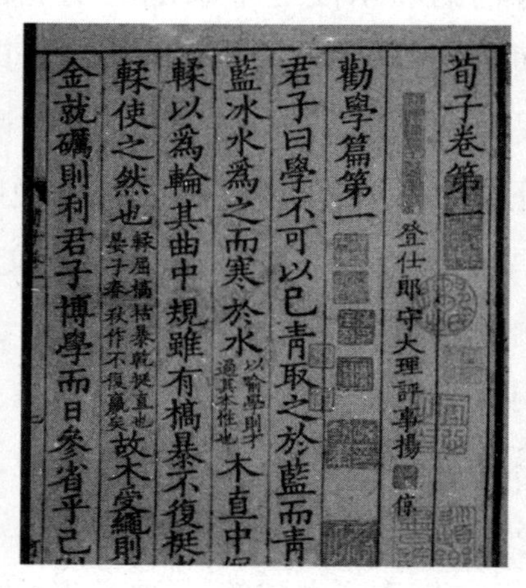
荀子卷第一　登仕郎守大理評事楊倞
勸學篇第一
君子曰學不可以已青取之於藍而青
藍冰水為之而寒於水　木直中
輮以為輪其曲中規雖有槁暴不復挺
輮使之然也　故木受繩則
金就礪則利君子博學而日參省乎己

《荀子》书影

【原文】

爰有大物[1]，非丝非帛，文理成章[2]。非日非月，为天下明。生者以寿，死者以葬；城郭以固，三军以强。粹而王，驳而伯，无一焉而亡[3]。臣愚不识，敢请之王。王曰：此夫文而不采者与？简然易知而致有理者与？君子所敬而小人所不者与？性不得则若禽兽，性得之则甚雅似者与[4]？匹夫隆之则为圣人，诸侯隆之则一四海者与？致明而约，甚顺而体，请归之礼。礼

【注释】

①爰：于是，在这里。

②文理：这里语带双关，字面上承丝帛而言，指丝织品的花纹；实指礼节仪式。章：也语带双关，表面指有花纹的纺织品，实指规章制度。

③无一焉：于此无一，在“粹”与“驳”之中不能做到其中任何一种，指完全不能遵循礼制。

④似：语助词，犹“如”、“若”。

【译文】

这里有个重要东西，既不是丝也不是帛，但其文理斐然成章。既非太阳也非月亮，但给天下带来明亮。活人靠它享尽天年，死者靠它得以殡葬；内城外城靠它巩固，全军实力靠它加强。完全依它就能称王，错杂用它就能称霸，完全不用就会灭亡。我很愚昧不知其详，大胆把它请教大王。大王说：这东西是有文饰而不彩色的吗？是简单易懂而极有条理的吗？是被君子所敬重而被小人所轻视的吗？是本性没得到它薰陶就会像禽兽、本性得到它薰陶就很端正吗？是一般人尊崇它就能成为圣人、诸侯尊崇它就能使天下统一的吗？极其明白而又简约，非常顺理而又得体，请求把它归结为礼。——礼

【原文】

皇天隆物[1]，以示下民[2]，或厚或薄，常不齐均[3]。桀、纣以乱，汤、武

以贤。涽涽淑淑[4]，皇皇穆穆[5]，周流四海，曾不崇日[6]。君子以修，跖以穿室[7]。大参乎天，精微而无形。行义以正，事业以成。可以禁暴足穷[8]，百姓待之而后宁泰[9]。臣愚不识，愿问其名。曰：此夫安宽平而危险隘者邪[10]？修洁之为亲而杂污之为狄者邪[11]？甚深藏而外胜敌者邪？法禹、舜而能弇迹者邪[12]？行为动静待之而后适者邪？血气之精也，志意之荣也，百姓待之而后宁也，天下待之而后平也，明达纯粹而无疵也，夫是之谓君子之知[13]。知

【注释】

①隆：通“降”。

②施：作“示”。

③常：作“帝”。

④涽涽：水混浊的样子，喻指神智不清。淑淑：水清澈的样子，喻指头脑清醒。涽涽淑淑：与“流四海”相应，字面上说水，实际上喻指智。

⑤皇皇：盛大的样子，形容智慧的浩瀚。穆穆：静穆的样子，形容智慧的无声无息。

⑥崇：通“终”。周流四海，曾不崇日：指智力将天下考虑一遍，还不到一整天。

⑦穿室：打洞入室，指偷窃行为。

⑧足穷：使穷者富足。

⑨“泰”与上下文不谐韵，“宁泰”当作“泰宁”。

⑩安、危：用作意动词。险：不平坦，与“平”相对。

⑪狄：通“逖”，远。

⑫弇：覆盖，承袭。

⑬知：通“智”。

【译文】

上天降下一种东西，用来施给天下人民；有人丰厚有人微薄，常常不会整齐平均。夏桀、商纣因此昏乱，成汤、武王因此贤能。有的混沌有的清

明，浩瀚无涯静穆无闻。四海之内全部流遍，竟然不到整整一天。君子靠它修身养心，盗跖靠它打洞进门。它的高大和天相并，它的细微不显其形。德行道义靠它端正，事情功业靠它办成。可以用来禁止暴行，可以用来致富脱贫；百姓群众依靠了它，然后才能太平安定。我很愚昧不知其情，希望打听它的名称。回答说：这东西是把宽广和平坦看作为安全而把崎岖不平和狭窄看作为危险的吗？是亲近美好廉洁之德而疏远杂乱肮脏之行的吗？是很深地藏在心中而对外能战胜敌人的吗？是效法禹、舜而能沿着他们的足迹继续前进的吗？是行为举止靠了它然后才能恰如其分的吗？它是血气的精华，是意识的精英。百姓依靠了它然后才能安宁，天下依靠了它然后才能太平。它明智通达纯粹而没有缺点毛病，这叫做君子的智慧聪明。——智

【原文】

有物于此，居则周静致下，动则綦高以钜。圆者中规，方者中矩。大参天地，德厚尧、禹[①]。精微乎毫毛[②]，而大盈乎大寓。忽兮其极之远也，攭兮其相逐而反也[③]，卬卬兮天下之咸蹇也[④]。德厚而不捐，五采备而成文。往来惛憊，通于大神，出入甚极[⑤]，莫知其门。天下失之则灭，得之则存。弟子不敏，此之愿陈，君子设辞，请测意之。曰：此夫大而不塞者与？充盈大宇而不窕，入郄穴而不逼者与[⑥]？行远疾速而不可托讯者与[⑦]？往来惛憊而不可为固塞者与？暴至杀伤而不亿忌者与[⑧]？功被天下而不私置者与[⑨]？托地而游宇，友风而子雨。冬日作寒，夏日作暑。广大精神，请归之云。云

【注释】

①德厚尧、禹：云能化成雨而滋润万物，所以说德厚尧、禹。

②精：小。

③攭：通“劙”，分割。反：通“返”。

④卬卬：同“昂昂”，高高的样子。蹇：困苦。卬卬兮天下之咸蹇：指云高高在上而不下雨，天下人就都困苦了。与下文“天下失之则灭”相应。

⑤极：通“亟”，急。

⑥窕：有间隙。郄：通“隙”，空隙。

⑦托讯：捎信。

⑧暴至：突然猛烈地到来，指浓云化为大暴雨袭来。亿：通“意”，疑，迟疑不定。忌：顾忌，忌惮。

⑨置：通“德”，以为有德。

【译文】

在这里有种东西，停留时就周遍地静处在极低点，活动时就极高而广大无边。圆的合乎圆规画的圆，方的和角尺画的能相掩。大得可和天地相并列，德行比尧、禹还敦厚慈善。小的时候比毫毛还细微，而大的时候可充满寥廓的空间。迅速啊它们到达了很远很远，分开啊它们互相追逐而返回山边，高升啊天下人就都会生活维艰。它德行敦厚而不丢弃任何人，五种色彩齐备而成为花纹，它来去昏暗，变化莫测就像天神，它进出很急，没人知道它的进出之门。天下人失去了它就会灭亡，得到了它就能生存。学生我不聪明，愿意把它陈述给先生。君子设置这些隐辞，请您猜猜它的名称。回答说：这东西是庞大而不会被堵塞的吗？是充满寥廓的空间而不会有间隙、进入缝隙洞穴而不觉其狭窄吗？是走得很远而且迅速但不可寄托重物的吗？是来去昏暗而不可能被固定堵塞的吗？是突然来杀伤万物而毫不迟疑毫无顾忌的吗？是功德覆盖天下而不自以为有德的吗？它依靠大地而在空间遨游，以风为朋友而以雨为子女。夏季兴起热浪，冬季兴起寒流。它广大而又神灵，请求把它归结为云。——云

【原文】

有物于此，欚欚兮其状[①]，屡化如神。功被天下，为万世文。礼乐以成，贵贱以分。养老长幼，待之而后存。名号不美，与暴为邻[②]。功立而身废[③]，事成而家败[④]。弃其耆老[⑤]，收其后世。人属所利，飞鸟所害。臣愚而不识，请占之五泰[⑥]。五泰占之曰：此夫身女好而头马首者与？屡化而不寿者与？善壮而拙老者与[⑦]？有父母而无牝牡者与？冬伏而夏游[⑧]，食桑而吐丝，前

乱而后治[9]，夏生而恶暑，喜湿而恶雨。蛹以为母，蛾以为父。三俯三起[10]，事乃大已。夫是之谓蚕理。蚕

【注释】

①蠡蠡：没有毛、羽的样子。

②与暴为邻："蚕"（蠶）在古代与"憯"（通"惨"，残酷、狠毒的意思）音近，所以这么说。

③身废：自身被废，指蚕把茧织成后自身被人煮杀。

④家败：家被破坏，指蚕茧被人们缫丝而尽。

⑤耆老：老年人，指蚕蛾。

⑥占：推测。五泰：字面意义是"五方通"，等于现在说"万事通"，这里是虚拟的人名，用来指一个无所不通的人。古代常用这种方式来虚拟人名。

⑦拙老：不善于度过老年。蚕蛾不但不善飞，而且口器退化而不取食，交尾产卵后便死去，所以说"拙老"。

⑧"游"字下当脱"者与"二字，因为"游"与上文押韵而与下文不押韵。

⑨前乱而后治：蚕开始结茧时吐的丝起固定蚕茧的作用而较为纷乱，后来吐的茧丝很有秩序，所以这么说。

⑩三：泛指多次。俯：蛰伏，指蚕眠。即蚕每次蜕皮前不食不动的现象。蚕在生长过程中要蜕皮四次。

【译文】

在这里有种东西，赤裸裸啊它的形状，屡次变化奇妙如神，它的功德覆盖天下，它为万代修饰人文。礼乐制度靠它成就，高贵卑贱靠它区分。奉养老人抚育小孩，依靠了它然后才成。它的名称却不好听，竟和残暴互相邻近。功业建立而自身被废，事业成功而家被破坏。抛弃了它的老一辈，收留了它的后一代。它被人类所利用，也被飞鸟所伤害。我愚昧而不知道，请万

事通把它猜一猜。万事通推测它说：这东西是身体像女人一样柔美而头像马头的吗？是屡次蜕化而不得长寿的吗？是善于度过壮年而不善于为年老图谋的吗？是有父母而没有雌雄分别的吗？是冬天隐藏而夏天出游的吗？它吃桑叶而吐出细丝，起先纷乱而后来有条不紊。生长在夏天而害怕酷暑，喜欢湿润却害怕雨淋。把蛹当作为母亲，把蛾当作为父亲。多次伏眠多次苏醒，事情才算最终完成。这是关于蚕的道理。——蚕

【原文】

有物于此，生于山阜[①]，处于室堂。无知无巧，善治衣裳。不盗不窃，穿窬而行[②]。日夜合离，以成文章。以能合从[③]，又善连衡[④]。下覆百姓，上饰帝王。功业甚博，不见贤良[⑤]。时用则存，不用则亡。臣愚不识，敢请之王。王曰：此夫始生钜，其成功小者邪[⑥]？长其尾而锐其剽者邪[⑦]？头铦达而尾赵缭者邪[⑧]？一往一来，结尾以为事。无羽无翼，反覆甚极[⑨]。尾生而事起，尾邅而事已[⑩]。簪以为父[⑪]，管以为母[⑫]。既以缝表，又以连里。夫是之谓箴理。

【注释】

①生于山阜：针用铁制的铁矿在山中，所以说“生于山阜”。

②窬：洞。穿窬：打通洞。这里语意双关，表面指打通墙洞而入室偷窃的行为，实指针钻洞缝纫的动作。

③以：通“已”，既。从：通“纵”，竖向，南北方向。合从：战国时，苏秦游说山东六国诸侯联合抗秦，六国的位置呈南北向，故称合纵。此文字面上借用这“合从”一词，实际上喻指针能将竖向的东西缝合在一起。

④衡：通“横”，横向，东西方向。连衡：战国时，秦国为了对付合纵，采纳张仪的主张，与六国分别结成联盟，以便各个击破。秦在六国之西，东西联合，故称连横。此文字面上借用这“连衡”一词，实际上喻指针缝合横向的东西。

⑤见：同“现”，表现，显示。

⑥始生钜：指制针的铁很大。成功小：指制成的针很小。

⑦尾：指线。剽：末稍，指针尖。

⑧铦：锐利。达：挑达，畅通无阻、来去自由的样子。赵：通“掉”，摇。掉缭：摇曳而缠绕的样子，形容线的长。

⑨极：通“亟”，急。

⑩邅：转，回旋，指打结。

⑪簪：可以把衣服之类别在一起的一种大针。一般的针由这种大针磨细后再打上穿线孔而成，所以说以簪为父。

⑫管：盛装针的工具。

【译文】

在这里有种东西，产生于山岗，放置在内屋厅堂。没有智慧没有技巧，却善于缝制衣裳。既不偷盗也不行窃，却先打洞然后前往。日夜使分离的相合，从而制成花纹式样。既能够联合竖向，又善于连结横向。下能够遮盖百姓，上能够装饰帝王。功劳业绩非常巨大，却不炫耀自己贤良。有时用它，就在身旁；不用它时，它就躲藏。我很愚昧，不知其详，大胆把它请教大王。大王说：这东西是开始产生时很大而它制成后很小的吗？是尾巴很长而末端很尖削的吗？是头部锐利而畅通无阻、尾巴摇曳而缠绕的吗？它一往一来地活动，把尾打结才开始。没有羽毛也没有翅，反复来回很不迟。尾巴一长工作就开始，尾巴打结工作才停止。把大型簪针当父亲，而母亲就是那盛针的管子。既用它来缝合外表，又用它来连结夹里。这是关于针的道理。

【原文】

天下不治，请陈佹诗[①]：天地易位[②]，四时易乡[③]。列星殒坠[④]，旦暮晦盲。幽晦登昭，日月下藏[⑤]。公正无私，反见纵横[⑥]；志爱公利，重楼疏堂[⑦]；无私罪人，憼革贰兵[⑧]；道德纯备，谗口将将[⑨]。仁人绌约[⑩]，敖暴擅强。天下幽险，恐失世英。螭龙为蝘蜓，鸱枭为凤皇[⑪]。比干见刳，孔子拘匡。昭昭乎其知之明也，郁郁乎其遇时之不祥也，拂乎其欲礼义之大行也[⑫]，暗乎天下之晦育也，皓天不复，忧无疆也。千岁必反[13]，古之常也。弟子勉学，天不忘也。圣人共手[14]，时几将矣[15]。与愚以疑[16]，愿闻反辞。其小歌曰：念彼远方[17]，何其塞矣。仁人绌约，暴人衍矣。忠臣危殆，谗人服矣[18]。琁、玉、瑶、珠[19]，不知佩也。杂布与锦，不知异也。闾娵、子奢[20]，莫之媒也。嫫母、力父[21]，是之喜也。以盲为明，以聋为聪，以危为安，以吉为凶。呜呼上天，曷维其同！

【注释】

①佹：同“诡”，奇异反常。因为诗中揭露了天下各种奇异反常的现象，所以称“佹诗”。

②天地易位：喻指战国时君臣易位的现象。

③乡：通“向”。四时易乡：四季变换了方向，指四季的运行次序颠倒了，比喻历史的进程错乱了。

④殒：通“陨”，坠落。列星殒坠：比喻百官被罢免废弃。

⑤日月下藏：指光明磊落如同日月的君子被埋没在民间。

⑥从横：合纵连横，比喻结党营私。

⑦重楼：重叠之楼，即楼房。这两句是说：心里热爱国家的利益，所以想担任重要的官职，却被认为是追求住高楼大厦和窗户通明的殿堂才谋求高位。

⑧�：同“儆”，戒备，防备。革：铠甲，指代战争。贰：当为“戒”字之误。戒兵：戒备兵器，与“憼革”同义，指防备仇敌的武力报复。

⑨将将：同“锵锵”，这里形容声音吵吵嚷嚷。

⑩绌：通“黜”，废，贬退。约：穷困。

⑪螭：传说中一种没有角的龙，此文喻指圣贤。蝘蜓：即壁虎，此指低劣的庸才。鸱枭：猫头鹰。旧传猫头鹰食母，所以常用来喻指凶残邪恶主人。

⑫拂：违背，指违背时世。孔子行礼义，是“知其不可而为之”见《论语·宪问》)；比干知纣王不可能行礼义，仍以死强谏纣王。所以荀子说他们

“欲礼义之大行”是“拂”。

⑬千岁必反：千年一定有反复，即古人所说的“治久必生乱，乱久必归治”的意思。此文用来劝勉后学，增强学生们的信念，意为：以上所说的黑暗混乱局面，总有一天会回归清明。

⑭共：同“拱”，拱手，两手在胸前相合，表示恭敬。

⑮与：通“予”、“余”，我。

⑯远方：这是一种委婉之辞，实指荀子所在的楚国。

⑰塞：阻塞，指仕途不畅，贤能不被任用。

⑱谗人：说人坏话而陷害好人的人。服：被任用。

⑲琁：同“璇”、“璿”，美玉。瑶：像玉一样的美石，美玉。

⑳闾娵：战国时魏国的美女。子奢：即子都，春秋时郑国的美男子。

㉑嫫母：传说是黄帝的妃子，容貌虽然很丑，但黄帝却很爱她。力父：是黄帝的大臣，可能也生得很丑。

【译文】

如今天下无秩序，请把怪诗叙一叙：天地调换了位置，四季颠倒了秩序；群星陨落；昼夜昏暗，阴暗小人登显位，光明君子在却被埋没。正直为公无私心，却被说成是放纵；心爱公利去做官，却被以为是在营造私人高楼宽屋；没有袒护有罪人，却被当做是在准备兵革加害别人；道德纯正完备的人，反而遭到流言蜚语的攻击。仁人志士被废黜和限制，骄横暴徒逞凶狂；天下黑暗又凶险，时代精英恐丢光。蛟龙被当作壁虎，猫头鹰被看成凤凰。王子比干被剖腹，孔子被困在陈匡。明明白白啊他们的智慧是这样聪明亮堂。忧忧郁郁啊他们碰上的时运是这样不祥。违背时世啊他们想把礼义普遍推广。黑沉沉啊天下是这样的昏暗不明亮！光明之天不复返，忧思无边无限长。千载定有反复时，古来常规是这样。弟子努力去学习，上天不会把你忘。圣人拱手来等待，即将重见好时光。弟子说：“我因愚昧而疑惑，希望听您反复说。”那短小的诗歌唱道：思念那远方的人，多么蔽塞有阻碍。仁人被废遭穷困，暴徒得意多自在。忠诚之臣遭危险，进谗之人受重用。美玉和宝珠竟然不知去佩带。麻布与丝布竟然不知区别开。美女闾娵与美男子都，没人给他们做媒。丑如嫫母与力父，这种人却被人爱。认为瞎子视力好，认为聋子听力好，误把危险当安全，还把吉利当凶兆。呜呼哀哉老天爷！怎能和他们同道？

【解读】

班固《汉书·艺文志》著录《孙卿赋》十篇，居赋二十五家之首。而《礼》《知》、《云》、《蚕》、《箴》及《佹诗》、《小歌》、《遗春申君书》是否在其中，不得而知。又《汉书·艺文志》著录《隐书》十八篇，可知在荀子前后出现隐书一体。荀子留存下来的这些赋，是比隐书更为成熟的一种新文学样式。《汉书·艺文志》称，孙卿和屈原“皆作赋以讽”。屈原的作品无赋名，真正以赋名篇的则起于荀子。屈原的《离骚》、《九辩》皆是抒情的长篇新体诗，而荀子的《赋篇》则在内容和形式两方面另有特点。首先，荀赋不重抒情，不求韵律，而是假物寓意托物讽喻，借咏物进行说理；其次，荀赋没有明显的抒情主人公形象一以贯之，而是借主客问答揭开谜底的体式成篇；再次，荀赋以四言韵语为主，杂有散文句子，句法整齐，语气更接近散文。荀子《赋篇》的这些艺术特点，对汉代辞赋有很大影响。班固曾有以屈原、荀卿为辞赋之祖的说法，这是因为汉赋的形体是源于荀子，辞藻是取于《楚辞》，两人的功劳不可磨灭。

大略第二十七

【题解】

本篇是由荀子的学生平时所记载的荀子的言论汇编而成的，因为这些言论涉及的内容十分广泛，难以用某一词语来概括，而这些言论从总体上来看大都比较概括简要，而且很不连贯，但仍可以反映出荀子思想的大概，所以把它总题为“大略”。本篇论述最多的是荀子所崇尚和倡导的“隆礼尊贤”的王道思想及各种礼节仪式，提出了“礼以顺人心”的观点，强调在国家的政治生活中必须把“礼”作为衡量一切的标准，为了说明和论证中央集权的重要性，荀子还提出了“礼”的重要内容之一就是“王者必居天下之中”。其他如“仁义”、“重法爱民”、“义”与“利”的关系以及圣君贤臣、尚贤使能、教育、修养、学习、交友等内容也均有涉及，同时也谈到了法制、伦理、习俗等方面的问题，且颇多警策妙语，可与《论语》媲美。值得充分肯定的是，荀子提出了“天之生民非为君也，天之立君以为民也”的“民贵君轻”的进步思想，实属难能可贵。

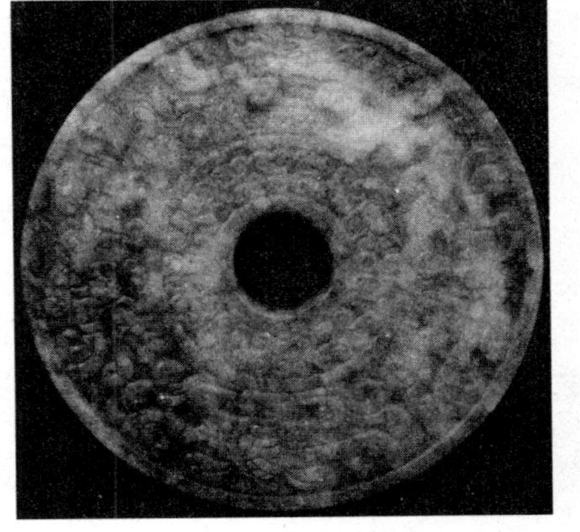
饕餮云雷纹和田羊脂玉玉璧（春秋战国）

【原文】

大略。

【译文】

要略。

【原文】

君人者，隆礼尊贤而王，重法爱民而霸，好利多诈而危。

【译文】

统治人民的君主，如果崇尚礼义、尊重贤人，就能称王天下；注重法治、爱护人民就能称霸诸侯；贪图财利、多搞欺诈就会危险。

【原文】

“欲近四旁，莫如中央。”故王者必居天下之中，礼也。

【译文】

想要接近那四旁，那就不如处在中央最方便。所以，称王天下的君主一定住在天下的中心地区，这是一种礼制。

【原文】

天子外屏，诸侯内屏，礼也。外屏，不欲见外也：内屏，不欲见内也。

【译文】

天子将照壁设在门外，诸侯将照壁设在门内，这是一种礼制。把照壁设在门外，是不想让里面的人看见外面；把照壁设在门内，是不想让外面的人看见里面。

【原文】

诸侯召其巨，臣不俟驾，颠倒衣裳而走，礼也。《诗》曰[①]：“颠之倒之，自公召之。”天子召诸侯，诸侯辇舆就马[②]，礼也。《诗》曰[③]：“我出我舆，于彼牧矣。自天子所，谓我来矣。”

【注释】

①引诗见《诗经·齐风·东方未明》。
②辇：拉（车），这里是使人拉的意思。
③引诗见《诗经·小雅·出车》。

【译文】

诸侯召见他的臣子时，臣子等不及驾好车，衣服裤子来不及穿戴整齐就赶快跑了，这是一种礼制。《诗经》上说："衣裤颠倒不整齐，是从国君那里来的人在召唤我。"天子召见诸侯的时候，诸侯让人拉着车子去靠近马，这是一种礼制。《诗经》上说："我拉出我的车，到那牧地把车驾。向从天子那里来的人说：'就说我就要到了'。"

【原文】

天子山冕，诸侯玄冠，大夫裨冕①，士韦弁②，礼也。天子御珽③，诸侯御荼④，大夫服笏，礼也。天子雕弓，诸侯彤弓，大夫黑弓，礼也。

【注释】

①裨冕：次等的礼服。

②士：官名，地位次于大夫。韦弁：古冠名，熟皮制成的，颜色如爵弁而呈暗红，形如皮弁。

③御：用。古代把君主使用称为御。珽：古代帝王所执的大型玉版，用作信符。

④荼：玉版。

【译文】

天子穿画有山形图案的礼服、戴礼帽，诸侯穿黑色的礼服、戴礼帽，大夫穿次等的礼服、戴礼帽，士戴熟皮制的暗红色帽子，这是一种礼制。天子使用上端呈锥形的大玉版，诸侯使用上端呈圆形的玉版，大夫使用斑竹制的手版，这是一种礼制。天子用雕有花纹的弓，诸侯用红色的弓，大夫用黑色的弓，这是一种礼制。

【原文】

诸侯相见，卿为介[①]，以其教士毕行[②]，使仁居守。聘人以珪[③]，问士以璧[④]，召人以瑗[⑤]，绝人以珪[⑥]，反绝以环。

【注释】

①卿：天子及诸侯所设置的高级官员，其地位低于君主而高于其他大臣。

②教士：是古代受过礼宾训练的人。毕行：是指有教士陪同出访的全过程。

③聘：问候，古代诸侯之间或诸侯与天子之间派使节问候叫“聘”。珪：同“圭”，用作信符的玉器，上部呈圆形或尖锥形，下部呈方形。

④问：小规模的或不定期的“聘”叫做“问”。士：通“事”。璧：扁圆形，中心有孔的玉器，其边阔比孔大一倍的叫“璧”。

⑤瑗：扁圆形、中心有孔的玉器，其孔比边阔一倍的叫“瑗”。

⑥绝人：与人绝交。玦：一种环形而有缺口的玉器。

【译文】

诸侯互相会见的时候，卿作为引见人，让自己那些受过礼仪教育的士人陪同全部的出访行程，让仁厚的人在本国留守。派使者到诸侯国去问候人用珪作为凭信，询问事务，用璧作为凭信；召见臣下，用瑗作为凭信；与人断绝关系，用瑗来表示；召回被断绝关系的人，用环来表示。

【原文】

人主仁心设焉；知，其役也；礼，其尽也。故王者先仁而后礼，天施然也。《聘礼》志曰[①]：“币厚则伤德，财侈则殄礼[②]。”礼云礼云，玉帛云乎哉？《诗》曰[③]：“物其指矣，唯其偕矣。”不时宜，不敬交，不欢欣，虽指，非礼也。

【注释】

①《聘礼》：《仪礼》中的篇名。志：记载。
②殄：灭绝，破坏。
③引诗见《诗经·小雅·鱼丽》。

【译文】

君主，要先具备仁爱之心；智慧是仁爱之心的辅助；礼制，是仁爱之心的最终目的。所以，称王天下的人首先讲究仁德，然后才讲究礼节，上天也是这样自然地安排的。《聘礼》记载说："钱财多了就会有伤德行，财物奢侈就会破坏礼。"礼呀礼呀！难道只是指玉帛之类的贵重礼品吗？《诗经》上说："各种礼物之所以美好，是因为它们合口味。"如果礼物不与时节相适合，送礼是不恭敬不讲究礼节仪式，态度又不喜悦快乐，那么即使礼物很美好，也不合乎礼制的要求。

【原文】

水行者表深[1]，使人无陷；治民者表乱[2]，使人无失。礼者，其表也，先王以礼表天下之乱。今废礼者，是去表也，故民迷惑而陷祸患。此刑罚之所以繁也。

【注释】

①表深：标志出深浅的意思。
②表乱：标志出治与乱的界限。

【译文】

涉水的人，要标志出水的深浅，使人不致于陷入深水之中淹死；治理百姓的人，要标志出治与乱的界限，使人不致于出现过错。礼制，就是这种标准。古代的圣明帝王用礼制来标志出天下治与乱的界限。如今，废除了礼制，就是取消了标志，所以老百姓就迷惑从而陷入祸患之中了。这就是刑罚繁多的原因。

【原文】

舜曰："维予从欲而治[①]。"故礼之生，为贤人以下至庶民也，非为成圣也，然而亦所以成圣也。不学不成。尧学于君畴[②]，舜学于务成昭[③]，禹学于西王国[④]。

【注释】

①维：同"唯"，只有。
②君畴：也写作尹寿，尧时的人。
③务成昭：人名，舜时的人。其事迹不详。
④西王国：也应该是人名。其事迹不详。

【译文】

舜说："只有我才能随心所欲地治理天下。"所以，礼制的产生，是为了贤人直至普通人的，并不是为了使人都成为圣人，然而它也是使人之所以成为圣人的原因。如果不经过学习，是不能成为圣人的。尧曾向君畴学习，舜曾向务成昭学习，禹曾向西王国学习。

【原文】

五十不成丧[①]，七十唯衰存[②]。亲迎之礼[③]：父南乡而立[④]，予北面而跪，醮而命之[⑤]："往迎尔相，成我宗事．隆率以敬先妣之嗣，若则有常。"子曰："诺，唯恐不能，不敢忘命。"

【注释】

①不成丧：父母亡故时不需要子女哭诵的礼节。

②衰存：父母亡故，子女穿上用麻布制作的丧服。

③亲迎之礼：是古婚礼六礼之一，即新郎于预定的婚期之日穿上礼服亲自到女家去迎接新娘回家的礼节。

④乡：通“向”。

⑤醮：古代男女婚嫁时，用于婚礼的一种斟酒祭神的仪式。

【译文】

五十岁的人，父母亡故时，不需要哭诵的礼节。七十岁的人，父母亡故时，只需要用麻布制作的丧服就行了。新郎亲自到女方家去迎接新娘的礼仪：做父亲的面向南站着，儿子面向北跪下，父亲一边斟酒祭神一边嘱咐儿子：“你去迎接你的贤内助，完成我家传宗接代以祭祀宗庙的大事。你要好好带领你的妻子去孝敬婆母、成为她的继承人，你的行动则要有常规。”儿子回答说：“是，我只怕没有能力做到，绝不敢忘记您的嘱咐。”

【原文】

夫行也者，行礼之谓也。礼也者，贵者敬焉，老者孝焉，长者弟焉，幼者慈焉，贱者惠焉。赐予其宫室，犹用庆赏于国家也；忿怒其臣妾，犹用刑罚于万民也。

【译文】

所谓德行，就是按照礼义去行动的意思。所谓礼义，就是对地位高贵的人要尊敬，对年老的人要孝顺，对年长的人要敬从，对年幼的人要慈爱，对卑贱的人要给予恩惠。在自己家庭内进行赏赐，也应当像在国家中使用表彰赏赐一样，惩处自己的妻妾奴婢，也应当像对天下的百姓施行刑罚一样。

【原文】

君子之于子，爱之而勿面[①]，使之而勿貌[②]，导之以道而勿强。礼以顺人心为本，故亡于《礼经》而顺人心者，皆礼也。礼之大凡：事生，饰驩也；送死，饰哀也；军旅，饰威也。

【注释】

①勿面：不要表现在脸上。

②勿貌：不要用好的脸色与言语去对待，也就是说要正颜厉色。

【译文】

君子对于子女，疼爱他们而不表现在脸上，使唤他们要正颜厉色，用正确的道理来引导他们而不强迫他们接受。礼，以顺应人心为根基。所以，虽然在《礼经》上没有而能顺应人心的，都属于礼的范畴。礼的概要是：侍奉活着的人，要表现出喜悦的情感；葬送死者，要表现出悲哀之情；行军练兵，要显示出威武的气势。

【原文】

亲亲、故故、庸庸、劳劳[①]，仁之杀也[②]。贵贵、尊尊、贤贤、老老、长长，义之伦也。行之得其节，礼之序也。仁，爱也，故亲。义，理也，故行。礼，节也，故成。仁有里，义有门。仁，非其里而虚之[③]，非礼也[④]。义，非其门而由之，非义也。推恩而不理[⑤]，不成仁；遂理而不敢，不成义；审节而不知[⑥]，不成礼；和而不发，不成乐。故曰：仁、义、礼、乐，其致一也。君子处仁以义，然后仁也；行义以礼，然后义也；制礼反本成末，然后礼也。三者皆通，然后道也。

【注释】

①庸庸：意思是把功劳当作功劳来对待。庸，功劳。

②杀：等差，区分。

③里：乡里，故里，住处，人们的安居之处。这里是指礼制有自己的合适的范围。

④非礼也：应该是“非仁也”。

⑤推恩：是指君主对臣下施行恩惠。理：道理，这里是指礼制道义之类。

⑥节：礼节，制度。知：应该是“和”字的误写。不和，不和谐。

【译文】

亲近父母亲，不忘老朋友，奖赏有功劳的人，慰劳付出劳力的人，这是仁方面的等级差别。尊崇身份贵重的人，尊敬官爵显赫的人，尊重有德才的人，孝顺年老的人，敬重年长的人，这是义方面的伦理常规。奉行这些仁义之道能恰如其分，就是礼的秩序。仁，就是爱人，所以人们要互相亲近。义，就是合乎道理，所以必须实行礼。礼，就是礼节制度，所以事业能够成功。仁有一定的范围，义有一定的途径。仁，如果不是在一定的范围之内而且按照礼的要求去做的，就不是什么仁。义，如果不是通过一定的途径去实行的，就不是什么义。君主对臣下施行恩惠却不合乎道理，就不成为仁。通达道理而不敢去遵行，就不成为义。明察礼记制度而不能使人们和睦协调，就不成为礼，和睦协调了而没有表现出来，就不成为乐。所以说：仁、义、礼、乐，它们要达到的目标和归宿是一致的。君子根据义的原则来处理仁，就是能做到仁；根据礼的原则来奉行义，就能做到义；制定礼时回头根据它的根本原则来确定其具体的礼节形式，就能做到礼。这三方面都了解了，就符合治国的总原则。

【原文】

货财曰赙[①]，舆马曰赗[②]，衣服曰襚，玩好曰赠，玉贝曰唅。赙、赗，所以佐生也；赠、襚，所以送死也。送死不及柩尸，吊生不及悲哀，非礼也。故吉行五十，犇丧百里，赗赠及事，礼之大也。

【注释】

①赙：帮助别人办丧事而赠送的财物。

②赗：帮助别人办丧事而赠送的车马。

【译文】

帮助别人办丧事而赠送的财物叫做赙，赠送的车马叫做赗，赠送的寿衣衾服叫做襚，赠送死者的琴瑟笙竽之类的东西叫做赠，赠送的珠玉贝壳供死者含在口中的叫做唅。赙和赗，是用来帮助死者家属的；赠和襚，是用来葬送死者的。送别死者时不见到棺材里的尸体，哀悼死者而安慰其家属时没有达到悲哀的程度，都不符合礼的要求。所以，祝贺喜事时一天要走五十里，而奔丧时一天就要走一百里，帮助别人办丧事而赠送的东西一定要赶上丧事，这是很大的礼节。

【原文】

礼者，政之挽也[①]。为政不以礼，政不行矣。天子即位，上卿进曰[②]：“如之何忧之长也？能除患则为福，不能除患则为贼。”授天子一策[③]。中卿进曰：“配天而有下土者，先事虑事，先患虑患。先事虑事谓之接，接则事优成。先患虑患谓之豫，豫则祸不生。事至而后虑者谓之后，后则事不举。患至而后虑者谓之困，困则祸不可御。”授天子二策。下卿进曰：“敬戒无怠！庆者在堂，吊者在闾。祸与福邻，莫知其门。豫哉！豫哉！万民望之。”授天子三策。

【注释】

①挽：牵引，这里引申为引导。

②上卿：依周朝的官制，宗周及诸侯都设置卿，分上、中、下三级，上卿是朝中最尊贵的大臣，相当于后世的宰相。

③一策：第一道策令。策，古代的帝王对臣下使用的一种文书。这里是指写有上述文字的策书。

【译文】

礼，是政治的指导原则。治理政事不按照礼，政策就不能实行。天子刚登上帝位时，上卿走上前说："天下的忧虑这样深长，您怎么办呢？能够除去祸患就有幸福，不能除去祸患就会有祸害。"说完就进献给了天子第一道策论。中卿走上前说："德行与上天相配而拥有天下土地的人，在事情发生之前就要对那件事情有所考虑，在祸患发生之前就要对祸患有所考虑。在事情发生之前就对事情有所考虑，这叫做敏捷，能够敏捷，那么事情就会圆满地完成。在祸患发生之前就对祸患有所考虑，这叫做有预见，有预见，那么祸患就不会发生。事情发生以后才加以考虑的叫做落后，落后了，事情就办不成。祸患发生以后才加以考虑的叫做困厄，困厄了，祸患就无法抵挡了。"说完就进献给了天子第二道策论。下卿走上前说："要严肃谨慎没有丝毫懈怠！有时庆贺的人还在大堂上，吊丧的人已到了大门口。灾祸往往和幸福紧靠着，人们有时甚至还不知道祸福产生的原因。要有预见啊！要有预见啊！千千万万的百姓都仰望着您。"说完就把第三道策论进献给了天子。

【原文】

禹见耕者耦[①]，立而式[②]；过十室之邑，必下。杀大蚤，朝大晚，非礼也。治民不以礼，动斯陷矣。

【注释】

①耦：对着，相对。

②式：通"轼"，古代车厢前用作扶手的横木叫"轼"。这里用作动词，是指大禹扶着轼低头表示敬意。

【译文】

禹看见耕地的人两人并肩耕作，就站起来扶着车厢前的横木来表示敬意；经过十来户人家的小村，也一定要行下车之礼。祭祀太早，上朝太晚，都不合乎礼。治理百姓如果不以礼为依据，动辄就会出差错。

【原文】

平衡曰拜[①]，下衡曰稽首[②]，至地曰稽顙[③]。大夫之臣拜不稽首，非尊家臣也，所以辟君也。

【注释】

①平衡：本来是指衡器两端重量相等而秤杆处于水平状态，这里是指弯腰后头与腰像秤杆平衡时一样呈水平状态。拜：两手相拱抵头弯腰以表示恭敬的一种礼节，也就是后世所说的作揖。

②稽首：古代跪拜礼的一种，跪下后两手相拱拜至地，低头至手。一说低头至地。

③稽顙：古代跪拜礼的一种，跪下后两手拜至地，低头使前额着地。顙，额。

【译文】

弯腰后头与腰相平叫做拜，头比腰低叫做稽首，手头都着地叫做稽顙。大夫的家臣对大夫只拜而不稽首，这不是为了提高家臣的地位，而是避免把大夫和国君在礼节上同等对待。

【原文】

一命齿于乡[①]；再命齿于族；三命，族人虽七十，不敢先。上大夫，中大夫，下大夫。

【注释】

①这一章指乡内以射选士前饮酒时的礼仪。命：官爵等级。周代的官爵分为九个等级，称九命。齿：秩齿，意思是说按年龄大小排列次序。

【译文】

在乡里饮酒时，最低级的一等官员要和乡里的其他人按照年龄大小来排列位次；二等官员和要同宗族的人按年龄大小来排列位次；至于三等官员，在同宗族之中，即使是七十岁的老人，也不敢排在他的前面。这就是上大夫、中大夫、下大夫的位次。

【原文】

吉事尚尊[①]，丧事尚亲。君臣不得不尊，父子不得不亲，兄弟不得不顺，夫妇不得不驩。少者以长，老者以养。故天地生之，圣人成之。

【注释】

①吉事：是指祭祀之类的典礼。尚尊：尊重地位高的人，也就是按照官职的高低来排列位次。

【译文】

在祭祀之类吉庆的事中，按照官职的高低来排列位次；在丧事中要按照与死者的亲疏关系来排列位次。君臣之间得不到君子的治理就不会有尊重，父子之间得不到君子的治理就不会亲近，兄弟之间得不到君子的治理就不会和顺，夫妻之间得不到君子的治理就不会欢乐。年幼的人靠了君子的治理而长大成人，年老的人靠了君子的治理而得到赡养。所以说是天地养育了人，而圣人成就了人。

【原文】

聘[①]，问也。享[②]，献也。私觌[③]，私见也。言语之美，穆穆皇皇[④]。朝廷之美，济济鎗鎗[⑤]。

【注释】

①聘：古代诸侯国之间派出使者相互访问。

②享：供献，把礼品献给天子、诸侯。

③私觌：奉命出使外国而以私人身份拜见所在国的国君。觌，见，相见。

④穆穆：温和、和美的样子。皇皇：堂堂正正，形容光明正大的样子。

⑤济济：形容威仪隆盛的样子。另一种说法是形容人才众多的样子。鎗鎗：通“跄跄”，形容行走有节奏的样子。

【译文】

聘，就是派遣使者问候诸侯。享，就是使者奉命把礼物进献给天子和诸侯。私觌，就是使者以私人身份、为臣之礼私下拜见诸侯。形容言语的美好，就用“穆穆皇皇”。形容朝廷的美好，就用“济济鎗鎗”。

【原文】

为人臣下者，有谏而无讪[①]，有亡而无疾，有怨而无怒。君于大夫，三问其疾，三临其丧；于士，一问，一临。诸侯非问疾、吊丧，不之臣之家。

【注释】

①讪：毁谤。

【译文】

作为臣子的，只能规劝而不能毁谤，只能辞职而不能憎恨君主，可以有不满而不能有愤恨。君主对于大夫，在他生病时可以去慰问三次，在他死后去祭奠三次；对于士，可以慰问一次病情，祭奠一次。作为诸侯，如果不是探望疾病、祭奠死者，是不能到臣子的家里去的。

【原文】

既葬，君若父之友食之①，则食矣，不辟粱肉②，有酒醴则辞。寝不逾庙，燕衣不逾祭服，礼也。

【注释】

①若：或。食：通“饲”，用食物款待的意思。
②辟：通“避”。

【译文】

父亲或母亲已经埋葬以后，君主或者父亲的朋友用食物来款待自己，是可以吃的，可以不回避米饭肉食，但如果有酒就要谢辞。寝殿的规模不能超过庙堂，参加宴礼时所穿的衣服不能超过祭祀时所穿的礼服，这是一种礼制。

【原文】

《易》之《咸》①，见夫妇②。夫妇之道，不可不正也，君臣、父子之本也③。“咸”，感也④，以高下下，以男下女，柔上而刚下。聘士之义，亲迎之道，重始也。

【注释】

①《易》:《周易》，是儒家的重要经典。《咸》：六十四卦中的一卦。
②见夫妇：体现夫妇之道。
③君臣、父子之本：君臣、父子的根本。
④感：感应。用“感”来解释“咸”，是一种声训。

【译文】

《易经》中的《咸》卦，体现了夫妻之道。夫妻之道，是不能不端正的，它是君臣、父子关系的根本。所谓“咸”，就是相互感应的意思，它的符号是把高的置于低的之下，把男的置于女的之下，把柔和的放在刚强的上面。聘请贤士的仪式，新郎亲自去迎接新娘的礼节，都是注重事情的开端。

【原文】

礼者，人之所履也。失所履，必颠蹶陷溺。所失微而其为乱大者，礼也。礼之于正国家也，如权衡之于轻重也，如绳墨之于曲直也。故人无礼不生，事无礼不成，国家无礼不宁。

【译文】

礼，是人的立身之本，人们应该照着去做。失去了这个立身之本，就一定会跌倒沉沦，陷入错误危难之中。礼，只要稍微错一点，造成的祸乱就会非常大。礼，对于整个国家来说，就像秤对于轻重一样，就像墨线对于曲直一样。所以，人没有礼就不能生活，事情没有礼就不能办成，国家没有礼就不得安宁。

【原文】

和乐之声①，步中《武》、《象》，趋中《韶》、《护》。君听律习容而后出。

【注释】

①和乐：应该是“和鸾”，悬挂在车上的铃铛。

【译文】

车铃的声音，在车子慢行时合乎《武》、《象》的节奏，在车子奔驰时合乎《韶》、《护》的节奏。君子要听听走路时佩玉的声音是否乎音乐的节奏，并练习好举止仪表，然后才能出门。

【原文】

霜降逆女[1]，冰泮杀止[2]。内，十日一御。

【注释】

①霜降逆女：霜降时节嫁娶。
②冰泮：是指二月冰消雪化，冬去春来的时候。泮，（冰）溶解，化开。杀：结束，收煞。

【译文】

从霜降时节开始嫁娶，到第二年冰消雪化时就停止婚娶。对正妻，要十天同房一次。

【原文】

坐，视膝；立，视足；应对言语，视面[1]。立视前六尺，而大之[2]，六六三十六，三丈六尺。文貌情用相为内外表里，礼之中焉能思虑，谓之能虑。

【注释】

①视面：注意对方的面部表情。

②大之：应该是“六之”，六个六尺。

【译文】

对方坐着，注视他的膝部；对方站着，注视他的脚；回答说话时，要注意他的面部表情。对方站着时，在他前面六尺处注视他，而最远，六六三十六，在三丈六尺之处注视他。礼仪容貌和感情作用互相构成内外表里的关系。按照礼的要求去思考，就叫做善于思索。

【原文】

礼者，本末相顺，终始相应。礼者，以财物为用，以贵贱为文，以多少为异。

【译文】

礼制，它的根本原则和具体细节互不抵触，人生终结的仪式与人生开始的仪式互相应合。礼，把钱财物品作为工具，把尊贵与卑贱的区别作为礼仪制度，把车马衣物的多少作为尊卑贵贱的差别。

【原文】

下臣事君以货，中臣事君以身，上臣事君以人[①]。《易》曰：“复自道，何其咎[②]？”

【注释】

①人：这里是举荐人才的意思。

②引文见《周易·小畜·初九》。

【译文】

下等的臣子用财物来侍奉君主，中等的臣子用自己的生命来侍奉君主，上等的臣子用推荐人才来侍奉君主。《易经》上说："回到自己所坚守的正道，有什么过错？"

【原文】

《春秋》贤穆公[1]，以为能变也[2]。士有妒友，则贤交不亲[3]；君有妒臣，则贤人不至。蔽公者谓之昧[4]，隐良者谓之妒，奉妒昧者谓之交谲[5]。交谲之人，妒昧之臣，国之秽孽也。

【注释】

①《春秋》：书名，相传是孔子删改过的鲁国史书。
②变：改变，这里是指能够改正错误。
③贤交：贤德的朋友。
④蔽公者：是指隐蔽公道的人。昧：糊涂，昏暗。
⑤交谲：狡猾，诡诈。

【译文】

《春秋》赞许秦穆公，因为他能够改正错误。士人一旦结交了喜欢嫉妒的朋友，贤德的朋友就不会再亲近他；君主有了喜欢嫉妒的臣子，贤德的人就不会到来。隐瞒公道的人叫做欺昧，埋没贤良的人叫做妒忌，奉行妒忌欺昧的人叫做狡猾诡诈。狡猾诡诈的小人，妒忌欺昧的臣子，是国家的灾难和祸害。

【原文】

口能言之，身能行之，国宝也。口不能言，身能行之，国器也。口能言之，身不能行，国用也。口言善。身行恶，国妖也。治国者敬其宝，爱其器，任其用，除其妖。

【译文】

嘴里能够谈论礼义，自身能够奉行礼义，这种人是国家的珍宝。嘴里不能谈论礼义，自身能够奉行礼义，这种人是国家的器具。嘴里能够谈论礼义，自身不能奉行礼义，这种人是国家的工具。嘴里说出来的是好话，自身干的却是坏事，这种人是国家的妖孽。治理国家的人，要敬重国家的珍宝，爱护国家的器具，恰当地使用国家的工具，铲除国家的妖孽。

【原文】

不富无以养民情，不教无以理民性。故家五亩宅，百亩田，务其业而勿夺其时，所以富之也。立太学①，设庠序②，修六礼③，明十教④，所以道之也⑤。《诗》曰："饮之食之，教之诲之⑥。"王事具矣。

【注释】

①太学：即国学，是国家的最高学府。

②庠序：古代地方所设的学校。泛指学校。

③六礼：指冠礼、婚礼、丧礼、祭礼、乡饮酒礼、相见礼。

④十：应该是"七"字的误写。七教：是指有关父子、兄弟、夫妇、君臣、长幼、朋友、宾客等七个方面的伦理教育。

⑤道：同"导"，引导。

⑥引诗见《诗经·小雅·绵蛮》。

【译文】

不使百姓富裕就无法调养百姓的思想感情，不进行教育就无法整饬百姓的本性。所以，每一户人家配置五亩宅基地，一百亩耕地，使他们努力从事农业生产而不耽误他们的农时，这是使他们富裕起来的办法。建立国家的高等学府，设立地方学校，整饬六种礼仪，彰明七个方面的教育，这是用来引导他们的办法。《诗经》上说："给人吃喝让人富裕，教育人啊指导人。"像这样，称王天下的政事就完备了。

【原文】

武王始入殷[①]，表商容之闾[②]，释箕子之囚，哭比干之墓，天下乡善矣[③]。天下、国有俊士，世有贤人。迷者不问路，溺者不问遂[④]，亡人好独[⑤]。《诗》曰[⑥]：“我言维服，勿用为笑。先民有言：询于刍荛。”言博问也。

【注释】

①殷：商朝的国都。
②商容：商纣王时的贤人，被纣王贬退。闾：里巷的大门。
③乡：通“向”。
④遂：同“隧”，这里是指河中可以涉水而过的路。
⑤亡人：是指亡国之君。
⑥引诗见《诗经·大雅·板》。

【译文】

周武王刚进入殷都的时候，在商容所住的里巷门口设立了标记以表彰他的功德，解除了箕子的囚禁，在比干的墓前痛哭哀悼，于是天下人就都趋向行善了。天下、一国都有才智出众的人，每个时代都有贤能的人。迷路的人不问道，溺水的人不问涉水的路，亡国的君主独断专行。《诗经》上说：“我所说的是要事，不要以为开玩笑。古人曾经有句话：要向樵夫去请教。”这是说要广泛地向各种人问询意见。

【原文】

有法者以法行，无法者以类举[①]。以其本知其末，以其左知其右。凡百事，异理而相守也。庆赏刑罚，通类而后应。政教习俗，相顺而后行。

【注释】

①以类举：根据处理同类事情的法律规定去办事。

【译文】

有法律依据的就按照法律来办理，没有法律条文可遵循的就按照类推的办法来办理。根据它的根本原则推知它的细节，根据它的一个方面推知它的另一个方面。大凡各种事情，道理虽然不同却互相制约着。对于表扬奖赏与用刑处罚，要对同类事物的情况都通晓了解之后才能实施恰当的赏罚。政治教化与风俗习惯要互相适应，然后才能实行。

【原文】

八十者，一子不事；九十者，举家不事；废疾非人不养者[①]，一人不事。父母之丧，三年不事；齐衰大功[②]，三月不事。从诸侯不与新有昏[③]，期不事。

【注释】

①非人不养者：不依靠别人就无法生存下去的人。

②齐衰、大功：都是古代服丧的名称，这里指的是为父母以外的人服丧。

③不：应该是“来”字的误写。昏：通“婚”。

【译文】

八十岁的人，可以有一个儿子不服劳役；九十岁的人，全家都可以不服劳役；残废有病、没有人照顾就不能活下去的，家里可以有一个人不服劳役。有父亲、母亲的丧事，可以三年不服劳役；齐衰和大功之类的服丧，可以有三个月不服劳役。从其他诸侯国迁来以及新结婚的，可以一年不服劳役。

【原文】

子谓子家驹续然大夫[①]，不如晏子[②]；晏子，功用之臣也，不如子产；子产，惠人也，不如管仲；管仲之为人，力功不力义，力知不力仁，野人也，不可以为天子大夫。

【注释】

①子家驹：名羁，字驹，春秋时鲁国的大夫。续：延续。

②晏子：晏婴，春秋时齐国大夫，字平仲，历事齐灵公、庄公、景公，以节俭力行闻名诸侯。

【译文】

孔子说子家驹是增益君主明察的大夫，比不上晏子；晏子，是个讲究实效的臣子，比不上子产；子产，是个爱护百姓的人，但比不上管仲；管仲的为人和立身处世，重视功效而不重视道义，重视智谋而不重视仁爱，是个缺乏礼义修养的人，不可以担任天子的大夫。

【原文】

孟子三见宣王不言事[①]。门人曰："曷为三遇齐王而不言事?"孟子曰："我先攻其邪心。"

【注释】

①宣王：齐宣王，齐威王之子。他主张霸道。

【译文】

孟子三次拜见齐宣王都不谈治国的事。他的学生问道："为什么三次拜见齐王都不谈治国的事呢？”孟子说：“我先要攻破他讲求功利霸道的歪斜的心。”

【原文】

公行子之之燕[①]，遇曾元于涂[②]，曰：“燕君何如？”曾元曰：“志卑。志卑者轻物[③]，轻物者不求助。苟不求助[④]，何能举？氐、羌之虏也[⑤]。不忧其系垒也[⑥]，而忧其不焚也。利夫秋豪，害靡国家，然且为之，几为知计哉？”

【注释】

①公行子之：战国时齐国的大夫。之燕：到燕国去。

②曾元：战国时人，孔子的弟子曾参的儿子。涂：通“途”，路途。

③轻物：不重视事业。物，指事业。

④不求助：意思是说不向贤人求助。

⑤氐：我国古代西部的一个民族。晋时曾建立前秦、后凉、成汉等国。羌：我国古代西部的一个民族。东晋时曾建立后秦。

⑥垒：通“纍”。系纍：捆绑，意思是被人俘虏。

【译文】

公行子之到燕国去，在路上碰到了曾元，就问他说：“燕国国君怎么样？”曾元回答说：“他的志向不远大。志向不远大的人轻视事业，轻视事业的人不肯求取贤人的帮助。如果不求取贤人的帮助，他怎么能够成功呢？就像那些被俘虏的氐族人、羌族人一样，他不担忧自己的国家灭亡，却担忧自己死后不能按照一定的礼仪被火化。得到的利益就像那秋天新长出来的兽毛一样细微，而危害却有损于国家，这样的事他尚且要去做，这难道说他是懂得治国大计的吗？”

【原文】

今夫亡箴者，终日求之而不得；其得之，非目益明也，眸而见之也[①]。

心之于虑亦然。

【注释】

①眸：低目细看的意思。另一种说法是，眸是瞳孔。用作动词，是指放大了瞳孔看。

【译文】

丢了针的人，找了一整天也没有找到，后来找到了，并不是因为眼睛比先前更加明亮了，而是由于他低头细看才发现它的。心里考虑问题也是这样。

【原文】

义与利者，人之所两有也。虽尧、舜不能去民之欲利，然而能使其欲利不克其好义也。虽桀、纣亦不能去民之好义，然而能使其好义不胜其欲利也。故义胜利者为治世，利克义者为乱世。上重义，则义克利；上重利，则利克义。故天子不言多少，诸侯不言利害，大夫不言得丧，士不通货财；有国之君不息牛羊，错质之臣不息鸡豚[①]，冢卿不修币[②]，大夫不为场圃[③]；从士以上皆羞利而不与民争业，乐分施而耻积臧[④]。然故民不困财，贫窭者有所窜其手[⑤]。

【注释】

①错质之臣：出使其他诸侯国的大臣。错，通“措”。

②冢：长。冢卿：上卿，是指相。修币：经营货币，是指放高利贷之类。

③场圃：打谷与种菜的地方。

④积臧：通“藏”，积藏。

⑤窭贫寒。窜：措，安置。

【译文】

讲求道义和私利，这两个方面都是人所固有的。即使是尧、舜这样的贤君也不能消除百姓追求私利的欲望，但是能够使人们对私利的追求不超过他们对道义的爱好。即使是夏桀、商纣这样的暴君也不能消除百姓对道义的爱好，但是能够使他们对道义的爱好不超过他们对私利的追求。所以，道义胜过私利时，就是治理得好的社会，私利胜过道义时，就是混乱的社会。君主看重道义，道义就会胜过私利；君主推崇私利，私利就会胜过道义。所以，如果天子不谈论财物的多少，诸侯不谈论有利还是有害，大夫不谈论得到还是失去，士就不会谈论经营财利。拥有国家的君主不养殖牛和羊，出使的臣子不养殖鸡和小猪，相不放高利贷，大夫不筑场种植蔬菜和庄稼。他们都以追求私利为羞耻而不去和百姓争抢职业，他们乐于施舍而以囤积私藏当作耻辱。因此，百姓不为钱财所困扰，贫穷的人也不会手足无措了。

黑陶香炉（春秋战国）

【原文】

文王诛四，武王诛二，周公卒业，至成、康则案无诛已[①]。多积财而羞无有，重民任而诛不能，此邪行之所以起，刑罚之所以多也。

【注释】

①成：周成王。康：周康王，西周国王，周成王的儿子。他继承了成王的政策，继续加强统治。

【译文】

周文王讨伐了四个国家，周武王诛杀了两个人，周公旦完成了称王天下的大业，到周成王、周康王的时候就没有杀伐的事了。赞美富有的人而看不起贫穷的人，加重百姓的负担而任意惩处不堪负担的人，这就是邪恶的行为产生的根源，也是刑罚繁多的原因。

【原文】

上好羞[1]，则民暗饰矣[2]；上好富，则民死利矣。二者，乱之衢也[3]。民语曰："欲富乎？忍耻矣，倾绝矣，绝故旧矣，与义分背矣。"上好富，则人民之行如此，安得不乱？

【译文】

①羞：应该是"义"字。

②暗饰：暗自振作、端正自己的行为。饰，同"饬"，整治，端正。

③"乱"字前面应该有"治"字。衢：十字路口。这里引申为分界处。

【译文】

君主爱好义，百姓就暗自振作、端正自己的行为了。君主爱好财富，百姓就会为财利而死了。这两点，是治和乱的分界。民间俗语说："要想富贵，就要不顾羞耻，就要舍身忘命，就要与故旧一刀两断，就会与道义背道而驰。"君主喜欢财富，百姓的行为也会如此，天下怎么能不乱呢？

【译文】

汤旱而祷曰："政不节与？使民疾与？何以不雨至斯极也？宫室荣与？妇谒盛与[1]？何以不雨至斯极也？苞苴行与[2]？谗夫兴与？何以不雨至斯极也？"

【注释】

①谒：请托。

②苞苴：包裹。苞，通“包”。这里是指贿赂。

【译文】

商汤因为大旱而向神祷告说：“是我的政策不适当吗？是我役使百姓太过分了吗？为什么这么久还不下雨呢？是我的宫殿房舍太华丽了吗？是我的妻妾嫔妃说情请托太多了吗？为什么这么久还不下雨？是贿赂盛行了吗？是毁谤的人发迹了吗？为什么这么久还不下雨呢？”

【原文】

天之生民，非为君也；天之立君，以为民也，故古者，列地建国，非以贵诸侯而已；列官职，差爵禄[①]，非以尊大夫而已。

【注释】

①差：区别等级。

【译文】

上天生育百姓，并不是为了君主；上天设立君主，却是为了百姓。所以在古代，分封土地，建立诸侯国，并不只是为了使诸侯显贵而已；安排设立各种官职，区别爵位与俸禄的等级，并不只是为了使大夫尊贵而已。

【原文】

主道[①]，知人；臣道，知事。故舜之治天下，不以事诏而万物成。农精于田而不可以为田师，工贾亦然。

【注释】

①道：职责。

【译文】

君主的职责在于认识使用人才，臣下的职责在于处理政事、精通政事。所以，从前舜治理天下，不用事事告诫而各种事情也就办成了。农夫对种地的事很精通却不能因此而去做管理农业的官吏，工匠和商人也是这样。

【原文】

以贤易不肖，不待卜而后知吉。以治伐乱，不待战而后知克。齐人欲伐鲁，忌卞庄子[①]，不敢过卞。晋人欲伐卫，畏子路[②]，不敢过蒲[③]。

【注释】

①卞：鲁国的城邑，在今山东泗水县东。卞庄子：春秋时鲁国卞邑的大夫，以勇敢著名。

②子路：即仲由，春秋卞邑人，字子路，一字季路，孔子的学生。

③蒲：古代的地名，是春秋时期卫国的城邑。

【译文】

用贤能的人去替换没有德才的人，不用占卜就知道是吉利的。用安定的国家去攻打混乱的国家，不等交战就知道一定能够攻克。齐国人想攻打鲁国，但畏惧卞庄子，所以不敢经过卞城。晋国人想攻打卫国，但畏惧子路，所以不敢经过蒲邑。

【原文】

不知而问尧、舜，无有而求天府[①]。曰：先王之道，则尧、舜已；六贰之博[②]，则天府已。君子之学如蜕[③]，幡然迁之[④]。故其行效，其立效，其坐效，其置颜色、出辞气效。无留善，无宿问。善学者尽其理，善行者究其难。

【注释】

①天府：古代是指朝廷的仓库。

②六贰：应该是“六艺”，指六经。即《诗》、《书》、《礼》、《乐》、《易》、《春秋》。

③蜕：蜕变。这里是比喻不断地学习、更新。

④幡然：通“翻然”，迅速。

【译文】

不懂治国之道就去请教尧、舜，没有学识就去求助于天子的库藏。这说的就是：古代圣王的治国之道，就是尧、舜的治国之道；六经包含的丰富内容，就是天子的库藏。君子的学习，就像蛇、蝉的蜕变一样，迅速地变化着。所以，他们走路时学习，站立时学习，坐着时学习，表情与说话的语气也在学习。他们见到好事就做，绝对不把有疑问的事拖过夜。善于学习的人能够彻底弄清楚事物的道理，善于实践的人能够彻底解决做事时遇到的困难。

【原文】

君子立志如穷，虽天子、三公问正，以是非对。君子隘穷而不失，劳倦而不苟，临患难而不忘细席之言[①]。岁不寒，无以知松柏；事不难，无以知君子无日不在是。

【注释】

①细席之言：是指平时所说的话。细席，应该是“絪席”的误写，即“茵席”，褥垫。

【译文】

君子一旦树立了志向就坚定不动摇，即使是天子和三公来询问政事，也根据是非的实际情况来回答。君子虽然被穷困所困厄，但不会失去他的德行和信仰。君子虽然劳苦困倦，但也不会苟且偷安。即使是灾难临头，君子也不会忘记平时所说过的话。没有寒冷的季节，就无从知道松柏；事情不危难，就无从知道君子。君子没有一天不在坚持他所认为正确的东西。

【原文】

雨小，汉故潜[①]。夫尽小者大，积微者著，德至者色泽洽，行尽而声问远。小人不诚于内而求之于外。

【注释】

①汉：汉水，在今陕西、湖北省境内。也有人认为是衍文。潜：潜水。

【译文】

雨虽然下得小，汉水却照旧流入潜水。尽量容纳细小的东西就能变得巨大，不断积累隐微的就会变得显著。品德高尚的人脸色态度就和蔼，品行完美的人名声就传得远。小人不充实自己的内心却去追求外在的声誉。

【原文】

言而不称师谓之畔，教而不称师谓之倍。倍畔之人[①]，明君不内[②]，朝士大夫遇诸涂不与言[③]。不足于行者，说过[④]。不足于信者，诚言[⑤]。故《春秋》善胥命[⑥]，而《诗》非屡盟[⑦]，其心一也。

【注释】

①倍：通“背”，背叛。畔：通“叛”，背叛。
②内：同“纳”，收纳，接纳。
③涂：同“途”，路途。
④说过：说得过分，夸夸其谈。

⑤诚言：这里是伪装成说话很诚恳的样子。

⑥胥命：互相约定。指诸侯相会时不举行歃血的仪式来订立盟约，而只在口头上互相约定。胥，互相。

⑦《诗》非屡盟：指《诗经·小雅·巧言》所说的“君子屡盟，乱是用长”。

【译文】

说话时不称道老师叫做背叛，教学时不称道老师叫做背离。背叛老师的人，英明的君主不接纳，朝廷内的士大夫在路上碰到他也不和他说话。在行动上不够踏实的人，往往夸夸其谈；不能坚守信用的人，说话时总是伪装成很诚恳的模样。所以，《春秋》赞美诸侯们互相之间的口头约定，而《诗经》反对诸侯们一次又一次地订立盟约，两者的用意是一样的。

【原文】

善为《诗》者不说[①]，善为《易》者不占，善为《礼》者不相[②]，其心同也。

【注释】

①不说：意思是指不单纯引用《诗经》中的词句。

②相：赞相，赞礼，古代举行婚丧祭祀等仪式时负责司仪的人。

【译文】

精通《诗经》的人不会单纯引用其中的词句，精通《易经》的人不去占卦，精通《礼经》的人不担任赞相，他们的用心是一样的。

【原文】

曾子曰：“孝子言为可闻，行为可见[①]。言为可闻，所以说远也[②]；行为可见，所以说近也。近者说则亲，远者说则附。亲近而附远，孝子之道也。”

【译文】

曾子说：“孝子说的话是可以让人听的，做的事是可以让人看的。说的话可以让人听，所以能够使远方的人悦服；做的事可以让人看，所以能够使身边的人悦服。身边的人悦服就会来亲近，远方的悦服就会来归附。使身边的人来亲近而远方的人来归附，这是就孝子所遵行的原则。”

【原文】

曾子行，晏子从于郊①，曰：“婴闻之：‘君子赠人以言，庶人赠人以财。’婴贫无财，请假于君子②，赠吾子以言：乘舆之轮③，太山之木也，示诸檃栝④，三月五月，为帱革敝⑤，而不反其常⑥。君子之檃栝⑦，不可不谨也，慎之！兰茝、稿本⑧，渐于密醴，一佩易之。正君渐于香酒，可谗而得也。君子之所渐，不可不慎也。”

【注释】

①晏子：根据《史记·齐太公世家》记载，晏婴死于齐景公四十八年。而根据《史记·仲尼弟子列传》记载，曾子比孔子小四十六岁，即出生于公元前505年。所以这里所记述的应该是古代的传说，并非实事。

②假于君子：冒充君子。这是晏子的谦虚之辞，他谦称自己无德，又无财，所以姑且冒充君子来赠言给曾子而不赠财。假，假借，冒充。

③乘舆：天子、诸侯乘坐的马车。

④示：通“寘”，安置，放置。

⑤为：如同“则”。帱：车辋，就是车轮上的圆木框。菜：应该是“菑”，车毂和车幅。敝：破败。

⑥反：通“返”，恢复。常：平常，原来的样子。这里是指木材未经加工时的笔直形状。

⑦檃栝：这里是喻指用来正身的工具——礼制。

⑧茝：同“芷”，一种香草名。稿本：香草名。

【译文】

曾子远行，晏子送他到郊外。说：“我听说过这样的话：‘君子用言语作为赠送给别人的礼物，一般人用财物作为赠送给别人的礼物。’我晏婴贫穷没有财物，请让我冒充一回君子，用言语作为赠送给您的礼物：马车上的轮子，原是泰山上的木头，把它放置在用来矫正木材的整形器中，经过三五个月就做成了车框、车幅和车毂，即使车轮破败了也不会恢复到原来的样子了。君子对于正身的工具，就不能不谨慎地加以选择了！要慎重啊！兰芷、稿本等香草，如果浸在蜂蜜和甜酒中，佩戴一次就要更换它。正派的君主，如果泡在香酒似的甜言蜜语中，谗言就会得逞。君子对于所浸染的环境，不能不谨慎地对待啊。”

【原文】

人之于文学也[1]，犹玉之于琢磨也[2]。《诗》曰[3]：“如切如磋，如琢如磨[4]。”谓学问也。和之璧[5]，井里之厥也，玉人琢之，为天下宝[6]。子赣、季路[7]，故鄙人也，被文学，服礼义，为天下列士。

【注释】

①文学：古代的文献经典。这里用作动词，指学习研究古代文献典籍。另一种说法是指文化知识。

②琢磨：古代把玉石加工成器物的过程叫做琢磨。

③引诗见《诗经·卫风·淇奥》。

④古代加工骨器叫“切”，加工象牙叫“磋”，加工玉器叫“琢”，加工石器叫“磨”。

⑤和：指春秋时楚国人卞和。相传他发现一块玉石，经人雕琢成玉器后成为珍宝，人称和氏之璧。

⑥井里：乡里。厥：用来固定门闩的楔形石块。

⑦子赣：即子贡，孔子的弟子。

【译文】

人对于学习研究古代文献典籍，就像玉被琢磨加工一样。《诗经》上说："如同治骨磨象牙，如同雕玉磨石器。"说的就是做学问。卞和的玉璧，原是乡里固定门闩的楔形石块，加工玉器的工匠雕琢了它，它就成了天下的珍宝。子贡、子路，原本是浅陋的人，受到了文献典籍的影响，遵从了礼义，就成了天下所称颂的儒士。

【原文】

学问不厌，好士不倦，是天府也①。君子疑则不言，未问则不言。道远，日益矣。

【注释】

①天府：天然的知识宝库。这里是比喻收获多，成就大。

【译文】

勤学好问不知满足，爱好贤士不知疲倦，就可以获得许多知识，取得巨大的成就。君子对于还存有疑惑的问题就不去谈论，还没有向人请教过的问题就不谈论。这样做的时间长了，知识就会一天天地增加。

【原文】

多知而无亲、博学而无方、好多而无定者，君子不与。少不讽诵，壮不论议，虽可，未成也。

【译文】

知道得很多而没有什么特别的爱好、学习得很广而没有个主攻方向、喜欢学得很多而没有专一目标的人，君子是不赞许的。少年时不读书，壮年时不分析讨论事理，这样的人即使资质还可以，也不能有所成就。

【原文】

君子壹教，弟子壹学，亟成。君子进，则能益上之誉而损下之忧。不能而居之，诬也；无益而厚受之，窃也。学者非必为仕，而仕者必如学。

【译文】

君子专心一意地教授，学生专心一意地学习，就可以迅速地取得成就。君子担任了官职，就能增加君主的荣誉而减少百姓的忧患。没有这种才能而待在官位上，就是行骗；对君主百姓毫无裨益却享受丰厚的俸禄，就是盗窃。学习的人不一定都去做官，而做官的人一定要去学习。

【原文】

子贡问于孔子曰：“赐倦于学矣，愿息事君。”孔子曰：“《诗》云[1]：‘温恭朝夕，执事有恪。’事君难，事君焉可息哉？”“然则赐愿息事亲。”孔子曰：“《诗》云[2]：‘孝子不匮，永锡尔类[3]。’事亲难，事亲焉可息哉？”“然则赐愿息于妻子。”孔子曰：“《诗》云[4]：‘刑于寡妻[5]。至于兄弟，以御于家邦。’妻子难，妻子焉可息哉？”“然则赐愿息于朋友。”孔子曰：“《诗》云[6]：‘朋友攸摄，摄以威仪。’朋友难，朋友焉可息哉？”“然则赐愿息耕。”孔子曰：“《诗》云[7]：‘昼尔于茅[8]，宵尔索绹[9]，亟其乘屋[10]，其始播百谷。’耕难，耕焉可息哉？”“然则赐无息者乎？”孔子曰：“望其圹[11]，皋如也[12]，嵮如也[13]，鬲如也[14]，此则知所息矣。”子贡曰：“大哉，死乎！君子息焉，小人休焉。”

【注释】

①引诗见《诗经·商颂·那》。

②引诗见《诗经·大雅·既醉》。

③锡：通“赐”，赐予，赐给。

④引诗见《诗经·大雅·思齐》。

⑤刑：通“型”，用作动词，做出榜样的意思。寡妻：寡德之妻，这是谦称自己的嫡妻。

⑥引诗见《诗经·大雅·既醉》。

⑦引诗见《诗经.豳风.七月》。

⑧于茅：去割取茅草。于，去。

⑨索绹：打草绳。

⑩乘屋：修补屋顶。

⑪圹：墓穴，坟墓。

⑫皋：通“高”。如：如同“然”。

⑬嵮：同“巅”，山顶。

⑭鬲：鼎一类的器物。

【译文】

子贡向孔子请教说：“我对学习感到厌倦了，我想停止学习去侍奉君主。”孔子说：“《诗经》上说：‘早晚温和又恭敬，做事要认真又谨慎。’侍奉君主不是件容易的事，侍奉君主就可以停止学习吗?”子贡说：“这样的话，那么我想停止学习去侍奉父母。”孔子说：“《诗经》上说：‘孝子要不停止孝行，上天才会赐福给你们。’侍奉父母不是件容易的事，侍奉父母就可以停止学习了吗?”子贡说：“这样的话，那么我想停止学习去养育妻子儿女。”孔子说：“《诗经》上说：‘要给自己的妻子儿女做出榜样，然后影响到兄弟，以此治理家和邦。’养育妻子儿女不是件容易的事，养育妻子儿女就可以停止学习吗?”子贡说：“这样的话，那么我想停止学习去结交朋友。”孔子说：“《诗经》上说：‘朋友之间要互相帮助，互相帮助才能仪表威严。’结交朋友不是件容易的事，结交朋友就可以停止学习吗”子贡说：“这样的话，那么我想停止学习去耕种田地。”孔子说：“《诗经》上说：‘白天要去割茅草，夜里要搓麻绳，抓紧时间修补屋顶，来年一开始又要播种了。'耕种田地不是件容易的事，耕种田地就可以停止学习吗?"子贡说："这样的话，那么我就永远都不能停止学习了吗?"孔子说："看看那个坟墓，高高的样子，如同山巅，如同鼎，看到这个，你就知道可以停止学习的时间了。"子贡说："死亡的意义可真是重大啊！这就是死亡。君子停止学习了，小人也就完结了。"

【原文】

《国风》之好色也[1]，传曰："盈其欲而不愆其止[2]。其诚可比于金石，其声可内于宗庙。"《小雅》不以于污上[3]，自引而居下，疾今之政，以思往者，其言有文焉，其声有哀焉。

【注释】

①《国风》：《诗经》的一部分，共有十五国风，是各地的民间歌谣。其中的多数诗篇是赞美爱情、描写婚姻的，所以说它"好色"。

②盈：满足。愆：失。止：界限，这里是指礼制的规定。

③《小雅》：《诗经》的一部分，其中有不少批评朝政、抒发怨愤的歌谣。

【译文】

对于《诗经·国风》的爱好女色，解说它的古书说："它满足人们的情欲但又不使人们的行为失礼。它的真诚不渝的情感可以和金属石头的坚固不变相比，它的音乐可以纳入到宗庙中去。"《小雅》的作者不被骄横腐朽的君主所用，于是就自动隐退居于下面。他们痛恨当时的政治，怀念古人，因此《小雅》的言辞富有文采，它的歌声充满了哀伤。

【原文】

国将兴，必贵师而重傅；贵师而重傅，则法度存。国将衰，必贱师而轻傅；贱师而轻傅，则人有快[1]；人有快，则法度坏。

【注释】

①快：这里是放肆的意思。

【译文】

将要兴旺繁荣的国家，必然是尊重老师的；尊重老师，那么国家的法度就能得以推行。将要衰微灭亡的国家，必定是轻视老师的；轻视老师，那么人们就会有放肆之心；人们有了放肆之心，那么国家的法度就会遭到破坏。

【原文】

古者匹夫五十而士[①]；天子诸侯子十九而冠[②]，冠而听治，其教至也。君子也者而好之，其人；其人也而不教，不祥。非君子而好之，非其人也；非其人而教之，赍盗粮、借贼兵也。

【注释】

①士：通“仕”，做官。

②冠：是指举行冠礼。冠礼是古代标志男子成年所举行的一种结发戴冠的礼仪，一般人都在二十岁时举行，天子、诸侯的儿子受到的教育好而早成，所以在十九岁时就举行冠礼。

【译文】

古代，平民百姓要到五十岁才可以做官，而天子与诸侯的儿子十九岁就可以举行冠礼，举行冠礼以后就可以治理政事，这是因为他们受到了良好的教育的缘故。对于君子表示倾心爱慕的，就是可堪造就的理想的人。如果对这种理想的人不施行教育，是不吉利的。对于不是君子的人也表示倾心爱慕的，就不是那可堪造就的理想的人。如果对这种并非理想的人去施行教育，就是把粮食送给小偷、把兵器借给强盗。

【原文】

不自嗛其行者[①]，言滥过[②]。古之贤人，贱为布衣，贫为匹夫，食则饘粥不足，衣则竖褐不完[③]，然而非礼不进，非义不受，安取此？

【注释】

①嗛：通“歉”，不足，这里用作意动词。
②言滥过：言过其实，夸夸其谈。
③竖褐：竖直剪裁而制作粗糙的粗布衣。

【译文】

不认为自己的德行有不足之处的人，说话往往会言过其实，夸夸其谈。古代的贤人，当他们是贫贱的普通百姓时，吃的，连比较浓稠的粥也不够；穿的，连短小的粗布衣服也是破烂的。但是，如果是把不符合礼制的官职来授予他，他就不入朝做官；如果把不符合道义的东西给他，他就不接受。哪会采取这种夸夸其谈的做法？

【原文】

子夏贫[①]，衣若县鹑。人曰：“子何不仕？”曰：“诸侯之骄我者，吾不为臣；大夫之骄我者，吾不复见。柳下惠与后门者同衣而不见疑，非一日之闻也。争利如蚤甲而丧其掌。”

【注释】

①子夏：姓卜，字子夏，孔子的弟子。

【译文】

子夏家境贫寒，穿的衣服破烂得就像悬挂着的鹌鹑。有人问他：“您为什么不去做官？”子夏回答说：“傲视我的诸侯，我不去做他的臣子；傲视我的大夫，我不再见他。柳下惠穿着和为国君看守后门的人同样破烂的衣服，但没有人嫌弃他，这是因为他高尚的德行早就已经被人们知道了。争权夺利就像抓住了指甲而丢了自己的手掌一样。”

【原文】

君人者不可以不慎取臣，匹夫不可以不慎取友。友者，所以相有也。道不同，何以相有也？均薪施火，火就燥；平地注水，水流湿。夫类之相从也如此之著也，以友观人，焉所疑？取友善人，不可不慎，是德之基也。《诗》曰①：“无将大车，维尘冥冥。”言无与小人处也。

【注释】

①引诗见《诗经·小雅·无将大车》。

【译文】

统治人民的君主不可以不慎重地选取臣子，平民百姓不可以不慎重地选择朋友。朋友，是用来互相帮助的。如果奉行的原则不同，用什么来互相帮助呢？把柴草均匀地铺平而点上火，火总是向最干燥的柴草上烧去；在平整的土地上灌水，水总是向潮湿的低洼地流去。那同类事物的互相依随就像这样的显著。根据一个人所结交的朋友来观察这个人，那还有什么可怀疑的？要选取好人做朋友，不可以不慎重，这是成就德行的基础。《诗经》上说：“不要扶着大车向前进，尘土灰暗会脏身。”这说的就是不要和小人相处的意思。

【原文】

蓝苴路作①，似知而非。偄弱易夺②，似仁而非。悍戆好斗，似勇而非。仁、义、礼、善之于人也，辟之，若货财粟米之于家也：多有之者富，少有之者贫，至无有者穷。故大者不能，小者不为，是弃国捐身之道也。

【注释】

①蓝苴：过分傲慢。“蓝”应该是“滥”，“苴”应该是“狙”。路作：喜欢显示自己。

②偄：同“软”。另一种说法是通“懦”，意思也相同。

【译文】

过于傲慢而喜欢显示自己，好像很明智而其实并不是明智。懦弱而容易改变自己的志向，好像很仁慈而其实并不是仁慈。凶狠鲁莽而喜欢争斗，好像很勇敢而其实并不是勇敢。仁爱、道义、礼制、善行对于人来说，打个比方，就像是钱财粮食和家庭的关系一样。占有得多的就富裕，占有得少的就贫穷，一点也没有的就困窘。所以，大的仁爱、道义、礼制、善行的事做不到，小事又不肯去做，这是灭国亡身的道路。

【原文】

凡物有乘而来[①]。乘其出者，是其反者也。流言，灭之；货色，远之。祸之所由生也，生自纤纤也。是故君子蚤绝之。

【注释】

①乘：原因。

【译文】

所有的事物都是有一定的原因才出现的。它产生的地方，也就是它回归的地方。流言蜚语，要消灭它；钱财女色，要远离它。祸患所赖以产生的根源，都发生于那些细微的地方。所以，君子及早地消灭祸患的苗头。

【原文】

言之信者，在乎区盖之间[①]。疑则不言，未问则不言。知者明于事，达于数，不可以不诚事也。故曰：“君子难说，说之不以道，不说也。”

【注释】

①区：空。区盖，也就是空疑，即阙疑，意思是说对疑惑不解的问题就不妄加论断。

【译文】

说话可信的人，存在于阙疑之中。疑惑的不说，没有请教过的也不说。明智的人，明察事物，通晓事物的道理和变化的秩序，我们不可以不忠诚地去对待明智的人。所以说：“对于君子，是难以使他高兴的，如果不通过正当的途径去使他高兴，他是不会高兴的。”

【原文】

语曰：“流丸止于瓯、臾[①]，流言止于知者。”此家言邪学之所以恶儒者也。是非疑，则度之以远事，验之以近物，参之以平心，流言止焉，恶言死焉。

【注释】

①瓯臾：瓦制的器物。这里是比喻地势低凹的地方。

【译文】

俗话说：“滚动的圆球滚到低凹之处就停止了，流言蜚语碰到明智的人就止息了。”这就是各派学说，各种异端邪说憎恶儒者的原因。对是非存有疑问，就用过去的事情来衡量它，就用新近发生的事情来检验它，就用公正的心来考察它，流言蜚语便会因此而止息了，邪恶的言论便会因此而消亡了。

【原文】

曾子食鱼有余，曰：“泔之[1]。”门人曰：“泔之伤人，不若奥之[2]。”曾子泣涕曰：“有异心乎哉！”伤其闻之晚也。

【注释】

①泔：是指淘米、洗刷锅碗等用过的水。泔之：用米汁把吃剩下的鱼浸渍起来。

②奥：熬。另一种说法是“晒”的意思。

【译文】

曾子吃鱼，有吃剩下的，便说：“用米汁把它浸渍起来。”他的学生说：“用米汁浸渍的鱼会伤害人的身体，不如再把它熬一下。”曾子流着眼泪说：“我难道别有用心吗？”为自己听到这种不同的意见太晚而感到悲伤。

【原文】

无用吾之所短遇人之所长，故塞而避所短。移而从所仕[1]。疏知而不法，察辨而操僻[2]，勇果而亡礼[3]，君子之所憎恶也。

【注释】

①仕：应该是“任”字的误写。任：能力，长处。

②辨：通“辩”。操僻：意思是说行为邪僻。

③亡：通“无”，不。

【译文】

不要用自己的短处去应对别人的长处。所以，遇到阻碍时，要掩盖并回避自己的短处，迁就并依从自己的特长。知识粗疏而不符合法度，虽然明察善辩而行为邪恶怪僻，勇敢果断却不按照礼的要求去办事，这些都是君子所憎恶的。

【原文】

多言而类，圣人也。少言而法，君子也。多少无法而流喆然[1]，虽辩，小人也。

【注释】

①喆：应该是“湎”字的误写。流湎然：酒醉时说胡话的样子。

【译文】

话说得多而又符合礼义的，便是圣人；话说得少而符合礼义的，就是君子；说多说少都不符合礼义却还是放纵沉醉在其中，就像酒醉以后说胡话的样子，这样的人即使能言善辩，也是个小人。

【原文】

国法禁拾遗，恶民之串以无分得也[1]。有夫分义，则容天下而治；无分义，则一妻一妾而乱。

【注释】

①串：即古“贯”字，通“惯”。

【译文】

国家的法令禁止拾取别人遗失的财物，这是憎恶百姓习惯于不按名分去取得财物。有了名分等级，那就能包揽整个天下而把它治理好；没有名分等级，那么就是只有一妻一妾，也会纷乱不安。

【原文】

天下之人，唯各特意哉[①]，然而有所共予也[②]。言味者予易牙[③]，言音者予师旷[④]，言治者予三王。三王既已定法度、制礼乐而传之，有不用而改自作，何以异于变易牙之和、更师旷之律？无三王之法，天下不待亡，国不待死。

【注释】

①唯：通“虽”，虽然。特意：特殊的认识。

②予：通“与”，赞许，推崇。

③易牙：春秋时齐桓公的著名的厨师，掌管齐桓公的饮食。

④师旷：字子野，春秋时晋平公的乐师，精通音乐。

【译文】

天下的人，虽然各自都有独特的认识，却也有共同赞许的东西。谈论食物美味的人都共同赞许易牙，谈论音乐的人都共同赞许师旷，谈论治国之道的人都共同赞许三王。三王既已确定了法度、制作了礼乐制度而把它们传了下来，如果有人不遵用他们的治国之道而自作主张地另搞一套，这与变更易牙的烹调方法，变更师旷的音律，无视三代之王的治国之道有什么区别呢？天下不需要等多久就会沦亡，国家不需要等多久就会覆灭。

【原文】

饮而不食者，蝉也；不饮不食者，蜉蝣也[①]。虞舜、孝己[②]，孝而亲不爱；比干、子胥，忠而君不用；仲尼、颜渊，知而穷于世。劫迫于暴国而无所辟之，则崇其善，扬其美，言其所长，而不称其所短也。

【注释】

①蜉蝣：昆虫名。古人都说它朝生而夕死。

②孝己：传说中的孝子，但是与大禹一样得不到父母的宠爱。

【译文】

只喝水而不吃东西的，是蝉；不喝水又不吃东西的，是蜉蝣。虞舜、孝己，孝顺父母而不被父母所爱；比干、子胥，忠于君主而不被君主所用；孔子、颜渊，明智通达而被世道所困，被迫生活在暴君统治的国家中而又无法逃离。于是，他们就推崇善良的美德，宣扬美好的名声，谈论自己的长处而回避自己的短处。

【原文】

惟惟而亡者，诽也；博而穷者，訾也；清之而俞浊者，口也。君子能为可贵，不能使人必贵己；能为可用，不能使人必用己。

【译文】

当面对人唯唯诺诺言听计从，可是却没有好的结果，这是由于他常常在背地里诽谤别人。知识渊博而处境困厄的，这是由于他经常诋毁别人。越想澄清自己的名声而名声愈来愈混浊的，是由于他经常搬弄口舌。君子能够做到使自己品德高尚，但并不能保证自己得到别人的尊重。君子能够做到可以使自己成为可用之才，但并不能保证自己得到别人的任用。

【原文】

诰誓不及五帝[①]，盟诅不及三王[②]，交质子不及五伯[③]。

【注释】

①诰：上对下发布告诫之文。誓：告诫将士守约的言辞。
②盟：在神前歃血立誓缔约。诅：誓约。
③交质子：古代诸侯将其子送到别的国家作为人质，叫做“交质子”。

【译文】

对下面的百姓发布告诫的命令与誓言，在五帝时代是没有的；诸侯国之间互相结盟誓约，在三王时代是没有的；两国之间互相交换自己的儿子作为人质，在五霸的时代是没有的。

【解读】

关于礼的内容，可以“贵者敬焉，老者孝焉，长者弟焉，幼者慈焉，贱者惠焉”一句话总括。荀子强调学、为、行，而学以践行为要，以修为为终。所谓行，就是终其一生地践行礼，以敬贵、孝老、悌兄、慈幼、惠贱之道，修养身心，完备道德。在这个基本的伦理道德原则之中，慈幼、惠贱虽列为不可缺少的内容，但维护名分制度仍是其终极目的。“有夫分义则容天下而治，无分义则一妻一妾而乱。”分义，名分等级制度之谓也。容者，包容也。这是说，名分等级制度是治国的头等大事，有之则包容天下人民而太平，无之则连管理一妻一妾也会出祸乱。所以，以名分等级制度导民理政，是荀子以礼治国的核心所在。为了说明这个道理，本篇先后使用了几个生动的比喻。其一，“水行者表深，使人无陷；治民者表乱，使人无失。礼者，其表也，先王以礼表天下之乱，今废礼者，是去表也。故民迷惑而陷祸患，此刑罚所以繁也。”此喻治国以礼示人，礼是分辨治乱的标准，是治国之本，刑罚仅是治国之末。战国末世反其道而行之，竟然争相废弃礼这个治国纲纪，故而导致刑罚繁多，天下大乱。其二，“礼者，政之挽也。为政不以礼，政不行矣。”治国的基本实践和主要内容均由政事体现出来，此喻为政以礼为挽，方能畅通无阻而不致滞塞，这是导民理政的关键。其三，“礼者，人之所履也。失所履，必颠蹶陷溺。所失微而其为乱大者，礼也。”此喻礼为人之履，有如人之立足，起步若差毫厘则谬以千里，故必慎始，谨防失礼之细微，否则造成祸乱。其四，“礼之于正国家也，如权衡之于轻重也，如绳墨之于曲直也。故人无礼不生，事无礼不成，国家无礼不宁。”此喻礼对于治理国家好比权衡、绳墨，用于正是非、辨曲直，关系国家的生存死亡，人生的成败，事业的兴衰，因而具有本体意义。

荀子引法入礼，礼法相融，故将礼灌注到制度、规矩刑法、政策、政务之中，其礼既为道德修养，又为政治统治；其法既有强制作用，又有教化功能。通读《荀子》，可知礼、法是同义之语。本篇所抄录和申述的各种礼仪制度，涉及面广，有的细致入微，全然用于规范人的思想、言论和行为，是礼法大观。本篇对礼法归纳出几个重要原则。第一，礼顺人心为本。这是礼法的人本主义体现。“故亡于《礼经》而顺人心者，背礼者也。背，负也，恃也。只要依恃的仍然是礼，也就必然顺乎人心，是否在《礼经》记载之中，仅具形式意义，不改变其实质。第二，先仁而后礼。人主首先具备了仁心而后才制定礼，礼就成了仁心的准则。这是礼法的仁爱精神体现。荀子认为，仁、义、礼、乐其实质同一。诚然，仁、义、礼、乐各自内部有矛盾，彼此之间也有矛盾，但是仁、义、礼、乐可以贯通而成为治国之道。仁主爱，义主理。礼主节，乐主和而发。“亲亲、故故、庸庸、劳劳”，即爱其亲人、怀念故旧、奖赏民功、奖赏事功，四者为“仁之杀也”。爱有差等，故曰“仁有里”。“贵贵、尊尊、贤贤、老老、长长”，即尊重地位高者、尊敬道德高尚者、推崇贤才、事奉老人、恭敬兄长，五者为“义之伦也”。义而有理，故曰“义有门”。“仁非其里而虚之，非礼也”，虚同墟，居处之意；“非礼也”当为“非仁也”之误。从“君子处仁以义，然后仁也”，可知“仁有里”当谓义；从“行义以礼，然后义也”，可知“义有门”当谓礼。推恩仁爱而有差等，必然合于事理，这就由仁转化为义；循于事理而守名分，必然归入礼制，这就由行仁义的道德规范转化为行尊卑贵贱的政治强制了。“审节而不知，不成礼”，知当为和之误。礼主节，而审于节是为了以和为贵，在尊卑贵贱的礼制中达到平衡、和谐，这就是仁、义、礼、乐贯通的最高境界。第三，文貌情用互为内外表里。这是礼法的正道。礼有大要，即“事生，饰欢也；送死，饰哀也；军旅，饰威也”。其次，礼仪繁多，各有规范法规。但无不“以财物为用，以贵贱为文，以多少为异”，这是礼法的要求，务必“思索”而至于“能虑”，诚如《聘礼》所言：“币厚则伤德，财侈则殄礼。”礼之本在于以名分等级安上治民，玉帛仅为礼之末。故曰：“下

臣事君以货，中臣事君以身，上臣事君以人。”财货、生命和仁是用于实践礼法、事奉君主的三种不同的方式，从而可以区别出下、中、上三类不同等级的臣子，显示出怎样叫坚守礼法正道。第四，由本知末，法以类举。礼义是根本原则，具体的法度条文不可尽数，且又千变万化，但只要掌握了以本统末、同类相推的方法，就可以应付各种复杂多变的情况，做到“有法者以法行，无法者以类举”。第五，赏功罚罪，合乎礼法。“庆赏刑罚，通类而后应。”依据礼法执行赏罚，才会赏必功、罚必罪。

荀子认为，在礼法社会，要依靠德政来调整全部社会关系。“故天地生之，圣人成之。”生之、成之，皆使动用法，意谓天地使人生存，圣人给人成就。然而，离开了德行教化，不以礼义改变人恶的本性，圣人也无法成就人。“君臣不得不尊，父子不得不亲，兄弟不得不顺，夫妇不得不欢也。少者以长，老者以养”。得，通德；不得，即无德，没有德行的教化。四“不得”，皆谓“无德”；“以长”、“以养”，皆承前省略“之”实谓以德使之长，以德使之养。这是说，君臣之尊、父子之亲、兄弟之顺、夫妇之欢、少长老养，全社会的文明和谐，都是君主实行德政的结果。所谓德政，荀子以“不富无以养民情，不教无以理民性”的提法来解释，他将以礼法富民与以礼法教民二者结合起来。称之为“王事具矣”，这是很宝贵的思想。要想整治人民的本性，提高他们的文明程度，首先得满足他们饥而欲食、寒而欲衣的基本生活要求，并进而使之富裕起来，才谈得上同时对之实行礼义教化，取得成效。而且，政教不宜强制推行，只有和当地人民的风俗习惯相适应，方能实行。“政教习俗，相顺而后行”一语，强调的就是易于接受和潜移默化的重要。荀子主张君主集权，同时又要求对其加以引导和限制。“天之生民，非为君也；天之立君，以为民也。”民之生不为君，君之立却为民，在国家政治结构中的这种君民关系，显示出民本主义的光辉。为民宗旨的确立，指示君权导向为民谋利而不是与民争利。荀子认为，义与利为“人之所两有也”，缺一不可。尧舜“不能去民之欲利”，桀纣“不能去民之好义”，而尧舜能使人民以义克利，桀纣却使人民以利克义，所以前者处治世，后者处乱世。同时也可以看出，处理义利关系对于和谐君民关系至关重要。荀子告诫统治者："天子不言多少，诸侯不言利害，大夫不言得丧，士不通财货。有国之君不息牛羊，错质之臣不息鸡豚；冢卿不修币，大夫不为场园。"各级官员和统治者不引导人民贵义、敬义。反而耻贫重聚，无视礼法，丧失道德，经营财货，养殖牲畜，操弄场圃，和百姓争夺赢利的职业，及至加重人民负担，惩罚不堪重负的人，其后果难以收拾。"多积财而羞无有，重民任而诛不能，此邪行之所以起，刑罚之所以多也。""上好羞则民暗饰矣，上好富则民死利矣，二者乱之衢也。"荀子的分析和论断十分正确。因此，他主张君主和统治者要限制自己的私欲，"从士以上皆羞利，而不与民争业，乐分施而耻积臧，然故民不困财，贫窭者有所窜其手。"还要有自责精神，像商汤王因大旱而祈祷上天，反省自己有无"政不节"、"使民疾"、"宫室荣"、"妇谒盛"、"苞苴行"、"谗夫兴"等类过错。而且要建立天子即位，上卿、中卿、下卿进言以戒的制度，做到忧虑长远、防患未然、警戒无怠。以上这些措施，均可对君权起到制衡作用。

君主自身修养，攸关国家的生存死亡和王霸事业的成败，这也是本篇所总结的一个重要思想。首先说道德修养，有"仁义礼善之于人"的全面要求，"大者不能，小者不为，是弃国捐身之道也"。论其道德内容，仁、义、礼、善四者俱全；论其道德践履，大、小各方面言行都要做到仁义礼善，否则会亡国灭身。"禹见耕者耦，立而式，过十室之邑必下。""文王诛四，武王诛二，周公卒业，至成、康，则案无诛已。""武王始入殷，表商容之闾，释箕子之囚，哭比干之墓，天下乡善矣！"这些。标榜夏周圣君为仁义礼善的范型。曾参养亲至孝，其亲殁后方知用米泔水渍鱼会伤人，因而泣涕悲伤，这是彰显曾子的孝子之道，其"言为可闻，行为可见"，使效法者"亲近而附远"。子夏安贫，"衣若县鹑"，甘愿以柳下惠与守后门贱者同衣而不为世人嫌恶为榜样，决不争小利而失大节。君子重道德的美善，但必须"诚于内"而不是"求之于外"，要像雨水一样，"尽小者大，积微者著"，终可

和田玉虎片（春秋）

以“德至者色泽洽，行尽而声问远”。君子的道德磨炼，在乎“立志如穷”，无论穷达，都不失正道，所谓“隘穷而不失，劳倦而不苟，临患难而不忘细席之言”，“贱为布衣，贫为匹夫，食则饘粥不足，衣则竖褐不完，然而非礼不进，非义不受”。其次说学问修养，其最终目标是“理民性”，用礼义改变人之恶的本性，使之向善，进而成为圣人。所以说，荀子讲学问修养总是和道德修养、礼乐修养紧密联系着的，而且是终身学习，终身修养，没有止境。这就是“君子之学如蜕，幡然迁之”的过程，“犹玉之于琢磨也”，由一块掘发之石，而变为天下之宝的和氏璧；由粗鄙无文之人，而变为天下有名望的孔子高徒。其中起根本作用的，是“被文学，服礼义”。因此，终身学习和修养的过程，又必然是用礼义文学将人培养成为圣贤的过程。荀子说，“亦所以成圣也，不学不成。尧学于君畴。舜学于务成昭，禹学于西王国。”学习礼义文学既然是提升人性而成为圣贤的唯一途径，就会贯穿人生始终，“少不讽，壮不论议；虽可，未成也。”学习和事事相关，“事君难”、“事亲难”、“妻子难”、“朋友难”、“耕难”，样样离不了学习，所以孔子五言“焉可息哉”，告诫子贡死而后已的道理。荀子说，人之行、立、坐、颜色、辞气皆有“效”，即皆有学习，必须持“无留善，无宿问”的态度，方能收到“善学者尽其理，善行者究其难”的效果，最终成就圣人之智。最后说识才除妖的修养。燕国君主“志卑者轻物，轻物者不求助”，轻物，即轻人。不求贤以自辅，将会贻害毁灭国家。“迷者不问路，溺者不问遂，亡人好独”，君主弃俊士贤人不用而自以为是、喜好独行，正和不问路之迷者、不问“遂”之溺者一样愚蠢，殊不知刍荛之中有高人，“博问”之，方为明智之策。君主最要善识国宝、国器、国用三种人才，同时提防国妖，分别以敬、爱、用和除的不同方针处置。关键在于对各类人才言与行的才干做出综合性的评价，辨别善恶性质，划分高低品级，注重其对于治国理政具有何种价值和作用。孔子曾有人才品级鉴别，是个范例，他说：子家驹取其“续然”，晏婴取其“功用”，子产取其“惠人”，管仲取其“力功”、“力智”，这四个国宝级人才后者超过前者，但均因不力仁义，质胜于文而属郊野之人，不可做“天子大夫”。“友者，所以相有也。道不同，何以相有也?”

有，通佑，佑助也。君主“慎取臣”、匹夫“慎取友”，都是为了求得帮助。因此，荀子将慎取臣子治国提到“德之基”的高度论述，强调君臣“道同”的重要意义。至于国妖一类人物，有三种：“蔽公者谓之昧，隐良者谓之妒，奉妒昧者谓之交谲。”昏暗之臣、嫉妒之臣、昏暗而嫉妒的狡诈之臣，无不是小人，对于他们，君主采取“无与小人处也”的方针。

为人臣下者，必有其道。“主道知人，臣道知事。”知事之臣与知人之君是道同之友，然而“君子难说，说之不以道，不说也”，三“说”字，并音“悦”，前二为取悦，后者为喜悦。为人臣下者以正道取悦君主，“不可以不诚事也”。诚者，实也。此言谓必须实事求是地对待君主，这是基本原则。“不足于行者，说过；不足于信者，诚言。”说过头话的人是行动欠缺，夸饰其言的人是诚信欠缺，均为不实事求是。其次，恪守知事职责，也是为人臣下者的正道。“进则能益上之誉，而损下之忧。不能而居之，诬也；无益而厚受之，窃也。”上者，君主；下者，百姓。不能，即无能。为君主增添美誉，为百姓减少忧虑，决不尸位素餐、骗取俸禄，这是最起码的官德。再次，“有谏而无讪，有亡而无疾，有怨而无怒。”臣下对君主可以规劝、出走、自叹，却不能诽谤、嫉恨、激愤，在维护君主权威的前提下建言立论、拾遗补阙。同时也可自我保护。虞舜，孝已“孝而亲不爱”，比干、子胥“忠而君不用”，仲尼、颜渊“知而穷于世”，但他们初衷不改，忠贞不渝。最为难处的是，“劫迫于暴国而无所辟之”，便“崇其善，扬其美，言其所长，而不称其所短”，这是贤者不遇其时，陷入践踏礼法的国度，只有危行言逊而已。最后，要学会行谦言信，用长避短。“不自嗛其行者，言滥过。”嗛，通谦。其行不自我谦虚者，则其言必浮滥过实。相反，“言之信者，在乎区盖之间。疑则不言，未问则不立。”信，诚也。区，通丘。区盖，即丘盖，疑似之谓也。未问，即未闻。言之诚实者，对尚有疑惑之事不予议论，对尚未闻知之事不立己言，这就叫做行谦言信。“塞而避所短，移而从所仕。”塞，阻而不通也。仕，通事。“用吾之所短，遇人之所长”，是与人辩争，欲胜他人，用己之所短对人之所长，犯了“疏知而不法，察辨而操辟，勇果而亡礼”的错误，必然塞而不通，故曰避所短而改事所长，方可达到通